Fundamentação Linguística da Sociologia

Título original:
Philosophische Texte. Studienausgabe Vol. 1

© Suhrkamp Verlag Frankfurt am Main 2009

Tradução: Lumir Nahodil

Revisão científica: João Tiago Proença

Capa de FBA

Depósito Legal n.º 304116/09

Biblioteca Nacional de Portugal – Catalogação na Publicação

HABERMAS, Jürgen, 1929-
Fundamentação teórico-linguística da sociologia. – (Obras escolhidas de Jürgen Habermas ; 1)
ISBN 978-972-44-1580-2

CDU 316.28

Paginação, impressão e acabamento:
GUIDE – ARTES GRÁFICAS, LDA.
para
EDIÇÕES 70, LDA.

Janeiro de 2010

ISBN: 978-972-44-1580-2

Direitos reservados para Portugal e países africanos de expressão portuguesa
por Edições 70

EDIÇÕES 70, Lda.
Rua Luciano Cordeiro, 123 – 1.º Esq.º
1069-157 Lisboa / Portugal
Tel.: 213190240 – Fax: 213190249
e-mail: geral@edicoes70.pt
www.edicoes70.pt

Esta obra está protegida pela lei. Não pode ser reproduzida,
no todo ou em parte, qualquer que seja o modo utilizado,
incluindo fotocópia e xerocópia, sem prévia autorização do Editor.
Qualquer transgressão à lei dos Direitos de Autor
será passível de procedimento judicial.

OBRAS ESCOLHIDAS DE JÜRGEN HABERMAS
VOLUME I

Fundamentação Linguística da Sociologia

Índice

Prefácio 9

Introdução 11

1. Prelecções para uma fundamentação linguística
   da sociologia 29

2. Esclarecimentos sobre o conceito de acção
   comunicativa 137

3. Acções, actos de fala, interacções mediadas
   pela linguagem e mundo da vida 171

4. Individuação através da socialização. Sobre a teoria
   da subjectividade de George Herbert Mead 211

5. Aspectos da racionalidade da acção 263

6. Ciências sociais reconstrutivas *versus* ciências
   sociais compreensivas 293

7. Concepções da modernidade. Uma retrospectiva
   de duas tradições 317

Prefácio

A selecção tematicamente ordenada de ensaios visa facilitar aos estudantes o acesso ao âmago das minhas concepções filosóficas. Em vez de umas «obras completas» apresento uma selecção sistemática de textos que têm respectivamente de fazer as vezes de monografias *que ficaram por escrever*. Sobre temas que são objecto dos meus interesses filosóficos, num sentido mais restrito, não escrevi livros – nem em relação aos fundamentos linguísticos da Sociologia, nem relativamente à concepção da linguagem e da racionalidade da pragmática formal, nem sobre a ética do discurso ou a filosofia política, ou quanto ao estatuto do pensamento pós-metafísico. Eu próprio apenas tomo consciência desta circunstância peculiar em retrospectiva.

A minha escolha de temas e o meu modo de trabalhar estimularam-me a estabelecer múltiplos contactos com ciências especializadas. Certamente a referência a questões normativas do auto-entendimento manteve presente a perspectiva filosófica também no tratamento de debates especializados dos âmbitos da sociologia, da linguística, da psicologia do desenvolvimento e da teoria jurídica. Mas a necessidade de resolução de problemas filosóficos persistentes frequentemente se impôs apenas no contexto de outros estudos abundantes em material. Em seguida, isso tornou necessárias tentativas de explicação que não pretendem encaixar-se, como num *puzzle*, no contexto mais abrangente de uma teoria da sociedade, mas que têm de valer por si como contributos para discussões filosóficas especializadas. Na rede amplamente ramificada dos discursos científicos, os argumentos filosóficos apenas podem ser defendidos no seu enquadramento específico.

A selecção dos textos deixa clara tanto esta pretensão, como igualmente a concepção pluralista de uma teoria da sociedade que tem de enfrentar em simultâneo a crítica em muitas frentes. A selecção não toca nas monografias, nem nas publicações anteriores até ao fim dos anos sessenta do século XX([36]). Tão-pouco tem em conta os trabalhos sociológicos([37]) como os retratos filosóficos e os tratados que se referem a abordagens e obras filosóficas individuais([38]). Igualmente não são tidos em conta, como é evidente, as minhas intervenções políticas e diagnósticos epocais.

As breves introduções aos vários volumes contêm explicitações e comentários relativos ao contexto da sua génese a partir de um olhar retrospectivo de um autor que está interessado no teor sistemático dos seus trabalhos. Outra coisa é a gratidão que devo aos meus mestres académicos, companheiros de percurso intelectuais e colaboradores por tudo o que aprendi com eles. Voltarei a este aspecto noutro contexto.

O projecto de uma edição para estudantes deve-se a uma generosa iniciativa da editora Suhrkamp. O conselho amigo de Lutz Wingert ajudou-me a superar reticências que tinha relativamente a este projecto. A ele e aos seus colaboradores Raphael Meyer e Angela Zoller também devo agradecimentos pela competente compilação dos índices temáticos. Na cooperação com Eva Gilmer fiquei a saber que os meus textos também no passado teriam necessitado de uma boa revisora.

Starnberg, Setembro de 2008
Jürgen Habermas

([36]) *Strukturwandel der Öffentlichkeit* [*Mudança Estrutural da Esfera Pública*, Rio de Janeiro, Tempo Brasileiro, 1984] (1962), *Theorie und Praxis* (1963/1971), *Erkenntnis und Interesse* [*Conhecimento e Interesse*, Rio de Janeiro, Zahar Editores, 1982] (1968), *Theorie des kommunikativen Handelns* (1982), *Der philosophische Diskurs der Moderne* [*O Discurso Filosófico da Modernidade*, Lisboa, Dom Quixote, 1990] (1986), *Faktizität und Geltung* [*Factualidade e Validade*] (1992), *Die Zukunft der menschlichen Natur* [*O Futuro da Natureza Humana*, Coimbra, Almedina, 2006] (2002).

([37]) *Technik und Wissenschaft als «Ideologie»* [*Técnica e a Ciência como «Ideologia»*, Lisboa, Edições 70, 1987] (1968), *Legitimationsprobleme im Spätkapitalismus* (1973), *Zur Rekonstruktion des Historischen Materialismus* (1976), *Zur Logik der Sozialwissenschaften* [*Para a Lógica das Ciências Sociais*] (1967/1981), *Die postnationale Konstellation* (1998).

([38]) *Philosophisch-politische Profile* (1973/1981), *Texte und Kontexte* [*Textos e Contextos*, Lisboa, Piaget, s.d.] (1991), *Vom sinnlichen Eindruck zum symbolischen Ausdruck* (1997). Muitas vezes prevalece, também nestes casos, o interesse por uma abordagem sistemática sobre a intenção histórico-hermenêutica da apresentação.

Introdução

As *Christian Gauss Lectures*, que proferi na universidade de Princeton em 1971, constituem um ponto de viragem no desenvolvimento das minhas reflexões filosóficas. É certo que a ocupação com temas da filosofia da linguagem remonta aos meus tempos de estudante, entre outros, a um seminário com Erich Rothacker e Leo Weisgerber dedicado à tradição da «linguística referente a conteúdos» que entronca em Wilhelm von Humboldt. Sobretudo os debates com o meu amigo e mentor Karl-Otto Apel([1]) tinham-me preparado para o encontro com as *Investigações Filosóficas* de Wittgenstein e com *Verdade e Método* de Gadamer([2]), assim como me tinham estimulado para a leitura posterior da teoria da linguagem e dos signos de Charles Sander Peirce. Assim, já se tinha antecipado uma *linguistic turn* com a resenha de literatura referente à *Logik der Sozialwissenschaften* [*Lógica das Ciências Sociais*] (1967)([3]), assim como, pouco tempo depois, com a interpretação no âmbito da teoria de comunicação do modelo estrutural da psicanálise

---

([1]) Confira-se a eminente tese de habilitação de K.-O. Apel, *Die Idee der Sprache in der Tradition des Humanismus von Dante bis Vico*, Bona 1963.

([2]) No que respeita à crítica, no entanto, já havia a referir J. Habermas, «Der Universalitätsanspruch der Hermeneutik» (1970), in *idem, Zur Logik der Sozialwissenschaften* [*Lógica das Ciências Sociais*], op. cit., Frankfurt/M. 1982, pp. 331-366.

([3]) Novamente publicada em Habermas (1982), pp. 89-330, em especial pp. 203-305.

em *Erkenntnis und Interesse* [*Conhecimento e Interesse*] (1968) ([4]). No entanto, as minhas investigações sociológicas ([5]) e reflexões sobre filosofia social ([6]) moveram-se, até ao final da década de 1960, no âmbito da tradição de Frankfurt.

Até essa altura não tinha tematizado e posto em causa o fundo teórico da teoria crítica mais antiga enquanto tal, embora tivesse considerado problemático, desde o início, o pensamento implicitamente histórico-filosófico e a «ortodoxia implícita» de Adorno (com respeito à aceitação tácita da teoria da mais-valia de Marx). Desde a minha tese de doutoramento ocupa-me a questão de saber como pode um pensamento radicalmente histórico ser conciliado com a fundamentação de uma análise do presente dotada de conteúdo normativo. Quanto mais me familiarizava com a bibliografia empírica sobre sociedades contemporâneas, menos a diferenciação horizontal e a complexificação acelerada destas relações parecia compaginar-se com o holismo do paradigma hegeliano-marxista ([7]). Também por estes motivos reforçou-se a dúvida quanto à conceptualidade da filosofia do sujeito proveniente da tradição idealista que, nos estudos paradigmáticos de Georg Lukács referentes à *História e Consciência de Classe* ([8]), se havia posto em relevo com um forte lastro de filosofia da história ([9]).

Como se dissera no prefácio de *Erkenntnis und Interesse*, a crítica radical do conhecimento apenas é possível como teoria social; na execução, nesse livro, no entanto, tentara como sempre explicar a normatividade do saber e a força analítica da autorreflexão em grande formato com referência a um sujeito que aprende.

([4]) J. Habermas, *Erkenntnis und Interesse* [*Conhecimento e Interesse, op. cit.*], Frankfurt/M. 1968, pp. 262-331; como retrospectiva correspondente, J. Habermas, «Nach dreißig Jahren: Bemerkungen zu *Erkenntnis und Interesse*» [Após trinta anos: anotações relativas a *Conhecimento e Interesse*], in S. Müller-Doohm (Ed.), *Das Interesse der Vernunft*, Frankfurt/M. 2000, pp. 12-20, aqui 17 s.

([5]) J. Habermas, *Strukturwandel der Öffentlichkeit* [*Mudança Estrutural da Esfera Pública*, Rio de Janeiro, Ed. Tempo Brasileiro, 2003²], Neuwied 1962; *idem, Technik und Wissenschaft als «Ideologie»* [*Técnica e ciência como «ideologia», op. cit.*], Frankfurt/M. 1968.

([6]) J. Habermas, *Theorie und Praxis*, Neuwied 1963.

([7]) Cf. quanto a esta fase incipiente, ainda e sempre, T. McCarthy, *Kritik der Verständigungsverhältnisse*, Frankfurt/M. 1989.

([8]) H. Brunkhorst, «Paradigmenkern und Theoriendynamik der Kritischen Theorie der Gesellschaft», *Soziale Welt*, 34, 1, 1983, pp. 22-56.

([9]) Cf. a minha introdução à reedição de J. Habermas, *Theorie und Praxis*, Frankfurt/M. 1978.

Consequentemente, a destranscendentalização das realizações desse sujeito conduzia apenas a uma história natural do «género humano». Não foi sem motivo que Apel designou a nossa concepção comum dos interesses de conhecimento como uma «antropologia do conhecimento». Já Hegel fizera o sujeito transcendental de Kant descer do pedestal do estatuto numenal para o movimento histórico do espírito objectivo; e Marx operara a transposição da vida moral do espírito objectivo para a reprodução material da sociedade. Mas nem um nem outro se haviam desprendido da conceptualidade da filosofia do sujeito: o processo histórico-mundial de aprendizagem opera-se *em* grandes sujeitos como povos ou classes sociais. Também a ideia de uma história genérica, embora já não devesse processar-se unicamente em formas do trabalho socialmente organizado, mas simultaneamente como um processo formativo mediado de forma comunicativa, ainda permanecia apegada ao modelo da filosofia reflexiva.

O passo decisivo nas *Gauss lectures* é a substituição da consciência transcendental (como fonte da constituição de relações sociais) por práticas de uma comunicação em linguagem coloquial que assegurem à sociedade a «referência imanente à verdade». Sem uma referência à razão incluída nos conceitos fundamentais faltaria à partida o critério não arbitrário para a apreensão crítica daquelas patologias sociais que, como sempre, deveria ser tarefa de uma «teoria da comunicação da sociedade» (como agora se diz). Evidentemente, é necessário situar a razão no espaço social e no tempo histórico. Mas, a fim de evitar que a destranscendentalização do espírito seja adquirida à custa da introdução de sujeitos colectivos de grau superior, trata-se agora de uma «fundamentação linguística da sociologia» que valide a força descentradora da comunicação e compreenda também as identidades colectivas de sociedades e culturas como intersubjectividades de grau superior e condensadas, e tenha em devida conta a característica fundamentalmente pluralista da vida social. Vou referir-me às *Gauss lectures* com mais detalhe por marcarem um ponto de viragem na minha elaboração teórica. A numeração refere-se à sequência dos textos escolhidos.

(1) Procedo à necessária «redistribuição» no repertório dos conceitos fundamentais da teoria social na senda dessas abordagens individualistas que – tal como a fenomenologia social de Edmund Husserl e de Alfred Schütz ou a sociologia neokantiana de Georg Simmel e Max Adler – contam com uma multiplicidade

de sujeitos transcendentais e que por isso têm de postular condições subjectivas necessárias de uma socialização possível. Decerto estas abordagens transcendentais permanecem teorias do conhecimento reconvertidas em teoria social, já que encaram a reprodução da sociedade em analogia com a produção de um mundo de experiências possíveis partilhado no plano intersubjectivo. A «constituição» de um mundo social comum depende das realizações de consciência sintéticas dos indivíduos socializados. Apesar destas fragilidades, estas teorias ofereciam-se na altura como ponte para a concepção por mim idealizada de uma sociedade não apenas constituída comunicativamente em rede, mas igualmente *construída* por actos comunicativos *ricos em pressupostos normativos*.

Bastava-me substituir os «actos do saber» dos sujeitos cognoscentes pelos actos de fala de sujeitos agentes para fazer entrar em jogo o potencial de racionalidade da comunicação em linguagem coloquial. Este, *através do efeito vinculativo de pretensões de validade facticamente reconhecidas*, institui uma relação entre a razão comunicativa, de um lado, e as condições de reprodução da sociedade, do outro. De um modo atabalhoado tentava, já na altura, elucidar-me sobre «as características de estruturas de sentido facticamente eficazes»: «Cada sociedade que encaramos como um contexto de vida estruturado de uma forma dotada de sentido tem uma relação com a verdade que lhe é imanente. É que a realidade de estruturas de sentido assenta sobre uma facticidade peculiar de pretensões de validade que, de uma forma geral, são aceites de uma forma ingénua, ou seja, estão supostas como cumpridas. No entanto, as pretensões de validade também podem ser postas em causa. Elas pretendem existir de forma legítima, e esta legitimidade pode ser problematizada, e confirmada ou refutada. De "verdade" podemos aqui falar decerto somente num sentido muito lato, precisamente no sentido da legitimidade de uma pretensão que pode ser cumprida ou frustrada.»([10])

Também o estruturalismo propõe a linguagem como modelo para uma concepção da sociedade descentrada e sem sujeito. Mas o sistema de regras gramatical enquanto tal não institui qualquer referência à verdade; esta apenas entra em jogo com a comunicação sobre estados de coisas. À dimensão sintáctica tem de se acrescentar a dimensão semântica e pragmática da linguagem.

([10]) Neste volume, p. 55.

Se alguém se quer pôr de acordo com outrem sobre algo no mundo, a comunicação também pode fracassar devido à falta de entendimento ou a um entendimento errado, ou seja, com base em erros gramaticais ou na falta de uma linguagem comummente dominada; mas o objectivo propriamente dito, que é ilocutório – o entendimento com um outro sobre aquilo *que* alguém *diz* a outrem – apenas pode ser falhado nos planos da semântica e da pragmática. Da perspectiva de um sociólogo que observa a prática quotidiana, o objectivo da comunicação não é *per se* a compreensão de uma expressão linguística, mas sim o *entendimento sobre o que é dito*. Um locutor falha este objectivo se não conseguir convencer o destinatário, *se lhe faltarem os motivos necessários para invalidar dúvidas*. A semântica inferencial (com que apenas travaria conhecimento posteriormente) apoia-se precisamente nesta circunstância: os participantes de uma comunicação, uma vez que se orientam pelo objectivo do entendimento, movem-se desde sempre num espaço dos motivos pelos quais se deixam afectar.

Só mais tarde me ocupei de questões de semântica; antes de mais, partindo da hermenêutica, desbravei o caminho em direcção a uma pragmática formal (a que afinal também acaba por ir dar a semântica inferencial). Seguindo ainda inteiramente as pisadas de Karl-Otto Apel, debruçara-me, em *Lógica das Ciências Sociais*, sobre a problemática da compreensão do sentido em Gadamer e no Wittgenstein tardio. Esta problemática metodológica adquire, mal a integro na teoria da acção e a refiro aos pontos fulcrais do enredamento comunicativo de interacções sociais, uma relevância diferente, a da construtividade teórica. A associação do modelo comunicativo da sociedade às teorias da constituição de abordagem fenomenológica e neokantiana torna claro que um observador sociológico que apenas tenha à sua disposição um acesso hermenêutico à sua área temática estruturada com sentido opera no *mesmo* plano que os actores observados que, através das suas interacções linguisticamente mediadas, tanto produzem como reproduzem a sociedade – e, assim, a área temática da formação de teorias sociológicas([11]).

O modelo da comunicação da sociedade herda da estratégia conceptual transcendental o nivelamento do declive, mantido nas

---

([11]) Com mais pormenor em J. Habermas, *Theorie des kommunikativen Handelns*, Frankfurt/M. 1981, vol. 1, 167 ss.

ciências naturais, entre a teoria e o objecto. O intérprete sociológico adopta um estatuto similar ao dos sujeitos por ele observados. Apenas no papel de um participante virtual pode ele proceder às suas observações e compreender os dados recolhidos. No entanto, deste modo as próprias aquisições da hermenêutica, que nos esclarece sobre o mister da interpretação, ganham uma relevância imediata para a descrição da prática interpretativa dos próprios sujeitos agentes. As realizações comunicativas que, no campo das interacções sociais observadas, suportam o fardo da coordenação de acções, processam-se segundo o mesmo padrão que as interpretações do intérprete proveniente das ciências sociais.

As *Gauss lectures* são o resultado de um trabalho realizado sobre os conceitos fundamentais que me levou do conceito de Weber da acção orientada por normas, passando pelo conceito de Mead da interacção mediada de forma simbólica, até ao conceito de «acção comunicativa». Esta expressão permaneceu a designação de um problema enquanto não existia a distinção clara entre os planos das acções sociais e os actos de fala levados a cabo na execução dessas acções, e o efeito vinculativo coordenador de acções dos actos de fala permanecia por esclarecer. Esta situação apenas se alterou com as reflexões sobre a pragmática formal de que dou um esboço na quarta prelecção. Na altura serviu-me de fio condutor para uma teoria da competência comunicativa a teoria gramatical de Noam Chomsky que reivindica a capacidade de reconstruir a capacidade de fala de locutores competentes com base nas regras referentes à geração de frases bem formadas. Depois de ter «descoberto» Chomsky em 1965, na minha primeira viagem à América, como crítico do behaviorismo linguístico de Skinner, fiquei impressionado com esta tentativa de reconstruir o saber utilitário de locutores competentes. No entanto, interessava-me menos a competência linguística enquanto tal. Quanto à substância, já na altura outra coisa estava no centro das minhas atenções([12]) – a dupla estrutura dos actos de fala e a peculiar auto-referencialidade da comunicação em linguagem coloquial, para a qual a teoria dos actos de

---

([12]) Cf. o projecto de seminário «Vorbereitende Bemerkungen zur kommunikativen Kompetenz», incluído em J. Habermas, N. Luhmann, *Theorie der Gesellschaft oder Sozialtechnologie*, Frankfurt/M. 1971, p. 101-141.

fala de John Searle([13]) atraíra a minha atenção: «Uma situação de entendimento possível exige que pelo menos dois locutores/ouvintes estabeleçam em simultâneo uma comunicação em *dois planos*, tanto no plano da intersubjectividade em que os sujeitos falam *uns com os outros* como no plano dos objectos (ou estados de coisas) *sobre* os quais se entendem.» ([14])

Para alcançar o objectivo da argumentação, «o processo de vida da sociedade como um processo de produção mediado por actos de fala», foram necessários três passos adicionais:

– O componente formado com recurso a verbos performativos tinha, por assim dizer, de ser transformado em sede de pretensões de validade passíveis de revalidação discursiva. Deste modo, os actos ilocutórios que J. L. Austin começara por analisar no exemplo dos actos de fala institucionalmente enquadrados são objecto de uma alteração de funções que vai além da generalização operada por Searle.

– Com recurso a um sistema de pretensões de validade (de verdade, sinceridade e correcção) com que queria esclarecer ao mesmo tempo a estrutura interna da comunicação em linguagem coloquial, ou seja, o conceito da «razão comunicativa», os actos de fala com que podemos deparar tinham de ser diferenciados de acordo com as classes correspondentes (actos de fala constativos, representativos e regulativos) e investigados com vista ao seu possível efeito de acoplamento relativo a acções sociais dotadas de capacidade de concertação. A teoria dos actos de fala, que em Searle desempenha o papel de uma teoria semântica, devia agora explicar um mecanismo de coordenação de acções.

– A acção comunicativa, ou seja, o tipo de acção social que se caracteriza por uma utilização de actos de fala simetricamente orientada para o entendimento mútuo, tinha de ser distinguida do plano reflexivo do discurso em que os intervenientes tematizam as pretensões de validade problematizadas. Serve-me de modelo a revalidação discursiva de pretensões de verdade que investiguei dando seguimento aos trabalhos de Stephan Toulmin([15]) e que,

---

([13]) J. Searle, *Actos de Fala*, Coimbra, Almedina, 1984; em língua alemã: Frankfurt/M. 1971.

([14]) Veja-se, neste volume, p. 104.

([15]) S. Toulmin, *The Uses of Argument*, Cambridge 1964.

como ficaria demonstrado, de uma forma algo precipitada[16] ampliei numa teoria consensual da verdade[17].

Se perspectivarmos as cinco prelecções proferidas em Princeton como um todo, vemos que estas clarificações conceptuais fornecem, quando muito, os talheres, mas não a refeição. Mas com uma comunicação interpretada, num sentido mais lato, «no âmbito de uma teoria da verdade» como o meio essencial de produção de ordem social, tinha agora na mão uma chave para responder a questões fundamentais da teoria social: os conceitos em oposição, o da orientação para o entendimento mútuo e o da orientação para o êxito, tornam acessível todo o campo dos conceitos sociológicos da acção (2). A relação complementar entre a acção comunicativa e o mundo da vida permite dar o passo da teoria da acção para a teoria da sociedade (3). Com a ajuda de reflexões do foro da teoria da comunicação podem então ser clarificados três problemas adicionais: a questão clássica da relação entre o indivíduo e a sociedade é respondida no sentido de uma teoria da intersubjectividade (4), a concepção de Weber da racionalização social é ampliada para além do aspecto da racionalidade orientada para fins (5) e a abordagem hermenêutica da sociologia compreensiva é aprofundada no sentido de um procedimento de reconstrução racional (6). A teoria da racionalidade, finalmente, constitui uma ponte do discurso *filosófico* da modernidade para o diagnóstico *sociológico* do presente (7).

(2) Com a «acção comunicativa», as *Gauss lectures* caracterizam um tipo sumamente improvável de interacções. A concertação das acções de *ego* com as de *alter* é a todo o momento posta em perigo pela rejeição de uma pretensão de validade criticável. Mas a mudança de rumo operada pela teoria da comunicação conduz de teorias filosóficas da acção, que se esforçam antes de mais por esclarecer a estrutura teleológica da acção orientada para fins e da escolha racional, à interrogação central de uma teoria sociológica da acção que pretende explicar a produção interactiva de ordens sociais. O *segundo texto* que consta deste volume, que já se apoia na

---

[16] Veja-se a introdução do Volume 2 de *Obras Escolhidas de Jürgen Habermas* [Lisboa, Edições 70, 2010, no prelo].

[17] J. Habermas, «Wahrheitstheorien» [Teorias de verdade], *Obras Escolhidas de Jürgen Habermas*, Volume 2, no prelo.

teoria da acção comunicativa entretanto terminada, trata o «entendimento mútuo» como um tal mecanismo de coordenação de acções. A força motivadora de uma proposta de acto de fala não resulta da validade do que é dito, mas da credibilidade, produtora de efeitos sobre a coordenação, da garantia que o locutor assume de forma implícita no sentido de, no caso de necessidade, revalidar a pretensão que fez valer. A teoria dos actos de fala fornece então pontos de vista sob os quais se torna acessível a unidade na pluralidade dos conceitos sociológicos de acção. A acção social vai do «comportamento de escolha racional», passando pela acção «estratégica» e «orientada por normas», até à acção «dramatúrgica». Estes tipos de acção podem ser diferenciados segundo as «referências ao mundo» que os locutores adoptam nas respectivas atitudes da primeira, segunda e terceira pessoas. No entanto, uma vez que a complexidade das sociedades modernas transcende a perspectiva interna das abordagens das teorias da acção, os meios do «poder» e do «mercado» têm de complementar a comunicação linguística que, juntamente com valores e normas, constitui a fonte da «solidariedade social». No plano da acção, a «acção regulada por meios» é um reflexo do alto grau de autonomização das economias orientadas pelo capital e das burocracias orientadas para o poder.

(3) Nas *Gauss lectures* ficou em aberto a questão de como, a partir do conceito de *acção* comunicativa introduzido pela pragmática formal, pode ser desenvolvida uma teoria da comunicação *da sociedade* empiricamente aproveitável. O *terceiro texto* dedica-se à tarefa filosófica de assegurar, no percurso da acção social até à ordem social, a continuidade dos conceitos fundamentais. O conceito do mundo da vida como o «pano de fundo» linguisticamente estruturado da acção comunicativa é de uma importância central para esta concertação da teoria da acção com a teoria da sociedade. Mais uma vez serviu de ajuda Searle, que operara uma transformação linguística da concepção do mundo da vida de Husserl[18]. Um «saber como» pré-existente, constituído de forma holística e implícito, que funciona no modo de certezas, tem de complementar tacitamente, num dado contexto, o significado *literal* das expressões linguisticamente padronizadas. Sobretudo este pano de fundo do que é óbvio e intersubjectivamente partilhados explica

---

[18] J. Searle, *Expression and Meaning* [*Expressão e Significado*, Martins Fontes, s.d.], Cambridge 1979, cap. 5; em língua alemã: Frankfurt/M. 1982.

porque pode o mundo da vida suster o risco de dissensão de uma comunicação que passa por pretensões de validade criticáveis.

Para desenvolver, a partir de um conceito do mundo da vida introduzido pela pragmática formal, o conceito da sociedade como «mundo da vida simbolicamente estruturado», é necessária uma série de passos adicionais.

– A pragmática formal delineia a imagem de um mundo da vida que se pode reproduzir através dos actos comunicativos dos que a ele pertencem, enquanto os participantes da prática comunicativa quotidiana, por seu lado, se alimentam do pano de fundo do mundo da vida articulado em termos linguísticos. Este processo circular, contudo, não se fecha de forma narcísica às experiências que aqueles que agem de uma forma comunicativa acumulam no trato mútuo e no confronto com tudo o que se passa no seu mundo interior. A antecipação referente ao mundo da vida que é a linguagem que abre o mundo não é imune à força retroactivamente revisionária dos processos de aprendizagem intramundanos possibilitados pela linguagem. A estrutura deste processo, é certo, tem antes de mais de ser esclarecida de acordo com a pragmática formal, a partir da perspectiva dos intervenientes. Nesse caso, porém, oferece a um observador sociológico, que investigue empiricamente um modo de vida sociocultural pré-existente como um entre muitos «mundos da vida», uma orientação quanto aos conceitos fundamentais.

– A transição de uma perspectiva para a outra é conseguida com recurso a uma diferenciação que subdivide o pano de fundo do mundo da vida, inicialmente opaco, com base em tipos de actos de fala e pretensões de validade, em esquemas interpretativos passíveis de consenso (saber cultural), relações interpessoais ordenadas de forma legítima (recursos de solidariedade social) e estruturas de personalidade (resultados da socialização) e, assim, os torna empiricamente palpáveis([19]).

– Segundo o exemplo da distinção entre «integração social e sistémica» que, em termos conceptuais, se encontram articuladas por um vector da teoria da acção, o conceito de sistema da sociologia pode ser concertado com o conceito do mundo da vida([20]). As relações sociais reguladas através dos meios do «poder» e do «mercado» podem assumir a forma de interacções mediadas pela

---

([19]) Mais pormenorizado em Habermas (1981), vol. II, pp. 212 ss.

([20]) Quanto a esta matéria, cf. Habermas (1981), vol. II, pp. 384-419.

linguagem; mas os actores perseguem então, através dos processos de entendimento, regularmente objectivos de acção que se regem em exclusivo por preferências próprias[21].

(4) Adicionalmente, a abordagem da teoria de comunicação resolve um problema, no confronto com o qual Husserl tinha fracassado usando as premissas da filosofia da consciência. Nas *Meditações Cartesianas* não conseguiu demonstrar como um mundo da vida partilhado no plano intersubjectivo pode ser gerado a partir da perspectiva egológica das mónadas transcendentais[22]. Esta questão filosófica, que se encontra na base da controvérsia em torno dos paradigmas entre o mentalismo e a filosofia da linguagem, decide igualmente sobre a questão sociológica tratada pelo *quarto texto* – como pode ser compreendida a relação entre o indivíduo e a sociedade.

Na tradição do pragmatismo americano, que entronca em Hegel, George Herbert Mead desenvolveu o conceito de intersubjectividade a partir das condições de génese de interacções simbolicamente mediadas. Segundo este, os símbolos, ao cumprirem, passando por expectativas de comportamento recíprocas, a função pragmaticamente decisiva da coordenação de acções, instituem entre os actores intervenientes a comunidade de uma compreensão para o conteúdo semântico desses símbolos. O êxito pragmático dos símbolos reguladores da interacção, que adquirem *o mesmo* significado para ambas as partes, explica o âmago semântico de práticas comuns de que resulta uma compreensão do mundo partilhado no plano intersubjectivo.

Mead associa esta abordagem, de modo algum primariamente linguística, mas interaccionista, do entendimento entre *alter* e *ego* sobre um comportamento expectável, à ontogénese da auto-relação de uma pessoa em crescimento. Esta engenhosa associação permite-lhe desdobrar de forma dialéctica a relação entre o indivíduo e a sociedade. No decurso da socialização, a pessoa em crescimento ao integrar-se, a par com o seu crescimento, em relações cada vez mais complexas do seu meio social circundante e ao aprender a dominar papéis cada vez mais abstractos com graus crescentes de reflexividade e uma autodistanciação correspondente, forma-se

---

[21] Relativamente a esta matéria, cf. Habermas (1981), vol. I, *Erste Zwischenbetrachtung*.
[22] M. Theunissen, *Der Andere*, Berlim 1977, primeira parte.

num sujeito que age de forma impermutável e num indivíduo singular. O *quarto texto* empreende a tentativa de explicitar esta ideia fundamental da individualização pela socialização com recurso à história dos conceitos e de a precisar com os meios da pragmática formal.

(5) As reflexões sociológicas sobre patologias sociais que ocorrem no decurso de processos de modernização cultural e social não constituem um tema em contextos filosóficos. Diferente é o que se passa com a questão de saber que critérios de crítica podem ser colocados na base da crítica de uma modernização que está a descarrilar. O *quinto texto* pretende extrair uma tal base normativa de aspectos da racionalidade da acção; por isso, recomenda-se que relembremos com brevidade o pano de fundo tipicamente social-evolutivo da interrogação. Entroncando na teoria da racionalização social de Max Weber, a teoria crítica mais antiga dirigira a sua atenção para sintomas de uma racionalidade orientada para fins autonomizada (e posteriormente tinha-a agudizado no diagnóstico de uma «dialéctica do Esclarecimento»). A esta crítica da «razão instrumental» substitui-se, na *teoria da acção comunicativa*, uma crítica da «razão funcionalista», ou seja, de uma racionalidade sistémica autonomizada relativamente à racionalidade comunicativa do mundo da vida. Ora, a meu ver, a emergência de novos mecanismos sistémicos e capacidades de auto-regulação dependem de margens de manobra que em limiares evolutivos são apenas abertas por uma progressiva racionalização *do mundo da vida*. Surtos de desenvolvimento sociocultural distinguem-se da evolução *natural*, gerada exclusivamente pelo acaso, por processos de resolução de problemas e de aprendizagem *dirigidos*. *As sociedades aprendem* ao aproveitarem as concepções morais e jurídicas contidas em imagens do mundo para desenvolverem formas mais abrangentes de integração social[23]. Nas sociedades modernas, o desacoplamento entre o sistema e o mundo da vida progride, ao ponto de a mera *mediatização* do mundo da vida poder converter-se numa *colonização*. Os efeitos patológicos ocorrem sempre que imperativos sisté-

---

[23] Veja-se Habermas (1981), vol. II, pp. 462-470. Cf. H. Brunkhorst, *Habermas*, Leipzig, 2006, p. 88, com uma alusão irónica a Gehlen: «Não existe apenas o homem primordial na cave e a cultura tardia no telhado, também há algo no meio, cuja evolução social se deve tanto à cega variação aleatória como a processos de aprendizagem moral-cognitivos, cujas consequências selectivas têm, em seguida, de ser estabilizadas por instituições.»

micos transvazam para as áreas centrais da reprodução cultural, da integração social e da socialização a ponto de o sentido próprio da reprodução simbólica do mundo da vida dependente da acção comunicativa sair danificado. Processos de monetarização ou burocratização «transbordantes» causam uma exaustão assimétrica dos potenciais de racionalidade a expensas de recursos de solidariedade social provenientes do mundo da vida[24].

Este diagnóstico apoia-se numa teoria da evolução social, elaborada passo a passo[25], de que ainda carecia em 1977, quando redigi a palestra sobre os aspectos da racionalidade da acção para um congresso internacional em Otava. Como parte de um *work in progress*, este texto ainda não está finalizado. Ainda assim, incluí-o neste volume porque, da perspectiva da teoria da acção, já contém os pontos de vista decisivos para uma crítica da estreiteza de vistas de um conceito da racionalização social forjado à medida da racionalidade orientada para fins e prepara a questão de saber «o que torna racional uma forma de vida»[26]. O potencial de racionalidade da acção orientada para o entendimento desdobra-se num mundo da vida, cujas estruturas interiores e racionais constituem um contrapeso à racionalidade de sistemas funcionais e autonomizados, precisamente quando esta já se trai apenas em sintomas de uma comunicação sistematicamente distorcida[27].

(6) A compreensão da modernização como racionalização social, proposta por Max Weber, conta com o facto de as estruturas racionais se consubstanciarem no espaço e no tempo e de poderem ser comprovadas empiricamente em práticas sociais[28]. As ciências sociais que enfrentam esta tarefa exigente têm de se servir de um processo reconstrutivo. Sob a superfície da pluralidade hermeneuticamente acessível de expressões e objectos simbólicos, pretendem pôr a descoberto *estruturas de profundidade*. Se, deste ponto de vista reconstrutivo, quisermos, por exemplo, dedicar-nos à história da ciência

---

[24] Habermas (1981), vol. II, pp. 470-488.

[25] Vejam-se, antes de mais, os números 1, 6 e 7 em J. Habermas, *Zur Rekonstruktion des Historischen Materialismus*, Frankfurt/M. 1976.

[26] J. Habermas, «Was macht eine Lebensform rational?» [O que torna racional uma forma de vida?], em *idem*, *Erläuterungen zur Diskursethik* [*Comentários à Ética do Discurso*, Lisboa, Piaget, 1999], Frankfurt/M. 1991, pp. 31-48.

[27] J. Habermas, «Überlegungen zur Kommunikationspathologie», em Habermas (1982), p. 226-270.

[28] W. Schluchter, *Die Entwicklung des okzidentalen Rationalismus*, Tübingen 1979.

a fim de explicarmos porque teorias foram aceites no seu tempo como convincentes, necessitamos de uma teoria da ciência sensível ao contexto que descreva a estrutura interna e racional de práticas de investigação. De forma análoga, precisamos de uma teoria moral para compreendermos, por exemplo, juízos morais produzidos de forma experimental como soluções de problemas, e a ontogénese das capacidades correspondentes como processo de aprendizagem. Assim, também Max Weber entendeu as práticas de jurisdição ou as imagens do mundo teocêntricas e cosmológicas das grandes religiões como soluções mais ou menos racionais de conflitos internos das sociedades ou problemas existenciais fundamentais[29].

O *sexto texto* tenta diferenciar o procedimento metódico de tais reconstruções da compreensão hermenêutica das ciências humanas históricas[30]. A «viragem interpretativa» que foi proclamada nos anos setenta do século XX começou por me dar um pretexto para chamar a atenção para o facto de as ciências humanas terem por princípio de encontrar um acesso hermenêutico às suas áreas temáticas simbolicamente estruturadas. Em seguida, apoiei-me em conhecimentos da hermenêutica filosófica e da análise linguística para recordar o carácter performativo da compreensão, e a perspectiva do interveniente, a partir da qual um intérprete se debruça sobre o seu objecto. Isso não põe em perigo a objectividade da compreensão porque o intérprete pode, também no papel do participante virtual – por assim dizer como participante do diálogo –, chegar a um juízo independente. Toda a actividade interpretativa move-se no espaço dos motivos, e toda a interpretação é uma interpretação racional na medida em que o intérprete tem de sopesar os motivos que em primeiro lugar tornam o *interpretandum* compreensível.

Deste modo, o carácter racional das interpretações revela uma racionalidade inerente aos objectos simbólicos, reivindicada por eles – e por vezes falhada. Ora, contrariamente à interpretação comum, uma reconstrução não tem por alvo imediato o sentido ou conteúdo de um determinado texto ou de uma expressão, de

---

[29] Cf. igualmente K. Eder, *Die Entstehung staatlich organisierter Gesellschaften*, Frankfurt/M. 1976; J. Habermas, *Zur Rekonstruktion des Historischen Materialismus*, Frankfurt/M. 1976, pp. 9-48 e 144-199.

[30] Relativamente ao «funcionalismo reconstrutivo», cf. B. Peters, *Die Integration moderner Gesellschaften*, Frankfurt/M. 1993, p. 396 ss.

uma determinada instituição ou modo de agir, de acontecimentos sociais ou artefactos. Antes visa regras, segundo as quais esses objectos simbólicos são gerados e os critérios segundo os quais podem ser aceites como «acertados» ou criticados como deficientes. Pessoas que dominam tais regras e parâmetros de geração dispõem de competências. Nos casos mais gerais trata-se de competências de cognição, fala e acção – que desde sempre constituem domínios do trabalho analítico-conceptual dos filósofos.

É, portanto, a filosofia que, com as suas análises do «saber como» não tematicamente presente, sendo unicamente presente de forma performativa e intuitiva, fornece o exemplo da compreensão reconstrutiva. Ela explica o saber de como se formam juízos verdadeiros e se tiram conclusões correctas, como se produzem frases gramaticais e como se utilizam comunicativamente com êxito, como se age de uma forma moral ou caracterizada pela racionalidade orientada para fins, como se desenvolve uma autocompreensão autêntica, etc. Mas teorias concebidas de forma empírica não partem, como as reconstruções filosóficas, de juízos, actos de fala ou acções aleatórios, escolhidos como exemplares, mas de determinados fenómenos *já presentes* numa área temática aberta pela hermenêutica, a fim de os compreender a partir das suas condições de possibilitação e, ao mesmo tempo, os avaliar como produtos mais ou menos racionais. Para tal é necessária uma divisão do trabalho especial entre processos de explicação causal e reconstitutivos que ilustro no exemplo da teoria de Kohlberg do desenvolvimento da consciência moral de crianças e adolescentes.

(7) Finalmente, a teoria da acção comunicativa não fornece apenas a perspectiva a partir da qual a problemática da racionalidade, adoptada por Max Weber e prosseguida no marxismo ocidental, pode ser descrita de forma adequada. Esta perspectiva também permite um olhar esclarecedor sobre a proveniência da teoria crítica da sociedade da crítica da razão exercida de Kant a Hegel. No início está o desafio colocado ao pensamento filosófico por uma consciência do tempo nova e radicalizada. Esta experiência impõe à filosofia, entretanto tornada pós-metafisicamente sóbria, um tema inteiramente novo – o auto-entendimento de uma modernidade desacoplada da tradição. Ao mesmo tempo, Kant deixara ficar a autocrítica da razão como única fonte de orientações normativas. A força da razão prática esgota-se agora no direito racional e na moral racional. As doutrinas clássicas da

vida recta e da sociedade, ética e política justas, ainda estavam interligadas; contrariamente a estas, o pensamento pós-metafísico já não se fia na individualização de um *modelo comummente vinculativo do bem comum*. Simultaneamente impõem-se à filosofia, com a nova consciência histórica, as contingências multiplicadas de um futuro que se antecipa a necessitar de organização. A filosofia tem uma percepção tanto mais aguda da crescente necessidade de organização, quanto mais claramente se recusa a procurar respostas metafísicas. Com a agudização dos desejos de orientação na necessidade de acção na situação presente acresce, portanto, à filosofia, para além das tarefas habituais das suas disciplinas clássicas, o novo tema de «compreender o seu tempo no pensamento». O *último texto* neste volume visa explicar por que razão a filosofia após Hegel concebeu a tarefa de uma semelhante análise do presente sob pontos de vista críticos da razão e não tarda já a executá-la apenas num regime de divisão do trabalho com a recém-constituída sociologia. Este desenvolvimento, que conduz, passando por Hegel, Marx, Max Weber e Georg Lukács, ao programa de investigação dos primórdios da teoria crítica, chega a um fim consequente na crítica autoreferencial da razão totalizante da «Dialéctica do Esclarecimento»([31]). Com ela desagrega-se a concepção duradouramente problemática ao nível da história dos efeitos e da recepção histórica que Hegel dera ao auto-entendimento da modernidade. É que hoje a sociologia ainda parece tomar posse apenas de metade desta herança.

As duas abordagens teóricas mais bem sucedidas, a teoria da escolha racional e o funcionalismo sistémico, apropriam-se da pretensão de explicação empírica, mas estreitam o perfil da teoria da racionalidade ao separarem-na por completo do contexto genético da filosofia prática([32]). Heidegger, pelo contrário, inflaciona a herança da crítica da razão e prossegue com o programa crítico da modernidade – tal como o Wittgenstein tardio e os seus discípulos

---

([31]) J. Habermas, [*O Discurso Filosófico da Modernidade, op. cit.*], Frankfurt/M. 1985, p. 130-157.

([32]) A. Honneth, «Verflüssigung des Sozialen», *WestEnd. Neue Zeitschrift für Sozialforschung*, 2, 2008, 84: «Facilmente pode ganhar-se a impressão como se a sociologia mais recente quisesse [...] despedir-se definitivamente da geração dos seus fundadores; é que, de Weber e Durkheim até Talcott Parsons considerava-se como adquirido que uma concepção fundamental adequada apenas podia ser extraída do mundo social utilizando conceitos, modelos ou hipóteses da teoria moral.»

adeptos de uma argumentação contextualista – utilizando outros meios. Estas definições do rumo a tomar pelos diagnósticos pós-modernos do presente oferecem contudo, se tanto, pontos de referência, mais para as ciências culturais que para as ciências sociais. A função da autocompreensão da Modernidade passou a seu tempo da filosofia para a sociologia([33]) – em vez de passar para outras ciências sociais como a economia política, o direito público ou a antropologia([34]). Em retrospectiva, a génese da teoria da sociedade deve-se a este enfeudamento da sociologia à tarefa originalmente filosófica de uma análise do presente que leva a cabo um diagnóstico epocal. Já há algum tempo que observo na sociologia sintomas da dissolução desta simbiose. No currículo da disciplina, a teoria da sociedade é enlevada para as alturas dos clássicos e, toda ela, historicizada([35]), ao passo que um público especializado e profissionalizado em alto grau já não entende a sua relação com a prática no sentido de um contributo esclarecedor para o auto-entendimento colectivo, mas no sentido do aconselhamento empiricamente fiável de elites funcionais. Isto pode significar uma perda para o discurso da modernidade, mas abre igualmente uma oportunidade. O discurso da modernidade poderia lucrar com o facto de uma filosofia com capacidade de aprendizagem se abrir à cooperação sem preconceitos com *todas* as ciências humanas. Mas se a função do auto-entendimento recair sobre uma filosofia que se fecha narcisicamente a uma divisão do trabalho séria com ciências especializadas, já nada – como o demonstrou a década da discussão sobre a pretensa pós-modernidade – é capaz de deter o diletantismo.

([33]) Uma excepção é constituída pela França nos anos 60 do século xx. Aqui, a antropologia sucedeu à sociologia neste papel, se bem que somente de uma forma transitória.
([34]) Cf. a excelente representação desta transição em H. Marcuse, *Vernunft und Revolution*, Neuwied 1964.
([35]) O que não exclui representações empenhadas como a de H. Joas e W. Knöbl, *Sozialtheorie*, Frankfurt/M. 2004.

1
Prelecções para uma fundamentação linguística da Sociologia([1])

1.ª Prelecção

As abordagens objectivistas e subjectivistas das teorias de ciências sociais

Nas ciências sociais competem entre si diversas abordagens teóricas que se distinguem umas das outras, não só no que diz respeito a formulações de problemas e estratégias de investigação, mas de um modo fundamental. Refiro-me a diferenças na escolha do enquadramento categorial e da conceptualização da área temática. Neste tipo de diferenças da estratégia conceptual exprimem-se conflitos mais profundos: concepções científicas e interesses cognitivos em conflito. Não tenho a intenção de analisar agora abordagens teóricas diversas e de as apresentar de forma simétrica. A minha intenção vai antes no sentido de desenvolver uma determinada estratégia conceptual relativa às ciências sociais e tornar plausível o seu potencial. As reflexões metodológicas comparativas pelas quais quero começar, assim como as classificações provisórias a que estas conduzem, servem unicamente o objectivo da delimitação de uma teoria da comunicação da sociedade. Esta teoria ainda não existe numa forma satisfatória; apenas posso abordar alguns problemas que me motivam para considerar frutuosa uma semelhante abordagem da teoria da comunicação.

A primeira *decisão estratégico-conceptual* que é de uma importância fundamental para um programa teórico para as ciências sociais

---

([1]) Christian Gauss Lectures, proferidas em Fevereiro e Março de 1971 na Universidade de Princeton.

consiste no seguinte: admitir ou rejeitar o «sentido» (*meaning*) como conceito fundamental. Entendo «sentido» paradigmaticamente como o significado de uma palavra ou de uma frase. Parto, portanto, do princípio de que não existe algo como intenções do locutor puras ou prévias; o sentido tem ou encontra sempre uma expressão simbólica; as intenções, para aceder à clareza, têm sempre de assumir uma forma simbólica e poder ser expressas. Esta expressão pode ser um elemento de uma língua natural ou um derivado linguístico (por exemplo, pertencer a um sistema de signos, com que se entendem os surdos-mudos ou os condutores). A expressão também pode ser extraverbal, ou seja, assumir a forma de uma acção ou de uma expressão física (expressão facial, gesto), de uma representação artística ou musical. Neste contexto, pressuponho que um sentido expresso de forma extraverbal pode, em princípio e por aproximação, ser reproduzido por palavras: *whatever can be meant can be said* [tudo o que se pode significar pode ser dito] ([2]). Evidentemente, ao invés, nem tudo o que pode ser dito pode necessariamente também ser expresso de modo extraverbal.

Se pudermos introduzir «sentido» *a limine* como sentido linguístico, ou seja, com referência ao significado de palavras e frases, a nossa decisão fundamental de estratégia conceptual pode ser formulada com maior precisão: trata-se de uma decisão metateórica sobre se a comunicação linguística deve ser considerada uma característica constitutiva da área temática. A palavra «constitutivo» expressa que a própria área temática é definida em termos de comunicação linguística. Se descrevermos a linguagem em categorias de comportamento observável ou de notícias transmissíveis, e explicarmos os processos linguísticos, por exemplo, com base na teoria da aprendizagem, as configurações estruturadas de uma forma dotada de sentido passam por objectos entre outros objectos físicos que são descritos num enquadramento conceptual não específico da linguagem e submetidos a uma análise empírico-teórica. No entanto, a linguagem é constitutiva de uma área temática formulada em termos categoriais de modo a que nela possam ocorrer configurações estruturadas de uma forma dotada de sentido (como pessoas, expressões ou instituições) como fenómenos necessitados

---

([2]) Cf. J. Searle, *Speech Acts* [*Actos de Fala, op. cit.*], Cambridge 1969, pp. 19 ss. (edição alemã: Frankfurt/M. 1971, pp. 34 ss.).

de explicação. «Sentido» tem o estatuto de um conceito fundamental das ciências sociais se com o seu auxílio caracterizarmos a estrutura da própria área temática e não meros elementos individuais no interior dessa mesma área temática. Quero explicitar esta decisão metateórica com base em três consequências.

(a) *Comportamento* versus *acção*: só se o «sentido» for admitido como conceito fundamental da sociologia, podemos distinguir acção (*action*) de comportamento (*behavior*). Não vou aqui debruçar-me de um modo mais circunstanciado sobre o problema que nos espera a jusante da delimitação de acontecimentos observáveis que interpretamos como comportamento perante acontecimentos que não podemos interpretar como comportamento. O esquema interpretativo que nos permite conceber o movimento de um corpo como sinal de vida de um organismo, também podemos dizer: como o movimento de um corpo vivo, ainda não foi analisado de um modo satisfatório([3]). Ao descrevermos um movimento observável como comportamento, atribuímo-lo a um organismo que reproduz a sua vida em adaptação ao seu meio circundante; entendemo-lo como um movimento produzido por um organismo e assim presumimos a existência de um X que num sentido muito lato é «responsável» por este movimento. Neste contexto, a categoria da responsabilidade pode ser utilizada meramente entre aspas, ou seja, com reserva. É que um organismo animal não pode ser responsabilizado pelo seu comportamento no mesmo sentido em que um sujeito dotado de capacidade de fala e de acção o é pelos seus actos. Mas aparentemente extraímos os pontos de vista da interpretação de movimentos de uma modificação privativa da pré--compreensão do nosso próprio mundo da vida social. Designo a modificação de privativa porque somos capazes de distinguir reacções comportamentais de outros acontecimentos sem termos de recorrer à categoria do sentido. É que este conceito diferencia somente entre um comportamento que posso encarar como acção intencional e um comportamento que não se enquadra nesta descrição. Chamo intencional a um comportamento que é guiado por normas ou se orienta por regras. Regras ou normas não acontecem, aplicam-se em virtude de um significado reconhecido no plano intersubjectivo.

([3]) Cf. as análises conceptuais de D. S. Schwayder, *Stratification of Behavior*, Londres 1965.

As normas têm um conteúdo semântico, ou melhor, um sentido que, sempre que um sujeito que compreende o seu sentido as cumpre, se torna o fundamento ou o motivo de um comportamento – e nesse caso falamos de uma acção. Corresponde ao sentido da regra a intenção de um actor que orienta o seu comportamento pela mesma. Só designamos por acção este comportamento orientado por regras; só de acções dizemos que são intencionais. Um comportamento observável cumpre uma norma válida só e apenas no caso em que este comportamento pode ser entendido como produto de um sujeito agente que compreendeu o sentido da norma e se regeu intencionalmente por ela. Um comportamento que observamos ao longo de um determinado período de tempo pode corresponder de facto a uma dada norma sem ser orientado por normas. Por isso distinguimos um comportamento regular de um comportamento orientado por regras, isto é, de uma acção. As regularidades, descobrimo-las recorrendo a generalizações indutivas; existem ou não existem. As regras, pelo contrário, temos de as compreender quanto ao seu sentido; reivindicam validade. Podemos infringir regras, mas não faz sentido dizermos que estão a ser infringidas regularidades. Regras que subjazem a uma prática podem ser aceites ou rejeitadas; mas a existência de regularidades comportamentais pode ser afirmada ou contestada. Evidentemente, podemos afirmar regularidades tanto de contextos de uma acção intencional como de uma sequência de reacções comportamentais; mas no primeiro caso podemos deduzir a afirmação correspondente da circunstância de estarmos, com uma probabilidade passível de quantificação, perante um cumprimento de normas, ao passo que no outro caso temos de apoiar a afirmação na generalização indutiva de observações comportamentais.

(b) *Observação* versus *compreensão de sentido.* Da distinção que fizemos entre comportamento e acção resulta a distinção ulterior entre diversos modos da experiência em que são acessíveis reacções comportamentais e acções. Observamos comportamentos e regularidades de comportamento, ao passo que acções são compreendidas. Mais uma vez é a categoria do sentido que diferencia entre os dois modos da experiência. É que não posso observar acções exclusivamente como um comportamento porque tenho de referir características comportamentais às regras que lhes estão subjacentes e tenho de compreender o sentido dessas regras se quiser descrever um determinado comportamento como acção. Mas é evidente que a apreensão que compreende sentidos de contextos de acções tem de se apoiar em observações.

Permitam-me que compare dois juízos de percepção ou «enunciados de observação». «Vejo uma mosca bater no vidro» é uma frase com que reproduzo a observação de um comportamento; pelo contrário, «Vejo o João a voltar do trabalho» é uma frase com que descrevo uma acção «observada». Em ambos os casos utilizo de forma coincidente a expressão «ver», visto que ambas as frases reproduzem ocorrências que o locutor afirma perceber neste preciso momento. Ainda assim, no primeiro caso, «ver» significa a observação de um acontecimento que pode ser encarado como comportamento, ao passo que no outro caso designa a compreensão de uma acção. É verdade que este comportamento se *apoia* na observação de uma ocorrência: a campainha da porta que toca, uma pessoa que entra, etc., mas as características do comportamento e os acontecimentos observados são *interpretados* com referência a um contexto de acção. Este consiste em normas de acção, no nosso caso de normas sociais que, por exemplo, regulam o tempo de trabalho e o trânsito à hora de ponta. Tenho de conhecer tais normas juntamente com as suas condições de enquadramento para saber quando uma dada ocorrência pode ser interpretada como um caso em que elas se aplicam: «Vejo o João a voltar do trabalho» significa que compreendo uma ocorrência observada como o cumprimento de uma norma, como uma determinada acção: no caso presente, portanto, como «regresso do trabalho». «Ver» ou «observar» uma acção ou «percebê-la» implica sempre a compreensão de uma norma (ou da respectiva intenção do actor) e a interpretação de movimentos (ou estados) à luz de uma regra de acção (ou intenção) compreendida.

Uma decisão sobre se a acção intencional deve ou não ser admitida tem consequências metodológicas justamente no que diz respeito ao modo da experiência. Esta realidade reflecte-se no plano dos problemas de medição([4]). Medições servem para transformar experiências em dados que correspondam a exigências de fiabilidade intersubjectiva e possam servir de base à verificação da

---

([4]) Cf. A. V. Cicourel, *Method and Measurement*, San Francisco, 1965 (edição alemã: Frankfurt/M. 1970).

pretensão de validade empírica de proposições teóricas. Observações de acontecimentos (e de reacções comportamentais) podem ser articuladas com o jogo de linguagem da medição física. Um correspondente sistema de operações fundamentais de medição, tal como está disponível para corpos em movimento (por exemplo, pontos de massa), falta, no entanto, para os objectos que, tal como as acções, apenas são acessíveis à experiência que compreende o sentido. Por outras palavras: as observações que podem ser expressas em frases descritivas de uma linguagem de coisas e acontecimentos podem ser controladas por processos reconhecidos e que podemos fazer remontar à medição física; a interpretação que compreende o sentido de configurações simbólicas como acções que possam ser representadas em frases descritivas de uma língua de expressão humana, porém, não pode do mesmo modo ser operacionalizada de uma forma fiável. Até à data, a medição de sentido simbolizado tem de recorrer a processos *ad hoc* que, em última instância, permanecem dependentes de uma compreensão da linguagem pré-científica, quando muito disciplinada em termos hermenêuticos. Qualquer pessoa que domine uma língua natural pode, em virtude da competência comunicativa, em princípio compreender quaisquer expressões, desde que façam algum sentido, e torná-las compreensíveis a outros, isto é, interpretá-las. Evidentemente, alguns são mais experientes do que outros: a hermenêutica é uma arte e não um método([5]). Recorremos à hermenêutica, à arte da interpretação, em vez de um processo de medição, mas ela não é nem uma coisa nem outra. Somente uma teoria da comunicação da linguagem coloquial que não se limite a orientar e disciplinar, como uma teoria artística hermenêutica, a capacidade natural da competência comunicativa, mas a explique, também seria capaz de orientar as operações básicas da medição de sentido.

(c) *Convencionalismo* versus *essencialismo*. Independentemente da forma como se resolve o problema da medição de significados de expressões simbólicas, a base de experiência de uma teoria da acção permanece diferente da de uma teoria científica e rigorosa do comportamento. É que a adequação da descrição de uma configuração estruturada de uma forma dotada de sentido, de uma

---

([5]) H.-G. Gadamer, *Wahrheit und Methode* [*Verdade e Método*, Vozes, s.d.], 2ª ed., Tübingen, 1965.

frase pronunciada ou de uma acção, só pode ser verificada com referência ao saber do sujeito que produziu as expressões. Um sujeito dotado de capacidade de acção pode em muitos casos não ser capaz de indicar de forma explícita as normas pelas quais rege o seu comportamento; mas, na medida em que domina as normas e é capaz de as cumprir, dispõe de um saber implícito das regras; com base neste *know-how* pode decidir em princípio se uma dada reacção comportamental pode de todo ser entendida à luz de uma regra conhecida, ou seja, se pode ser compreendida como acção; se corresponde porventura a determinada norma ou se se desvia dela; e em que grau se desvia porventura de uma norma subjacente. O caso das expressões linguísticas é similar. Locutores competentes sabem habitualmente explicitar as regras gramaticais de uma língua natural em que formam e compreendem frases apenas de um modo muito incompleto, se o sabem de todo. Ainda assim, qualquer locutor suficientemente socializado dispõe de um *know-how* suficiente para distinguir expressões fonéticas de meros ruídos e frases formadas de uma forma correcta em termos sintácticos e que fazem sentido em termos semânticos de frases truncadas, bem como para saber catalogá-las comparativamente de acordo com o grau do seu desvio. Este conhecimento das regras, disponível de forma intuitiva mas passível de ser precisado com os meios da maiêutica, de sujeitos que falam e agem com competência constitui a base de experiência em que têm de se apoiar as teorias da acção, ao passo que as teorias científicas e rigorosas do comportamento contam unicamente com dados provenientes da observação. Desta circunstância resulta uma diferença com numerosas consequências para a construção dessas teorias e para a relação que mantêm com a sua respectiva área temática.

As teorias destinadas a explicarem esses fenómenos apenas acessíveis à compreensão do sentido, ou seja, expressões de sujeitos dotados de capacidade de fala e de acção, têm de se apoiar numa explicação sistemática daquele conhecimento das regras com recurso ao qual quem fala e age com competência gera, ele próprio, as suas expressões.

A formação de teorias visa a reconstrução dos sistemas de regras segundo os quais são produzidas as configurações estruturadas de uma forma dotada de sentido, frases e acções. Estas regras generativas não têm de decorrer de modo evidente das estruturas de superfície das expressões. Tal como no caso da gramática, pode tratar-se de estruturas de profundidade que apenas subjazem às estruturas de superfície geradas, embora sejam implicitamente sabidas sob a forma do *know-how* de locutores competentes. O objectivo é a reconstrução hipotética de sistemas de regras com que desvendamos a lógica interna da geração orientada por regras de estruturas de superfície compreensíveis. Ora, se partirmos do princípio de que as estruturas de superfície compreensíveis correspondem às regularidades de acontecimentos observáveis (e reacções comportamentais), poderíamos comparar a reconstrução dos sistemas abstractos de regras subjacentes às estruturas de superfície com as teorias das ciências experimentais de que deduzimos as leis naturais «subjacentes» às regularidades empíricas. Com efeito, a comparação ilustra a diferença de estatuto entre as duas classes de teoria. As reconstruções hipotéticas primam por uma exigência quase que essencialista que é alheia ao tipo nomológico das teorias empíricas. É que, na medida em que se referem à área temática de acontecimentos fisicamente mensuráveis, os conceitos fundamentais de sistemas de enunciados nomológicos são introduzidos, antes de mais, de forma convencional. Servem para uma construção em linguagem teórica que pode dar provas da sua validade através da dedução de hipóteses de leis verificáveis. Talvez se possa dizer que às hipóteses nomológicas, se forem verdadeiras, correspondem estruturas de uma realidade objectivada quer fisicamente, quer no âmbito da ciência do comportamento (ou deparam com invariâncias na realidade objectivada). Mas não se pode dizer que se limitam a reconstruir um saber intuitivo desde sempre possuído por observadores competentes desta realidade; antes os conhecimentos desta origem são em regra contra-intuitivos.

Já as reconstruções racionais do saber das regras de sujeitos dotados de capacidade de fala a de acção formulam uma semelhante exigência essencialista. Os conceitos fundamentais que se destinam à reconstrução de contextos de regras generativas operativas e eficazes não são apenas introduzidos de forma convencional, mas em ligação com categorias que se podem depreender da auto-compreensão dos próprios sujeitos produtores. Vejo o momento essencialista no facto de as reconstruções hipotéticas, se forem verdadeiras, não corresponderem a estruturas de uma realidade objectivada, mas às estruturas encontradas no saber implícito de sujeitos que ajuízam com competência: são as próprias regras operativas e eficazes que deste modo se pretende explicitar.

Depois de ter aclarado a decisão metateórica entre a admissão e a rejeição do sentido como conceito fundamental das ciências sociais com base em três consequências ricas em ilações metodológicas, encontro-me em condições de delimitar provisoriamente as abordagens objectivistas da formação de teorias das abordagens subjectivistas. Vou designar por subjectivista um programa teórico que concebe a sociedade como um contexto de vida estruturado de uma forma dotada de sentido; e, mais concretamente, como um contexto de expressões e estruturas simbólicas que está a ser produzido de forma contínua com base em regras abstractas e subjacentes àquele. À teoria coloca-se a tarefa da reconstrução de um processo de produção de que procede uma realidade social, estruturada de uma forma dotada de sentido. Como objectivista designo, pelo contrário, um programa teórico que não entende o processo de vida da sociedade a partir do interior como processo de construção, ou seja, da produção de estruturas dotadas de sentido, mas a partir do exterior como um processo natural que pode ser observado nas suas regularidades empíricas e explicado com recurso a hipóteses nomológicas. Objectivistas neste sentido são todas as teorias científicas rigorosas do comportamento, por exemplo a teoria clássica da aprendizagem. Não quero aqui escolher entre as duas abordagens concorrentes. Limito-me à indicação de que o programa teórico objectivista, bem sucedido no interior dos seus limites, está a braços com dificuldades que resultam do facto de metodicamente prescindir da pré-estruturação simbólica da realidade social. Estas dificuldades revelam-se no plano dos problemas de medição discutidos por Cicourel e outros que ocorrem na tentativa de redução da acção ao comportamento[6]; manifestam-se de forma exemplar na tentativa que se pode considerar fracassada de desenvolver uma teoria behaviorista da linguagem[7]. Não quero aprofundar este debate. Antes cingir-me-ei nas prelecções seguintes ao programa teórico subjectivista. As teorias generativas da sociedade, como direi a partir de agora, encontram-se a braços com dificuldades complementares. É que

---

[6] N. Malcolm, «Intentional Activity Cannot be Explained by Contingent Causal Laws», in L. I. Krimerman (org.), *The Nature and Scope of Social Science*, Nova Iorque 1969, 334-350; entretanto publicado em T. Mishel, *Psychologische Erklärungen*, Frankfurt/M. 1981.

[7] Cf. a crítica que Chomsky dirigiu a Skinner, in J. A. Fodor, J. J. Katz (org.), *The Structure of Language*, Englewood Cliffs 1964, p. 547-578.

um programa teórico desta índole tem de responder a três questões. Se pressupusermos que a sociedade é entendida como o processo generativo de uma realidade estruturada de uma forma dotada de sentido: (a) Quem é o sujeito deste processo generativo, ou será que tal sujeito não existe? (b) Como deve ser pensado o modo do processo generativo – como actividade cognitiva (Kant/ /Hegel), como expressão linguística (Humboldt), como trabalho (Marx), como criação artística (Schelling/Nietzsche), como pulsão (Freud)? E finalmente (c): Serão os sistemas de regras subjacentes, segundo os quais é constituída a realidade social, invariáveis para todos os sistemas sociais, ou existe um desenvolvimento histórico também destes sistemas de regras abstractos e, possivelmente, uma lógica interna do seu desenvolvimento que, por seu lado, possa ser reconstruída?

Antes que me apreste a elaborar uma tipologia das respostas que as teorias generativas da sociedade mais importantes deram a estas questões, gostaria ainda de abordar aqui, com grande brevidade, mais duas decisões fundamentais em termos de estratégia conceptual que se revestem de um grande alcance para a formação de teorias das ciências sociais.

A *segunda decisão metateórica* consiste em saber se a acção intencional como conceito fundamental da teoria social deve ser conceptualizada na forma da acção caracterizada pela racionalidade orientada para fins ou na forma da acção comunicativa. Permitam--me que caracterize antes de mais estes dois tipos de acção com referência ao estatuto das regras que orientam o respectivo comportamento. Por acção caracterizada pela racionalidade orientada para fins entendo ou uma acção instrumental, ou um comportamento que se pauta pela escolha racional, ou uma combinação entre ambos. A acção instrumental rege-se por regras técnicas que assentam em saber empírico. Estas implicam em qualquer dos casos prognósticos condicionais sobre acontecimentos observáveis, quer físicos, quer sociais; estes podem revelar-se acertados ou inverdadeiros. O comportamento que se pauta pela escolha racional rege-se por estratégias que assentam no saber analítico. Estas implicam deduções de regras de preferência (sistemas de valores) e máximas de decisão; estas frases são deduzidas ou correcta ou erroneamente. Uma acção caracterizada pela racionalidade orientada para fins realiza objectivos definidos sob determinadas condições; mas ao passo que a acção instrumental organiza meios que são adequados ou inadequados de acordo com critérios de um controlo eficaz da realidade, a acção estratégica depende apenas de uma avaliação correcta de possíveis alternativas de comportamento que resulta unicamente de uma dedução com recurso a valores e máximas.

Por acção comunicativa, por outro lado, entendo uma interacção simbolicamente mediada. Esta rege-se por normas vinculativas que definem expectativas de comportamento mútuas e têm de ser compreendidas e aceites por pelo menos dois sujeitos agentes. As normas sociais são reafirmadas por sanções. O seu conteúdo semântico objectiva-se em expressões simbólicas e é unicamente acessível à comunicação em linguagem coloquial. Ao passo que a eficácia de regras técnicas e estratégias depende da validade de frases empiricamente verdadeiras ou correctas no plano analítico, a validade de normas sociais é assegurada por um reconhecimento intersubjectivo assente num consenso de valores ou no entendimento mútuo. Em ambos os casos uma infracção às regras tem consequências diversas. Um comportamento incompetente que desrespeite regras técnicas comprovadas ou estratégias correctas encontra-se à partida condenado à frustração devido ao insucesso; o «castigo» está, por assim dizer, incorporado no fracasso sofrido no embate com a realidade. Um comportamento desviante que infringe normas válidas desencadeia sanções que se articulam com as regras de um modo meramente exterior, nomeadamente por convenção. As regras aprendidas de uma acção caracterizada pela racionalidade orientada para fins apetrecham-nos com a disciplina de habilidades, e as normas interiorizadas com a de estruturas de personalidade. Habilidades capacitam-nos para a resolução de problemas, motivações permitem-nos agir em conformidade com as normas. O diagrama que se segue resume estas definições; estas necessitam de uma explicação mais pormenorizada a que não posso proceder aqui.

Figura 1: *Regras de acção*

	normas sociais	regras técnicas e estratégicas
meios linguísticos de definição	linguagem coloquial partilhada no plano intersubjectivo	linguagem sem contexto
elementos de definição	expectativas de comportamento normativas mutuamente articuladas	prognósticos condicionais imperativos condicionais
mecanismos de aquisição	internalização de papéis	aprendizagem de habilidades e qualificações
função do tipo de acção	manutenção de instituições (conformidade às normas com base no reforço mútuo)	resolução de problemas (consecução de objectivos, definido em relações entre fins e meios)
sanções no caso de desrespeito pelas regras	punição com base em sanções convencionais: fracasso sofrido no embate com a autoridade social	insucesso: fracasso sofrido no embate com a realidade

Para a formação de teorias existe a alternativa de definir a área temática de tal modo que apenas possam ocorrer ou acções do tipo estratégico, ou acções tanto do tipo comunicativo como do tipo estratégico. A acção estratégica pode ser encarada como caso-limite da acção comunicativa que se verifica quando entre os parceiros fracassa a comunicação em linguagem coloquial como meio de garantir consensos e cada um assume uma atitude objectivante relativamente ao outro. É que à acção estratégica subjazem regras de uma escolha de meios racionalmente orientada para fins que em princípio cada actor fará por si. As máximas de comportamento são determinadas por interesses no sentido de, no âmbito de uma competição, maximizar os ganhos ou minimizar as perdas. Neste contexto, o parceiro já não é o *alter ego*, cujas expectativas posso satisfazer (ou defraudar) de acordo com normas intersubjectivamente reconhecidas; antes é um concorrente cujas decisões tento influenciar de forma indirecta, com recurso a ameaças ou recompensas. Acções instrumentais não são de todo acções sociais; podem ocorrer em acções sociais enquanto seus componentes (isto é, como elementos de definições de papéis). Se forem admitidas unicamente as acções estratégicas, podemos desenvolver, a título de exemplo, teorias da troca; se forem igualmente admitidas as acções comunicativas, podemos desenvolver teorias da acção convencionais segundo o exemplo de Weber ou Parsons.

A *terceira decisão metateórica*, que considero fértil em consequências, consiste no seguinte: saber se deve optar-se por uma abordagem elementarista ou pela chamada abordagem holística. Não posso debruçar-me em pormenor sobre este amplo debate([8]). Considero exequíveis ambas estas estratégias conceptuais; no entanto, as teorias correspondentes têm áreas de aplicação e capacidades diversas. A abordagem elementarista assume, no plano das teorias da acção, a forma do individualismo metodológico. J. W. N. Watkins formula (em acordo com Popper) dois postulados mutuamente independentes: (a) «*the ultimate constituents of the social world are individual people who act more or less appropriately in the light of their dispositions and the understanding of their situation*» [os componentes constitutivos últimos do mundo social são pessoas individuais que agem de um modo mais ou menos apropriado à luz das suas disposições e da compreensão da sua situação] (l. c., 604). Todos os fenómenos sociais têm, portanto, de poder ser analisados sob a forma de enunciados sobre acções de sujeitos individuais. Enunciados numa linguagem teórica em que figurem expressões para entidades sociais supra-individuais como papéis, instituições, sistemas de valores e tradições, são inadmissíveis se não puderem ser deduzidos de enunciados de uma outra linguagem teórica em que figuram exclusivamente predicados para sujeitos agentes, as suas expressões e respectivas motivações. O segundo postulado reza assim: (b) «*no social tendency exists which could not be altered if the individuals concerned both wanted to alter it and possessed the appropriate information*» [não existe nenhuma tendência social que não pudesse ser alterada se os indivíduos em causa tanto quisessem alterá-la como estivessem na posse da informação adequada] (l. c., 605). Esta afirmação mais forte tem o estatuto de uma suposição filosófica que diz que os sujeitos dotados de capacidade de fala e de acção constituem as únicas forças motrizes nos desenvolvimentos históricos de sistemas sociais. A transformação social pode ser explicada com referência

---

([8]) Cf. Krimerman (1969), Parte VII, pp. 585 ss., com os contributos de Watkins, Goldstein e Mandelbaum.

a propriedades de uma unidade supra-subjectiva (como sistemas, grupos e estruturas) única e exclusivamente se essas propriedades supra-subjectivas puderem ser imputadas a qualidades de sujeitos dotados de capacidade de fala e de acção. A posição contrária a uma teoria da acção individualista é hoje assinalada por uma teoria sociológica dos sistemas (Deutsch, Parsons, Luhmann) que tem em conta a circunstância de que o contexto de normas válidas vai para além do sentido subjectivamente atribuído por aqueles que agem sob a égide de normas. Os sistemas são introduzidos como unidades capazes de resolver problemas objectivamente colocados através de processos de aprendizagem supra-subjectivos [9].

As três alternativas referidas para a escolha de uma estratégia conceptual, sociológica oferecem pontos de vista adequados para uma classificação das abordagens teóricas mais importantes (ver fig. 2).

Não vou verificar aqui o potencial relativo das várias abordagens teóricas. Antes, o quadro sinóptico destina-se a situar aquelas teorias generativas da sociedade pelas quais me interesso. É evidente que não podem enquadrar-se entre as teorias científicas rigorosas do comportamento; no entanto, não se inscrevem tão-pouco entre as teorias da acção estratégica. Destas teorias fazem parte suposições relativas à racionalidade que apenas se aplicam (aproximadamente) a excertos limitados da realidade social. Tanto as teorias da escolha racional como os modelos da cibernética social têm um estatuto de análise normativa. Apenas podem ser aplicadas na condição de os sujeitos agentes se comportarem de uma forma racional e basearem o seu comportamento efectivamente nas máximas de comportamento pressupostas, ou então na condição de que os sistemas auto--regulados se estabilizam exactamente no estado convencionado como o estado ideal. As teorias generativas da sociedade não podem fazer parte deste tipo, uma vez que reivindicam abarcar o processo de vida da sociedade no seu todo, nomeadamente tal como de facto se desenrola como uma geração de estruturas de sentidos. Não se contentam com excertos da realidade que possam ser aproximados a modelos de racionalidade, ou seja, que não possuam um estatuto de análise normativa. Por isso têm de ser associados ao tipo de teoria que consta da coluna direita do diagrama.

---

[9] Cf. N. Luhmann, *Zweckbegriff und Systemrationalität*, Tübingen 1968.

Figura 2: *Abordagens das teorias sociais*

abordagem teórica	conceitos fundamentais da teoria da acção	sentido como conceito fundamental			
		não admitido	admitido	
		comportamento	acção estratégica	acção comunicativa (e estratégica)
elementarista		psicologia behaviorista (p. ex. teoria da aprendizagem)	teorias da escolha racional (p. ex. economia pura)	sociologias «compreensivas» (p. ex. Etnometodologia)
holística		teoria dos sistemas biológicos	Cibernética social (p. ex. sociologia das organizações)	teorias dos sistemas estruturalistas e funcionalistas; interaccionismo simbólico

Para neste quadro poder diferenciar entre as várias teorias generativas da sociedade, vou retomar as questões que já se nos colocavam com respeito ao conceito ainda pouco claro de uma geração de contextos de vida estruturados de uma forma dotada de sentido. Se a minha perspectiva é correcta, podemos tentar elucidar o processo generativo da sociedade com recurso aos modelos seguintes.

O *primeiro modelo* é o do sujeito cognoscente ou «que emite juízos». Kant analisou as condições subjectivas necessárias ao conhecimento da experiência e introduziu nesse âmbito o conceito de constituição de objectos da experiência. Husserl concebeu segundo este exemplo a constituição do mundo da vida quotidiano em que podemos fazer experiências, lidar com objectos e pessoas e executar acções; Alfred Schütz desenvolveu a partir daí uma teoria da constituição da sociedade. Do título de um conhecido ensaio dos seus alunos Berger e Luckmann ressalta claramente a origem desta teoria social fenomenológica na teoria do conhecimento: ambas falam da construção social da realidade (*social construction of reality*). Encaram o processo generativo da sociedade como um processo de geração de uma imagem da realidade pela qual os sujeitos se orientam no seu trato mútuo. É igualmente por isso que para Berger e Luckmann a sociologia e a sociologia *do saber* são no fundo a mesma coisa: a constituição da realidade social coincide com a geração da imagem do mundo orientada para a acção. As teorias constitutivas atribuem o processo da geração a um sujeito realizador. Este pode ser um Eu inteligível que imita o sujeito individual empírico ou, como em Hegel e Marx e na teoria social dialéctica, um sujeito genérico que se constitui de forma histórica. Veremos que precisamente estes conceitos de uma consciência individual generalizada («transcendental») ou de uma consciência colectiva dão origem a dificuldades específicas na transferência do modelo da constituição do mundo da experiência possível para a sociedade.

O *segundo e o terceiro modelos*, segundo os quais podemos pensar o processo generativo da sociedade são, pelo contrário, sistemas de regras sem sujeito. Refiro-me, por um lado, à antropologia social, estruturalista e, por outro, à teoria sociológica dos sistemas. Ambos, o estruturalismo e a teoria dos sistemas, encaram a sociedade de tal modo que esta é gerada por estruturas subjacentes como um contexto quer de configurações simbólicas, quer de fluxos de informação. As estruturas de profundidade em ambos os casos não têm sujeito. Constituem sistemas de regras anónimos que são concebidos, no caso do estruturalismo, segundo o exemplo da gramática linguística, no caso da teoria dos sistemas segundo o exemplo dos sistemas auto-regulados. No primeiro caso serviu de padrinho o estruturalismo que remonta a Saussure, no segundo, a cibernética de máquinas que posteriormente foi também transferida para os organismos. As estruturas subjacentes estão isentas de sujeito do mesmo modo que a gramática de uma linguagem natural ou o autómato que se regula a si próprio. O que começa por parecer uma vantagem revela ser uma fraqueza específica: tal como o modelo da constituição não aponta uma via de saída da jaula monádica do sujeito realizador, não se podem encaixar no modelo sistémico da sociedade os sujeitos falantes e agentes e, sobretudo, as relações existentes entre eles. É que o sistema das regras gramaticais exige falantes competentes que a ele acedam para o actualizar; ao passo que o autómato se regula a si próprio e não necessita de um sujeito que o manipule. Em ambos os casos o paradigma é inadequado para precisar a geração de contextos de sentidos vinculativos no plano intersubjectivo.

Para tal oferece-se agora, em quarto lugar, o *modelo da comunicação em linguagem coloquial* (da fala e da interacção). Trata-se aqui da geração de situações de diálogo e cooperação, ou seja, da forma da intersubjectividade do entendimento mútuo possível. Os sistemas de regras abstractos subjacentes devem ser concebidos de tal modo que possam explicar tanto a geração pragmática da comunidade do sentido partilhado no plano intersubjectivo como a geração de frases, linguística no sentido mais restrito, que utilizamos em actos de fala para fins tanto da cognição como da acção. Este modelo permite a inclusão temática da relação de intersubjectividade numa teoria generativa da sociedade. Exemplos disso são a psicologia social do desempenho de papéis de George Herbert Mead e a teoria dos jogos de linguagem do Wittgenstein mais tardio. É verdade que as regras generativas subjacentes aos desempenhos de papéis e jogos de linguagem são concebidas de uma forma tão isenta de sujeito como o sistema de regras de uma gramática linguística; mas estão definidas de tal modo que podem ocorrer como estruturas de superfície não só configurações simbólicas como expressões e acções linguísticas, mas igualmente os próprios sujeitos dotados de capacidade de fala e de acção que são formados no meio da comunicação em linguagem coloquial. A psicologia social de Mead é, ao mesmo tempo, uma teoria da socialização. Das estruturas dotadas de sentido que a teoria generativa da sociedade tem de explicar fazem parte tanto as estruturas de personalidade como as formas de intersubjectividade em cujo âmbito os sujeitos se expressam pela fala e pela interacção.

Vou designar a partir de agora as teorias generativas da sociedade, que sob alguma forma pressupõem um sujeito transcendental, por *teorias da constituição* da sociedade; aquelas que baseiam o processo generativo em estruturas sem sujeito quero designar por *teorias sistémicas* da sociedade; e, por fim, quero designar aquelas que adoptam sistemas de regras abstractos para a geração de relações intersubjectivas em que também os sujeitos se formam por *teorias da comunicação* da sociedade. Como ponto de vista diferenciador, podemos acrescentar que algumas teorias admitem um desenvolvimento histórico do sujeito realizador ou dos sistemas de regras generativos subjacentes, ao passo que outras teorias se atêm à estrita dicotomia entre as realizações transcendentais e as manifestações constituídas, excluindo em todo o caso uma história reconstituível dos constituintes. Neste caso resulta a classificação exposta na figura 3.

O teor informativo deste quadro sinóptico rudimentar reside evidentemente na caixa vazia em baixo do lado direito. A tabela visa delimitar uma abordagem teórica que até à data não foi desenvolvida com precisão, de modo que não me posso aqui referir a um corpo de investigações previamente efectuadas. Por outro lado, posso, ao menos, reportar-me à teoria do desempenho de papéis de Mead e à teoria dos jogos de linguagem de Wittgenstein; é que nelas já se encontra prefigurada aquela pragmática universal que considero um fundamento adequado da teoria social e cujos traços fundamentais quero desenvolver. No entanto, quero, antes disso, partir do exemplo de uma teoria da constituição da sociedade que entronca em Kant. Neste exemplo podemos elucidar desde já as premissas com que temos de nos haver mal tentemos pensar o processo de aprendizagem da sociedade como um processo generativo. Para mais, a fraqueza característica das teorias da constituição vai evidenciar-se precisamente na problemática de que parte a teoria da comunicação: na derivação de relações intersubjectivas da abordagem monológica de uma filosofia da consciência transcendental.

Figura 3: *Teorias generativas da sociedade*

desenvolvimento histórico dos constituintes	Tipos	Teorias da constituição		Teorias dos sistemas	Teorias da comunicação
		elementarista	holístico	holístico	holístico
não admitido		Neokantismo (Rickert / Adler) Fenomenologia (Husserl / Schütz)	teorias sociais românticas (O. Spann)	estruturalismo (Lévi-Strauss)	interaccionismo simbólico (G. H. Mead) teoria dos jogos de linguagem (Wittgenstein / Winch)
admitido		Fenomenologia marxista (filósofos da praxis)	teoria social dialéctica (Lukács, Adorno)	teoria dos sistemas do desenvolvimento social (Parsons, Luhmann)	?

Georg Simmel dedicou um célebre excurso ao primeiro capítulo da sua obra principal([10]) à questão: como é possível a sociedade? Esta faz, de forma evidente, parelha com a questão fundamental

---

([10]) G. Simmel, *Soziologie* (1908), 3ª edição, Leipzig 1923.

da «Crítica da Razão Pura»: como é possível o conhecimento da natureza? Kant tentara responder a esta questão fazendo a prova de que só o sujeito cognoscente é quem constitui a natureza como área dos objectos de experiências possíveis; analisara as condições subjectivas necessárias da intuição e do juízo, nas quais é unicamente possível a experiência, ou seja, a organização da multiplicidade das impressões sensíveis num complexo de fenómenos conformes à lei. Ora, em Simmel encontra-se uma formulação clássica da tentativa de desenvolver esta abordagem de uma teoria da constituição do conhecimento da natureza numa teoria da constituição da sociedade, e que não haja dúvidas: não do conhecimento da sociedade mas sim da própria sociedade: «Seria uma solução óbvia a de tratar a questão pelas condições apriorísticas com base nas quais a sociedade é possível de forma análoga (à questão das condições apriorísticas do conhecimento da natureza). É que também aqui se encontram definidos elementos individuais que, de certo modo, também sempre se mantêm na sua separação, tal como ocorre com as impressões sensíveis, e que conhecem a sua síntese rumo à unidade de uma sociedade apenas pelo processo da consciência que coloca em relação o ser individual do elemento individual com o do outro em determinadas formas e de acordo com determinadas regras.»[11]

É um facto que Simmel nota logo a diferença decisiva: a natureza e a sociedade, sob o ponto de vista da teoria da constituição, não se encontram no mesmo plano de análise. Enquanto a «natureza» pode apenas ser definida como uma área temática do conhecimento com referência às realizações sintéticas unificadoras do sujeito cognoscente, o sujeito cognoscente encontra a sociedade como uma unidade já constituída pelos próprios sujeitos empíricos. A pergunta pela constituição da natureza refere-se ao problema do *conhecimento da natureza*, a pergunta pela constituição da sociedade, ao problema: como é possível a sociedade? O processo de vida da sociedade consuma-se no plano das realizações constitutivas e não, tal como o processo da natureza, no plano de uma natureza já constituída. Por outras palavras: os sujeitos sociais movem-se nos seus processos de consciência constitutivos da sociedade precisamente no mesmo plano transcendental em que o sujeito cognoscente constitui a natureza como objecto de possíveis experiências. Deste modo, a esfera da sociedade ganha, perante o

---
[11] *Ibidem*, p. 22.

espírito cognoscente, uma espécie de objectividade que a natureza não pode reivindicar perante o sujeito cognoscente da natureza: «A diferença decisiva da unidade de uma sociedade em relação à unidade da natureza é que esta última – para o ponto de vista de Kant aqui pressuposto – é conseguida exclusivamente no sujeito observador, apenas é gerada nele e a partir dos dados sensíveis em princípio não interligados, ao passo que a unidade social é realizada sem mais pelos seus elementos, uma vez que são conscientes e activamente sintetizadores, não necessitando de nenhum observador... A unificação aqui não necessita de qualquer factor exterior aos seus elementos, dado que cada um destes exerce a função que a energia psíquica do observador cumpre em relação ao exterior: a consciência de constituir uma unidade com os outros é aqui, de facto, toda a unidade em questão.» ([12]) E: «Nestas circunstâncias a questão "Como é possível a sociedade?" tem um sentido metódico completamente diferente de "Como é possível a natureza?". É que a esta última respondem as formas do conhecimento pelas quais o sujeito consuma a síntese de determinados elementos na "natureza"; já à primeira respondem as condições que residem *a priori* nos próprios elementos, pelas quais estes se reúnem de forma real na síntese chamada "sociedade".» ([13])

Esta reflexão é, de resto, de uma importância central para a abordagem de todas as teorias generativas da sociedade, independentemente de se reportarem a Dilthey ou Rickert, a Husserl ou Wittgenstein ou remontarem de forma imediata a Kant ou Hegel e Marx. É que ela lança as bases de uma teoria científica dualista que diferencia por princípio, no plano metodológico, as ciências da cultura, sociais e humanas, da sociedade ou da acção, das ciências naturais, uma vez que a natureza é encarada como uma área temática que pode ser imputada às realizações constitutivas do sujeito cognoscente, ao passo que a construção da sociedade através das realizações sintéticas dos sujeitos socializados dá origem a algo de peculiarmente objectivo por comparação à natureza com que o sujeito cognoscente depara como uma configuração já estruturada de uma forma dotada de sentido e apenas o deixa com a possibilidade da reconstrução ou da recapitulação de uma construção já previamente realizada. Deste dualismo resultam os três corolários que já se encontram esboçados em Simmel.

([12]) *Ibidem.*
([13]) *Ibidem*, p. 23.

Em primeiro lugar, a teoria da constituição da sociedade extravasa a esfera do conhecimento da natureza, ou seja, da ciência; o mundo pré-constituído que a ciência social tem de reconstituir para poder explicar os processos sociais é a esfera da experiência pré-científica e da prática quotidiana da vida. Por isso, em Husserl, a análise do mundo da vida passa para o primeiro plano da fenomenologia.

Esta aplicação da análise transcendental às realizações da prática da vida não cognitivas de uma subjectividade que já não é encarada como mero sujeito de um conhecimento possível conduz, *em segundo lugar*, a que o contexto social da vida, na expressão de Simmel, seja concebido como «facto do saber». O programa de analisar as condições subjectivas e necessárias de uma socialização possível com meios originários da teoria do conhecimento não é de modo algum evidente, não é incontestável, visto que «as configurações que ascendem» de processos de socialização «estando normalizadas pelas suas formas não são conhecimentos, mas processos e estados do ser práticos. Ainda assim, aquilo que deve ser testado quanto à sua condição como o conceito geral da socialização é algo de género cognitivo: a consciência de se socializar ou de estar socializado. Talvez se designasse melhor como um saber do que como um conhecimento. É que o sujeito aqui não se defronta com um objecto de que ganhe aos poucos uma imagem teórica... Trata-se de processos de acção recíproca que significam para o indivíduo o facto – embora não abstracto, ainda assim capaz da expressão abstracta – de estar socializado. Quais devem ser as formas subjacentes, ou: quais são as categorias específicas que o Homem tem, por assim dizer, de trazer consigo para que surja essa consciência, e quais são, por isso, as formas que essa consciência – a sociedade como facto do saber – tem de suportar, é isso que porventura podemos designar por (as questões de uma) epistemologia da sociedade.»[14]

Esta formulação tem uma notável implicação. Se o contexto de vida social se compõe de actos de saber, ele assenta numa *facticidade* daquelas *pretensões de validade* que são postas com qualquer forma de saber. Uma consciência, dizemos nós, pode ser verdadeira ou inverdadeira, certa ou errada, razoável ou irrazoável. Uma sociedade que se estrutura de uma forma dotada de sentido através de realizações sintéticas da consciência e se constitui como «facto do saber» tem por isso uma *relação imanente com a verdade*, o que ainda

---

[14] *Ibidem*, p. 24.

deverá ser explicitado. Foi mais uma vez Husserl que se apercebeu disso e que desenvolveu uma teoria da verdade que também engloba a prática da vida.

Em terceiro lugar, já Simmel depara com a dificuldade em que todas as teorias da constituição da sociedade têm desbaratado as suas energias. A teoria do conhecimento debruça-se sobre a relação por princípio monológica entre o sujeito transcendental (ou individual) e o objecto do seu conhecimento; a sociedade, pelo contrário, constitui-se a partir das realizações sintéticas de muitos sujeitos pelo facto de estes se reconhecerem mutuamente como sujeitos. Mas como se pode compreender a construção desta intersubjectividade com uma teoria do conhecimento que adopta uma abordagem monológica? Encontramos o outro como centro de possíveis realizações constitutivas no mesmo plano como o Eu cognoscente: «A outra alma tem para mim a mesma realidade que eu próprio, uma realidade que em muito se diferencia da realidade de uma coisa material... Que este para-si do outro ainda assim não nos impede de fazermos dele uma representação nossa, que algo que sem dúvida não pode ser reduzido à nossa representação ainda assim se torna um conteúdo, ou seja, um produto da nossa representação – é este o esquema psicológico-epistemológico e o problema da socialização mais profundo»([15]). Husserl pegou neste problema e foi ele quem o desenvolveu da forma mais subtil (nas suas *Meditações Cartesianas*) ([16]).

([15]) *Ibidem*, p. 23.

([16]) Comparadas aos projectos de Rickert e Dilthey de uma teoria das ciências da cultura ou do espírito, as breves observações de Simmel não passam de programáticas. Por outro lado, este programa entronca de forma imediata em Kant e não visa, como as teorias de Rickert e Dilthey, uma fundamentação das ciências humanas desenvolvidas no século XIX, mas uma teoria da constituição da sociedade no sentido estrito. Max Adler é o único que persegue fins similares e que, em 1936, procedeu mesmo a uma fundamentação epistemológica das ciências sociais (*Das Rätsel der Gesellschaft*, Saturn-Verlag, Viena). Mais recentemente, Helmut Schelsky (*Ortsbestimmung der deutschen Soziologie* [*Situação da Sociologia Alemã*, Rio de Janeiro, Tempo Brasileiro, 1971], Düsseldorf 1959, p. 93 ss.) renovou o postulado de uma «teoria transcendental da sociedade»; no entanto, os seus trabalhos materiais dedicam-se muito antes a uma teoria antropológica da sociedade. As abordagens subjectivistas na Sociologia actual remontam, por isso, todas de forma quer imediata (Schütz, Berger, Luckmann, Nathanson), quer mediata (Garfinkel, Cicourel, Sacks), a Husserl e não a Kant. A filosofia dos valores de Rickert evidentemente ingressou na sociologia recente através de Max Weber e Parsons; mas já em Max Weber a problemática da constituição passou para o segundo plano, em Parsons foi desalojada por convicções fundamentais de uma teoria da ciência moderadamente empirista.

2.ª Prelecção

*A teoria fenomenológica da constituição da sociedade:
o papel fundamental de pretensões de validade e as bases
monadológicas da intersubjectividade*

Não é por acaso que a teoria da constituição da sociedade que tem influência na sociologia actual, nomeadamente nos EUA, se apoia em Husserl. É que a fenomenologia de Husserl se presta melhor à ampliação de uma teoria da constituição do conhecimento numa teoria da sociedade do que a filosofia transcendental de Kant, mais concretamente por duas razões: Husserl distingue-se de Kant tanto pelo regresso ao estrato fundador do mundo da vida (a) como por uma viragem descritiva do conceito da constituição (b). Quero explicitar estes dois pontos antes de me debruçar sobre os dois problemas que qualquer teoria generativa da sociedade, mesmo aquela que superou os limites de uma filosofia da consciência, tem de resolver: nomeadamente a questão da relação imanente da sociedade com a verdade e a fundamentação da intersubjectividade.

(a) Tal como Husserl, Kant analisou a constituição de um mundo de experiências possíveis, mas ao fazê-lo, contrariamente a Husserl, teve em atenção a objectividade, ou seja, as condições subjectivas necessárias do *conhecimento* possível da natureza. É que Kant era da opinião de que, com a validade dos enunciados legais mais significativos (isto é, dos teoremas da física sua contemporânea), podem ser ao mesmo tempo esclarecidos os fundamentos transcendentais da experiência no seu todo. Husserl põe esta evidência em causa no seu célebre tratado sobre a «Crise das ciências europeias» (*Krisis* §§ 28 ss.). Não encara a área temática das ciências naturais como a infra-estrutura dos objectos de experiência possível no seu todo, mas como um artefacto derivado cuja génese apenas pode ser suficientemente clarificada se pusermos a descoberto o fundamento de sentido olvidado do mundo da vida quotidiano. Desde Galileu, as ciências naturais lidam com uma «natureza» que não resulta porventura de uma formação sintetizadora da multiplicidade de impressões dos sentidos, mas sim de uma transformação da experiência quotidiana pré-científica, nomeadamente daquela que já se encontra organizada no âmbito do mundo da vida. Esta experiência quotidiana é, *num primeiro tempo*, construída sobre o corpo e os seus órgãos, o campo de percepção é construído de um modo cinestésico. Em termos de perspectiva, encontra-se feita à medida de um Eu com uma experiência do espaço e do tempo centrada no sujeito. *Para mais*, a experiência quotidiana não se constitui apenas de um modo cognitivo, mas em contexto de atitudes afectivas, intenções e intervenções práticas no mundo objectivo. As necessidades e as atitudes sentimentais, as avaliações e as acções constituem um horizonte de interesses naturais, e é só no âmbito deste horizonte que as experiências podem ocorrer e ser corrigidas. *Finalmente*, a experiência quotidiana não é um assunto privado, sendo antes parte integrante de um mundo partilhado no plano intersubjectivo em que convivo, falo e ajo com sujeitos diferentes. A experiência em comum no plano intersubjectivo exprime-se em sistemas simbólicos, antes de mais na linguagem natural, em que o saber acumulado se encontra dado de antemão ao indivíduo sob a forma de tradição cultural. Neste plano encontramos os objectos culturais, as expressões vitais de sujeitos dotados de capacidade de fala e de acção. E entre estes objectos culturais também se inscrevem as próprias ciências.

Husserl leva-nos a considerar que Kant adopta uma abordagem ingénua da área temática da física sem ver que teorias científicas desta índole são produzidos apenas numa comunidade de comunicação de investigadores (Peirce) que, afinal, têm de pressupor como evidente, por seu lado, a validade fáctica do seu mundo da vida quotidiano: «Como, neste caso, deve tratar-se de funções mentais que exercem as suas realizações em todas as experiências e pensamentos, e até em todas as ocupações da vida humana no mundo, de funções através das quais o mundo da experiência tem, de todo, sentido e validade para nós como horizonte permanente de coisas existentes, valores, projectos práticos, obras, etc., deveria ser compreensível que a todas as ciências objectivas falta justamente o conhecimento do mais essencial: nomeadamente, o conhecimento daquilo que poderia de todo dar sentido e validade às configurações teóricas do conhecimento objectivo, e assim, só então, a dignidade de um conhecimento extraído do fundamento último.»([17]) Passaríamos, por isso, ao lado da constituição do mundo da experiência possível se escolhêssemos como paradigma a área temática do conhecimento científico e não víssemos que a ciência se encontra ancorada no

---

([17]) *Krisis*, §32, 121.

mundo da vida e que esse mundo da vida é o fundamento do sentido da realidade cientificamente objectivada. A teoria da constituição do conhecimento da natureza tem, assim, de ser *precedida* de uma teoria da constituição do mundo da vida; esta, por seu lado, inclui uma teoria da constituição da sociedade (como parte regional da chamada ontologia do mundo da vida([18])).

(b) Mas não é este o único motivo pelo qual a fenomenologia vem ao encontro do empreendimento de uma teoria da constituição da sociedade. O próprio Husserl dá ao conceito da constituição uma viragem para o descritivo, de forma que a sociologia compreensiva, tal como desenvolvida por A. Schütz, pode entroncar nas análises da constituição do mundo da vida sem qualquer dificuldade. Enquanto Kant encara a constituição dos objectos de experiências possíveis como uma geração de condições subjectivas necessárias à síntese de uma multiplicidade e chega por essa via a uma teoria geral das realizações e das estruturas subjacentes à consciência cognoscente, Husserl dirige o olhar reflexivo do fenomenólogo meditativo desde o início para a forma como lhe são «dados» os objectos sensíveis e categoriais. Husserl não quer, como Kant, reconstruir o modo único e geral da objectivação, através do qual a experiência da realidade se torna de todo possível; antes quer registar de forma descritiva os modos respectivamente diversos da «autodoação» dos objectos. Quase que podemos «ver» o sentido e o ser de qualquer objecto que, na transformação dos modos de consciência, registamos como idêntico a constituir-se no Como da sua doação por intermédio das nossas realizações sintéticas. Embora também Husserl suponha uma subjectividade universalmente realizadora, esta produz um horizonte *aberto* de objectos possíveis que admite uma pluralidade de vários tipos de objectualidade que apenas pode ser abarcada de forma descritiva([19]). Com isso, Husserl abre a área de uma teoria da constituição da sociedade que analisa as estruturas gerais do mundo da vida com uma atitude descritiva. Uma sociologia que procede fenomenologicamente compreende o mundo da vida social, desde o início, como um mundo constituído de realizações sintéticas em cujas estruturas mais gerais identifica os contextos de sentidos típicos que os sujeitos intersubjectivamente socializados têm de produ-

---

([18]) *Krisis*, §51.
([19]) Husserl censura Kant pela «falta de um método evidente e demonstrativo»; *Krisis*, §30.

zir uma vez e outra, na medida em que na sua prática quotidiana se referem de todo a objectos experienciáveis.

Para uma teoria da constituição que tenha sido objecto de uma viragem sociológica, a fenomenologia de Husserl oferece, por fim, a vantagem – em comparação com Kant – de que a investigação não parte do plano de uma consciência anónima em geral, mas do Eu transcendental individual do observador fenomenológico (que exerce a *epochē*). Husserl conta com uma pluralidade de Eus transcendentais que, independentemente da prioridade do conhecimento da subjectividade própria, só na sua relação mútua constituem o mundo da vida social. Pelo contrário, a Kant, que (em todo o caso na filosofia teórica) distingue rigorosamente entre o plural dos vários Eus empíricos e o singular da consciência transcendental enquanto tal, o problema da possível socialização transcendental dos sujeitos que produzem primeiro o seu mundo de uma forma monádica nem sequer pode colocar-se ([20]).

Agora gostaria de aprofundar *dois problemas* que decorrem da fundamentação fenomenológica de uma teoria da constituição da sociedade. Veremos que estes problemas se colocam a qualquer teoria generativa da sociedade imaginável. Mais concretamente, quero demonstrar *que não podem ser resolvidos no âmbito de uma teoria da consciência e tornam necessária a transição para uma teoria da comunicação linguística.*

Cada sociedade que encaramos como um contexto de vida estruturado de uma forma dotada de sentido tem uma relação com a verdade que lhe é imanente. É que a realidade de estruturas de sentido assenta sobre uma facticidade peculiar de pretensões de validade que, de uma forma geral, são aceites de uma forma ingénua, ou seja, são tidas como cumpridas. No entanto, pretensões de validade também podem ser postas em causa. Elas pretendem existir de forma legítima, e esta legitimidade pode ser problemati-

---

([20]) Aparentemente Simmel não viu esta dificuldade programada na arquitectura da obra de Kant. Max Adler, pelo contrário, procede a uma revisão. Introduz o *a priori* social e eleva esta relação do Eu singular para com a comunidade de muitos Eus a definição transcendental da consciência individual: «A epistemologia transcendental não ensina, portanto, apenas a associação necessária de qualquer objecto a um sujeito, mas muito mais ainda: ser objecto significa uma associação do objecto a um número indeterminado de sujeitos, sendo que esta pluralidade não deve ser entendida como empírica, mas transcendental, ou seja, como carácter já da própria consciência individual.» Adler (1936), p. 111.

zada e confirmada ou refutada. De «verdade» podemos aqui falar decerto somente num sentido muito lato, precisamente no sentido da legitimidade de uma pretensão que pode ser cumprida ou frustrada. Assim, dizemos, por exemplo, que uma opinião ou uma afirmação, mas igualmente uma esperança, um desejo ou uma apreciação existem de forma legítima, que uma promessa ou um conselho foram dados, um anúncio foi feito ou uma regulação foi estabelecida de forma legítima, que uma descrição ou uma avaliação foram efectuadas de forma correcta. Nas interacções quotidianas fiamo-nos ingenuamente numa quantidade interminável de tais pretensões de legitimidade; deste contexto de fundo destacam-se sempre apenas pretensões individuais que, no caso de serem defraudadas, são tematizadas e postas à prova.

Husserl traduz o carácter peculiar de estruturas de sentido facticamente eficazes pelo conceito adoptado em primeiro lugar de Brentano de intencionalidade. As vivências intencionais têm o carácter de ser consciência *de algo*; encontram-se orientadas para algo no mesmo sentido em que, de um modo paradigmático, uma opinião, uma expectativa, um desejo ou um sentimento se encontram direccionados para um objecto ou um estado de coisas. Frases formadas com expressões de intenção como opinar, esperar, desejar, odiar, ofender, etc., exigem sempre como complemento um objecto do tipo: sou da opinião que «p» ou odeio (ofendo) «x». Esta forma gramatical expressa o que Husserl quer abranger pela intencionalidade no plano imediato das estruturas de consciência. Aquilo pelo que se diferenciam as vivências intencionais é o sentido em que os actos da consciência se referem aos seus respectivos objectos. Evidentemente, diversas intenções podem convergir no mesmo objecto; nesse caso, as vivências têm, como se exprime Husserl (V. *Logische Untersuchung* [5.ª *Investigação Lógica*], § 16), o mesmo conteúdo real, mas um conteúdo intencional respectivamente diverso: a este, ele chama também o objecto intencional (ou o noema, como se designa desde as «Ideias»). É o mérito de Husserl ter esclarecido esta estranha estrutura da intencionalidade da nossa consciência e ter comprovado a referência imanente à verdade das vivências intencionais([21]).

([21]) Cf. quanto ao que se segue a análise excelente de E. Tugendhat, *Der Wahrheitsbegriff bei Husserl und Heidegger*, Berlim 1970, primeira parte.

Nós visamos um objecto que não nos é presente mas do qual sabemos que poderia ser-nos dado directamente. A intencionalidade exige a possibilidade de uma presença virtual de objectos que também poderiam ser presentes de forma actual. De outra forma não poderíamos dirigir-nos ao mesmo objecto de modos diametralmente diversos. A estrutura intencional da nossa consciência exige a possibilidade de uma diferença entre a doação meramente mediata e a doação directa de objectos. Podemos elucidar esta diferença no plano linguístico na subdivisão da proposição afirmativa em expressão do sujeito e expressão predicativa. A expressão do sujeito, um nome ou uma descrição definida, refere-se a um objecto que pode ser determinado de um modo mais concreto pela atribuição ou não atribuição de predicados, de tal forma que o objecto designado não precisa de estar presente; antes basta que o objecto possa sequer ser concebido como objecto identificável. A esta circunstância própria da lógica linguística devemos a possibilidade do uso da linguagem independente de uma situação, e é precisamente nisso, nomeadamente na representação de objectos e estados de coisas ausentes, que consiste a realização mais conspícua da comunicação linguística.

No entanto Husserl, no interior dos limites de uma teoria da consciência, não pode apoiar-se na distinção entre a experiência dependente de uma situação e a representação independente de uma situação por intermédio de expressões referentes à situação (referenciais). Antes interpreta a diferença entre a doação mediata e directa de possíveis objectos como diferença entre a doação não intuitiva e a doação preenchida de forma intuitiva. O sentido de um objecto intencional exige, então, sempre a possibilidade de uma presença intuitivamente imediata do objecto. A plenitude intuitiva de um objecto que, por seu lado, está doado numa evidência pode, por isso, ser entendida como o preenchimento de uma intenção objectiva de igual sentido. Os graus de preenchimento remetem, em termos ideais, para um objectivo em que a intenção tenha chegado a ser, toda ela, preenchida. A presença intuitiva plena do objecto, por assim dizer, não deixa para trás nenhum resquício de intenção por preencher. Esta concepção articula-se com um conceito de evidência da verdade cuja problemática deixo em suspenso por alguns instantes. Husserl introduz a sua teoria da verdade sem qualquer fundamentação particular. Considera simplesmente ser «o princípio de todos os princípios: que [...] tudo o que, na intuição, se nos apresenta de forma originária, por assim dizer na sua realidade de carne e osso, tem simplesmente de ser aceite como aquilo como que se apresenta.»([22]) Nesse caso, a verdade pode ser determinada com referência ao conceito da intenção. A verdade é a cobertura identificadora, acompanhada por uma vivência de evidência, de algo que é visado com um objecto correspondente dado intuitivamente. Mas nesse caso, também no sentido inverso, todas as vivências intencionais encontram-se referidas à verdade de uma forma imanentemente necessária.

O que me importa no nosso contexto é a seguinte reflexão. Habitualmente, a cada intenção está associada uma «posição». Nesse caso, o acto de consciência antecipa através do sentido do objecto visado o carácter de dado do visado; a qualidade que põe consiste numa antecipação do preenchimento intuitivo da intenção. Na medida em que o acto não preenchido pressupõe o visado como existente, associa ao objecto intencional a pretensão de que o objecto se apresentaria deste e de nenhum outro modo quando chegasse à autodoação. Uma tal pretensão existe ou de forma legítima ou de forma ilegítima; a sua regularidade pode ser unicamente comprovada pelo preenchimento intuitivo da intenção que começa por ser «vazia». As qualidades de posição também podem ser postas fora de jogo, «neutralizadas»; nesse caso deixamos em suspenso se a pretensão de que uma dada intenção pode ser preenchida precisamente tal como ela o antecipa existe ou não de forma legítima. No entanto, a intenções que não se encontram neutralizadas neste sentido encontra-se associada uma pretensão de validade que em qualquer altura pode ser abalada por uma tentativa fracassada de trazer o objecto visando a uma autodoação adequada.

Ora, também o mundo da vida no seu todo pode ser encarado como semelhante posição. É que as estruturas de sentido de que se compõe o mundo da vida existem unicamente na multiplicidade das pretensões de validade que lhes são inerentes. Estas confluem, por assim dizer, na «tese geral da atitude natural», ou seja, na convicção fundamental ingenuamente realista de que «o» mundo em que me encontro existe desde sempre como a realidade que me rodeia([23]). A tese geral abrange a totalidade da vida

---

([22]) *Ideen*, in *Husserliana*, Vol. III, §24, 52.
([23]) *Ideen*, §30, 62 s.

no mundo natural: «Movemo-nos numa corrente de experiências, juízos, valorações, resoluções sempre novos. Em cada um destes actos o Eu refere-se a objectos do seu mundo circundante, ocupa-se com eles deste ou daquele modo. São eles o que é consciente nos próprios actos, ora simplesmente como realidades, ora em modalidades da realidade (por exemplo como possíveis, duvidosos, etc.). Nenhum destes actos e nenhuma das validades por eles abrangidas são isolados; eles implicam necessariamente nas suas intenções um horizonte infinito de validades não actuais que concorrem numa mobilidade em fluxo.»[24]

O que é interessante é que Husserl estende os caracteres da posição que extraiu de uma determinada classe de intenções a todas as classes de intenções. À partida, as posições encontram-se ligadas apenas aos chamados actos dóxicos que se referem a factos. É que a crença de que um objecto visado existe ou não existe de facto como é visado liga-se antes de mais apenas a intenções como percepções, representações, recordações, juízos, etc. Também apenas em actos deste género parecem encontrar-se implicadas modalidades de ser, ou seja, variações da simples certeza da existência de um objecto (das «*doxa* primordiais»), e de tal forma que considero possível, provável ou duvidoso que um objecto visado venha a mostrar-se por si tal como é visado na realidade. Mas se apenas os actos dóxicos fossem passíveis de verdade, Husserl não poderia sustentar a afirmação de que a *todas as* intenções se encontram associadas posições; até teria de abrir mão do próprio conceito da intenção, já que esta contém sempre a antecipação de um preenchimento possível que em princípio pode ser defraudada por autodoações evidentes e assim tem uma referência imanente à verdade. Com isso, também cairia por terra a tese extraordinariamente forte de que o próprio mundo da vida assenta na facticidade de pretensões de validade acreditadas mas por princípio problematizáveis. Se, pelo contrário, *todas* as vivências intencionais têm uma referência imanente à verdade, se todas as intenções são definidas pela possibilidade do seu preenchimento (ou não preenchimento) intuitivo, nesse caso também os actos da «esfera do ânimo e da vontade», segundo a expressão de Husserl, têm de implicar posições. Dois argumentos favorecem esta tese.

---

[24] *Krisis*, §40, 152.

Antes de mais, todos os actos do ânimo e da vontade, receios e desejos, intenções e decisões, encontram-se construídos sobre actos em que se visa um objecto ou um estado de coisas. As frases intencionais correspondentes como: temo ou desejo ou quero «que este homem vá fazer uma viagem» referem-se a estados de coisas que podem ou não ser o caso, que podem ou não ocorrer. Por isso, os actos do ânimo e da vontade implicam, como diz Husserl, posições potenciais, são potencialmente téticos([25]). *Além disso*, porém, os actos do ânimo e da vontade, também como tais e não apenas com respeito aos estados de coisas potencialmente existentes a que se referem, contêm posições, nomeadamente géneros de posição fundados. Husserl supõe para expressões do ânimo e da vontade posições específicas que podem ser explicadas em juízos de valor, por exemplo do género de que um objecto visado *é* ou *não é* realmente (provavelmente, presumivelmente) aprazível ou repugnante, simpático ou hediondo, digno das nossas aspirações ou indiferente, bonito ou feio, bom ou mau: «Também nos actos de valorar, desejar e querer, algo é "posto", sem olhar à posicionalidade dóxica que neles reside.»([26]) E: «Por um lado são novos caracteres que são análogos aos modos de crença mas que simultaneamente possuem *eles próprios*, no seu novo conteúdo, ponibilidade dóxica; por outro lado, aos momentos novos também se associam apreensões novas; constitui-se um novo sentido [...] Com ele não se constituem novos elementos definidores das meras coisas, mas valores das coisas, objectividades concretas de valor: beleza e fealdade, bondade e maldade, objecto utilitário, a obra de arte, a máquina, o livro, o acto etc.»([27]) Também a consciência dos actos consumada de forma não dóxica implica assim pretensões de validade que podem ser ingenuamente acreditadas ou problematizadas, aceites ou rejeitadas.

A aplicação universal do conceito de intenção passível de ser preenchida de forma intuitiva assegura a *todas* as configurações estruturadas com sentido, quer tenham um sentido cognitivo ou um sentido primariamente emocional e volitivo, uma «capacidade de verdade». Por isso, Husserl pode apropriar-se do uso da linguagem de Descartes: designa todos os objectos intencionais, inde-

---

([25]) *Ideen*, §117, 288 s.
([26]) *Ideen*, §117, 287.
([27]) *Ideen*, §116, 285.

pendentemente de a eles se encontrarem associadas qualidades de posição dóxicas ou não dóxicas, por *cogitata*. Assim, a constituição da prática de vida quotidiana pode ser pensada sob os títulos: *ego – cogitatio – cogitatum* segundo os princípios de uma teoria da constituição do conhecimento: o processo de vida na sua totalidade tem de poder ser reconduzido a consumações de actos por parte de uma subjectividade realizadora que se interpreta em contextos de sentidos de possíveis objectos intuitivamente vivenciáveis.

Husserl deduziu desta circunstância de vida intencional aspirar universalmente à verdade o notável postulado de uma autoresponsabilidade absoluta da humanidade socializada. Num tratado a que se tem dado demasiado pouca atenção sobre «A ideia de uma vida individual e comunitária em auto-responsabilidade absoluta» ([28]), está desenvolvida esta ideia radical: «Com isto destaca-se claramente a universalidade com que o domínio do conhecimento abrange todas as realizações provenientes da subjectividade do ânimo e da vontade mas, de forma correlativa, uma semelhante abrangência pela qual o ânimo valorador e a vontade, nas suas aspirações e acções, ultrapassam no seu alcance toda a subjectividade e todas as suas funções intencionais. No entanto, isso significa para a ciência que nela, como objectivação da razão cognoscente, também se reflecte e objectiva toda a razão valorativa e prática; ou que, nas formas de conhecimento da verdade teórica, toda a outra verdade, como é o caso de toda a verdade valorativa e da verdade prática, se pronuncia e define em formas predicativas e assume igualmente formas de fundamentação correspondentes ao conhecimento([29]). A auto-responsabilidade absoluta é o contraponto subjectivo de uma estrutura intencional do mundo da vida que, com as suas posições, assinala ao mesmo tempo o seu interesse em que se faça prova da legitimidade pretendida das posições. Irresponsável é uma vida que, tanto no plano pessoal como no plano político, se contenta com a facticidade das pretensões de validade sem tentar verificar a pretensão de verdade universal do mundo da vida por um esforço filosófico igualmente abrangente. Segundo esta ideia, só se poderia falar de uma responsabilidade radical da prática da vida quando as realizações constitutivas de que se compõe o mundo da vida estivessem reconstituídas numa atitude fenomenológica e todas

---

([28]) *Husserliana*, vol. VIII, p. 194-211.
([29]) *Ibidem*, p. 194.

as posições vazias estivessem desmascaradas e todas as intenções não passíveis de serem preenchidas fossem rejeitadas: «Se tivermos em mente que todo o género de agir, querer e sentir humano pode tornar-se objecto de ciências em que é convertido em tema teórico, e se tivermos em mente que qualquer conhecimento teórico pode sem tardar passar por uma viragem normativa, segundo a qual se torna a regra para uma possível prática, etc., nesse caso vemos que a filosofia – vocacionada, enquanto ciência universal, para ser a fonte primordial de onde todas as ciências retiram a sua justificação última – compreendemos que uma tal filosofia não pode ser um passatempo teórico dos seres humanos, que uma vida filosófica tem antes de ser compreendida como uma vida pura e simplesmente baseada na auto-responsabilidade absoluta.»[30] Para Husserl, esta vida contemplativa não é apenas um assunto do filósofo individual, mas é ao mesmo tempo um projecto político: «A questão de como – em termos ideais – uma pluralidade e eventualmente uma totalidade de pessoas, que se encontram inseridas em possíveis relações de compreensão ou já se encontram ligadas numa comunidade por relações pessoais, consumaria uma vida pela qual se pudessem responsabilizar por inteiro, conduz à questão de se semelhante vida socializada pode ser pensada sem uma comunidade de vontades dirigidas para semelhante vida inspirada pela responsabilidade absoluta, e mais, se uma tal vida é possível sem que a sua ideia fosse projectada em termos científicos e cognitivos, isto é, uma ciência normativa da mesma (a ética).»[31]

Até aqui tentei explicar o raciocínio de Husserl (as poucas observações de análise linguística tiveram por objectivo a explicitação e não a crítica). Agora gostaria de chamar a atenção para algumas dificuldades que sugerem a questão de se saber se um tratamento adequado da referência imanente à verdade de um mundo da vida estruturado com sentido não extravasa o âmbito de uma teoria da consciência e não exige uma abordagem linguística. Não quero partir, como Tugendhat, das dificuldades da teoria fenomenológica do significado que têm a sua razão de ser no facto de Husserl extrair o conceito de objecto intencional de uma reificação das definições que atribuímos ou negamos de forma pre-

---

[30] *Ibidem*, p. 197.
[31] *Ibidem*, p. 199.

dicativa a objectos identificáveis. Prefiro recordar as dificuldades que resultam do conceito da evidência da verdade.

Se a verdade é definida com referência ao preenchinento intuitivo de uma intenção pela presença imediata do objecto intencional (e se lhe corresponder uma vivência da evidência) tem de se exigir para objectos categoriais, como os que ocorrem, por exemplo, em todas as formas de juízo, uma intuição *sui generis*. É por isso que Husserl desenvolve a doutrina da intuição categorial com que tenta tornar plausível a ideia de uma intuição não sensível que deve ser imaginada em analogia com a intuição sensível. Embora seja compreensível o imperativo de estratégia conceptual sob o qual Husserl teve de desenvolver semelhante concepção, Husserl não apresenta quaisquer argumentos plausíveis para que o conceito da «intuição categorial» possa ser pensado de uma forma consistente e para que a expressão possa ser utilizada num sentido não metafórico. No momento em que concebemos aquilo que Husserl designa por objectos categoriais, por exemplo formas sintácticas ou relações aritméticas, como construções simbólicas geradas de acordo com regras e prescindirmos de substituir a estes produtos por quase-objectos para os quais se podem dirigir intenções, o problema resolve-se por si. É que nesse caso uma pretensão de validade já não pode ser associada a categorias individuais, mas apenas à geração consentânea com as regras, por exemplo de configurações gramaticais ou matemáticas.

Em seguida parece-me questionável se o próprio Husserl definiu de forma correcta a função da intuição sensível que se encontra na base da intuição categorial como seu modelo. O conceito de «autodoação» de um objecto apoia-se na suposição de que na experiência sensível temos um acesso intuitivo a um dado imediato e evidente. Esta tese – e, entre outras coisas, as análises do próprio Husserl apontam no mesmo sentido (por exemplo em *Erfahrung und Urteil*) – não é muito defensável. Em cada intuição, por muito originária que seja, influem determinações categoriais; cada percepção pré-predicativa comporta um excedente que não pode ser reintegrado pelo dado actual. A experiência paradigmática que Husserl poderá ter idealizado com o seu conceito da evidência da verdade dificilmente pode ser encontrada em vivências de evidência sensíveis mas, quando muito, em experiências de construção. Quando produzimos objectos simbólicos segundo regras, quer se trate da construção de séries de números e figuras geométricas ou da realização pianística de uma peça para piano ou a produção de uma frase, etc. – uma intenção é sempre preenchida por um objecto gerado que antes foi visado como tal([32]).

Acontece que *esta* intuição da boa consecução de uma construção deve a sua força garante de certeza à circunstância de que somos nós próprios quem produziu o objecto simbólico segundo regras generativas subjacentes e quem, devido a esta história genética que nos é transparente, também o compreende na sua totalidade. Esta intuição de preenchimento não pode de modo algum ser confundida com a intuição programaticamente introduzida por Husserl de algo de imediatamente dado, conceito esse em que Husserl invoca o modelo da experiência sensível([33]). Também as percepções dependem de um quadro de interpretação; contêm sempre pretensões de validade hipotéticas que não podem ser revalidadas com o eventual recurso a percepções elementares mais profundas: qualquer experiência sensível pode ser problematizada. Mas se um recurso a um fundamento de suporte último da autodoação intuitiva não existir; se, tal como Peirce já o demonstrou de forma impressionante, tivermos de abrir mão do conceito da evidência da verdade; nesse caso as pretensões de validade implícitas às vivências intencionais não podem ser revalidadas de uma forma intuitiva, mas apenas discursivamente. Não são as intuições, mas unicamente os argumentos que nos podem levar a reconhecer ou a rejeitar a legitimidade de pretensões de validade problematizadas.

Do conceito da evidência da verdade depende, para o que der e vier, o conceito de Husserl da intencionalidade. Muito abona em favor de que este conceito concebido no âmbito da teoria da consciência, derivado do modelo do sujeito solitário dirigido a um objecto em actos conferidores de sentido, seja reformulado com os meios da linguística. Nesse caso teremos de distinguir intenções que não visam outra coisa a não ser que compreendamos o significado de configurações simbólicas geradas e utilizadas de acordo com as regras de outras às quais se encontra associada uma «posição», ou seja, uma pretensão de validade que aponta para além da correcção de forma ou da compreensibilidade. *Estas* intenções

---

([32]) Nesta experiência já se apoia a interpretação epistemológica de Vico, desenvolvida sobre o exemplo da geometria, da frase *factum et verum convertuntur*.
([33]) Para a crítica da imediatez como conceito justificativo da epistemologia cf. Th. W. Adorno, *Metakritik der Erkenntnis*, Stuttgart 1957.

associam-se de forma exemplar a frases que, em situações de entendimento mútuo, são pronunciadas por sujeitos dotados de capacidade de fala e de acção. Nesta versão, a tese de Husserl de uma referência à verdade imanente ao mundo da vida estruturado com sentido ganha uma acepção interessante. Como vimos, uma teoria de comunicação da sociedade não faz remontar o mundo da vida a uma corrente de vivências intencionais, mas compreende-o como um contexto de configurações simbólicas no sentido de acções comunicativas colocadas em rede. Mas neste caso a facticidade das pretensões de validade implicadas nestas expressões é constitutiva para o modo de existência do mundo da vida. As «posições» apoiadas na experiência e na tradição e convencionadas pela cultura agora já não se referem apenas a objectos intuitivamente comprováveis; a sua legitimidade pode ser comprovada unicamente de forma discursiva, isto é, num discurso fundamentador. Nessas posições, dóxicas e outras, não se antecipa a possibilidade de um preenchimento intuitivo de uma intenção mas sim a possibilidade de um consenso a atingir sem coacção sobre a legitimidade da pretensão respectivamente assinalada.

Esta reflexão traz-me mais uma vez de volta à ideia de Husserl de uma vida em auto-responsabilidade absoluta. Se a cada «posição» se encontra associado igualmente o interesse em revalidar a pretensão de validade pressuposta, cumpre esclarecer por que o mundo da vida assenta num fundamento alargado de pretensões de modo algum revalidadas, mas apenas facticamente reconhecidas. A divulgação universal de implicações de validade aceites de forma ingénua, não problemáticas e ao mesmo tempo não legitimadas, tem sido, na história anterior, um facto fundamental que caracterizava os mundos da vida sociais. Para um esclarecimento tenaz e de largo espectro de todas as pretensões, Husserl não está manifestamente em condições de indicar um interesse suficientemente eficaz. Por isso, a sua tentativa de conjugar a tarefa da fenomenologia com a necessidade de uma vida filosófica mantém o carácter de um postulado impotente.

Também uma teoria da comunicação da sociedade partirá do princípio que uma pretensão de validade implícita a uma expressão simbólica só pode existir facticamente enquanto as pessoas estiverem convencidas da fundamentabilidade das implicações de validade. No entanto, nesse caso, o facto de o mundo da vida assentar numa massa de pretensões apenas fácticas cuja legitimidade nunca foi problematizada e comprovada é um fenómeno que exige uma explicação. É preciso explicar como é alcançada e pode ser estabilizada a convicção da revalidabilidade de pretensões de validade sem as correspondentes tentativas de fundamentação discursiva actuais. É que essa confiança ingénua revelar-se-ia, em todos os casos em que uma pretensão não resistisse à verificação, como falsa consciência. Assim sendo, necessitamos de uma teoria que explique como é possível a geração e estabilização de falsa consciência e, sobretudo: porque é necessária a formação de ideologias. Esta explicação poderia ao mesmo tempo ajudar a responder à questão de saber se existe um interesse no esclarecimento da falsa consciência. Se um semelhante interesse no esclarecimento pudesse ser denominado e fundamentado com base nas condições de reprodução de uma realidade simbolicamente estruturada, para a sua satisfação, e é o que se pode ver de antemão, não seria necessária a reflexão fenomenológica sobre a história genética e transcendental do mundo da vida, mas uma tematização rica de consequências práticas das pretensões de validade que até à data se haviam subtraído a uma verificação não só contingente, mas sistematicamente.

Com esta panorâmica adianto-me ao estado das nossas reflexões. Critiquei o conceito da evidência da verdade e demonstrei que todas as dificuldades referidas podem ser evitadas se substituirmos a abordagem da teoria da consciência pela da linguística. No entanto, não demonstrei porque haveria de se optar por precisamente esta abordagem. Conto fazê-lo ao abordar o *segundo problema* que, para além da referência imanente à verdade de um mundo da vida estruturado e dotado de sentido, se coloca a qualquer teoria generativa da sociedade. Na tentativa de uma fundamentação fenomenológica da intersubjectividade demonstrar-se-á que estamos constrangidos a substituir o primado da intencionalidade pela prioridade do entendimento linguístico.

Husserl vê-se colocado perante a seguinte tarefa de construção: como posso eu, como um Eu transcendentalmente realizador, constituir um outro Eu e, ao mesmo tempo, ressentir o que em mim foi constituído apesar de tudo como um outro Eu? Sob os pressupostos de uma teoria da consciência que parte das realizações constitutivas do Eu meditativo como mónada, como Husserl assinala expressamente, esta colocação da tarefa é visivelmente paradoxal. Por um lado, sou eu quem constitui o outro como elemento do meu mundo, mas, enquanto outro, ele precisamente não pode ser-me dado de forma originária nas suas realizações constitutivas próprias, como em princípio deveria ser possível, se o outro fosse algo constituído por mim. No entanto, este paradoxo deve poder ser resolvido com os meios da fenomenologia, se se quiser legitimar nem que seja o sentido de um mundo objectivo. É que a objectividade do mundo significa que este existe para cada qual do mesmo modo como o constituo para mim; enquanto mundo objectivo, o mundo por mim constituído tem de ser o mesmo que o constituído por todos os outros. Apenas me é dada como objectiva aquela natureza que constituo em modos de doação idênticos para todos os outros. Neste mundo objectivo, por seu lado, os outros anteriormente constituídos podem igualmente vir ao nosso encontro como sujeitos empíricos: «Ou seja, o primeiro que em si é estranho (o primeiro Não-Eu) é o outro Eu. E isso possibilita em termos constitutivos uma infinita nova área de estranheza, uma natureza objectiva e um mundo objectivo em geral a que todos os outros e eu próprio pertencemos.»[34] Husserl vê que o sentido da objectividade do meu mundo não depende unicamente da constituição de muitos outros sujeitos, aos quais é dado o seu mundo respectivo, mas exige, além disso, a constituição de uma comunidade de todos os sujeitos possíveis, que me inclui, para a qual o meu mundo e os seus mundos estejam postos como idênticos: «Está na essência» – prossegue Husserl no trecho citado – «desta constituição que emana dos puros outros (que ainda não têm um sentido mundano) que os, para mim, outros não permaneçam isolados, mas que a mesma [...] constitua antes uma comunidade-Eu que me inclua (como uma comunidade de Eus que são uns com os outros e uns para os outros), em última análise uma comunidade de mónadas, e uma que... constitui o mesmíssimo mundo. Neste mundo, por seu lado, figuram todos os Eus, mas numa apercepção objectivante com o sentido de «seres humanos» ou «seres humanos psico-físicos» enquanto objectos do mundo.»[35]

Husserl faz a importante diferenciação, que também tem relevância para uma teoria da comunicação da sociedade, entre um mundo objectivo em que todos os objectos naturais (incluindo os outros seres humanos) podem vir ao nosso encontro como enti-

---

[34] *Cartesianische Meditationen* [*Meditações Cartesianas*, Porto, Rés, 1986], §49, 137.
[35] *Ibidem*.

dades intramundanas, por um lado, e, por outro, o mundo intersubjectivo dos sujeitos transcendentalmente socializados que se encontram no plano da constituição comum de um mundo idêntico para eles e, por isso, objectivo. Este é o mundo da vida social em que os sujeitos podem pôr-se de acordo sobre o que é intramundano. Os sujeitos socializados movem-se «no» seu mundo da vida desde sempre «sobre» o plano transcendental da intersubjectividade. Por isso têm de proceder a uma mudança de perspectiva qundo alguém já não quiser conceber o outro como *alter ego* mas sim como um componente da natureza objectiva, precisamente, como um corpo observável.

Husserl, na V Meditação Cartesiana, tentou resolver a tarefa de uma fundamentação fenomenológica da intersubjectividade. Para o Eu constituinte, ele tem de estabelecer um estado de partida em que se encontra dada uma natureza radicalmente despojada de todos os outros sujeitos e de todas as outras relações intersubjectivas. Esta natureza ainda não pode estar posta como natureza objectiva. Se nos abstrairmos deste modo de *tudo* que seja estranho, retemos um mundo «primordial» que contém apenas o que me é próprio de forma imediata a mim, ao Eu meditativo, e que se dá perante mim numa transcendência contida em sentido próprio. Entre os corpos desta «natureza a bem dizer reduzida», só o meu corpo está destacado. O meu corpo é esse corpo extraordinário no qual eu faço o que bem entender: aos órgãos do corpo posso associar campos de sensibilidade e actividade e cinestesias correspondentes. Husserl constrói, partindo deste estado, a história transcendental da intersubjectividade em dois passos:

(a) A mim, que experiencio o meu próprio corpo vivo de forma originária, vem-me ao encontro o outro no interior do meu mundo primordial antes de mais como corpo. Numa concepção analogizante, posso aperceber-me deste como um corpo similar ao meu próprio corpo vivo – corpo objectivo. Percebo-o, numa apercepção analogizante, como um outro corpo vivo. Ao interpretar o corpo como um outro corpo vivo procedo, na consciência da minha interioridade sempre articulada com o meu corpo na experiência originária, a uma transferência analogizante: suponho que também o outro corpo vivo se encontra associado da mesma forma a uma interioridade que, no entanto, neste caso não me é acessível *originaliter*. Husserl chama a uma tal apresentação, em que algo que não é dado é trazido à co-presença, co-apresentação

[*Appräsentation*]. O corpo vivo do outro «co-apresenta» uma vida de actos alheia que à partida me é inacessível. Esta vida de actos mediada pelo corpo vivo é o primeiro de todos os objectos que surgem no meu mundo primordial. É nele que se constitui o sentido de um outro sujeito, ao qual o seu corpo se encontra associado como corpo vivo, do mesmo modo que me está associado o meu próprio corpo vivo.

(b) Num segundo passo, Husserl tenta tornar plausível que a socialização das mónadas decorre sem mais do sentido da co-apresentação da interioridade alheia. Neste esforço apoia-se na circunstância de que as perspectivas do espaço do «aqui» e do «ali» centradas no corpo vivo podem ser permutadas reciprocamente e objectivadas por esta via. Depois de eu ter interpretado o corpo do outro em analogia ao meu corpo vivo, como se este se encontrasse aqui em lugar do outro corpo ali, também posso, apoiado na interioridade co-apresentada do outro, constituir o mundo do outro por analogia com o meu mundo. Ora, para demonstrar que com a constituição do outro também se forma um Nós transcendental, ao qual é dada a mesmíssima natureza que, por isso, é objectiva, Husserl recorre à permutabilidade das perspectivas espaciais. Tal como posso ocupar virtualmente o espaço de um outro corpo vivo e posso trocar o seu ali com o meu aqui, assim posso ocupar a perspectiva do mundo do outro co-apresentado naquele corpo e relativizar a vinculação egocêntrica da minha e da sua perspectiva do mundo em favor de uma que nos seja comum: «Ele (o corpo vivo do outro) co-apresenta, antes de mais, o seu vigorar nesse corpo ali e, mediatamente, o seu vigorar na natureza que é manifesta à *sua* percepção – a mesma natureza que é a minha natureza primordial. É a mesma apenas em aparência, *como se estivesse ali no lugar do corpo (vivo) alheio* [...] Na co-apresentação do outro, os sistemas sintéticos são os mesmos com todas as suas aparências, ou seja, com todas as percepções possíveis e os seus conteúdos noemáticos; só que as percepções verdadeiras e os modos de doação nelas realizados, e em parte também os objectos realmente percebidos, não são os mesmos, mas são o que (aparentam ser) vistos dali.» A reciprocidade das perspectivas fundamenta a identidade do meu sistema de fenómenos no outro corporalmente co-apresentado, e nisso constitui-se ao mesmo tempo o nós transcendental das mónadas socializadas.

Explicitei a construção de Husserl a ponto de agora poder passar a debater as duas objecções mais importantes. Ambas acabam por dizer que Husserl tem de conseguir por portas travessas aquela intersubjectividade que não pode deduzir sob os pressupostos da teoria da consciência.

Quanto a (a). Husserl tem de poder fundamentar por que razão eu, no meu mundo primordial, em que apenas *um* corpo é caracterizado como sendo o meu corpo vivo originariamente experienciado, haveria de poder seleccionar da totalidade de todos os corpos restantes um conjunto parcial de corpos como os corpos vivos potenciais de outros sujeitos. Husserl fundamenta a possibilidade de uma transferência aperceptiva da minha experiência corpórea para um corpo alheio remetendo para a semelhança perceptível entre os dois objectos; mas apenas seríamos capazes de percebermos uma relação de semelhança entre o nosso corpo vivo e o corpo alheio depois de estarmos na posição de objectivarmos o próprio corpo vivo como parte integrante de uma natureza objectiva. O corpo vivo experienciado apenas subjectivamente, pelo contrário, é tão dissemelhante relativamente ao corpo percebido que não oferece qualquer apoio a uma transferência analogizante.([36]) Na realidade, nem Husserl se fia nessa relação de semelhança. A tentativa de interpretar um corpo alheio como corpo vivo tem de poder comprovar-se também no facto de as co-apresentações decorrerem de forma unânime: «O corpo vivo alheio e experienciado realmente afirma-se de uma forma continuada como um corpo vivo apenas no seu *comportamento* variado, mas sempre *concordante*, de tal modo que este tem um lado físico que, co-apresentando-o, indicia o lado psíquico [...] E assim por diante na mudança permanente de fase em fase. O corpo vivo é experienciado como um corpo aparente quando isso por alguma razão não se verifica.»([37])

O que quer dizer aqui «comportamento concordante»? Ou, em conformidade com o pressuposto, me são dados apenas os movimentos observáveis de outros corpos; nesse caso podem resultar quando muito regularidades na sequência dos estados do corpo, o que se aplica a quaisquer corpos em meu redor. O que não obtenho daí é um critério para a diferenciação de cor-

---

([36]) A. Schütz («Das Problem der transzendentalen Intersubjektivität bei Husserl», *Philosophische Rundschau*, 5, 1957, 81-106), remete, neste contexto, para as investigações correspondentes de Scheler, Sartre e Merleau-Ponty.
([37]) *Cartesianische Meditationen* [*Meditações Cartesianas, op. cit.*], §52, 144.

pos vivos potenciais. Ou eu encaro o comportamento do outro corpo vivo como uma expressão simbólica; nesse caso a coerência dos gestos subsequentes teria de se aferir por regras que estabelecem um sistema de símbolos e determinam que características físicas devem ser consideradas sinais e que significados podem ser associados a esses sinais e em que situações de utilização. Só posso entender os movimentos a conceber por analogia do outro corpo como «gestos» quando já existe um conhecimento intersubjectivo de um acervo de signos e de um glossário. A mera «concordância» de co-apresentações subsequentes não serve como critério delimitativo. Tenho a impressão de que Husserl se ludibria quanto ao alcance do primeiro argumento porque antecipa, com o conceito da co-apresentação, o que ainda quer ganhar com a sua ajuda. Nas *Meditações Cartesianas*, este conceito apenas é admitido no sentido de um emparelhamento de um objecto perceptível e outro não perceptível. Mas Husserl já se apoia implicitamente num significado mais abrangente que é sugerido por reflexões anteriores (em *Ideen* e em *Logische Untersuchungen*). A co-apresentação é tacitamente encarada como a representação de um significado por uma expressão simbólica, no caso vertente por uma expressão associada ao corpo. Uma função de significação específica à linguagem, no entanto, não deve ser pressuposta, se se pretende explicar a génese de uma relação intersubjectiva entre mim e outro sujeito que só depois deve tornar possível o entendimento mútuo por intermédio de símbolos.

Quanto a (b). Também no segundo passo da sua argumentação Husserl, se estou a ver bem, peca por uma *petitio principii*. Parte, com razão, do princípio de que um mundo intersubjectivo de sujeitos socializados se constitui por um entrosamento mútuo das perspectivas em que todos os intervenientes se encaram a si, os outros, tal como a natureza, tanto do seu próprio ponto de vista como dos pontos de vista virtualmente assumidos de qualquer outro sujeito possível, e deste modo constituem socialmente um mundo objectivo. Mas, notavelmente, Husserl leva a construção apenas ao ponto em que eu, o meditativo, me coloco no lugar da interioridade co-apresentada do outro e identifico o seu mundo com o meu mundo. Entretanto, um mundo comum apenas se constitui por uma relação simétrica que permite ao outro por igual colocar-se no meu lugar, isto é, no lugar da interioridade co-apresentada *a ele* e identificar o meu mundo com o seu. Husserl não pode construir esta reciprocidade *completa* porque a abordagem fenomenológica impõe, no caso do Eu meditativo, cuja subjectividade tem sempre de ser o último horizonte possível da legitimação, uma assimetria entre mim e os respectivos outros. O Eu do fenomenólogo mantém durante a auto-observação sempre a função de um Eu primordial pré-existente.

Neste âmbito as dimensões do «aqui» e «ali» são utilizadas num sentido duplo rico de consequências para a estratégia da produção de prova. O «aqui» e o «agora» ancoram antes de mais perspectivas do espaço centradas no corpo vivo. Ao ocupar virtualmente todos os lugares possíveis, no entanto, posso libertar as perspectivas do espaço já no meu mundo primordial, ou seja, *antes* da entrada em cena de um outro Eu, da sua associação centrada no corpo vivo e objectivá-las como coordenadas espaciais. (Esta condição, entre outras, tem de estar satisfeita para que eu possa encarar um corpo alheio «em analogia» com o meu corpo vivo.) Ora, Husserl supõe que a variação livre da perspectiva espacial também possibilita essa *permuta* de perspectivas sociais do mundo a que temos de proceder, se quisermos constituir um mundo intersubjectivo. Não nota que as coordenadas espaciais, em cujo quadro relativizo as perspectivas espaciais centradas no corpo vivo do aqui e do ali, podem, no melhor dos casos, servir de quadro de referência para a percepção monológica de corpos em movimento, ao passo que o «aqui» e o «ali», como perspectivas permutáveis a partir das quais encontro os outros e vou ao encontro dos outros no âmbito de um mundo intersubjectivo, assumem um significado distinto: apenas se trata de perspectivas espaciais num sentido metafórico. Só no pressuposto de uma reciprocidade completa já produzida de todos os sujeitos participantes podem ser permutadas e objectivadas em perspectivas de um mundo social comum. Ao espaço *físico* substitui-se o espaço *social*. Alfred Schütz desmascarou esta fraqueza: «Mesmo que aceitemos a teoria da constituição do outro de Husserl, segundo a qual devido a uma transferência co-apresentativa o teu corpo vivo que se apresenta na minha esfera primordial conduz à constituição para mim da tua plena vida interior e, numa consequência adicional, do teu ego transcendental; mesmo que se admita a suposição não feita por Husserl de que tu, de forma análoga, levas o meu corpo vivo que se manifesta na tua esfera primordial à constituição da minha plena vida interior e do meu ego transcendental – mesmo que suponhamos isso, ainda não se encontra fundamentada nenhuma socialização transcendental, nenhum Nós transcendental. Pelo contrário: agora cada Eu constituiu para si o seu mundo, todos os sujeitos que nele se encontram, incluindo-me a mim, segundo o seu ser e o seu sentido, mas lá está, fê-lo para si e não simultaneamente para todos os outros egos transcendentais.»([38]) Uma socialização transcendental pode, mesmo nos pressupostos referidos, ocorrer apenas no sentido absurdo de que existem socializações para mim e socializações para outros, sem que estas tivessem de ser coincidentes. A produção de uma experiência socializada no plano intersubjectivo que seja idêntica para mim e para todos os outros não pode ser tornada plausível por esta via.

Na sua obra sobre a *Crise das Ciências Europeias*, Husserl fala de um modo inequívoco da «singular solidão filosófica» em que se embrenha o fenomenólogo que exerce *epochē* e abre mão da atitude natural: «A *epochē*, exerço-a *eu*, e mesmo que haja vários, e estes até exerçam *epochē* comigo em comunidade actual, para mim, na minha *epochē* todos os outros seres humanos com toda a sua vida de actos encontram-se incluídos no fenómeno do mundo que, na *epochē*, é exclusivamente meu.» Esta exigência de base metodológica de uma Filosofia da consciência que parte da reflexão solitária sobre as realizações da subjectividade própria exclui, por princípio, que os outros constituídos por mim e para mim possam em princípio entrar de forma actual na mesmíssima relação comigo como eu com eles enquanto meus objectos intencionais. Antes me vejo metodologicamente constrangido a afirmar-me, perante todos os outros Eus que asseguram a intersubjectividade do meu mundo, no meu primado como Eu primordial fundador([39]).

Uma experiência socializada de uma forma intersubjectiva em sentido rigoroso não pode ser pensada sem o conceito se um sentido comunicado, «partilhado» entre vários sujeitos. Não se constituem significados idênticos na estrutura intencional de um sujeito que solitariamente enfrenta o seu mundo. Os significados apenas ganham identidade, num qualquer sentido compreensível, na validade idêntica para vários sujeitos. Para explicar a identidade

---

([38]) Schütz (1957), p. 100.

([39]) «Eu como Eu primordial constituo o meu horizonte dos outros transcendentais como o dos co-sujeitos da intersubjectividade transcendental que constitui o mundo», *Krisis, ibidem*.

de convenções de significados, Wittgenstein propôs como modelo a regra que pode ser seguida por um mínimo de dois sujeitos; Mead recomenda o modelo do papel que estabelece expectativas de comportamento reciprocamente permutáveis para, no mínimo, duas pessoas. Conceitos como «regra» ou «papel» têm de ser introduzidos à partida com referência a uma relação entre sujeitos. Evitam o conceito fundamental de uma consciência privada que apenas posteriormente entra em contacto com outra consciência. Antes estabelecem os seus conceitos fundamentais de tal modo que a relação intersubjectiva é pensada como tendo uma origem comum com a utilização de expressões simbólicas por parte de sujeitos dotados de capacidade de fala e de acção.

As teorias da comunicação gozam da vantagem de partir logo da relação intersubjectiva que as teorias constitutivas tentam em vão deduzir de realizações da consciência monádica. Encontram-se então diante da tarefa de explicar as vivências subjectivas a que cada Eu tem um acesso privilegiado com os meios da teoria de comunicação. Também a constituição dos objectos de experiência possível *sobre* a qual nos pomos de acordo tem de ser explicada no seio de uma teoria da comunicação da linguagem coloquial. Gostaria de abordar esta problemática com base no exemplo da teoria dos jogos de linguagem de Wittgenstein.

3.ª Prelecção

Da teoria da constituição à teoria da comunicação
da sociedade
(Sellars e Wittgenstein).
O uso comunicativo e o uso cognitivo da linguagem

Gostaria de começar por desenvolver o quadro categorial para uma teoria de comunicação da sociedade. Neste âmbito, o conceito de jogo de linguagem de Wittgenstein serve-me de fio condutor. A génese quase-transcendental da intencionalidade, de Wilfrid Sellars, pelo contrário, põe claramente em evidência os problemas-limite de uma teoria da consciência que sofreu uma viragem lógico-linguística; as suas reflexões originais ocupam uma peculiar posição intermédia entre a teoria da constituição e a teoria da comunicação.

Sellars distingue entre actos de consciência que têm um conteúdo sensível ou conceptual (percepções e juízos), esses próprios conteúdos (os objectos ou estados de coisas visados em percepções e juízos) e os objectos existentes (ou coisas em si). Estas distinções foram introduzidas numa intenção realista do conhecimento e, por isso, não coincidem com as definições de lógica transcendental nem de Kant nem de Husserl. Ainda assim, aquilo que Sellars designa por «content» corresponde com bastante precisão ao objecto intencional em Husserl, assim como os «representings» aos actos intencionais. Sellars quer lançar alguma luz sobre como é possível que muitos actos de consciência individuais possam ter o mesmíssimo conteúdo; é que apenas a identidade do significado está à altura das necessidades da intersubjectividade de um pensamento, que, mesmo que seja pensado por diversas pessoas ou por uma pessoa em alturas diferentes, continua, no entanto, a ser o mesmo pensamento[40]. «What, after all, does it mean to say that content exists "in" representings?» [Afinal o que significa dizer que o conteúdo existe «em» representações?] [41] Para responder a esta questão, Sellars não se transfere simplesmente do plano da teoria da consciência para o da análise linguística, mas faz a proposta de esclarecer a relação dos actos de consciência com o seu conteúdo de pensamento com base no *modelo linguístico* da relação das expressões linguísticas para com o respectivo conteúdo de significado. A questão de Husserl: «Como é que um objecto se encontra dado numa corrente de vivências intencionais?» pode então ser substituída pela questão: «Como é que um significado é simbo-

---

[40] Para já não terei em conta a questão de como é possível que o mesmo conteúdo de um enunciado possa aplicar-se a coisas diversas: «If we admit one content "in" many representings, why not admit one attribute "in" many things: platonism for things as well as platonism for thoughts? [Se admitirmos um conteúdo «em» muitas coisas, por que não admitir um atributo «em» muitas coisas: tanto o platonismo pelas coisas como o platonismo pelos pensamentos?]» (W. Sellars, *Science, Perception and Reality*, Nova Iorque 1968, p. 62). Noutro lugar (p. 92) Sellars fala de uma inerência do conteúdo aos actos de consciência (in-esse of attributes in representings [o estar-em de atributos em representações]) e do habitar do conteúdo nas próprias coisas (in-esse of attributes in things [o estar-em de atributos em coisas]).
[41] *Ibidem*, 62.

licamente expresso por um signo linguístico?»(⁴²) O sentido em que falamos de «contents of representings» [conteúdos de representações] ou de «contents, existing *in* representings» [conteúdos existentes *em* representações] ou de «mental episodes *representing* intensions» [episódios mentais *que representam* intensões] deve ser esclarecido com referência ao sentido em que falamos de «meanings *of* expressions» [sentidos *de* expressões] ou de «meaning, existing *in* expressions» [sentido que existe *em* expressões] ou de «linguistic episodes *standing for* or *expressing* intensions» [episódios linguísticos *que representam (substituem)* ou *expressam* intensões. Os actos de consciência e os seus conteúdos devem ser explicados com recurso ao modelo das expressões linguísticas e dos respectivos significados. Os actos intencionais devem ser tratados como se existissem apenas intenções cujo sentido, como o supusemos na primeira prelecção, tem sempre de poder encontrar uma expressão simbólica.

Partindo de frases passíveis de verdade, Sellars analisa o sentido de estados de coisas que são reproduzidos em proposições afirmativas e que podem ser o caso ou podem não ser o caso (*do or do not obtain*); para mais, o sentido de determinações gerais que ocorrem sob a forma de expressões predicativas e se encontram ou não encarnadas num objecto existente (*are or are not exemplified*); e, por fim, o sentido de objectos que estão representados em constantes individuais ou descrições definidas e que ou existem ou não existem (*do or do not exist*) (⁴³).

Chamamos à relação entre uma expressão linguística e o sentido nela simbolizado uma relação de significação. Ora, Sellars propõe um caminho elegante para conceber esta relação de significação com maior precisão. Pode-se colocar entre aspas qualquer expressão que represente quer estados de coisas, definições

---

(⁴²) Não olho ao facto de Sellars interpretar os actos da consciência à partida de uma forma objectivista, nomeadamente como *mental episodes*: «If anything which occurs or takes place is to count as an episode, then, whenever an object changes from having one disposition to having another the change is an episode.» [Se algo que ocorre ou tem lugar deve contar como um episódio, nesse caso, sempre que um objecto muda de uma disposição a outra, essa mudança é o episódio.] (*Ibidem*, p. 72) O preconceito fisicalista de Sellars exprime-se no facto de ele encarar os actos de consciência, a par com os processos naturais objectivados, como acontecimentos no mundo.

(⁴³) *Ibidem*, p. 64.

gerais ou objectos, a fim de assinalar que não se tem em mente a expressão concreta numa dada linguagem, mas que *esta* expressão representa todas as expressões pensáveis que, em linguagens comparáveis, desempenham um papel exactamente análogo ao da expressão dada na «nossa» linguagem. Num jogo de xadrez falamos do «rei» no sentido em que com «reis», independentemente das figuras ou signos em que possam estar respectivamente realizados, se podem efectuar determinadas jogadas e outras não. Assim, na frase: «O vinho é tinto» posso colocar a expressão predicativa entre aspas para assinalar que «rot» na língua alemã [tinto/ /vermelho em português...; *N. T.*] tem a mesma função como «red» na língua inglesa, «rouge» em francês, «rosso» em italiano, etc. A relação de significação não é entre a palavra alemã «rot» e a classe de todos os objectos vermelhos, mas entre ela e o sentido abstracto da «cor vermelha» que resulta unicamente do modo como utilizo a palavra «rot» em alemão e as expressões análogas a «vermelho» em todas as outras línguas (comparáveis). As aspas são aqui, portanto, indicações metalinguísticas para o contexto de utilização normal de uma expressão no seio de um sistema linguístico; encaminham o olhar para o significado idêntico para o qual, em todos os sistemas linguísticos comparáveis, existem expressões de papel análogo: «Sócrates é sábio» *é* um estado de coisas que na língua alemã é representado pela frase «Sokrates ist weise» e em Lx pela expressão Sx (e outro tanto se aplica às determinações predicativas e constantes individuais). Expressões como «sábio» e «Sócrates» referem-se à função que estas palavras têm na língua alemã e expressões de papel análogo, em línguas comparáveis.

Neste passo de abstracção, Sellars tem de se fiar tacitamente na experiência fundamental e hermenêutica de que cada frase de uma língua natural pode em princípio ser traduzida para qualquer outra língua. Mas, estranhamente, recorre ao conceito de papel ou de função que expressões assumem num sistema linguístico sem aprofundar a sua análise (ou usá-lo nem que seja no sentido explícito que, por exemplo, Wittgenstein deu a estes conceitos-chave nas suas análises dos jogos de linguagem). Sellars trata a abstracção de expressões de significado idêntico como uma operação lógica e não como um artifício hermenêutico que necessita de esclarecimento em termos da filosofia da linguagem([44]). Isso sai-lhe

---

([44]) Cf., contudo, *ibidem*, p. 293.

caro, como vou demonstrar com toda a brevidade, na execução do programa propriamente dito, ao qual afinal se refere a proposta de comparar os conteúdos de *mental episodes* [episódios mentais] com as significações de *speech episodes* [episódios de fala].

Sellars dá à tarefa de Husserl da fundamentação da intersubjectividade com base na filosofia do sujeito uma viragem lógico--linguística. Quer mostrar como uma linguagem intencional em que nos pomos de acordo sobre os nossos desejos, ideias, esperanças e sentimentos poderia ter nascido de uma linguagem livre de expressões intencionais, uma linguagem, digamos, empirista. A sua construção deixa-se guiar pela ideia fundamental de que as expressões intencionais representaram originalmente conceitos fundamentais, introduzidos de forma hipotética, de uma teoria segundo a qual as reacções comportamentais observáveis de organismos que pensam, sentem ou querem devem ser concebidas como estados finais de determinados processos provenientes de episódios interiores ou actos de consciência. Esta teoria apoia-se na suposição de que os episódios observáveis no plano da articulação linguística se relacionam com os episódios interiores que têm por base, ou seja, as intenções, precisamente da mesma forma como as expressões linguísticas com os seus significados. Uma vez inventada a teoria, ela comprovou tão bem a sua utilidade que hoje faz parte do repertório dos processos de socialização da primeira infância. A vivência intencional do outro Eu, em tempos uma construção teórica, converteu--se entretanto numa realidade evidente e mutuamente suposta.

Não vou verificar em pormenor a consistência da construção de Sellars; no nosso contexto interessa unicamente esse estado natural fictício em que os sujeitos, tal como no mundo primordial de Husserl, embora providos de uma vida de consciência completa, estão privados de todas as relações intersubjectivas. Dispõem de uma linguagem que pode ser utilizada de forma descritiva e em que, para além de partículas lógicas, apenas são admitidas expressões para acontecimentos observáveis (e localizáveis no espaço e no tempo). Esta linguagem empirista pode ser utilizada para fins cognitivos, por exemplo para a elaboração de hipóteses sobre processos naturais, mas não para fins comunicativos. Sellars tem de proceder a esta redução se o estado de partida deve, por um lado, excluir relações interpessoais mas, ainda assim, admitir a existência de uma linguagem. Esta condição é necessária porque a teoria postulada da consciência alheia deve ser formada segundo um modelo linguístico, ou seja, requer também o conhecimento de relações de significação. Ora, eu afirmo que uma semelhante linguagem dissociada da sua utilização comunicativa, ou seja, completamente monológica não pode ser pensada de forma consistente como linguagem.

Os utilizadores solitários da linguagem de Sellars têm de dispor de significações idênticas de palavras sem poderem realizar um acto de fala que seja perante outro locutor. Para separar um semelhante *non-performatory stratum of linguistic behavior* [estrato não performativo do comportamento linguístico] ([45]), ou seja, a *epistemic function of language as contrasted with its performatory role in interpersonal relationships* [função epistémica da linguagem em contraste com o seu papel performativo em relações interpessoais], Sellars distingue entre «realizações» (*actions*) ([46]) que em qualquer altura podem ser repetidas com recurso à vontade e à consciência, ou seja, de forma intencional, e meras reacções (*acts*) que ocorrem de forma não intencional. Os utilizadores monológicos da linguagem de Sellars apenas estão autorizados a produzir *acts*, acontecimentos linguísticos: se neste estado não quisermos já pressupor a linguagem intencional, cuja génese afinal ainda está por explicar, as suas vivências intencionais, pensamentos, sentimentos e desejos apenas podem articular-se em *locutionary non-actions* [não-acções locutórias], num comportamento linguístico reactivo: *«these episodes or "acts" cannot qualify as actions»* [estes episódios ou «acts» não podem ser qualificados de «realizações»]». ([47]) Por outro lado, também este comportamento linguístico tem de permitir a expressão de significados idênticos; é que de outro modo esse Robinson teoricamente inventivo não disporia de um modelo adequado com recurso ao qual pudesse elucidar a relação entre os episódios observáveis do outro Eu e os respectivos episódios interiores (teoricamente postulados). Para obviar a esta dificuldade, Sellars distingue entre *rules of performance* [regras de desempenho ou performativas] e *rules of criticism* [regras de avaliação] ([48]). Regras pelas quais orientamos a nossa acção estabelecem o que se deve fazer (*ought to do*); regras

---

([45]) *Ibidem*, p. 156.

([46]) Mantivemos os termos em inglês, bem como a tradução de Habermas para eles, vertidos nos seus equivalentes em português (*N.T.*)

([47]) *Ibidem*.

([48]) *Ibidem*, p. 76.

de avaliação, pelo contrário, limitam-se a indicar critérios para a decisão sobre se algo corresponde de facto a uma regra ou não (*ought to be*). Para que, numa utilização monológica da linguagem, possa ser salvaguardada a identidade de significados, e para que de todo se possa salvaguardar o carácter da linguagem, apenas são necessárias as regras de avaliação (*rules of criticism*), mas não as regras performativas (*rules of performance*). Com estas regras, apenas se introduziriam, qual contrabando, as intenções que ainda não devem figurar no nosso estado natural fictício: «*Because the thinking out loud, and the mental acts modelled on them, with which we have been concerned are not actions, we have stressed the distinction between rules of performance and rules of criticism. Non-actions, as well as actions, are subject to rules of criticism, and the linguistic non-actions, we have in mind, are no exceptions. Linguistic rules of criticism play a key role in developing, maintaining and improving our linguistic character, thus ensuring the existence of the semantic uniformities, which are the descriptive core of meaningful speech.*» [Porque os *acts* de pensar em voz alta, e os actos mentais modelados sobre ele, de que nos ocupámos, não são *actions*, realçámos a distinção entre as regras performativas e as regras de avaliação. Tanto as não-acções como as *actions* encontram-se sujeitas a regras de avaliação, e as não-acções linguísticas que temos em mente não são uma excepção. As regras linguísticas de avaliação desempenham um papel-chave no desenvolvimento, na manutenção e no melhoramento do nosso carácter linguístico, assegurando assim a existência das uniformidades semânticas que são o âmago descritivo da fala dotada de sentido.] ([49])

O imperativo da estratégia conceptual que obriga Sellars a estas distinções é compreensível, mas as distinções propriamente ditas não são de modo algum plausíveis. Contesto que a identidade de significados possa ser assegurada unicamente com base num domínio monológico de critérios de auto-avaliação do comportamento linguístico; para mais, contesto que seja de todo possível avaliarmos se um dado comportamento corresponde aos critérios de um comportamento guiado por regras sem ao mesmo tempo termos a competência de também nós próprios seguirmos essas regras. Recordo o célebre argumento de Wittgenstein que exclui a possibilidade de sujeitos solitários seguirem por si sós uma regra: «E *crer* estar a seguir a regra não é seguir a regra.

([49]) *Ibidem*, p. 15.

E por isso não se pode seguir uma regra *privatim*, porque então crer estar a seguir a regra seria o mesmo do que seguir a regra.»([50]) Wittgenstein parte do raciocínio de que o emprego da palavra «regra» está entrosado com o emprego da palavra «igual». Um sujeito A pode seguir uma regra, se é que a segue, sempre apenas de tal modo que, sem olhar à alternância de circunstâncias contingentes, siga a mesma regra. No sentido da regra está implícito que aquilo em que A baseia a sua orientação se mantém igual a si próprio. Mas nesse caso, pelo menos um sujeito adicional B tem de poder verificar se A, no caso dado, segue mesmo a regra pretendida. A tem de ser capaz de se desviar da regra e de cometer erros sistemáticos; ao mesmo tempo B tem de ser capaz de identificar os desvios como erros sistemáticos e de os criticar. Só estando satisfeitas estas duas condições é que o significado que se expressa na regra é idêntico para ambos os sujeitos – não o sendo, evidentemente, apenas para estes dois sujeitos determinados, mas para todos os sujeitos dotados de capacidade de fala e de acção que pudessem assumir o papel de A e B.

O curioso nesta reflexão é que eu próprio não posso estar seguro de seguir uma regra, se não existe uma situação em que possa *expor* o meu comportamento *à crítica de um outro* e alcançar com ele um *consenso*. A capacidade de crítica do outro, por seu lado, pressupõe que ele disponha da mesma competência de regras que eu. Afinal, em que consiste a intersubjectividade da validade de regras? B apenas pode proceder à verificação que lhe é exigida do comportamento orientado por regras de A se, em caso de necessidade, um puder *demonstrar* ao outro um erro, isto é, se em caso de necessidade se puder alcançar um acordo mútuo sobre a aplicação correcta da regra. Por exemplo, B pode assumir o papel de A e mostrar-lhe o erro que cometeu. Neste caso, A assume o papel do crítico que pode agora, por seu lado, justificar o seu comportamento original, demonstrando a B uma falsa aplicação da regra. Sem esta possibilidade da *crítica mútua* e de um ensinamento que conduza ao acordo, isto é, sem uma possibilidade de entendimento mútuo sobre a regra pela qual, ao segui-la, os dois sujeitos orientam o seu comportamento, nem sequer se poderia

---

([50]) *Philosophische Untersuchungen* [*Investigações Filosóficas*, Fundação Calouste Gulbenkian, 1987], §202, in *Schriften* [citado segundo a trad. port., *N.T.*], Vol. 1, Frankfurt/M. 1960, p. 382.

falar «da mesma» regra; um sujeito solitário, sem a possibilidade de um cumprimento intersubjectivo de regras, nem sequer poderia dispor do conceito da regra.

Com a análise do conceito de «seguir uma regra», Wittgenstein faz a prova de que a compreensão de significados idênticos pressupõe, no plano conceptual, a capacidade de participar com pelo menos um outro sujeito numa prática pública, sendo que todos os participantes têm de dispor da competência tanto do comportamento orientado por regras como da avaliação crítica desse comportamento. Um sujeito solitário que ainda por cima dispõe apenas de uma das competências referidas não pode dominar convenções de significados([51]).

Os utilizadores monológicos da linguagem que povoam o estado natural de Sellars devem saber o que significa uma palavra ou uma frase ter um significado. Devem estar na posição de, por comparação, descobrirem os papéis idênticos que expressões de significado igual desempenham em linguagens diversas, ou seja, significados abstractos – «*by comparing the jobs they do with the jobs done by expressions in the base language*» [comparando as suas funções com as funções desempenhadas por expressões na linguagem de base]([52]). No mesmo sentido, também Wittgenstein fala do papel que as palavras assumem numa linguagem([53]). Mas Wittgenstein demonstra que os sistemas linguísticos, no interior dos quais palavras (ou frases) podem assumir posições comparáveis, têm um carácter público e exigem invariavelmente a interacção de vários sujeitos. Se os utilizadores monológicos da linguagem de Sellars fossem de facto capazes de identificar significados, teriam de se mover já no plano do entendimento intersubjectivo, e isso também significa: na linguagem intencional que afinal ainda se quer deduzir do estado natural fictício. Embora Sellars evite o conceito de Husserl de uma teoria da intencionalidade do significado isenta de linguagem, aceita o ponto de vista de Wittgenstein de que «na linguagem (e apenas na linguagem), a expectativa e a satisfação (se) tocam»([54])

([51]) Cf. P. Winch, *The Idea of a Social Science*, Londres 1958, 24-44; também H.-J. Giegel, *Die Logik der seelischen Ereignisse*, Frankfurt/M. 1969, p. 99-108, 112, 134.

([52]) Sellars (1968), p. 128.

([53]) Por exemplo *Philosophische Untersuchungen* [*Investigações Filosóficas, op. cit.*], §182 (Vol. 1, p. 373).

([54]) *Ibidem*, § 445 (Vol. 1, p. 438).

apenas para dissociar a própria linguagem da forma de intersubjectividade do entendimento possível que lhe é inerente. Nesta tarefa paradoxal de uma fundamentação da intersubjectividade com base no monologismo linguístico Sellars fracassa da mesma forma, e por motivos semelhantes, que Husserl na sua tentativa análoga. Um uso monológico da linguagem pode ser pensado, como já o indica a palavra monológico, unicamente como caso-limite do uso comunicativo da linguagem, mas não como seu possível fundamento.

Perante isto, Wittgenstein consuma sem hesitar a transição da filosofia da consciência para a teoria da linguagem. Começa por tratar os conteúdos intencionais independentemente das vivências intencionais. Antes de mais, nada têm que ver com actos de consciência ou episódios interiores: na própria linguagem, a intenção e o cumprimento da intenção tocam-se. Como exemplo, Wittgenstein refere um problema aritmético e a operação que o resolve: «»Da expectativa para o cumprimento, o passo é um cálculo.»([55]) A situação é similar no caso das frases. De uma frase imperativa pode-se depreender a acção que pode ser considerada o cumprimento da ordem, de uma frase afirmativa, o facto que a torna verdadeira. A intenção e o cumprimento fazem parte da gramática da frase: «Na medida em que a significação das palavras se comprova na expectativa satisfeita, no desejo cumprido, na execução da ordem, etc., ela já se revela numa representação linguística da expectativa, etc. É, portanto, determinada inteiramente no seio da linguística.»([56]) O sentido da frase não é pneumático; não se clarifica pelo facto de a referirmos a intenções ou actos conferidores de significado; antes, o sentido das intenções apenas pode ser precisado com referência ao sentido de frases: «O sentido da frase não é uma alma.»([57]) Algo é uma frase apenas numa linguagem. Entender uma intenção significa, por isso, compreender o papel de uma frase num sistema linguístico. Mas em que sentido pode agora falar-se de um sistema da linguagem?

*

([55]) *Philosophische Grammatik*, I, §111, in *Schriften*, Vol. 4, Frankfurt/M. 1969, p. 160.
([56]) *Ibidem*, §45 (Vol. 4, p. 88).
([57]) *Ibidem*, § 84 (Vol. 4, p. 131).

Como é sabido, Wittgenstein recorre a um modelo: a linguagem é como um jogo[58]. Introduz o conceito do jogo com base em exemplos. O primeiro grupo de exemplos é constituído por simples cálculos que podem ser produzidos com recurso a sinais e a regras de utilização para a combinação de sinais. O paradigma repetidamente trazido à colação é o da série de números naturais. Outro grupo de exemplos é o dos jogos infantis, que têm a vantagem de as actividades de vários participantes serem mutuamente conjugadas. O terceiro grupo de exemplos é o dos jogos de sociedade, em termos gerais jogos estratégicos como o xadrez, os jogos de cartas, etc. Na comparação das regras gramaticais com regras de jogos, destacam-se do pano de fundo difuso das falas e dos actos quotidianos contextos que se repetem de forma estereotipada: é a estes que Wittgenstein chama jogos de linguagem. Agora gostaria de demonstrar qual é a vantagem que a análise das línguas naturais extrai desse modelo do jogo, mas igualmente: que limitações o dito modelo coloca à análise da linguagem.

O modelo do jogo dirige o olhar do analista para as interacções mediadas pela linguagem convencionadas. Wittgenstein negligencia a dimensão propriamente linguística das regras, segundo as quais se geram encadeamentos de palavras, em benefício da dimensão pragmática das regras, segundo as quais se realizam comunicações entre locutores. A «gramática» de um jogo de linguagem, por isso, não deve ser confundida com a gramática de uma linguagem. Aquela abrange as regras, segundo as quais também são criadas situações de entendimento possível: a estrutura de um jogo de linguagem estabelece como posso utilizar frases em expressões capazes de reunir consenso. Se Wittgenstein tivesse desenvolvido uma teoria dos jogos de linguagem, esta haveria assumido necessariamente a forma de uma pragmática universal. Este programa teórico que irei explicitar e recomendar para fundamento de uma teoria de comunicação da sociedade, contudo, nem sequer foi equacionado por Wittgenstein; ele nunca encarou a análise gramatical de jogos de linguagem como um empreendimento teórico, mas sempre como um mero processo *ad hoc* que

---

[58] «Ninguém negará que o estudo da essência das regras do jogo deva ser útil ao estudo das regras gramaticais, visto que sem dúvida existe alguma semelhança. – A atitude correcta é a de contemplar as regras do jogo sem um juízo preconcebido, ou preconceito, quanto à analogia entre a gramática e o jogo, e impelido apenas pelo instinto seguro de aqui existir uma afinidade.» (*Ibidem*, §134 [Vol. 4, p. 187]).

se serve de comunicações indirectas, ou seja, de descrições que no fundo são teoricamente inadmissíveis, para, com um intuito terapêutico, tornar consciente nos locutores o funcionamento dos seus jogos de linguagem. A gramática de um jogo de linguagem (ou seja, o sistema de regras segundo as quais podem ser formadas expressões capazes de reunir consenso) – esta gramática *mostra*-se, não pode ser *exposta pormenorizadamente* no sentido de uma apresentação teórica[59]. Antes de voltar a esta renúncia à teoria, gostaria de mencionar três aspectos sob os quais Wittgenstein tornou o modelo do jogo fértil para a análise das línguas naturais.

(1) No modelo do jogo interessa a Wittgenstein, antes de mais, o estatuto das regras do jogo e a competência dos jogadores que dominam tais regras. As regras do jogo estabelecem os sinais lícitos e as operações que nos são autorizadas com esses sinais. É a elas que temos de recorrer, se não soubermos o que «significa» uma figura ou uma jogada feita com uma figura. A teoria do uso do significado, que diz que o significado de uma palavra ou de uma frase é o papel que a mesma desempenha no cálculo da linguagem, é fruto deste modelo. Ora, podem descrever-se regras do jogo, mas uma descrição não vai à essência do que as regras do jogo realizam. Um jogador que compreende as regras, o que quer dizer: pode jogar jogos, não tem também de ser capaz de descrever as regras. O que uma regra tem de específico expressa-se, mais do que numa descrição, na competência daquele que as domina. Compreendermos um jogo significa entendermo-nos com algo, «sabermos fazer» algo. Compreender significa dominar uma técnica. Neste «domínio» expressa-se a espontaneidade com que somos capazes de aplicar de forma autónoma uma regra aprendida e, assim, também a criatividade na produção de novos casos e de novos exemplos que possam ser considerados cumprimento da regra. Isto explica o interesse de Wittgenstein pela circunstância de que um aluno que anda a ensaiar uma determinada série de números de uma forma exemplar compreendeu a regra subjacente no momento em que é capaz de «a continuar por si». O «etcétera» com que o professor interrompe uma série de números que se destinam a exemplificar uma regra simboliza a possibilidade abstracta de executar um número infinito de operações ulteriores e de gerar um número infinito de casos adicionais que correspondam à regra.

---

[59] *Philosophische Bemerkungen*, §54, in *Schriften*, Vol. 2, Frankfurt/M. 1964, p. 84 s.

A competência que adquiro pela aprendizagem de uma regra de um jogo ou de uma regra gramatical é uma capacidade generativa. Wittgenstein não se cansa de explicitar porque a capacidade cognitiva de compreender uma regra requer simultaneamente uma habilidade prática, a saber, a de efectivamente operar segundo essa regra.

O sentido de uma regra é algo genérico que apenas posso exemplificar por um número finito de casos e que, por isso, também apenas sou capaz de explicar a outrem através de exercícios exemplares. Explicar algo genérico de forma exemplar não significa, no entanto, levarmos alguém a generalizar de forma indutiva um número finito de casos. Pelo contrário, o aluno compreendeu o geral exactamente no momento em que aprende a ver nas coisas apresentadas apenas exemplos de algo que há para ver *neles*. Para tal, por seu lado, pode bastar um único exemplo: «São, portanto, as regras que se aplicam ao exemplo que dele fazem um exemplo.»([60]) Os objectos ou acções que servem de exemplo nunca são por si só exemplos de uma regra; apenas a aplicação de uma regra faz com que no particular se nos evidencie o geral. Em cada aplicação reside *in nuce* um momento criativo. O aluno que aprendeu uma regra, graças à capacidade de, de ora em diante, inventar exemplos ele próprio, a saber, exemplos novos e mesmo exemplos fictícios, tornou-se um professor em potência.

(2) Para lá disso interessa a Wittgenstein, no modelo do jogo, o consenso que tem de existir entre os jogadores quanto às regras em vigor. O nexo entre linguagem e prática que a palavra «jogo de linguagem» pretende expressar não fica plenamente explicitado pela remissão para as operações que segundo uma regra geram encadeamentos de símbolos. Se Wittgenstein designa um nexo de linguagem e actividades por «jogo de linguagem», tem em mente acções de outro tipo, nomeadamente interacções. Por exemplo, ordens são expressões linguísticas que são cumpridas ou infringidas por acções. «Pensa que chegas, como investigador, a uma terra desconhecida na qual se fala uma língua que te é completamente estranha. Em que circunstâncias é que dirias que nessa terra as pessoas dão ordens, compreendem ordens, cumprem-nas, insurgem--se contra elas, etc.? As formas de acção que os homens têm em comum são o sistema de referência por meio do qual interpreta-

---

([60]) *Philosophische Grammatik*, II, 9 (Vol. 4, p. 272).

mos uma língua diferente da nossa.»([61]) A gramática de um jogo de linguagem regula os contextos de sentidos que se encontram complementarmente encarnados em frases, em expressões associadas ao corpo como as expressões faciais e os gestos, e em acções. Na medida em que são elementos de um jogo de linguagem, as expressões linguísticas encontram-se incluídas em interacções([62]). Como parte integrante da acção comunicativa, também as expressões linguísticas têm carácter de acções.

Ao realizar actos de fala como ordens, perguntas, descrições ou avisos não me refiro apenas a modos de agir complementares, mas participo numa «forma de acção que os homens têm em comum». A comunidade que previamente associa sujeitos que falam e agem num contexto de interacção é um consenso sobre regras convencionadas. O antropólogo que chega a um país cuja língua lhe é desconhecida supõe às interacções observadas uma determinada regra com base na sua pré-compreensão proveniente de tradições próprias. Apenas pode verificar esta suposição saindo pelo menos em termos virtuais do papel do observador e participando ele próprio na comunicação que começou por apenas observar. A participação bem sucedida é o único critério do acerto da sua compreensão. Se a hipótese era falsa, desmorona-se o consenso tácito que acompanha a acção; a experiência de que um jogo de linguagem «não funciona» como eu supusera é a experiência de um consenso perturbado: «Não se trata de uma concordância de opiniões, mas de formas de vida.»([63]) Wittgenstein elucida, com recurso a regras do jogo, este carácter vinculativo que reside na validade intersubjectiva para, ou no reconhecimento por, um grupo que comunica: «Seguir uma regra, fazer uma comunicação, dar uma ordem, jogar uma partida de xadrez são costumes (usos, instituições)([64]).

(3) Finalmente Wittgenstein interessa-se, no modelo do jogo, pelo sentido da constituição de um novo nexo. As regras de um jogo encontram-se estabelecidas de uma forma arbitrária; podemos modificar regras antigas de tal modo que se dirá a partir de um

---

([61]) *Philosophische Untersuchungen* [*Investigações Filosóficas, op. cit.*], §206 (Vol. 1, p. 383) [citado segundo a trad. port., *N.T.*].

([62]) Cf. J. Habermas, *Erkenntnis und Interesse* [*Conhecimento e Interesse, op. cit*], Frankfurt /M. 1968, Cap. 7, p. 178 ss.

([63]) *Philosophische Untersuchungen* [*Investigações Filosóficas, op. cit.*], §241 (Vol. 1, p. 389).

([64]) *Ibidem*, §199 (Vol. 1, p. 381). [Na edição de Wittgenstein que Habermas cita o termo «costumes» vem grafado em itálico, *N.R.*]

determinado ponto que inventámos um jogo novo. Neste âmbito não nos orientamos por determinados fins. Antes está no próprio conceito do jogo que o seu fim pode consistir unicamente em ser um jogo, talvez um jogo aborrecido ou empolgante, um jogo de azar ou um jogo de perícia, um jogo de um só ou de vários jogadores, mas, lá está, sempre um jogo. Regras gramaticais tão-pouco são regras de um jogo como regras técnicas que possam ser definidas com referência a um fim que com a sua ajuda possa ser realizado. Wittgenstein explicita isto com base na culinária: «Porque é que não designo de arbitrárias as regras de culinária; e porque estou tentado a designar como arbitrárias as regras da gramática? Porque penso o conceito "culinária" como definido pelo fim de cozinhar, ao passo que não penso o conceito da linguagem como definido pelo fim de falar. Quem, no acto de cozinhar, se rege por regras diferentes das correctas, cozinha mal; mas quem se rege por regras diferentes das do xadrez joga outro jogo... As regras de culinária articulam-se de outro modo com a gramática da palavra "cozinhar" do que as regras do jogo de xadrez com a gramática da expressão "jogar xadrez" e do que as regras da multiplicação com a gramática da palavra "multiplicar".»([65]) As regras gramaticais são *constitutivas*, tal como as regras de um jogo, porque não se aplicam em maior ou menor grau à regulação de um comportamento que já exista independentemente delas, mas, antes de mais, geram uma nova categoria de comportamentos. O fim com que tais regras generativas podem ser correlacionadas é antes de mais constituído pelas próprias regras. Assim, não podemos conceber a linguagem como uma instituição que sirva um fim determinado, por exemplo o entendimento; é que no conceito do entendimento já se encontra englobado o conceito da linguagem.

Evidentemente também podem apontar-se, precisamente no carácter convencional do jogo, os limites da tentativa de encarar o jogo como modelo da linguagem. O próprio Wittgenstein assinala a dado passo a diferença entre a aleatoriedade de um jogo que combinamos e a inamovibilidade de uma linguagem codificada pela tradição a cuja gramática tenho de me submeter. Afinal, uma linguagem não se resume a um jogo, temos de a levar a sério. «Será o significado realmente apenas o uso da palavra? Não será o modo como esse uso *interfere com a vida*? Não é o seu uso *parte da nossa*

([65]) *Philosophische Grammatik*, §133 (Vol. 4, p. 184 s.).

vida([66])? Neste trecho, Wittgenstein distancia-se expressamente da ideia de o uso da linguagem ser apenas um jogo ou uma forma de decoro; se bem o entendo, «ele tem de interferir com a *minha* vida» ([67]). O que pode isso significar? Nós não escolhemos as regras de uma linguagem da mesma forma arbitrária como as regras de um jogo. Um jogo estratégico como o xadrez precisamente este ponto de vista não constitui um modelo adequado para a linguagem. Duas características constitutivas da linguagem há que não encontram qualquer correspondência no jogo estratégico.

(a) Os jogos estratégicos permanecem exteriores aos sujeitos que os jogam, ao passo que uma linguagem impregna a estrutura da personalidade dos próprios locutores. Como os jogos apenas se encontram estabelecidos de forma convencional, as regras do jogo ficam subtraídas à discussão enquanto o jogo durar; durante o jogo não podem ser ao mesmo tempo tema do jogo. Tão-pouco se alteram os sujeitos que jogam; por assim dizer, trazem consigo a sua competência generalizada de combinarem regras do jogo e de agirem a condizer com elas. A estrutura da sua personalidade, embora se conte entre as condições marginais do jogo, não se inscreve entre as variáveis que alteram o seu valor no decurso do jogo. Não é o que se passa com a gramática de jogos de linguagem e com a competência comunicativa dos locutores. Durante a comunicação linguística, ambas se encontram num processo formativo. A gramática dos jogos de linguagem altera-se no decurso da transmissão cultural, os locutores formam-se no decurso da sua socialização, e ambos estes processos desenrolam-se no *medium* da própria linguagem. Como as regras gramaticais não assentam em convenções como as regras estratégicas, podem continuamente vir a ser objecto de um entendimento metacomunicativo. No entanto, os sujeitos falantes encontram-se simultaneamente sob o imperativo de, se quiserem compreender seja o que for, terem de se reportar à pré-compreensão da situação em que desde sempre se encontram; é que a sua competência como falantes se formou ela própria em interacções mediadas pela linguagem. O modelo do jogo facilmente ilude a circunstância de que da estrutura da comunicação linguística não pode ser dissociada a personalidade dos falantes, profundamente estruturada de forma simbólica. A linguagem e o locutor encontram-se interligados de

---

([66]) *Ibidem*, § 29 (Vol. 4, p. 65).
([67]) *Ibidem*, p. 66.

uma forma diferente e mais interior do que os jogadores com os seus jogos. Esta circunstância não é sistematicamente tida em conta por Wittgenstein.

(b) Tão-pouco tem em conta outra circunstância, que é a de a gramática da linguagem não poder constituir significados da mesma forma independente de constrangimentos externos como é o caso com a introdução convencional de regras do jogo. É um facto que também a gramática de um jogo de linguagem não pode ser invalidada por frases empíricas. Não depende de leis naturais, mas podemos dizer que antecede a experiência. No entanto, a gramática de uma linguagem antecederá da mesma forma a experiência como as regras de um jogo estratégico? O significado que uma jogada assume no âmbito de um jogo nada significa fora do contexto do jogo. A linguagem, contudo, refere-se a algo no mundo; falamos sobre algo que não se encontra na linguagem mas sim no mundo. No âmbito de um jogo não podemos fazer nada que não faça parte do jogo. Contrariamente às frases, os jogos não podem representar algo. Por isso, regras gramaticais são «constitutivas» noutro sentido do que regras do jogo: constituem a possibilidade da experiência. Por isso, embora antecedam essa experiência possível, não são independentes de restrições ligadas tanto a invariantes do equipamento do nosso organismo como a constantes da natureza circundante: «O uso das palavras só nos é prescrito nos casos normais; nós sabemos, não temos qualquer dúvida acerca do que, neste ou naquele caso, temos que dizer. Quanto mais anormal for o caso, tanto mais duvidoso se torna saber o que é que então se deve dizer. E se as coisas se passassem de uma maneira completamente diferente do que na realidade se passam – se, por exemplo, não houvesse uma expressão característica da dor, do medo, da alegria; se a regra se tornasse em excepção e a excepção em regra [...] o espírito dos nossos jogos de linguagem estaria perdido. – O espírito do processo de determinar o preço de uma fatia de queijo, a partir da posição do ponteiro de uma balança, estaria perdido se acontecesse frequentemente que, sem uma causa aparente, estas fatias crescessem ou encolhessem.»([68]) Este problema apenas se coloca com regras que não constituem, tal como as regras do jogo, um mero contexto de sentido que se basta a si próprio, mas o sen-

---

([68]) *Philosophische Untersuchungen* [*Investigações Filosóficas, op. Cit.*], §142 (Vol. 1, 352f.) [citado segundo a trad. port., *N.T.*].

tido dos objectos da experiência possível. Também esta diferença deixou de ser tida em conta, de forma sistemática, por Wittgenstein depois de este ter abandonado o conceito de uma linguagem universal que retrate factos e tenha uma relevância transcendental. Vou explanar com brevidade ambas as dimensões em que a análise da linguagem tem de ser prosseguida para além das limitações do modelo do jogo da linguagem.

ad (a) *A relação intersubjectiva entre locutores.* Wittgenstein reconduziu a identidade do significado ao reconhecimento intersubjectivo de regras. No entanto, não analisa a relação recíproca entre os sujeitos que reconhecem uma regra, para quem é válida uma regra, por exemplo uma convenção de significado. A circunstância de dois parceiros terem de poder esperar a expectativa do respectivo outro não é, de modo algum, trivial. G. H. Mead analisou este fundamento da acção intencional de uma forma pormenorizada([69]). A intersubjectividade da validade de uma regra e, com ela, a identidade de um significado, assenta numa criticabilidade mútua do comportamento orientado por regras; e esta, por seu lado, não requer tanto a reciprocidade do comportamento como a da *expectativa* de comportamento. A tem de saber antecipar a expectativa de B e apropriar-se dela do mesmo modo como também B tem de saber antecipar e apropriar-se da expectativa de A. A reflexividade mútua das expectativas é a condição para que os parceiros se «reúnam» na mesma expectativa, identifiquem a expectativa que está objectivamente posta com a regra, possam «partilhar» o seu significado simbólico. A estas expectativas podemos chamar intenções.

Intenções, ou seja, expectativas estruturadas com sentido, que se orientam por significados idênticos e podem ser compreendidas quanto ao seu teor, não devem ser encaradas como simples expectativas de um sujeito. As intenções não são expectativas que posteriormente também se possam tornar reflexivas, logo que tenham sido tornadas objecto de uma expectativa adicional, quer do mesmo sujeito, quer de outro. No plano do sentido simbolizado, tais «simples» expectativas nem podem existir; *expectativas constituem-se sempre pela reflexividade recíproca de expectativas.* Daí decorre que uma comunicação mediada pelo sentido apenas é possível na condição de uma metacomunicação simultânea. A comunicação por intermédio de significados idênticos requer o entendimento sobre algo

---

([69]) *Mind, Self, Society*, Chicago 1934; edição alemã: Frankfurt/M. 1968.

acompanhado de um entendimento sobre a validade intersubjectiva do que é compreendido. Pelo sentido simbolizado, algo agora ausente é trazido à nossa presença apenas na medida em que, ao mesmo tempo, a comunidade desta representação se encontra estabelecida para no mínimo dois sujeitos dotados de capacidade de fala e de acção. No entanto, não basta fazer remontar a identidade do significado à reflexividade recíproca da expectativa; é que o carácter recíproco da reflexão pressupõe um *reconhecimento mútuo dos sujeitos* que, ao se «reunirem» nas suas expectativas, constroem significados que podem «partilhar». Neste âmbito temos de supor que os próprios sujeitos apenas foram formados para sujeitos dotados de capacidade de fala e de acção no contexto de actos de reconhecimento mútuo; é que só a sua competência comunicativa, ou seja, a sua capacidade de fala e de acção, é o que os torna sujeitos. Deste ponto de vista, a intersubjectividade revela-se uma relação paradoxal.

Sujeitos que se *reconhecem* mutuamente como tal têm de se encarar uns aos outros como idênticos na medida em que ambos assumem a posição de sujeitos; têm de respectivamente subsumir-se a si e o outro sob a mesma categoria. No entanto, a relação de *reciprocidade* do reconhecimento exige, ao mesmo tempo, também a não identidade entre um e outro; ambos até têm de afirmar a sua diferença absoluta, porque ser sujeito inclui a pretensão de individuação. Esta dialéctica do Eu foi desenvolvida desde Fichte e Hegel([70]). Pelos vistos, a paradoxal relação da intersubjectividade é exercida linguisticamente com o sistema dos pronomes pessoais, para o que Humboldt, em especial, chamou a atenção. A reflexividade recíproca da expectativa com que se constroem significados idênticos exige, como também viu Husserl, que ambos os sujeitos possam identificar e esperar uma expectativa simultaneamente a partir da sua própria posição e da do outro. Isso, por seu lado, exige a percepção simultânea de papéis num diálogo que são incompatíveis na medida em que um Eu falante e agente apenas se pode identificar com o seu parceiro enquanto outro Eu, se este se mantiver como diferente dele, não idêntico com ele mesmo. Sempre que dois indivíduos se defrontam no plano da intersubjectivi-

---

([70]) Cf. O meu tratado «Arbeit und Interaktion» [«Trabalho e interacção»], in *Technik und Wissenschaft als «Ideologie»* [*Técnica e Ciência como «Ideologia»*, op. cit.], Frankfurt/M. 1968, p. 11 ss.

dade para falarem ou agirem em conjunto, ambos dominam esta relação paradoxal. Para poder tomar parte na paradoxal relação da intersubjectividade que subjaz a todas as comunicações isentas de contradição é necessária a competência do locutor no que diz respeito à aplicação conforme às regras dos pronomes pessoais: ele tem de se referir a si mesmo por «Eu» e tem de poder dirigir a palavra a outro, que da mesma forma pode referir-se a si mesmo por «Eu», tratando-o por «Tu», sendo que ambos se delimitam em relação a estranhos, a participantes apenas potenciais do diálogo (em relação a «ele» e «eles») designando-se por «Nós».

Esta relação intersubjectiva encontra-se desenvolvida na forma gramatical da unidade elementar do discurso, que é o acto de fala. Exemplos típicos de actos de fala são: prometo-te que vou. Recomendo-te deixares-te disso. Descrevo-te como deves ir, etc. Na frase dominante de cada acto de fala explícito «Mp» está presente em «M» um pronome pessoal da primeira pessoa como sujeito gramatical e um pronome pessoal da segunda pessoa como objecto gramatical, bem como um verbo performativo na expressão predicativa. Utilizamos frases com esta forma em expressões que visam criar e ao mesmo tempo apresentar uma relação de intersubjectividade que assenta no reconhecimento mútuo. Actos de fala requerem relações recíprocas. Os papéis de perguntar e responder, de afirmar e contestar, de ordenar e obedecer, são por princípio permutáveis. No entanto, esta permutabilidade existente por princípio apenas se aplica se estiver cumprida a condição do reconhecimento mútuo da impermutabilidade, igualmente existente por princípio, entre os indivíduos que assumem os papéis num diálogo de locutor e de destinatário. O êxito de um acto de fala depende, entre outras coisas, de se, com a utilização dos pronomes pessoais, é estabelecida uma relação intersubjectiva que permite, em termos recíprocos, a afirmação simultânea da identidade e da não identidade entre Eu e Outro. Esta forma peculiar de intersubjectividade mereceria uma clarificação ulterior pela via de uma investigação da lógica da utilização dos pronomes pessoais.

ad (b): *A referência do discurso a algo no mundo.* No *Tractatus*, Wittgenstein analisara a forma de uma linguagem universal que retrata factos. Todas as frases sintacticamente admitidas nessa linguagem, e só elas, têm sentido em termos empíricos, a elas, e só a elas, correspondem, se forem verdadeiras, factos. Assim sendo, a linguagem universal devia estabelecer a área temática de possíveis frases das ciências naturais; ela poderia ter reivindicado um valor transcendental. Tirando as dificuldades lógicas que obstavam à execução deste programa, foi sobretudo um motivo que compeliu Wittgenstein a abrir mão da sua posição original: a descoberta do uso comunicativo da linguagem. Wittgenstein ganhou então consciência da dimensão pragmática dos actos de fala, através da qual produzimos uma variedade de situações de entendimento possível: «Encontramos incontáveis espécies diferentes da aplicação daquilo a que chamamos "símbolos", "palavras", "proposições" [...] novos tipos de linguagem, novos jogos de linguagem, como poderíamos dizer, surgem e outros envelhecem e são esquecidos.»([71]) No entanto, Wittgenstein deixou-se empurrar por este ponto de vista numa direcção errada. A circunstância da constatação, descrição e explicação de factos constituírem apenas um tipo de actos de fala entre outros tipos levou Wittgenstein à ruptura não só com a caracterização monopolista do discurso que constata factos, da «caracterização da linguagem como *logos*» (Apel). Caiu no erro complementar e, de então em diante, passou a ignorar o papel privilegiado do uso cognitivo da linguagem. Nos seus catálogos de jogos de linguagem, a descrição de um objecto, a medição física, a verificação de uma hipótese figuram no mesmo plano como, por exemplo, ordens ou conselhos. Wittgenstein negligencia o facto de apenas o uso cognitivo da linguagem dar acesso àquela dimensão a que *todos os* actos de fala têm de se referir. Isso, por seu lado, decorre da forma gramatical da unidade elementar do discurso.

É que em cada expressão elementar «Mp» figura uma frase subordinada «p» que exprime o conteúdo proposicional sobre o qual se procura um acordo. Esta dupla estrutura do acto de fala reflecte a estrutura do discurso em termos gerais; um entendimento não é conseguido se ambos os parceiros não actuarem em simultâneo em ambos os planos – (a) o plano da intersubjectividade em que os locutores/ouvintes falam *uns com os outros* e (b) o plano dos objectos ou estados de coisas *sobre* os quais se põem de acordo. Em cada acto de fala, os falantes põem-se de acordo sobre objectos no mundo, sobre coisas e acontecimentos, sobre pessoas e as suas expressões, etc. Sem um conteúdo proposicional «que

---

([71]) *Philosophische Untersuchungen* [*Investigações Filosóficas, op. cit.*], §23 (Vol. 1, p. 300) [citado segundo a trad. port., *N.T.*].

p» que, no uso cognitivo da linguagem é expresso sob a forma da frase assertória «p», também não seria possível o uso comunicativo da linguagem que, lá está, ficaria sem conteúdo. A análise que Wittgenstein faz dos jogos de linguagem refere-se apenas ao aspecto constituinte de significado em geral do uso da linguagem. Ela negligencia a independência do aspecto expositivo da linguagem que constitui o conhecimento. A análise holística dos jogos de linguagem do Wittgenstein tardio menospreza a dupla estrutura de todos os actos de fala e, assim, as precisas condições linguísticas em que se faz da realidade objecto da experiência. No entanto, por muito pouco que a criação de contextos comunicativos possa ser pensada segundo o padrão da constituição de objectos da experiência possível, ela tão-pouco pode ser apreendida de um modo suficiente sob o aspecto da comunicação.

Deste ponto de vista recomenda-se renovarmos a distinção de Husserl entre os objectos intencionais ou «conteúdos», por um lado, e as «posições» associadas às nossas intenções, por outro, no plano da análise linguística. A significação de um acto de fala compõe-se do seu conteúdo proposicional «p» (expresso na frase dependente da forma-padrão) e do sentido do modo «M» do entendimento almejado (expresso na frase performativa da forma-padrão). Este elemento ilocutório do significado também estabelece o sentido da validade que reivindicamos para uma expressão. O padrão destas pretensões de validade implícitas no sentido do uso em que são aplicadas é a realidade da verdade (ou aquilo a que Husserl chamou posição dóxica). O sentido de uma afirmação é que o estado de coisas afirmado é realmente o caso. Para além desta, existem outras classes de pretensões de validade (ou posições não dóxicas). Assim, o sentido de uma promessa enquanto promessa é que o locutor queira cumprir um compromisso assumido. De modo correspondente, o sentido de uma ordem enquanto ordem é que o locutor queira mesmo impor o cumprimento de uma exigência. Estas pretensões de validade que um locutor faz valer ao levar a cabo actos de fala fundamentam relações intersubjectivas, ou seja, a facticidade de factos sociais.

Gostaria de distinguir entre quatro classes de pretensões de validade:

(1) *Compreensibilidade*: o locutor associa a cada expressão actual a pretensão de que a expressão simbólica e utilizada possa ser entendida na situação dada. Esta pretensão não é revalidada se

o locutor e o ouvinte não dominarem a mesma linguagem. Nesse caso há necessidade de um esforço hermenêutico que conduza a uma clarificação semântica.

(2) *Verdade*: constatações, afirmações, explicações, declarações, etc., implicam uma pretensão de verdade. Esta não existe de forma legítima se o estado de coisas afirmado não existir. Esse uso da linguagem, designo-o por cognitivo. Nele, estabelecemos uma comunicação com o objectivo de transmitir algo sobre uma realidade objectivada.

(3) *Sinceridade* e (4) *correcção*. Todas as manifestações que num sentido restrito possam ser designadas por expressivas (sentimentos, desejos, expressões de vontade) implicam uma pretensão de sinceridade. Esta prova ser falsa, se ficar demonstrado que o locutor não visava a sua intenção da forma como a enunciou. Todas as expressões de orientação normativa (como ordens, conselhos, promessas, etc.) implicam uma pretensão de correcção. Esta não tem razão de existir, se as normas válidas que subjazem às expressões não puderem ser justificadas. A este uso da linguagem chamo comunicativo. No seu âmbito mencionamos algo num mundo para estabelecermos determinadas relações interpessoais.

O uso comunicativo da linguagem pressupõe de igual forma o uso cognitivo da linguagem, através do qual dispomos de conteúdos proposicionais; como também, de modo inverso, o uso cognitivo da linguagem pressupõe o uso comunicativo da linguagem, visto que frases assertórias podem apenas ser utilizadas em actos de fala constativos. Uma teoria de comunicação da sociedade, embora se dirija de forma imediata a sedimentações e produtos do uso comunicativo da linguagem, tem de adequar-se à dupla estrutura cognitivo-comunicativa do discurso. Por isso irei associar às reflexões sobre a teoria dos actos de fala ao menos algumas poucas indicações relativas àqueles problemas de constituição que se colocam no contexto do uso cognitivo da linguagem.

Perante tentativas de desenvolver uma *teoria* dos jogos de linguagem, a atitude de Wittgenstein foi de uma reserva irredutível. O motivo sistemático de uma interpretação da análise da linguagem como uma actividade eficaz apenas no plano terapêutico reside na absolutização de um único uso da linguagem, nomeadamente o comunicativo, relativamente ao qual o uso cognitivo da linguagem deixa de ter um direito próprio de ser. Wittgenstein não viu que o pluralismo dos jogos de linguagem, que deveria abranger todos os modos de utilização pensáveis de palavras e frases, abrange apenas uma de entre várias categorias do uso da linguagem. Se bem percebo, Wittgenstein não fundamentou a sua renúncia à teoria. Certamente tinha bons motivos para considerar impraticáveis os caminhos para uma teoria da linguagem transcendental, empirista ou construtivista. Um transcendentalismo da linguagem que se propõe reconstruir uma «linguagem enquanto tal» que constitui os objectos de uma experiência possível falha o uso da linguagem não cognitivo. O empirismo linguístico que quer analisar um comportamento linguístico imputado a acontecimentos ou episódios observáveis não pode (como o demonstra igualmente a hábil construção de Sellars) explicar a estrutura intersubjectiva da linguagem. E um construtivismo linguístico como o de Carnap prescinde à partida de uma análise de linguagens naturais. Ainda se mantém em aberto uma alternativa, que entretanto foi desenvolvida no debate com uma análise da linguagem natural que renuncia a pretensões teóricas, nomeadamente o projecto de uma teoria generativa da linguagem. Se utilizarmos a gramática generativa como exemplo a ser seguido por uma pragmática universal – porque haveria de ser impossível encontrarmos e reconstruirmos esses sistemas de regras segundo os quais geramos contextos de interacção, ou seja, a própria realidade simbólica da sociedade?

4.ª Prelecção

Pragmática universal – Reflexões sobre uma teoria da competência comunicativa

As investigações de Wittgenstein devem-se à reflexão sobre a actividade de uma análise linguística de enfoque terapêutico. Se, ao invés, tivesse querido desenvolver uma teoria dos jogos de linguagem, esta teria tido de assumir a forma de uma pragmática universal. É que Wittgenstein não se ocupa da gramática das frases usadas em expressões, mas da gramática dessas mesmas expressões, ou seja, das regras da situação de frases. Por outro lado, o discurso de uma estrutura gramatical dos jogos de linguagem não é apenas uma frase feita de cariz pseudolinguístico. Com ele, Wittgenstein exprime que as suas investigações se situam no plano de uma análise lógica ou conceptual de contextos de sentido, e não no plano de uma pragmática de enfoque empírico que encara processos de utilização da linguagem num quadro não específico às linguagens como modos de comportamento controlados por signos ou como fluxos de informação. Nem sequer um quadro conceptual da teoria da acção se adequaria a uma análise dos jogos de linguagem que tivesse sofrido uma viragem teórica. Com efeito, poderia dizer-se que a gramática dos jogos de linguagem consiste de regras para um emprego de expressões simbólicas que se adeqúe à respectiva situação; mas estas regras são constitutivas: são elas que, ao mesmo tempo, produzem as situações do emprego possível de expressões simbólicas. A própria forma de vida comunicativa depende da gramática dos jogos de linguagem. Este aspecto fulcral é escamoteado pelo traço particularista da filosofia tardia de Wittgenstein. Ao perguntarmos por uma teoria dos jogos de linguagem possíveis, esse aspecto fulcral revela-se; é que nele se encontra incluída a pergunta por esse sistema de regras com cuja ajuda geramos situações de entendimento possível sobre objectos (e estados de coisas). A tentativa fenomenológica de uma clarificação das estruturas gerais do mundo da vida regressa então sob a forma da tentativa da teoria da linguagem de localizar e reconstruir as estruturas gerais da forma de vida comunicativa na pragmática universal dos jogos de linguagem enquanto tais. Enquanto a análise do mundo da vida segue o padrão de uma teoria da constituição do conhecimento, a investigação da forma de vida comunicativa (como condição de jogos de linguagem possíveis) segue o padrão de uma análise linguística generativa de enfoque universalista. A teoria gramatical que remonta a Chomsky oferece um tal padrão, mas que não passa disso mesmo. Antes de abordar as duas peças teóricas mais importantes de uma pragmática universal, uma (que se refere ao uso cognitivo da linguagem) muito por alto, a outra (que se refere ao uso comunicativo da linguagem) de uma forma um pouco mais circunstanciada, gostaria de caracterizar o plano em que deve ser desenvolvida uma pragmática universal, demarcando-me do programa teórico da escola de Chomsky.

O objecto da teoria gramatical é a linguagem, e não processos de fala (*langage* versus *parole*). Os fenómenos linguísticos imediatamente acessíveis ao linguista são expressões ordenadas que podem ser empregues em situações de fala. O objectivo da teoria é uma caracterização adequada do sistema de regras com recurso ao qual locutores (ou ouvintes) competentes emitem (ou compreendem) encadeamentos de semelhantes expressões linguísticas. Competência linguística significa a capacidade de dominar um semelhante sistema de regras. De acordo com a competência geral para regras investigada por Wittgenstein, ela caracteriza-se pelo facto de o locutor ser capaz de a) gerar, de forma espontânea, uma quantidade, em princípio ilimitada, de expressões admitidas em termos sintácticos, semânticos e fonéticos e b) avaliar se (e, se for caso disso, em que medida) uma expressão pode ser considerada bem formada nas três dimensões referidas. Cada locutor competente pode gerar e compreender, com uma quantidade finita de elementos, uma quantidade infinita de encadeamentos simbólicos, entre os quais alguns que até à data não foram enunciados; para mais, pode distinguir *ad hoc* entre expressões formadas correctamente e outras desviantes (e ordenar por graus de gramaticalidade as expressões truncadas em termos sintácticos, pouco claras ou desfiguradas quanto ao seu sentido, assim como distorcidas em termos fonéticos).

Avaliações deste tipo feitas por locutores são indicadores de um saber que parece ser intuitivo ou oculto (*tacit knowledge*) e que deve ser desenvolvido e reconstruído pela teoria gramatical. O cientista da linguagem explica o *know-how* de que locutores competentes dispõem. A tarefa da teoria gramatical consiste na reconstrução racional de um sistema de regras dominado na prática, que nesta medida também é conhecido, mas ainda não é reconhecido e descritível em termos teóricos. A reconstrução deve permitir a dedução de uma descrição estrutural de qualquer expressão relevante de uma linguagem (e deve fazê-lo tanto relativamente à sua estrutura sintáctica como com respeito à sua estrutura semântica e fonética). Como é impossível enumerarmos todas as expressões relevantes de uma linguagem, resulta daí a exigência adicional de um sistema com regras de formação aplicáveis de forma recursiva. Uma teoria que satisfaça ambas estas exigências pode indicar de forma explícita as relações de afinidade que podem surgir entre expressões possíveis de uma linguagem.

No mínimo dois objectivos do programa teórico devem ser referidos no nosso contexto. O desenvolvimento da gramática generativa segue uma estratégia de investigação universalista: as reconstruções de sistemas de regras de linguagens individuais devem ser efectuadas num grau de generalização cada vez mais elevado até se conseguirem representar os universais da gramática que subjazem a todas as linguagens individuais. Por outro lado, a gramática generativa está concebida em dois patamares, isto é, como uma gramática transformativa. Os encadeamentos de expressões linguísticas são considerados como estruturas de superfície que podem ser geradas a partir das estruturas de profundidade subjacentes com recurso a um conjunto de regras de transformação. Depois pode ser atribuída a cada estrutura de profundidade uma classe de paráfrases constituída por estruturas de superfície. Esta construção deu razoáveis provas da sua validade no plano empírico; ela também se aplica à clarificação gramatical de significados ambíguos.

Para o nosso fim da demarcação da pragmática universal relativamente à teoria gramatical é importante esclarecermos em que sentido Chomsky, na introdução da competência linguística, se vê constrangido a proceder a uma idealização. Ele próprio fala do locutor/ouvinte ideal: «*Linguistic theory is concerned primarily with an ideal speaker/listener, in a completely homogeneous speech community, who knows his language perfectly and is unaffected by such grammatically irrelevant conditions as memory limitations, distractions, shifts of attention and interest, and errors (random or characteristic) in applying his knowledge of the language in actual performance.*» [A teoria linguística ocupa-se primariamente de um locutor/ouvinte ideal, inserido numa comunidade linguística completamente homogénea, que conhece a sua linguagem na perfeição e não se encontra afectado no seu desempenho real por tais condições gramaticalmente irrelevantes como limitações de memória, distracções, variações de atenção e interesse, assim como erros (aleatórios ou característicos) na aplicação dos seus conhecimentos da linguagem.] ([72]) Parece-me que o conceito de locutor ideal pode ser justificado como implicação do conceito da validade de regras gramaticais e do conceito complementar da competência para regras. É um facto que as regras gramaticais não contêm, de modo algum, postulados ideais, como é o caso das regras de medição geométrica, por exemplo do género: de se desenhar uma linha perfeitamente recta. Sob condições marginais empíricas, os postulados de perfeição em princípio apenas podem ser satisfeitos por aproximação. Para os postulados de perfeição pode ser afirmada, num sentido não trivial, uma competência ideal para regras: é que os próprios sujeitos aferidores procedem a idealizações. Mas no caso da linguagem não é o locutor quem idealiza mas sim o linguista, e fá-lo num sentido trivial. No conceito de norma já está contida uma margem de possíveis desvios de norma.

([72]) N. Chomsky, *Aspects of a Theory of Syntax* [*Aspectos da Teoria da Sintaxe*, Coimbra, Almedina, 1978], Cambridge (Mass.) 1965, p. 3 s.

É do interesse da validade normativa de regras que exista a possibilidade de infracções às regras. Ora, acontece que, na reconstrução linguística do sistema de regras linguístico, não levamos em conta todas as condições empíricas em que as regras gramaticais podem ser realizadas por completo, de uma forma insatisfatória ou não o podem ser de todo. O linguista supõe o caso fictício da satisfação completa e contínua dos postulados (em princípio passíveis de serem satisfeitos). Toda a análise conceptual de sistemas de regras tem de trabalhar com esta suposição.

Deveríamos distinguir desta idealização pouco misteriosa a hipótese empírica com que Chomsky, por assim dizer, dota a idealização de um conteúdo ontológico: refiro-me à hipótese de que o sistema de regras linguístico (da mesma forma como em Piaget o aparelho cognitivo) se desenvolve numa base genética na sinergia entre processos de amadurecimento de origem orgânica e intensidades de estimulação específicas à respectiva fase. A criança não precisa de construir a gramática da sua língua materna apenas pela aprendizagem com base no material linguístico posto à sua disposição, antes pode, guiada pelo saber apriorístico inato da construção abstracta de linguagens naturais em geral, por assim dizer depreendê-la do material linguístico rudimentar que encontra no seu meio envolvente pela via da verificação do programa de hipóteses incorporado([73]). Chomsky baseia nesta hipótese da capacidade inata para a linguagem a hipótese ulterior de que todos os membros medianamente socializados de uma comunidade linguística, desde que de todo tenham aprendido a falar, dominam por completo o sistema de regras linguístico abstracto; a competência linguística não pode encontrar-se distribuída de uma forma diferencial. É apenas por estas hipóteses que o locutor ideal ganha um estatuto estranhamente empírico. E é só por isso que Chomsky se vê obrigado a explicar o desempenho linguístico observável com base na competência linguística inata e em condições externas limitativas. A real execução dos actos de fala afinal demonstra as variâncias individuais e específicas a grupos de uma comunidade linguística que não deixa de ser pouco homogénea; se a competência linguística está distribuída de uma forma equitativa, esta distribuição diferencial deve ser atribuída

---

([73]) Cf. quanto a este aspecto E. H. Lenneberg, *Biological Foundations of Language*, Nova Iorque 1967 (edição alemã: Frankfurt/M. 1972).

a condições restritivas que expliquem a manifestação incompleta de um saber completo subjacente. Se imaginarmos a competência linguística representada por aquilo que designamos por domínio passivo da linguagem (compreensão), o domínio activo da linguagem (ou o desempenho) pode ser explicado por variáveis psicológicas (como memória, atenção, inibições motivacionais, etc.). Estas determinam de uma forma selectiva qual é o uso que o locutor empírico pode fazer do repertório linguístico, considerado mais ou menos invariante, de que o locutor ideal dispõe. Esta relação entre a competência linguística e o desempenho linguístico resulta da hipótese do carácter inato do aparelho linguístico, e não porventura *per se* de idealizações linguísticas.

As objecções sociolinguísticas que foram levantadas contra Chomsky não atingem, por isso, o conceito do locutor ideal mas sim a hipótese de que o uso activo da linguagem pode ser explicado unicamente com base na competência linguística e em condições empíricas limitativas. O material sociolinguístico, ao invés, apoia a concepção segundo a qual o uso da competência linguística é, por seu lado, regulado por sistemas de regras. As estratégias de selecção a partir do repertório linguístico disponível de forma passiva dependem, por seu lado, visivelmente de regras (ou códigos) que constituem igualmente sistemas de regras linguísticos – se bem que também estes não sejam gramaticais mas sim pragmáticos. Estes códigos linguísticos (a que voltarei) determinam o emprego de frases (ou expressões extraverbais) em expressões consentâneo com a situação. Não são de modo algum invariantes, antes variam com base em características socioculturais. Mas a análise conceptual dos códigos linguísticos depende da idealização no mesmo sentido trivial que a análise gramatical. A cada código individual corresponde uma competência para regras que, no entanto, tem sempre de assentar numa competência linguística. (Ninguém pode dominar um dialecto ou uma gíria antes de ter aprendido uma língua natural.)

A distribuição diferencial das competências pragmáticas não permite a renúncia a idealizações, limitando-se a exigir outras hipóteses empíricas relativamente à aquisição dessas competências. As competências pragmáticas, tal como a competência linguística no sentido mais estrito (que proponho designarmos, a partir de agora, por competência gramatical), encontram a sua expressão num saber implícito, nomeadamente em avaliações feitas por locutores sobre a aceitabilidade de expressões linguísticas. Wunderlich, por exemplo, distingue da seguinte forma entre a gramaticalidade e a aceitabilidade: «A primeira é uma propriedade de encadeamentos de símbolos que são gerados como frases por uma gramática, a segunda é uma propriedade de encadeamentos de símbolos que ocorrem em contextos ou situações de locução e, nesse âmbito, podem mesmo ser alvo de avaliações divergentes por parte de diversos locutores. Ambas estas qualidades são explicadas teoricamente, a primeira na teoria gramatical, a segunda na parte pragmática da descrição da linguagem.»

Recordei estes contextos para definir melhor o empreendimento de uma pragmática universal. Por um lado, a linguística limita-se a expressões linguísticas e descura as situações de utilização possível; por outro lado, porém, a teoria dos códigos linguísticos, que se debruça sobre os tipos diferenciais da utilização da linguagem, pressupõe desde sempre que tenham sido criadas situações de entendimento possível. Precisamente estas situações em que frases (e expressões extraverbais) podem ser pronunciadas permanecem por esclarecer quanto ao seu estatuto. A linguística não tem de as ter em conta, e na teoria dos códigos linguísticos passam por condições marginais. Ainda assim os componentes que em condições típicas são recorrentes em todas as situações de fala possíveis não constituem elementos exteriores à linguagem. É que as estruturas gerais de fala possível integram o próprio conceito do código linguístico; elas subjazem às definições diferenciais dos códigos individuais. *É patente que com a realização de actos de fala, também produzimos de modo performativo as condições em que frases podem ser de todo enunciadas.*

A geração de situações de fala possível tem certamente outro sentido que não o da geração de encadeamentos de símbolos gramaticalmente ordenados. É que os actos de fala, que podemos encarar como as unidades elementares da fala, têm simultaneamente um sentido linguístico e outro institucional: linguístico na medida em que são partes integrantes da fala, e institucional na medida em que permitem situar determinadas expressões linguísticas. Ao dizer: «Prometo-te que vou aí amanhã» não só expresso uma promessa como *faço* uma promessa. Esta locução *é* a promessa que ela ao mesmo tempo representa. Com recurso a actos de fala deste género geramos condições gerais para situarmos frases; ao mesmo tempo, porém, estas estruturas também se encontram representadas na própria fala – exactamente como as expressões linguísticas que designamos por *universais pragmáticos*. Uma teoria da competência comunicativa tem de explicar as realizações que os locutores ou os ouvintes levam a cabo ao usarem frases (ou expressões extraverbais) em locuções.

O fenómeno-chave que uma pragmática universal tem de explicar é a peculiar reflexividade das linguagens naturais. É nela que assenta a capacidade do locutor competente de parafrasear quaisquer expressões de uma linguagem nessa própria linguagem. Em relação à linguagem natural não existe nenhuma metalinguagem que não dependesse, por seu lado, de uma interpretação nessa (ou noutra) linguagem natural. D. S. Shwayder descreve este fenómeno do ponto de vista da auto-explicação: «*What is at once most essential to and perplexing about language is that it speaks for itself. In seeing me do whatever it is I may be doing, e. g. shooting at the top of the target, you may not know what I am doing. But if you hear me say something you will there and then come to know what it is I mean to say. My choice of words is calculated to tell you what I mean to do with those words. They speak for themselves [...] In asking a question, I do not also state that I mean to ask a question; nor when I make a statement, I do not also state that I mean to make that statement [...] My act is not one of saying what I intend to do; but rather my act [...] must show what I mean to do. This, I think, is part of what lies under Wittgenstein's remark that the assertion shows its sense, and says that things are so.*» [O que é, ao mesmo tempo, sumamente essencial à linguagem e causa a maior perplexidade na linguagem é que ela fala por si. Ao ver-me fazer seja o que for, por exemplo atirar por cima do alvo, o leitor pode não saber o que eu estou a fazer. Mas se me ouve dizer algo vai ficar a saber naquele preciso local e momento o que eu quero dizer. A minha escolha de palavras está calculada para lhe dizer o que quero fazer destas palavras. Elas falam por si [...] Ao fazer uma pergunta, também não refiro que quero fazer uma pergunta; nem quando faço uma afirmação eu afirmo que quero fazer essa afirmação [...] O meu acto não consiste em dizer qual é a minha intenção; antes, o meu acto [...] tem de mostrar o que estou disposto a fazer. Isto, penso eu, é uma parte do que subjaz à observação de Wittgenstein de que a afirmação mostra o seu sentido e diz que as coisas estão assim.] ([74])

([74]) D. S. Shwayder, *The Stratification of Behaviour*, p. 288.

Os enunciados performativos estudados por Austin([75]) têm uma importância paradigmática para esta realização auto-explicativa da linguagem. A forma gramatical destes actos de fala reflecte, como vimos, uma dupla estrutura peculiar; nesta assenta a reflexividade das linguagens naturais.

Já chamei a atenção para o facto de que um acto de fala([76]) é composto por uma frase performativa e outra frase, dependente desta, de conteúdo proposicional([77]). A frase dominante é utilizada num enunciado para estabelecer uma relação intersubjectiva entre locutores/ouvintes; a frase dependente é utilizada num enunciado para comunicar sobre objectos (ou estados de coisas). Na articulação elementar da frase performativa com uma frase de conteúdo proposicional evidencia-se a dupla estrutura da comunicação em linguagem coloquial: uma comunicação sobre objectos (ou estados de coisas) apenas se estabelece na condição de uma metacomunicação simultânea sobre o sentido em que a frase dependente é empregue. Uma situação de entendimento possível exige que pelo menos dois locutores/ouvintes estabeleçam em simultâneo uma comunicação em *dois* planos: no plano da intersubjectividade em que os sujeitos falam *uns com os outros*, como no plano dos objectos (ou estados de coisas) *sobre* os quais se entendem. A pragmática universal destina-se à reconstrução do sistema de regras que um locutor competente tem de dominar se quiser poder satisfazer esse postulado (da simultaneidade da comunicação e da metacomunicação). Para esta qualificação gostaria de reservar a expressão da «competência comunicativa»([78]).

Para circunscrever o conceito da «competência comunicativa» com mais acuidade, quero propor uma sequência didacticamente evidente de passos de abstracção. As abstracções iniciam-se em locu-

---

([75]) Isto é, os actos ilocutórios que J. Searle (*Speech Acts*, Cambridge 1969 [*Actos de Fala*, Coimbra, Almedina, 1984]) analisou em profundidade dando seguimento aos trabalhos de Austin e Strawson.

([76]) Ao introduzirmos o acto de fala como unidade elementar da fala já procedemos a uma abstracção; não levamos em conta que os actos de fala ocorrem, em regra, aos pares: como perguntas e respostas, afirmações e contestações, etc.

([77]) Mesmo que os componentes performativos não sejam expressamente verbalizados, estão sempre implícitos no processo da fala; por isso, têm de ocorrer na estrutura de profundidade de *toda* a manifestação linguística.

([78]) Dell Hymes, pelo contrário, usa esta expressão, para o domínio de códigos linguísticos; para este último, propus a expressão da «competência pragmática».

ções concretas. Chamo «concreta» a uma locução que se encontra inserida num contexto que determina completamente o seu significado. Um primeiro passo consiste na *abstracção sociolinguística* que abstrai de todas as condições marginais de sistemas de regras linguísticos que variam de forma aleatória e são específicas aos locutores/ouvintes individuais para reter as «locuções inseridas em contextos sociais generalizados». Um passo adicional é a *abstracção pragmático-universal* que abstrai de todos os contextos delimitados em termos espácio-temporais ou sociais, retendo desta feita apenas as «expressões situadas em geral»; por esta via ficamos com as unidades elementares da fala. O terceiro passo, de *abstracção linguística*, descarta a realização dos actos de fala e já só retém as «expressões linguísticas» ou frases usadas nos mesmos. Por esta via obtemos as unidades elementares da linguagem. Disto podemos distinguir a abstracção lógica que prescinde de todas as expressões linguísticas de importância performativa e retém as frases assertórias, quando muito, sob a forma nominalizada de «– que p». Por esta via obtemos as unidades elementares para a reprodução de estados de coisas.

Locuções inseridas em contextos sociais e generalizados são objecto da sociolinguística. Esta tem a forma de uma teoria das competências pragmáticas. A sua tarefa consiste na reconstrução dos códigos linguísticos, segundo os quais os locutores competentes empregam locuções de acordo com regras socioculturais e de uma forma adequada à situação. As locuções não específicas de um contexto em situações indiferenciadas são objecto da pragmática universal. Esta tem a forma de uma teoria da competência comunicativa. A sua tarefa consiste na reconstrução do sistema de regras segundo o qual locutores competentes transformam expressões linguísticas em locuções. Expressões (ou encadeamentos de símbolos) linguísticas são objecto da linguística. Esta tem a forma de uma teoria da competência gramatical. A sua tarefa consiste na reconstrução do sistema de regras segundo o qual locutores competentes construem e transformam frases. Enunciados, por fim, são objecto da lógica formal. A tarefa desta consiste na reconstrução do sistema de regras segundo o qual construímos enunciados e os transformamos de modo a que a sua verdade se mantenha constante. A lógica não leva em conta a inserção de frases assertórias em actos de fala; nesta medida trata, ao mesmo tempo, de menos e de mais que a linguística. Das diferenciações referidas resultam as seguintes associações:

Figura 4: *Planos analíticos*

Área temática	Competência	Teoria
Locuções em contextos sociais	pragmática	Sociolinguística
Locuções não específicas de um contexto	comunicativa	Pragmática universal
Expressões linguísticas (frases)	gramatical	Linguística
Enunciados	lógica	Lógica formal

Este quadro sinóptico destina-se meramente à delimitação da pragmática universal [79]. Voltemos uma vez mais à dupla estrutura dos actos de fala. Somente em actos de fala constativos as frases de conteúdo proposicional assumem a forma de frases assertórias ou de proposições. Em actos de fala de outro tipo, em perguntas, ordens, avisos, revelações, etc., as frases dependentes não figuram na forma de frases assertórias. Não reproduzem proposições mas, ainda assim, têm um conteúdo proposicional. Estas expressões nominalizadas «– que p» podem ser transformadas em proposições a qualquer momento. Isso explica por que o conteúdo proposicional de actos de fala pode manter-se idêntico com a mudança de

---

[79] Também no debate linguístico mais recente, a consideração de relações pragmáticas universais conduziu a uma revisão de teoria da semântica inicialmente proposta por Katz, Fodor, Postal e outros. Na concepção mais recente da semântica generativa, que remonta a trabalhos de McCawley, Fillmore e sobretudo Lakoff, a separação categorial entre a estrutura de profundidade sintáctica e a interpretação semântica em transformações invariantes de significado foi abandonada e substituída pela hipótese de uma estrutura de profundidade semântica com transformações pré e pós-lexicais. O processo da formação de frases toma, segundo ela, início numa entidade semântica em cuja caracterização geral também são incluídos aspectos da pragmática universal. Ross e McCawley propuseram interpretar cada S supremo como locução performativa, ou seja, como frase dominante de um acto de fala. Lakoff e outros incluem na descrição da estrutura de profundidade semântica, para além do modo performativo (pergunta, ordem, afirmação, etc.) igualmente referências a possíveis situações de fala, de par com o enfoque, a pressuposição e a co-referência. A proposta de Fillmore no sentido de caracterizar a estrutura de profundidade como estrutura de um papel desempenhado, em que a quota-parte dos elementos na significação da frase se evidencia como agentiva, instrumental, dativa, factitiva, locativa, objectiva, etc., aproxima-se de uma concepção cognitivista da semântica. Não sei como o debate no seio da linguística irá evoluir. Em todo o caso existem indícios de que a linguística, na descrição da estrutura de profundidade, vai deparar com um sistema de referência linguístico elementar que talvez possa ser encarado como ilustração do sistema de regras da pragmática universal.

modo, por exemplo na transformação de perguntas em ordens, de ordens em confissões e de confissões em constatações[80]. Neste contexto podemos retomar e precisar a nossa diferenciação entre o uso cognitivo e o uso comunicativo da linguagem. Designo por cognitivo o uso de actos de fala constativos em que têm sempre de figurar enunciados perlocutórios; aqui a relação interpessoal entre o locutor e o ouvinte, estabelecida de modo performativo, tem por objectivo o entendimento sobre objectos (ou estados de coisas). Já por comunicativo podemos designar o uso da linguagem em que, de forma inversa, o entendimento sobre objectos (ou estados de coisas) visa o estabelecimento de uma relação interpessoal. O plano da comunicação, que num dos casos representa o objectivo, no outro serve de meio. No uso cognitivo da linguagem, são tematizados conteúdos proposicionais; no uso comunicativo da linguagem, os conteúdos proposicionais são apenas referidos para gerar, de um modo performativo, uma determinada relação intersubjectiva entre locutores/ouvintes. A reflexividade das línguas naturais deve-se ao facto de ambos os modos da utilização da linguagem remeterem implicitamente um para o outro[81].

Agora encontramo-nos devidamente preparados para introduzir os universais pragmáticos (1) e analisarmos em seguida o papel constitutivo que estes assumem tanto para o uso cognitivo (2) como para o uso comunicativo (3) da linguagem. (1) Antes de mais irei enumerar (em linha com Wunderlich) classes exemplares de palavras (e respectivas gramaticalizações) que se referem a estruturas gerais da situação de fala.

1. Pronomes pessoais (devido à sua dupla função performativa e referencial não os incluo simplesmente nos termos singulares),

2. palavras e formulações que são utilizadas para dar início a uma fala e para dirigir a palavra a alguém (gramaticalização: vocativo, honorativo),

3. expressões deícticas (do espaço, do tempo); pronomes demonstrativos, artigos, numerais, quantificadores (gramaticalização: formas temporais, modos gramaticais),

---

[80] Cf. Searle (1969), p. 29 ss.
[81] Podemos chamar hermenêutico ao uso da linguagem que aproveita esta reflexividade para fins de paráfrase. Este move-se, relativamente ao uso cognitivo e comunicativo da linguagem, num meta-plano e ainda assim é um elemento da comunicação quotidiana, uma vez que apenas exprime a reflexividade própria de uma linguagem natural. Aqui não vou aprofundar este tema.

4. verbos performativos (gramaticalização: interrogativo, imperativo),
5. verbos intencionais sem aplicação performativa, advérbios de modo.

Estas classes de expressões linguísticas, designo-as por universais pragmáticos porque podem ser atribuídas a estruturas gerais das situações de fala: as classes 1 e 2 aos locutores/ouvintes e aos potenciais participantes de um diálogo, a classe 3 aos elementos espácio-temporais e objectivos da situação de fala, a classe 4 à relação do locutor para com a sua locução e à relação entre locutores e ouvintes e, finalmente, a classe 5 às intenções e vivências do locutor.

Não me parece suficiente conceber os universais pragmáticos como componentes de uma metalinguagem em que nos podemos pôr de acordo *sobre* os elementos da situação de fala. Esta concepção cria a impressão enganosa das estruturas gerais da situação de fala serem dadas, independentemente da fala, como condições marginais e empíricas do processo de fala. Mas, na realidade, apenas podemos utilizar frases em locuções criando, com recurso aos universais pragmáticos, as condições de uma comunicação possível e, com isso, a própria situação de fala. Sem referência a esses universais nem sequer podemos definir os componentes recorrentes de situações de fala possível: nomeadamente, em primeiro lugar, as próprias locuções, em seguida as relações interpessoais que são geradas por uma locução entre locutores/ouvintes, e finalmente objectos ou estados de coisas sobre os quais os locutores/ouvintes comunicam uns com os outros[82]. Isso não afecta a circunstância de os universais pragmáticos, ao criarmos a situação de fala com recurso a eles, servirem *simultaneamente* para *apresentar* também a situação de fala.

No uso cognitivo da linguagem utilizamos os universais pragmáticos de tal modo que constituímos áreas de objectos descritíveis. Este papel constitutivo de experiência pode ser esclarecido numa teoria da referência. No uso comunicativo da linguagem utilizamos

---

[82] A pragmática empírica no sentido de uma semiótica comportamentalista (C. Morris), contudo, caracteriza-se por introduzir as estruturas gerais do discurso da perspectiva do observador e sem referência a universais pragmáticos. Cf. K.-O. Apel, «Szientismus oder transzendentale Hermeneutik? Zur Frage nach dem Subjekt der Zeicheninterpretation in der Semiotik des Pragmatismus», in Bubner *et al.* (org.), *Hermeneutik und Dialektik*, Tübingen 1970, Vol. I, p. 105-144; para mais: A. Müller, *Probleme der behavioristischen Semiotik*, tese de doutoramento em Filosofia, Frankfurt/M. 1970.

os universais pragmáticos de tal modo que geramos relações interpessoais de forma performativa. Este papel pode ser esclarecido numa teoria dos actos de fala. Em ambos os casos deparamos com sistemas de regras que, contrariamente às regras gramaticais, já não determinam relações endo-linguísticas; o sistema de regras da pragmática universal mostra antes as limitações da linguagem pela realidade externa da natureza e da sociedade, por um lado, e pela realidade interna do equipamento cognitivo e motivacional do organismo humano, por outro. Nos universais pragmáticos vemos as zonas de confluência em que a linguagem e a realidade se encontram mutuamente entrosadas. A realidade descritível da natureza e da sociedade constitui-se na interacção regulada pela pragmática universal entre a linguagem, a cognição e a acção, ao passo que geramos o contexto comunicativo do mundo da vida experienciado no plano intersubjectivo com recurso a actos de fala regulados pela pragmática universal.

(2) *Relativamente à pragmática do uso cognitivo da linguagem* gostaria de dar apenas uma breve indicação. A frases predicativas elementares que enunciamos em actos de fala constativos associamos no mínimo duas pressuposições. Supomos a existência do objecto, sobre o qual enunciamos algo, e supomos a verdade da proposição, ou seja, daquilo que enunciamos sobre ele. A existência e a verdade representam as condições que devem estar preenchidas para o enunciado retratar um facto. A primeira suposição é justificada se os locutores e os ouvintes estão em condições de identificarem de uma forma inequívoca o objecto designado pela expressão que constitui o sujeito de uma frase assertória. A segunda suposição é justificada se os locutores e os ouvintes estão em condições de se certificarem de que a predicação levada a cabo no enunciado corresponde à realidade (ou seja, que um predicado atribuído ou não atribuído ao objecto realmente condiz ou não com o objecto). A expressão referencial, que pode ser quer um termo singular, quer uma descrição definida, pode ser entendida como uma indicação quanto à forma como um objecto pode ser identificado. Ela é acrescentada através de uma determinação predicativa a uma frase a que deve corresponder a existência de um estado de coisas. Ora, eu afirmo que as relações pragmáticas entre os enunciados e a realidade estabelecidas no uso cognitivo da linguagem dependem de uma constituição prévia dos objectos de uma experiência possível. Na pragmática do uso cognitivo da linguagem pode demonstrar-se

que a respectiva área temática é estruturada por uma determinada correlação entre a linguagem, a cognição e a acção. A nossa experiência mediada por órgãos sensoriais é sensorial ou, construindo-se sobre a experiência sensorial, comunicativa. A experiência sensorial conduz à percepção de coisas, acontecimentos ou estados que atribuímos a objectos. (Vemos que algo se encontra num determinado estado.) A experiência comunicativa que se constrói sobre a experiência sensorial conduz a percepções relativas à compreensão de pessoas, locuções ou estados que atribuímos a pessoas. («Vemos», isto é, compreendemos que alguém se encontra num determinado estado.) Ora, experiências apenas podem ter um conteúdo informativo porque e na medida em que são surpreendentes, ou seja, decepcionam e modificam expectativas estabilizadas em relação a objectos. Estes contextos de surpresa, sobre os quais se destacam experiências, são opiniões (ou preconceitos) sobre os objectos em que já ganhámos experiências. No uso cognitivo da linguagem damos às nossas opiniões a forma de proposições. Estas, por outro lado, figuram em linguagens descritivas que, consoante a sua forma gramatical, representam ou uma linguagem de coisas e acontecimentos, ou uma linguagem intencional (que admite, para além de expressões para coisas e acontecimentos, também outras referentes a pessoas e respectivas locuções). Ao analisarmos a gramática destas linguagens deparamos com as categorias que estruturam de forma prévia a área temática da experiência possível. Para podermos formar opiniões sobre objectos ou estados de coisas que podem ser defraudadas por experiências temos de supor, antes de mais, a própria existência de objectos da experiência possível: justamente as estruturas gerais de uma área temática. Supomos às nossas experiências sensoriais uma área temática de corpos em movimento, às nossas experiências comunicativas, uma área temática de sujeitos que se exprimem pela fala e pela acção (que evidentemente se encontra coordenada com a área dos objectos perceptíveis). Áreas objectuais representam sistemas de conceitos fundamentais que tornam possíveis as duas coisas ao mesmo tempo: a organização de experiências e a formulação de opiniões.

No caso da organização de experiências com objectos podemos imaginar os conceitos fundamentais como esquemas cognitivos, no caso da formulação de opiniões sobre objectos da experiência, podemos imaginá-los como categorias lógico-semânticas. Acontece que, pelos vistos, a ligação entre estes dois planos, a experiência, por um lado, e a linguagem, por outro, é estabelecida pela acção, e esta pode ser ou instrumental ou comunicativa. É o que se revela ao investigarmos o emprego dado às expressões referenciais. Designamos objectos com recurso a nomes ou a descrições definidas; ao fazê-lo temos de nos orientar por notas características. Por isso, podemos a qualquer momento substituir nomes por descrições definidas. Para funcionarem em termos pragmáticos, estas devem conter uma descrição identificadora do objecto, sendo que de um modo geral depende do contexto qual é a característica suficientemente característica para permitir ao locutor e ao ouvinte seleccionarem entre todos os objectos possíveis precisamente aquele de que se está a falar. Quanto menos nos pudermos fiar em contextos pré-compreendidos, mais têm de ser expressões deícticas a suportar o fardo da denotação. Mais concretamente, recorremos a expressões especificadoras (artigos: o, a; pronomes demonstrativos: este, aquele), expressões quantificadoras (numerais, quantificadores indeterminados como: alguns, muitos, todos), para além de advérbios locais e temporais. Estas expressões representam no plano linguístico esquemas cognitivos, nomeadamente substância, quantidade, espaço e tempo. Mas elas só formam um sistema de denotação utilizável depois de terem sido *interpretadas* no âmbito de uma linguagem descritiva (uma linguagem de coisas e acontecimentos ou uma linguagem intencional). Num caso, o objecto identificável é categorizado como corpo em movimento (ou um agregado de coisas, estados ou acontecimentos), noutro caso, como uma pessoa (ou como um contexto simbolicamente estruturado de pessoas, estados ou locuções). Ambos os conjuntos de categorias em que também percebemos ou compreendemos os objectos identificados remetem para padrões de acção alternativos.

Coisas e acontecimentos movem-se no tempo mensurável com os meios da física. Na forma da objectualidade de corpos em movimento inclui-se, para além do espaço euclidiano, um contínuo abstracto de pontos temporais como dimensão da medição do tempo. Os objectos da experiência sensorial têm de poder ser identificados como pontos no espaço-tempo. Pessoas e locuções movem-se em horizontes de atribuição temporal, biográfica e histórica. Da forma da objectualidade de pessoas que se exprimem fazem parte, para além do espaço social (a relação intersubjectiva entre sujeitos de comunicação em linguagem coloquial), as perspectivas centradas no presente e referidas à acção do passado e do futuro. Os «objectos» da experiência comunicativa têm de poder ser identificados como a identidade de uma pessoa ou de um grupo. Esta dupla esquematização do tempo prende-se com o facto de adquirirmos, por um lado, experiências com objectos que podemos manipular no âmbito funcional da acção instrumental, assim como, por outro lado, experiências connosco próprios e com outros quando nos encontramos uns com os outros no plano da intersubjectividade como locutores e ouvintes. Em casos de dúvida temos de associar as expressões deícticas a determinadas acções para alcançarmos a identificação de um objecto. Os mesmos termos singulares como «este» e «aquele», «aqui» e «ali», «agora» e «outrora», «um» e «muitos» requerem na aplicação a coisas e pessoas acções identificativas diferentes. Para identificar «essa coisa aí» tenho de recorrer, em caso de dúvida, à aferição de uma localização no espaço-tempo e a (pelo menos) um predicado de observação caracterizador. Para identificar «essa pessoa aí» tenho de lhe dirigir a palavra e incluí-la em interacções de um determinado tipo. Às coisas é atribuída uma identidade por aqueles que lidam com elas; pessoas desenvolvem elas próprias a sua identidade em contextos de acções: têm de poder dizer quem são (a não ser que se encontrem fora de si, e nesses casos a questão que se põe é a da medida em que ainda são pessoas). É, pois, por isso que, na identificação de pessoas, nos apoiamos no duplo papel performativo e deíctico do pronome pessoal da primeira pessoa.

Vemos uma relação similar entre a linguagem, a cognição e a acção na predicação. Se eu quiser estabelecer se um predicado pertence ou não a um objecto, tenho de verificar se o objecto realmente encarna (exemplifica) a definição geral expressa de forma predicativa ou não. Se o enunciado declarativo se encontra formulado numa linguagem que contenha apenas predicados de observação, são-nos imprescindíveis as observações; se a formulação for intencional e linguística, recomenda-se como método adequado de verificação a inquirição. Estes vários métodos remetem, por seu lado, para uma determinada prática: para o jogo de linguagem da aferição física num caso, para a acção comunicativa, o estabelecimento de relações pessoais, no outro. Na aplicação de predicados a objectos da experiência (sensorial ou comunicativa), entra em jogo uma categoria adicional – a causalidade. A causalidade é o conceito fundamental com que fazemos encaixar objectos da experiência na ideia de uma articulação que obedece a uma determinada lei. Cada acontecimento, cada expressão, cada estado tem de poder ser encarado como o efeito de uma causa. Como demonstrou Peirce, a pressuposição de uma articulação que obedece a uma determinada lei entre coisas e acontecimentos apenas faz sentido no âmbito funcional da acção instrumental. A correspondente suposição de motivos e orientações da acção apenas faz sentido no quadro de referência da acção comunicativa. Os predicados de disposição (como «solúvel» ou «simpático») são exemplos das generalizações causais que são implícitas à linguagem descritiva e que se manifestam na verificação de frases predicativas.

O emprego consentâneo com as regras do sistema de denotação parece depender da integração da linguagem com esquemas cognitivos, por um lado, e tipos de acção, por outro.

(3) Quero explicitar *a pragmática do uso comunicativo da linguagem* com recurso a uma classificação de actos de fala. A lógica do emprego dos pronomes pessoais, sobre a qual não me posso alargar aqui, assim como a teoria dos actos de fala, são as duas partes de uma pragmática universal que são de uma relevância imediata para a fundamentação linguística da sociologia. Até à data nem no âmbito da linguística, nem no da filosofia analítica, se conseguiu edificar um *sistema* dos actos de fala. Mas, na medida em que determinados aspectos de actos de fala podem ser contados entre os universais pragmáticos, a variedade terminológica dos actos de fala realizados numa linguagem individual tem de poder ser reconduzida a uma classificação geral. Searle distinguiu nos actos de fala, em termos gerais, o seguinte: a *preparatory rule* [regra preparatória] que estabelece as regras de aplicação de um acto de fala, a *propositional content rule* [regra do conteúdo proposicional] que estabelece quais são as expressões linguísticas respectivamente admitidas nas frases de conteúdo proposicional, dependentes do acto ilocutório, a *sincerity rule* [regra de sinceridade] que estabelece as condições de seriedade para a execução do acto de fala, e, finalmente, a *essential rule* [regra essencial] que especifica o modo de um acto de fala ([83]). Limito-me a este último aspecto e quero distinguir entre quatro classes de actos de fala.

A primeira classe de actos de fala, que vou designar por *comunicativos*, destina-se a exprimir diversos aspectos do sentido da fala

---
([83]) Searle (1969), p. 57 ss.

em termos gerais. Ela explica o sentido de locuções enquanto locuções. Qualquer fala actual pressupõe uma pré-compreensão daquilo que significa comunicarmos numa linguagem, compreendermos locuções ou entendermo-las mal, criarmos um consenso, dirimirmos um litígio, em suma: lidarmos com a linguagem.

Exemplos: dizer, pronunciar-se, falar; perguntar, responder, replicar, retorquir, concordar, discordar, objectar, admitir; mencionar, reproduzir, citar, etc.

A segunda classe de actos de fala, que vou designar por *constativos*, destina-se a expressar o sentido do emprego cognitivo de frases. Explicita o sentido de enunciados enquanto enunciados. Na palavra prototípica do modo assertório, em «afirmar», encontram-se reunidos dois momentos que ocorrem separados nas duas subclasses desses actos de fala. Por um lado, «afirmar» insere-se no grupo de exemplos: descrever, relatar, comunicar, contar, explicitar, assinalar, expor; explicar, prever, etc. Estes exemplos referem-se ao emprego assertório de enunciados. Por outro lado, «afirmar» faz parte do grupo de exemplos: assegurar, asseverar, aquiescer; negar, contestar, duvidar. Estes exemplos explicitam o sentido pragmático, em especial, da pretensão de verdade de enunciados.

A terceira classe de actos de fala, que vou designar por *representativos* (expressivos), destina-se a expressar o sentido pragmático da auto-apresentação de um locutor frente a um público. Explica o sentido de se trazer à expressão intenções, atitudes e vivências do locutor. As frases dependentes de conteúdo proposicional são frases intencionais com verbos como: saber, pensar, opinar, esperar, temer, amar, odiar; gostar, desejar, querer, decidir etc. Exemplos: revelar, desvendar, sacrificar, confessar, expressar; ocultar, velar, fazer crer, obscurecer, sonegar informação, manter em segredo, renegar (estes actos de fala ocorrem em forma negativa: «não te sonego a informação de que...».

A quarta classe de actos de fala, que vou designar por *regulativos*, destina-se a expressar o sentido normativo das relações interpessoais estabelecidas. Ela explicita o sentido da relação que locutores/ouvintes assumem para com normas de acção. Exemplos: ordenar, admoestar, pedir, exigir, advertir, proibir, permitir, sugerir, recusar-se, opor-se; comprometer-se, prometer, acordar, responsabilizar-se, confirmar, reafirmar, garantir, denunciar; desculpar, perdoar; propor, rejeitar, recomendar, aceitar; aconselhar, avisar, encorajar, etc.

Uma outra classe de actos de fala, que são essenciais para a execução de acções reguladas institucionalmente, não faz propriamente parte dos universais pragmáticos, embora tivessem sido antes de mais estes a darem a Austin o pretexto para estudar o carácter dos actos de fala. Exemplos: saudar, felicitar, agradecer, congratular, dar os pêsames; apostar, casar-se, ficar noivos, baptizar, rogar pragas, expulsar, amaldiçoar; fazer saber, publicar, anunciar, nomear, condenar, absolver, testemunhar, votar por ou em, etc.([84]). Estes actos de fala já pressupõem instituições, ao passo que os universais construtores do diálogo somente produzem estruturas gerais de situações de fala. Com efeito, muitos actos de fala institucionais não exigem uma frase dependente de conteúdo proposicional («agradeço-te», «nomeio-te», «rogo-te uma praga»([85])).

Os actos de fala servem para fazer três distinções fundamentais de que temos de ser capazes, se quisermos de todo estabelecer uma comunicação. Na filosofia estas distinções têm uma longa tradição: ser e parecer, essência e aparência, ser e dever. O emprego dos actos de fala constativos permite distinguir um mundo público de concepções reconhecidas no plano intersubjectivo de um mundo privativo de meras opiniões (ser e parecer). O emprego dos actos de fala representativos permite distinguir entre o ser individuado cujo reconhecimento os sujeitos dotados de capacidade de fala e de acção reivindicam mutuamente e as enunciações, expressões e acções linguísticas em que o sujeito se manifesta (essência e aparência). O emprego dos actos de fala regulativos permite distinguir entre as regularidades empíricas que podem ser observadas e as regras em vigor que podem ser cumpridas ou infringidas (ser e dever). Estas três distinções juntas, por fim, permitem a distinção central entre um consenso «verdadeiro» (real) e um consenso «falso» (enganoso). Esta distinção, por seu lado, é parte integrante do sentido pragmático do discurso em geral que exprimimos

---

[84] Austin insere estes actos de fala nos grupos dos «behavitives» [comportamentais] e dos «exercisives» [exerciciais].

[85] Irei negligenciar no que se segue uma última classe de actos de fala, os operativos, e isso apesar do seu carácter universal. Trata-se de expressões para a aplicação de regras lógicas, construtivas ou linguísticas, em todo o caso de regras que podem por princípio ser aplicadas de forma monológica, ou seja, independente de estruturas de um discurso possível. Exemplos são: definir, concluir, deduzir, fundamentar, classificar; contar, adicionar, subtrair, fazer a raiz quadrada, identificar, caracterizar, etc.

com recurso aos actos de fala comunicativos. É que o sentido do discurso em geral consiste, pelos vistos, em que no mínimo dois locutores/ouvintes se ponham de acordo sobre algo. Nesse acto supõem que o entendimento mútuo, se é que o alcançam seja sob que forma for, dá origem a um consenso válido.

A associação das classes de actos de fala a distinções que são tão fundamentais que não as podemos questionar destina-se à preparação da tentativa de fundamentarmos a sistemática da nossa classificação.

5.ª Prelecção

Verdade e Sociedade.
A revalidação discursiva de pretensões de validade fácticas

Após a clarificação provisória do uso da linguagem cognitivo e comunicativo vou analisar as pretensões de validade contidas em actos de fala. A teoria da comunicação da sociedade, cujo desenvolvimento advogo, encara o processo de vida da sociedade como um processo generativo mediado por actos de fala. A realidade social daí resultante assenta na facticidade das pretensões de validade implícitas em configurações simbólicas como frases, acções, gestos, tradições, instituições, imagens do mundo, etc. A violência, em última análise física, de influência estratégica e a violência material de constrangimentos funcionais, que tanto se oculta por detrás da facticidade ágil do sentido que reivindica validade como também se articula nela, apenas pode ser perpetuada no meio das interpretações reconhecidas. Distinguirei quatro classes de pretensões de validade que reclamam e podem encontrar reconhecimento: compreensibilidade, verdade, correcção e sinceridade. Estas pretensões convergem numa só: a da razoabilidade. Introduzo estes conceitos no plano da pragmática universal e associo-lhes a afirmação forte de que as idealizações implícitas à própria comunicação linguística não expressam, de modo algum, apenas uma determinada forma histórica da razão. Antes, a ideia da razão que se diferencia nas várias pretensões de validade encontra-se incorporada na forma de reprodução de uma espécie animal falante. Na medida em que executamos de todo actos de fala, também nos vemos submetidos aos peculiares imperativos desse poder que quero fundamentar a partir da estrutura do discurso possível sob o venerando título de «razão». Neste sentido parece-me fazer sentido falarmos de uma referência imanente à verdade do processo de vida da sociedade. O paradigma de todas as pretensões de validade é a *verdade* de proposições. Também o uso comunicativo da linguagem remete, já que na forma típica de actos de fala figuram invariavelmente frases de conteúdo proposicional, para o uso cognitivo da linguagem associado a pretensões de verdade. Designamos enunciados declarativos por «verdadeiros» ou «falsos» com referência à existência de estados de coisas reproduzidos em frases assertórias. Se um enunciado declarativo representa um estado de coisas verdadeiro ou um facto, chamamos-lhe verdadeiro. Afirmações são justificadas ou não são justificadas. Ao afirmar algo faço valer a pretensão de que o enunciado que afirmo é verdadeiro. A verdade não é uma propriedade de afirmações, antes é com actos de fala constativos (como afirmações) que faço valer a pretensão de validade de «verdadeiro» ou «falso» para uma proposição. A constatação metalinguística: «a afirmação "p" é legítima» (o que quer dizer o mesmo que: «"p" é verdadeiro») não se relaciona com o simples enunciado «p» como uma premissa com a respectiva conclusão. A constatação metalinguística limita-se a explicitar uma pretensão de validade afirmada implicitamente[86]. Ela diz o que tacitamente queremos dizer quando fazemos afirmações ou, ao fazê-lo, emitimos enunciados. O sentido da verdade pode, assim, apenas ser clarificado com referência à pragmática desta classe de actos de fala. Na execução dos actos de fala constativos tem de se mostrar o que queremos dizer com a verdade ou não verdade de enunciados.

Assim sendo, a pragmática universal é o local onde podemos esclarecer o sentido da verdade. Isto lança alguma luz sobre a insuficiência da chamada *teoria da correspondência da verdade*, a saber, tanto na sua forma semântica (Tarski, Carnap) como na sua forma ontológica tradicional, que remonta a Aristóteles.

A definição semântica da verdade, na sua forma explícita, reza assim:

(1) x é uma frase verdadeira se, e apenas se, «p» for verdade sendo que «x» designa uma frase assertória com o significado «p». Esta formulação ilustra que o conceito semântico da verdade

---

[86] Cf. Sellars (1968), p. 100 s.

pressupõe o conceito da verdade de um enunciado de uma forma circular[87]. Tarski apenas pode substituir (1) por
(2) x é uma frase verdadeira se, e apenas se, «p»
por supor a equivalência
(3) p = «p» é verdade.
No entanto, o sinal de equivalência apenas esconde o problema cuja clarificação está em causa. É que com «p» refiro-me a um enunciado verdadeiro exactamente no caso de inserir a frase assertória correspondente x num acto de fala do tipo de uma afirmação. Não podemos satisfazer-nos com a equivalência referida em (3) se quisermos clarificar a implicação de validade de afirmações. Antes temos de explicitar a pretensão de validade que fazemos valer com actos de fala constativos[88].

A tentativa clássica de se esquivar a esta questão é a interpretação ontológica da correspondência entre o enunciado e o facto como cópia (*teoria da adequação da verdade*). Esta interpretação passa visivelmente ao lado do sentido da verdade, uma vez que imagens podem ter mais ou menos semelhança com o original que retratam, ao passo que um enunciado que é verdadeiro não pode aproximar-se mais ou menos da realidade. A verdade não é uma relação comparativa. (Para isso já chamaram a atenção Austin e Sellars.) A verdadeira dificuldade das teorias ontológicas da verdade reside, contudo, em que a correspondência entre enunciados e factos (ou a realidade como conjunto de todos os factos) pode, por seu lado, ser explicada apenas em enunciados. Como já comprovou Peirce[89], não podemos atribuir ao termo «realidade» nenhum outro sentido que não aquele que temos em mente quando nos referimos à verdade de enunciados. Apenas podemos introduzir o conceito da «realidade» com referência a «enunciados verdadeiros». A realidade é o conjunto de todos os estados de coisas sobre os quais podemos emitir enunciados verdadeiros. As teorias ontológicas da verdade tentam em vão sair da área da lógico-linguística que é a única em que a pretensão de validade de actos de fala pode ser clarificada.

---

[87] Cf. E. Tugendhat, *Philosophische Rundschau*, ano 8, cad. 2/3, 131-159.

[88] Tugendhat constata com razão (*ibidem*, 138): Se o sentido de «verdadeiro» se esgotar em podermos substituir ««p» é verdadeiro» por «p», qualquer questão pela verdade de juízos fica sem efeito.

[89] Cf. K.-O. Apel, *Einleitung zu C. S. Peirce*, *Schriften I*, Frankfurt/M. 1968.

De facto, o sentido da verdade não reside no método de a encontrarmos; no entanto, o sentido de uma pretensão de validade também não pode ser determinado sem recurso à *possibilidade* de a revalidarmos. A *teoria da evidência da verdade*, com que já nos familiarizámos na versão de Husserl, define a verdade com referência ao preenchimento intuitivo de uma intenção. O sentido da verdade remete, segundo Husserl, para a evidência da intuição de um dado imediato. Não vou repetir os argumentos que foram esgrimidos, de Peirce a Popper e Adorno, contra filosofias da origem deste tipo. Como vimos, em Husserl a impraticabilidade da teoria da evidência da verdade mostra-se na tentativa de comprovar, para enunciados universais, uma intuição não sensível (ou seja, categorial) em que generalidades devem aceder à autodoação. Mas também enunciados singulares (chamados juízos de percepção) contêm pelo menos uma expressão universal (nomeadamente um dos predicados de disposição, aferição, relação ou sensação admitidos em linguagens de observação) cujo conteúdo semântico não pode ser preenchido pelas evidências de um número finito de observações particulares. Os significados de palavras e de frases trazem consigo, como Wittgenstein o demonstrou no caso da introdução exemplar de convenções de significado, a conotação de algo geral que vai para além de todas as revalidações ou exemplificações particulares possíveis. A pretensão de validade implícita numa afirmação não pode, por isso, ser revalidada por evidências provenientes da experiência. Ainda assim apoiamos manifestamente a validade de afirmações empiricamente dotadas de conteúdo em experiências. De certo modo, a pretensão de validade está fundamentada em experiências. Podemos elucidar o que isso significa com base no carácter dissonante de «experiências» enfatizado por Gadamer (*Verdade e Método*), assim como por Popper (*A Lógica da Pesquisa*).

Sobretudo Peirce e, no seu seguimento, os pragmatistas conferiram uma relevância epistemológica à circunstância de apenas podermos aprender com base em desilusões. Num sentido enfático, apenas falamos de experiências quando estas modificam as nossas expectativas e nos obrigam a encontrar novas orientações. As experiências confirmadoras permanecem pouco conspícuas. São elas o fundamento sobre o qual repousa a nossa prática no mundo da vida; elas proporcionam-nos certeza. Mas certezas são sempre subjectivas, podendo em qualquer momento ser abaladas por experiências dissonantes. Da parte do sujeito opinante, a certeza é o correlato da real validade de uma opinião. Nesta medida, a experiência, mais concretamente a experiência continuamente confirmadora, fundamenta as pretensões de verdade apresentadas em actos de fala constativos. «Fundamentar» tem o sentido da estabilização de pretensões como pretensões: enquanto «a experiência não nos ensinar outra coisa», não temos nenhum motivo plausível para de facto duvidarmos de uma pretensão de verdade, embora saibamos que as dúvidas, ao ocorrerem, não podem ser resolvidas por experiências, mas apenas por argumentos. Decerto que no contexto de uma argumentação também se pode recorrer à experiência. Mas o recurso metódico à experiência, por exemplo na experimentação científica, permanece por seu lado dependente de interpretações que apenas podem comprovar a sua validade no discurso. Experiências *apoiam* uma pretensão de verdade de afirmações; atemo-nos a esta enquanto não ocorrerem quaisquer experiências dissonantes. Mas uma pretensão de verdade apenas pode ser *revalidada* com recurso à argumentação. Uma pretensão *fundamentada* pela experiência usufrui da sua cobertura a título provisório; mal se torne problemática, revela-se que uma pretensão fundamentada pela experiência está muito longe de ser uma pretensão *justificada*.

A pretensão de validade associada a actos de fala constativos, e isso quer dizer: a verdade que reivindicamos para enunciados ao afirmá-los depende de duas condições: Tem de (a) estar fundamentada na experiência, isto é, o enunciado não deve esbarrar com experiências dissonantes, e tem de (b) ser passível de revalidação discursiva, isto é, o enunciado tem de resistir a eventuais argumentos em contrário e ser capaz de contar com a aprovação de todos os potenciais participantes de um discurso. A condição (a) tem de estar satisfeita para que seja credível a pretensão de que a condição (b) *poderia* ser satisfeita. O sentido da verdade que está implícito na pragmática das afirmações pode ser explicado se indicarmos o que quer dizer a «revalidação discursiva» de pretensões de validade. É esta a tarefa de uma *teoria consensual da verdade*. De acordo com esta concepção, é-me lícito atribuir um predicado a um objecto única e exclusivamente se também qualquer outra pessoa que *pudesse* entrar numa argumentação comigo *atribuísse* ao mesmo objecto o mesmo predicado. Para distinguir enunciados verdadeiros de falsos refiro-me à avaliação de outros – nomeadamente à de todos os outros com que alguma vez pudesse entrar numa argumentação (sendo que, de modo contrafactual, incluo todos os parceiros de diálogo que poderia encontrar se a minha história de vida fosse coextensiva com a história do mundo humano). A condição da verdade de enunciados é a aprovação potencial de *todos* os outros. Qualquer outra pessoa teria de estar em condições de se convencer de que atribuo ao objecto R o predicado *n* de forma justificada, e nesse caso teria de poder concordar comigo. O sentido da verdade no âmbito da pragmática universal mede-se, portanto, pela exigência de se alcançar um consenso razoável. O conceito de revalidação discursiva de pretensões de validade remete para o conceito de consenso razoável. Antes de me debruçar sobre as aporias que daí resultam quero analisar as outras classes de pretensões de validade para além das pretensões de verdade que se encontram contidas em jogos de linguagem normais.

Um jogo de linguagem funcional, em que ocorre a coordenação e permuta de actos de fala, é acompanhado por um «consenso de fundo». Este consenso baseia-se no reconhecimento recíproco de pelo menos quatro pretensões de validade que locutores competentes têm de fazer valer mutuamente com cada um dos seus actos de fala. Reivindica-se a *compreensibilidade* da locução, a *verdade* da sua parte proposicional, a *correcção* da sua parte performativa e a *sinceridade* da intenção expressa pelo locutor. Uma comunicação apenas decorre sem perturbações (com base num consenso «convencionado») se os sujeitos falantes/agentes

(a) tornarem compreensível o sentido pragmático da relação interpessoal (que pode ser expresso na forma de uma frase performativa) assim como o sentido da parte proposicional da sua locução;

(b) reconhecerem a verdade do enunciado feito com o acto de fala;

(c) reconhecerem a correcção da norma como aquilo cujo cumprimento permite que o acto de fala tenha validade;

(d) não puserem em causa a sinceridade dos sujeitos intervenientes.

No entanto, pretensões de validade individuais só são tematizadas quando o funcionamento do jogo de linguagem é perturbado, e o consenso de fundo é abalado. Nesse caso entram em cena questões e respostas típicas; estas são um componente normal da prática comunicativa. Se a compreensibilidade de uma locução se tornar problemática, pomos questões do género: o que queres dizer com isto? Como devo entender isto? O que quer isto dizer? Designamos por *interpretações* as respostas a este tipo de questões.

Se a verdade de uma locução se tornar problemática, pomos questões do género: é mesmo assim como dizes? Porque é assim e não doutra forma? Respondemos a estas questões com *afirmações* e *explicações*. Se a *correcção* do acto de fala ou do seu contexto normativo se tornar problemática, pomos questões do género: porque fizeste isso? Porque não te comportaste doutro modo? É lícito fazeres isso? Não deverias comportar-te doutro modo? A isso respondemos com *justificações*. Finalmente, se, num contexto de interacção, pusermos em causa a sinceridade de um parceiro, colocamos questões do género: será que ele está a enganar-me? Será que se engana a seu próprio respeito? Mas estas perguntas não as fazemos à própria pessoa não fidedigna, mas sim a terceiros. O locutor suspeito de falta de sinceridade pode, quando muito, ser «interrogado», por exemplo numa audiência em tribunal, ou, num diálogo analítico, «ser trazido à razão».

As quatro pretensões de validade referidas são fundamentais no sentido em que não podem ser reconduzidas a algo que lhes seja comum. O sentido da compreensibilidade, da correcção e da sinceridade não pode ser reconduzido ao sentido da verdade. Compreendemos o que é a verdade se ganharmos clareza sobre o sentido das pretensões de validade contidas em actos de fala constativos. A pragmática de afirmações é a chave do conceito da verdade, ao passo que o recurso a modelos que, como por exemplo o da cópia, se encontram noutra esfera, nomeadamente no âmbito da apresentação icónica, nos leva ao engano. A verdade não é uma relação de semelhança. O mesmo se passa igualmente com as outras classes de pretensões de validade. A compreensibilidade de uma locução não é uma relação de verdade. A compreensibilidade é uma pretensão de validade que significa que disponho de uma determinada competência para regras, que, a título de exemplo, domino uma linguagem natural. Uma locução é compreensível se estiver bem constituída em termos gramaticais e pragmáticos, de tal forma que qualquer um que domine os sistemas de regras correspondentes possa gerar a mesma locução. Talvez também aquilo que designamos por «verdade analítica» possa ser tornado compreensível como um caso especial de compreensibilidade, nomeadamente como a compreensibilidade de frases de uma linguagem formal. Mas a compreensibilidade nada tem que ver com «verdade». A verdade é uma relação entre frases e a realidade sobre a qual emitimos enunciados, ao passo que a compreensibilidade é uma relação interna entre expressões simbólicas e o sistema de regras correspondente, segundo cujos preceitos podemos produzir essas expressões. Tal como a compreensibilidade, também a sinceridade não é uma relação de verdade. A sinceridade é uma pretensão de validade associada aos actos de fala da classe dos actos de fala representativos que diz que as minhas intenções são sérias e exactamente aquelas que proferi. Um locutor é sincero se não se enganar a si próprio nem enganar outros. Tal como a «verdade» está para o sentido em que construo uma proposição, a «sinceridade» está para o sentido em que revelo ou exteriorizo diante dos olhos de outros uma vivência subjectiva a que tenha um acesso privilegiado. Logo que encaremos a autenticidade como relação entre a expressão de uma vivência e a entidade de um estado interior, já estamos a compreendê-la mal de acordo com o modelo da relação de verdade: em actos de auto-apresentação nada afirmo sobre episódios interiores, nem emito quaisquer enunciados, mas exprimo algo de subjectivo. Evidentemente, a má compreensão complementar, que subjaz às teorias da revelação da verdade, não é menos gravosa. É que nestas (das quais a teoria de Heidegger é um bom exemplo) a verdade é encarada, segundo o modelo da sinceridade, como manifestação ou desocultação – concepção essa que não se adequa à relação com a realidade do uso cognitivo da linguagem.

Em comparação com a compreensibilidade e a sinceridade, a pretensão normativa da correcção encontrou um maior grau de atenção em debates filosóficos, mesmo que tal tenha ocorrido, na maior parte dos casos, sob o nome da verdade moral. No entanto, a correcção é uma pretensão de validade associada aos actos de fala da classe dos actos de fala regulativos que diz que uma norma em vigor é reconhecida a justo título, que «deve» ter validade. Esta validade pretendida nada tem a ver com a verdade. Um indicador nesse sentido é o facto de frases normativas não poderem ser deduzidas de frases descritivas. As tantas vezes repetidas objecções contra conclusões naturalistas e erróneas no campo da ética referem-se à diferença entre a correcção e a verdade proposicional. Logo que encaremos a correcção como uma relação entre uma recomendação ou um aviso e entidades interiores de prazer ou desprazer entendemo-la novamente mal segundo o modelo da relação de verdade: em actos de escolha fundamentada tão-pouco emito afirmações sobre episódios interiores como em actos de auto-apresentação; não emito quaisquer enunciados, mas faço algo que ou é certo ou é errado. No entanto, a conclusão de que questões práticas não são passíveis de verdade também passa ao lado do sentido da validade normativa. Ao expressar que uma norma deveria ser preferida a outra quero precisamente pôr fora de jogo o momento da aleatoriedade: a correcção coincide com a verdade em que ambas estas pretensões apenas podem ser revalidadas pela via da argumentação e da consecução de um consenso razoável. No entanto, um consenso possivelmente conseguido não significa o mesmo em ambos estes casos. A verdade de enunciados afere-se pela possibilidade de uma *aprovação* universal *de* uma concepção, ao passo que a correcção de uma recomendação e/ou de um aviso é medida pela possibilidade da *concordância* universal *em* uma concepção ([90]).

Nem todas as pretensões de validade que explicitámos nos termos da pragmática universal com referência às quatro classes de actos de fala introduzidas são de molde a serem revalidadas de forma discursiva. A teoria consensual da verdade que tem de se apoiar no conceito de consenso alcançado de forma discursiva apenas é relevante no que diz respeito a pretensões de verdade e de correcção. As pretensões de sinceridade só podem ser revalidadas em acções. Nem interrogatórios, nem diálogos analíticos entre médico e paciente devem ser considerados discursos no sentido da procura cooperativa da verdade. Já o caso das pretensões de compreensibilidade é diferente. Se o consenso de fundo estiver perturbado a ponto de não serem suficientes as interpretações *ad hoc*, recomenda-se um discurso hermenêutico em que diversas interpretações podem ser examinadas, e a interpretação considerada acertada pode ser fundamentada. Também aqui a diferença não é de menosprezar. As pretensões de verdade e de correcção desempenham na prática quotidiana a função de *pretensões* que são aceites tendo em conta a eventualidade de que, em caso de necessidade, *poderiam* ser revalidadas de forma discursiva. A compreensibilidade, pelo contrário, é, enquanto a comunicação decorre de uma forma não perturbada,

---

([90]) Esta diferença pode estar ligada ao facto de opiniões sobre factos terem de ser fundamentadas, ao passo que a aceitação ou rejeição de normas não implica uma referência à experiência imediata com a realidade exterior. A pretensão de correcção de uma norma apoia-se, quando muito, numa experiência reflexiva dos sujeitos intervenientes consigo próprios; esta experiência indica se «realmente queremos» uma norma adoptada e se a interpretação das necessidades nela expressa «realmente acerta» no que podemos encarar como as «próprias necessidades».

uma pretensão facticamente revalidada; não é apenas uma promessa aceite: a comunicação incompreensível desmorona-se.

A teoria consensual da verdade, à qual regresso após a diferenciação de várias classes de pretensões de validade, liga-se à circunstância de o entendimento mútuo ser um conceito normativo. Wittgenstein observa que o conceito de entendimento reside no conceito de linguagem. Por isso, apenas podemos dizer num sentido auto-explicativo que a comunicação linguística se destina ao entendimento. Qualquer entendimento comprova-se num consenso razoável; de outro modo não é, como dizemos, um «verdadeiro» entendimento. Locutores competentes sabem que qualquer consenso facticamente alcançado pode ser ilusório; mas eles já colocaram na base do conceito do consenso ilusório (ou apenas forçado) o conceito de consenso razoável. Sabem que um consenso ilusório tem de ser substituído por um consenso real, se se pretende que a comunicação conduza a um entendimento. Mal damos início a uma comunicação, declaramos implicitamente a nossa vontade de nos pormos de acordo sobre algo. Se já não houver esperanças de um consenso que façam algum sentido, nem que seja sobre diferenças de opinião, a comunicação quebra-se. Mas se o entendimento não é um conceito descritivo, pelo que se afere um consenso razoável por oposição a um consenso criado de forma contingente, do qual dizemos que não é «sólido»? Dissemos que alcançamos um consenso razoável em discursos. O que entendemos então por um discurso?

Discursos são empreendimentos com o objectivo de fundamentar expressões cognitivas. Elementos cognitivos como interpretações, afirmações, explicações e justificações são componentes normais da prática de vida quotidiana. Eles preenchem lacunas de informação. Mas mal as suas pretensões de validade são explicitamente postas em causa, a procura de mais informações já não é um mero problema de divulgação, mas sim um problema da obtenção de conhecimento. No caso das problematizações fundamentais, a compensação de défices de informação nada resolve. Antes, sentimos falta de motivos convincentes, e no discurso tentamos chegar a uma convicção comum pela apresentação de motivos.

As interpretações, afirmações, explicações e justificações, de início ingenuamente aceites na sua pretensão de validade e em seguida problematizadas, são transformadas por fundamentações conseguidas de forma discursiva: interpretações casuísticas são inseridas em contextos interpretativos, afirmações singulares são articuladas com frases teóricas, explicações são fundamentadas com referência a leis naturais ou normas, justificações singulares de acções são deduzidas de justificações gerais das normas que subjazem às acções. Temos um *discurso hermenêutico* quando a validade da interpretação de expressões num dado sistema linguístico é controversa. Temos um *discurso teórico-empírico* quando se pretende examinar a validade de afirmações dotadas de um conteúdo empírico e de explicações. Temos um *discurso prático* quando se trata de clarificar a validade de recomendações (ou avisos) que fazem referência à aceitação (ou rejeição) de padrões. Um caso especial do discurso prático é conduzido num meta-plano quando se trata da questão do sistema linguístico a escolher para que um fenómeno caracterizado de uma forma provisória possa ser descrito de uma forma adequada, um problema existente possa ser formulado com precisão e traduzido numa forma tratável, ou mesmo um interesse que oriente o conhecimento possa ser isolado como tal.

Os argumentos substanciais têm a capacidade de motivar racionalmente o reconhecimento de uma pretensão de validade, embora não possam produzir o reconhecimento apenas pela dedução (ou pela experiência a que recorram de um modo metódico), ou seja, *forçá-lo* de forma analítica (ou empírica)[91]. A lógica do discurso apenas poderá explicitar por contraste à «necessidade lógica» o que significa «motivação racional»; esta explicitação terá de se referir de uma forma circular ao constrangimento peculiarmente isento de coacção do argumento melhor, porque mais plausível. Mas será que nesse caso se pode determinar o sentido da verdade, que precisamente pela sua pretensão de ser absoluta se distingue da mera certeza, com referência ao fundamento periclitante do esforço por um consenso a alcançar de forma discursiva? Como se pode distinguir um consenso razoável de outro que apenas se formou de forma contingente?

Voltemos, uma vez mais, à *verdade de enunciados*. Com actos de fala constativos fazemos valer uma pretensão de verdade em relação a enunciados declarativos. Com a sua ajuda fazemos a distinção fundamental entre o ser e o parecer. Se seguirmos a teoria consensual da verdade, a potencial aprovação de *todas* as outras pessoas é a condição para a revalidação de uma pretensão de verdade. Ora, em termos fácticos são sempre poucas as pessoas por cuja aprovação posso aferir a pretensão de validade da minha afirmação.

---

[91] S. E. Toulmin, *The Uses of Argument*, Cambridge 1964, p. 146 ss.

A aprovação fáctica de alguns outros, que eu possivelmente consiga, tanto mais depressa poderá contar com a aprovação de avaliadores adicionais quanto menos nós e outros vejamos motivo para duvidar da sua competência para formar juízos. Vamos, portanto, começar por delimitar a condição introduzida de forma contrafactual como se segue: é-me lícito afirmar «p» se qualquer avaliador *competente* concordasse comigo a esse respeito. No entanto, o que pode significar neste contexto «competência da avaliação»?

Kamlah e Lorenzen propuseram que avaliadores competentes devem ser capazes de efectuar uma *verificação adequada*. Têm de ser conhecedores do assunto. Mas como podemos decidir qual é o tipo de verificação que pode ser considerado adequado no caso em apreço e quem pode, por isso, pretender ser considerado conhecedor do assunto? Também sobre isso tem de poder existir um discurso, cujo desfecho dependa, por seu lado, de um consenso entre os intervenientes. O conhecimento de causa é certamente uma condição que um avaliador competente tem de preencher, mas para «conhecimento de causa» não podem ser indicados quaisquer critérios independentes; a decisão sobre a escolha desses critérios, por seu lado, tem de depender do desfecho de um discurso. Por isso, não quero fazer depender a competência de um avaliador, por cuja aprovação posso aferir o meu próprio juízo, do seu conhecimento de causa, mas simplesmente do pressuposto de ele ser «razoável». Mesmo que suponhamos que das determinações das linguagens descritivas provenientes da pragmática universal possam ser deduzidos métodos de verificação capazes de forçar a um consenso sobre a validade de afirmações empiricamente dotadas de conteúdo; e mesmo que a seguir possamos propor chamar «razoáveis» a todos aqueles avaliadores que, a título de exemplo, sejam capazes de efectuar observações e inquirições metódicas – mesmo nesse caso não escapamos ao embaraço referido. Pois como podemos estabelecer uma semelhante competência com segurança? Afinal não basta que uma pessoa faça de conta que efectua uma observação ou que procede a uma inquirição. Esperamos que, digamos, domine os seus sentidos e que tenha discernimento. Tem de viver no mundo público de uma comunidade linguística e não pode ser «idiota», ou seja, incapaz de distinguir entre ser e parecer. No entanto, apenas nos apercebemos do estado de razoabilidade de alguém se pudermos falar com ele e contar com ele em contextos de acções.

Em casos de dúvida, a distinção entre o verdadeiro e o falso consenso tem de ser decidida pelo discurso. Mas o desfecho do discurso é, por seu lado, dependente da consecução de um consenso sólido. A teoria consensual da verdade torna-nos cientes de que a verdade de enunciados não se pode decidir sem referência à competência de possíveis avaliadores, e sobre a competência destes não se pode decidir sem avaliar a sinceridade das suas locuções e a correcção das suas acções. A ideia do verdadeiro consenso exige dos participantes de um discurso a capacidade de distinguir de uma forma fiável entre ser e parecer, essência e aparência, e ser e dever a fim de poderem avaliar de forma competente a verdade de enunciados, a sinceridade de expressões e a correcção de acções. No entanto, em nenhuma destas três dimensões conseguimos referir um critério que permita uma avaliação independente da competência de possíveis avaliadores ou peritos. Antes, a avaliação da competência de avaliação teria de se legitimar por seu lado com base num consenso do mesmo tipo, para cuja avaliação se tratava justamente de encontrar critérios([92]). Apenas uma teoria ontológica da verdade poderia romper este ciclo. Nenhuma destas teorias da correspondência ou da cópia resistiu, porém, à discussão.

Se assim for, é difícil de entender por que ainda assim partimos em cada diálogo do princípio de podermos alcançar um entendimento mútuo. Em termos fácticos, consideramo-nos capazes a toda a hora de distinguir um consenso razoável do ilusório. De

---

([92]) De resto, este objectivo nem sequer pode ser atingido porque não podemos questionar discursos, ou seja, não podemos fazer «metadiscursos». Num metadiscurso fazemos de conta, e até à data foi esta a nossa atitude, de que podemos determinar se os intervenientes desse discurso preenchem as condições de uma possível participação no discurso. Mas, vistas as coisas de uma perspectiva rigorosa, o discurso e o «metadiscurso» inserem-se no mesmo plano. *Todos* os discursos são empreendimentos intersubjectivos. Aqui nem sequer se cria a aparência da iteração irrestrita da auto-reflexão de sujeitos solitários (A. Kulenkampff, *Antinomie und Dialektik*, Stuttgart 1970). Também a auto-reflexão, em que os participantes de uma comunicação se certificam se realmente saíram dos contextos da acção comunicativa e suspenderam os imperativos da realidade da tomada de decisões difíceis, é um empreendimento intersubjectivo (cf. J. Habermas, *Erkenntnis und Interesse* [*Conhecimento e Interesse, op. cit.*], Frankfurt/M. 1968, Cap. 10). Não podemos fazer um discurso sem *supormos* que as condições para a entrada num discurso já se encontram preenchidas; mas, depois de termos feito esta suposição, o discurso sobre se fazemos essa suposição a justo título deixa de fazer sentido. No plano do discurso não pode existir uma separação entre o discurso e o lugar externo de um observador do discurso.

outro modo não poderíamos pressupor tacitamente esse sentido do discurso desde sempre aceite em termos metacomunicativos, isto é, o carácter razoável do discurso, sem o qual a comunicação em linguagem coloquial não faria sentido. Este fenómeno requer uma explicação.

Vou explicá-lo pelo facto de os participantes da argumentação *suporem* algo como uma situação de fala ideal. A situação de fala ideal define-se pelo facto de qualquer consenso que possa ser alcançado nas suas condições poder ser considerado um consenso razoável. A minha tese é a seguinte: apenas *a antecipação de uma situação de fala ideal* dá a garantia de podermos ligar a um consenso facticamente alcançado a pretensão de um consenso razoável; ao mesmo tempo, esta antecipação é um critério crítico com recurso ao qual qualquer consenso facticamente alcançado também pode ser posto em causa e examinado quanto a ser ou não um indicador suficiente de um entendimento verdadeiro. A teoria consensual da verdade, a meu ver, é superior a outras teorias da verdade; mas também ela apenas pode escapar ao movimento circular dos argumentos se contarmos com o facto de nos vermos constrangidos em cada discurso a supormos de parte a parte uma situação de fala ideal. É óbvio que esta ou uma semelhante antecipação é *necessária* para se escapar à consequência de ter de fazer depender a revalidação discursiva de uma pretensão de validade de um consenso alcançado de forma contingente; no entanto mantém-se a questão de como é possível o projecto de uma situação de fala ideal. Se, em primeiro lugar, qualquer discurso tem o sentido de que um mínimo de dois sujeitos se entendem sobre alguma coisa, e que em caso de necessidade também se põem de acordo de uma forma discursiva sobre pretensões de validade controversas; se, em segundo lugar, o entendimento mútuo significa a criação de um consenso razoável; se, em terceiro lugar, um verdadeiro consenso apenas pode ser distinguido de um falso consenso pela referência a uma situação de fala ideal, ou seja, pelo recurso a uma coincidência que contrafactualmente é pensada como se se tivesse produzido em condições ideais – nesse caso esta idealização tem de constituir uma antecipação a que *temos de* recorrer de cada vez que *queiramos* dar início a uma argumentação e a que também *podemos* recorrer com a ajuda dos meios de construção de que qualquer locutor dispõe por força da competência comunicativa.

Como é possível o projecto de uma situação de fala ideal com o auxílio dos actos de fala que qualquer locutor competente pode realizar? Por ideal designamos, no que diz respeito à distinção do consenso verdadeiro do falso consenso, uma situação de fala em que a comunicação não só não é obstruída por intervenções externas contingentes, mas igualmente não o é por constrangimentos decorrentes da própria estrutura da comunicação. A situação de fala ideal exclui uma distorção sistemática da comunicação. Apenas então vigora em exclusivo o constrangimento peculiarmente isento de coacção do melhor argumento que, com conhecimento de causa, permite que a verificação metódica de afirmações cumpra o seu papel, e que pode motivar racionalmente as decisões sobre questões práticas.

Ora, a estrutura comunicativa apenas não produz constrangimentos se a todos os intervenientes for dada uma distribuição simétrica das oportunidades de escolher e exercer actos de fala. Neste caso não existe apenas uma permutabilidade universal dos papéis no diálogo, mas uma igualdade de oportunidades efectiva no desempenho dos papéis no diálogo, isto é, no exercício de quaisquer actos de fala. Desta condição de simetria geral podem deduzir-se regras específicas para cada uma das quatro classes de actos de fala introduzidas. Na condição de todos os participantes no diálogo terem a mesma oportunidade de usar actos de fala comunicativos, ou seja, de criarem comunicações e as perpetuarem por afirmação e réplica, pergunta e resposta, pode ser criada, pela utilização em igualdade de oportunidades dos actos de fala constativos (e da parte dos actos de fala regulativos e relevantes para as recomendações/avisos), isto é, por uma distribuição equitativa das oportunidades de apresentar, fundamentar ou refutar interpretações, afirmações, explicações e justificações, a base para que nenhuma opinião prévia fique indefinidamente ao abrigo da crítica. Com estas determinações, os actos de fala que podemos utilizar em discursos estão regulados de uma forma ideal. Ainda assim ainda não se encontram indicadas de forma completa as condições de uma situação de fala ideal que assegure um debate não só sem restrições, mas igualmente livre de dominação, unicamente com base nas suas características de situação, ou seja, na sua estrutura. É que as determinações até aqui estabelecidas ainda não constituem uma garantia de que os participantes do discurso não se limitam a pensar que mantêm um discurso, ao passo que na realidade se encontram circunscritos a uma comunicação por estarem constrangidos à acção. Adicionalmente, temos de supor que os locutores não se devem enganar nem a si próprios nem a outros, sobre as suas intenções. É, portanto, digno de registo o facto de a situação de fala ideal exigir determinações que apenas de forma mediata se referem a discursos, mas de forma imediata à organização de contextos de acções. É óbvio que a libertação do discurso de constrangimentos à acção, que exige uma situação de fala ideal, apenas pode ser pensada nas condições de uma acção comunicativa pura. Por isso, as duas outras suposições específicas referem-se a regulações de actos de fala que utilizamos em interacções.

Na situação de fala ideal só são admitidos locutores que, *enquanto agentes*, têm oportunidades iguais de utilizar actos de fala representativos, uma vez que apenas a concordância recíproca dos espaços de manobra de expressões respectivamente individuais e o complementar equilíbrio progressivo entre proximidade e distância oferecem a garantia de os sujeitos serem transparentes para consigo e para com os outros naquilo que realmente fazem e pensam e, se necessário for, serem capazes de traduzir as suas expressões extraverbais em outras verbais. A reciprocidade de uma auto-apresentação não melindrada é complementada por uma reciprocidade de expectativas de comportamento que exclui privilégios no sentido de normas de acção unilateralmente vinculativas. Esta simetria entre legitimidades e compromissos pode ser garantida por um emprego dos actos de fala regulativos que se paute pela igualdade de oportunidades, isto é, pela distribuição equitativa das oportunidades de dar ordens e de se opor, de permitir e de proibir, de fazer promessas e de as aceitar, de dar e de pedir contas, etc. Juntamente com a utilização em condições de igualdade de oportunidades dos actos de fala comunicativos, tal assegura simultaneamente a possibilidade de em qualquer altura sair de contextos de interacção e entrar em discursos que tematizem pretensões de validade.

As condições contrafactuais da situação de fala ideal também podem ser encaradas como condições necessárias de formas de vida emancipadas. É que a distribuição simétrica das oportunidades na escolha e no exercício de actos de fala que se referem (a) a enunciados declarativos como enunciados, (b) à relação do locutor com as suas locuções e (c) ao cumprimento de normas são determinações teórico-linguísticas para aquilo que convencionalmente tentávamos circunscrever com as ideias de verdade, de liberdade e de justiça. Estas determinações interpretam-se mutuamente e em conjunto definem uma forma de vida em que todas as questões publicamente relevantes são tratadas segundo a máxima de se manter um discurso em que tem de se supor que, sempre que nessa intenção déssemos início a uma comunicação e simplesmente a continuássemos durante o tempo suficiente, teria de resultar daí um consenso que fosse lícito contar como um consenso razoável[93].

A idealização da situação de fala entrosa-se de uma forma peculiar com a idealização da situação da acção. O conceito da «acção comunicativa pura», introduzido pela porta do cavalo, requer uma explicitação.

Até aqui distinguimos entre duas formas da comunicação (ou da «fala»): a *acção comunicativa* (interacção), por um lado, e o *discurso*, por outro. Numa, pressupõe-se ingenuamente a validade de expressões para se proceder à permuta de informações (experiências relacionadas com a acção); no outro são tematizadas as pretensões de validade problematizadas, mas não se procede à troca de informações. Em discursos empreendemos a tentativa de reconstituir ou substituir um acordo mútuo que existiu na acção comunicativa. Neste sentido falei do *entendimento* discursivo. As argumentações têm por objectivo a superação de uma situação que se cria pela problematização obstinada das pretensões de validade ingenuamente pressupostas na acção comunicativa: este entendimento reflexivo conduz a um acordo mútuo produzido de forma discursiva e fundamentado (que evidentemente pode voltar a consolidar-se num acordo secundariamente convencionado)[94].

A acção comunicativa processa-se em jogos de linguagem convencionados e avalizados no plano normativo, nos quais locuções

---

[93] Tentei definir a situação de fala ideal, não pelas características da personalidade de locutores ideais, mas por características estruturais de uma situação de discurso possível, nomeadamente pela distribuição simétrica das oportunidades de assumir papéis num diálogo e de realizar actos de fala. Esta construção pretende servir o fim de comprovar que efectivamente *podemos* proceder à antecipação de uma situação de fala ideal, a que qualquer locutor competente em termos comunicativos tem de proceder se quiser participar de um discurso, com a ajuda das quatro, e só dessas quatro, classes de actos de fala. Por isso, e de forma retrospectiva, a nossa proposta de sistematização pode com efeito ser justificada sob o aspecto de que actos de fala, como universais pragmáticos, isto é, como meios para a geração de estruturas gerais de um discurso possível, apenas podem funcionar se, simultaneamente, também servirem de meios para elaborar um projecto de uma situação de fala ideal.

[94] Também uma *pretensão de validade discursivamente fundamentada* recupera, mal o resultado do discurso volte a integrar-se nos contextos de acções, o modo de validade «ingénuo».

de todas as três categorias (frases, expressões, acções) não só são formadas de acordo com regras, mas também são articuladas entre si segundo regras de complementação e de substituição. Os discursos, por seu lado, exigem em primeiro lugar uma *virtualização dos constrangimentos à acção* que pretende levar à suspensão de todos os motivos tirando o único, o da procura cooperativa da verdade, e a que questões de validade possam ser separadas de questões de génese. Os discursos exigem, em segundo lugar, uma *virtualização de pretensões de validade* que pretende levar a que, relativamente aos objectos da acção comunicativa (ou seja, coisas e acontecimentos, pessoas e locuções), apresentemos uma reserva de existência e, perante os estados de coisas e as normas, assumamos uma atitude hipotética. No discurso pomos entre parênteses, como diria Husserl, a tese geral. Deste modo convertem-se factos em *estados de coisas* que podem ou não ser o caso, e normas em *propostas* que podem ou não ser correctas. Para finalizar, quero clarificar o sentido da validade normativa, que constitui um dos conceitos fundamentais da teoria da comunicação da sociedade.

Na validade ingénua de normas de acção espreita uma pretensão muito ampla. Esta é a fonte da força contrafactual da imunidade não-violenta de normas em vigor a desilusões continuadas. Vou partir de um fenómeno que é intuitivamente presente a qualquer sujeito dotado de capacidade de acção. Se depararmos com um parceiro como um sujeito, e não como um adversário ou mesmo um objecto que possamos manipular, supomos (inevitavelmente) a sua imputabilidade. Apenas podemos entrar em interacção com ele ou, como dissemos, encontrar-nos com ele no plano da intersubjectividade, se pressupusermos que, se fosse interrogado de um modo adequado, poderia dar contas das suas acções. Se *quisermos* de todo assumir uma atitude que o trate como um sujeito, nós *temos de* partir do princípio de que o nosso parceiro *poderia* dizer--nos por que razão numa dada situação se comporta deste modo e não de outro qualquer. Procedemos, portanto, a uma idealização que também nos atinge a nós, uma vez que vemos o outro sujeito com os mesmos olhos com que nos contemplamos a nós próprios; supomos que o outro, se lhe perguntarmos, poderá referir motivos da sua acção, da mesma forma como estamos convencidos de sermos capazes de prestarmos contas a nós mesmos sobre a nossa acção, se outro sujeito nos perguntasse. Este saber intuitivo que, na realização da acção, oculta de si próprio o estatuto de uma suposição (ou de uma antecipação), pode ser subdividido em duas expectativas contrafactuais. (a) Esperamos que os agentes sigam as normas, pelas quais se orientam, de uma forma intencional. Na execução directa de uma interacção somos, portanto, incapazes de atribuir a um parceiro que se nos apresenta como um outro Eu motivos inconscientes assim como, de um modo geral, determinantes causais da sua acção[95]. Logo que façamos isso abandonamos o plano da intersubjectividade e tratamos o outro como um objecto, *sobre* o qual podemos comunicar com terceiros, mas *com* o qual a comunicação foi interrompida. Esta *expectativa de intencionalidade* engloba, para mais, a suposição de que todas as expressões extraverbais poderiam, em caso de necessidade, ser expandidas em expressões verbais. (b) Esperamos que sujeitos agentes apenas sigam normas que se lhes afigurem justificadas. Por isso somos incapazes de esperar de um parceiro, na execução directa de uma interacção, o cumprimento de uma norma que ele, se a seguisse de forma intencional, não reconheceria de facto como legítima. Mesmo num sujeito que visivelmente apenas se submete a uma coacção facticamente imposta supomos princípios segundo os quais ele justificaria também esse comportamento. Esta *expectativa de legitimidade* inclui, para mais, a suposição de que apenas aquelas normas (ou princípios gerais) passam por justificadas aos olhos de sujeitos agentes, em relação às quais estes estão convencidos de que resistiriam, em caso de necessidade, a um debate irrestrito e livre de constrangimentos.

As duas expectativas contrafactuais referidas, que estão contidas na idealização, inevitável para os agentes, da imputabilidade mutuamente imputada, remetem para um entendimento que em princípio pode ser alcançado em discursos práticos. O sentido da pretensão de validade de normas de acção também consiste na perspectiva de que o comportamento orientado por normas facticamente convencionado possa ser encarado como a acção responsável de sujeitos imputáveis. Supomos que os sujeitos podem dizer em condições adequadas qual é a norma que seguem e *porque* aceitam essa norma como justificada; com isso, supomos simultaneamente que os sujeitos, aos quais pudéssemos demonstrar de

---

[95] Isto não se aplica ao caso específico do discurso terapêutico em que ambos os parceiros participam movidos pela intenção de trazer à consciência motivos inconscientes.

forma discursiva que não preenchem as duas condições referidas, abririam mão da norma em questão e alterariam o seu comportamento. Sabemos que em regra as acções institucionalizadas não correspondem a este *modelo da acção comunicativa pura*, embora não possamos evitar fazer de conta, contrafactualmente e uma e outra vez, que este modelo se encontra realizado. Nesta ficção inevitável assenta a humanidade do trato entre seres humanos que ainda o são, ou seja, que nas suas auto-objectivações ainda não se alienaram completamente de si enquanto sujeitos.

O estatuto da inevitável antecipação de uma situação de fala ideal (em discursos) e de um modelo de uma acção comunicativa pura (em interacções), por seu lado, ainda é pouco claro. Por fim, ainda queria aproveitar para prevenir dois mal-entendidos fáceis de ocorrer. As condições da argumentação que ocorrem na realidade visivelmente não são idênticas às da situação de fala ideal, em todo o caso não o são frequentemente ou na maior parte dos casos. Ainda assim é próprio da estrutura da fala possível que, na execução dos actos de fala (e das acções), façamos de conta, de forma contrafactual, que a situação de fala ideal (ou o modelo da acção comunicativa pura) não é apenas fictícia mas sim real – é precisamente a isso que chamamos uma suposição. O fundamento normativo do entendimento linguístico é, portanto, antecipado, mas enquanto fundamento antecipado também é eficaz. A antecipação do diálogo idealizado (como uma forma de vida a realizar no futuro?) garante o contrafactual acordo «último», basilar e que de modo algum ainda tem de ser criado, que tem de associar e articular os locutores/ouvintes de antemão e sobre o qual não deve ser necessário qualquer entendimento, se é que a comunicação deve ser de todo possível. Nesta medida, o conceito da situação de fala ideal não é um mero princípio regulador no sentido que Kant confere à expressão; é que de facto nós temos de proceder a esta suposição desde já, com o primeiro acto de entendimento linguístico. Por outro lado, o conceito da situação de fala ideal também é um conceito não existente no sentido de Hegel: é que nenhuma sociedade histórica coincide com a forma de vida que antecipamos no conceito da situação de fala ideal. A situação de fala ideal seria mais facilmente comparável a uma aparência transcendental, se essa aparência, em vez de se dever a uma transferência inadmissível (como na utilização isenta de experiência das categorias do entendimento), não fosse simultaneamente condição constitutiva da fala possível. A antecipação da situação de fala ideal tem para toda a comunicação possível o significado de uma aparência constitutiva que é ao mesmo tempo a manifestação de uma forma de vida [96]. Evidentemente não podemos saber *a priori* se essa manifestação não passa de ilusionismo (subrepção) procedente como sempre de inevitáveis pressuposições – ou se as condições empíricas para a realização, por muito aproximada que seja, de uma forma de vida ideal podem ser criadas na prática. As normas fundamentais da fala possível incorporadas na pragmática universal contêm, sob este prisma, uma hipótese prática. É ela, que ainda terá de ser desenvolvida e fundamentada numa teoria da competência comunicativa, o ponto de partida da teoria crítica da sociedade.

---

[96] Adenda 1983: entretanto retirei esta formulação, cf. J. Habermas, «A Reply to my Critics», in J. B. Thompson, D. Held (org.), *Habermas – Critical Debates*, Londres 1982, p. 261 s.

2
Esclarecimentos sobre o conceito de acção comunicativa

As teorias sociológicas da acção apresentam um interesse pelo esclarecimento do conceito de acção *social*. Um caso exemplar de acção social é certamente a cooperação entre (pelo menos dois) actores que coordenam as suas acções instrumentais para a execução de um plano de acção comum; é que segundo esse modelo podem analisar-se, por exemplo, casos elementares de trabalho social. No entanto, mesmo em sociedades simples o trabalho é meramente um entre vários casos típicos de interacção. Por isso vou partir da questão geral de como é possível a acção na sua vertente social. A questão de «Como é possível a acção social?» é somente o reverso da outra questão: «Como é possível a ordem social?». Uma teoria da acção que queira responder a estas questões tem de ser capaz de indicar as condições em que *Alter* pode «concertar» as suas acções com as de *Ego*.

Esta expressão dá conta do interesse pelas condições subjacentes à ordem social, na medida em que estas se enquadrem no plano analítico das interacções simples. O interesse da teoria sociológica da acção não se refere apenas a características formais da acção social enquanto tal, mas a mecanismos de coordenação de acções que possibilitam o estabelecimento de uma rede regular e estável de interacções. Só se estabelecem *padrões* de interacções se as sequências de acções para que contribuem diversos actores não se interromperem de forma contingente, mas se encontrarem coordenadas de acordo com regras. Isto aplica-se tanto ao comportamento estratégico como ao comportamento cooperativo. A procura de mecanismos de «concertação» não implica nenhuma decisão prévia por uma abordagem teórica de consenso em detrimento de outra de conflito. Ainda assim, a perspectiva do sociólogo julga de antemão a teoria da acção na medida em que esta analisa os conceitos da acção social unicamente em conexão com conceitos da ordem social.

É por aí que se explicam algumas das diferenças mais manifestas entre a teoria sociológica da acção e a sua congénere *filosófica*. Aquela pressupõe aquilo que esta tematiza: antes de mais, a dilucidação da estrutura da actividade orientada para fins (e dos correspondentes conceitos de capacidade de acção e de escolha racional). Além disso, a teoria sociológica da acção não alardeia nenhum interesse por esses problemas fundamentais que são o livre-arbítrio e a causalidade, a relação entre o espírito e o corpo, a intencionalidade, etc., que podem ser tratados com a mesma pertinência em contextos ontológicos, epistemológicos e linguísticos como na teoria filosófica da acção. A tarefa de explicar uma ordem social partilhada no plano intersubjectivo acaba por distanciar a teoria sociológica da acção das premissas da filosofia da consciência. Por isso, ela não permanece apegada, na mesma medida da teoria analítica da acção, ao modelo do sujeito solitário, capaz de conhecimento e de acção, que se vê confrontado com uma totalidade de estados de coisas existentes e que se pode referir a algo neste mundo objectivo tanto a nível da percepção como no plano da intervenção. Uma teoria da acção que siga a abordagem da teoria da intersubjectividade pode, antes, ela própria contribuir para a reformulação de interrogações que a filosofia até à data havia considerado sua coutada.

Antes de mais apraz-me designar por «mútuo acordo» e «influência» dois mecanismos de coordenação de acções que subjazem aos conceitos mais importantes da acção social (1). Estas concepções de acção também decidem sobre a forma como nas respectivas circunstâncias pode ser pensada a ordem social. Estas concepções da sociedade caracterizam, por seu lado, aquelas abordagens que hoje competem entre si, nomeadamente a teoria da troca social e o funcionalismo sistémico, a teoria do desempenho de papéis e a fenomenologia da auto-encenação, e, finalmente, o interaccionismo simbólico e a etnometodologia (2). Tomo os aspectos unilaterais e as debilidades destas abordagens teóricas como pretexto para introduzir os conceitos de acção comunicativa e de mundo da vida (3). Estas reflexões intuitivas têm necessidade de uma explicação a que neste lugar não posso proceder. No entanto gostaria, ao menos, de enumerar e explanar em termos programáticos os passos explicativos necessários que são executados na teoria da acção comunicativa (4). Em dois excursos vou, por um lado, debruçar-me sobre a questão de como se articulam, no seio da teoria social, os conceitos fundamentais de «acção estratégica» e de «acção comunicativa», assim como de «sistema» e de «mundo da vida» e, por outro, referir os problemas filosóficos para cujo esclarecimento uma teoria da acção com uma abordagem inspirada na pragmática formal pode dar um contributo (5).

(1) *Mecanismos de coordenação de acções*. As referidas teorias sociológicas da acção estão de acordo quanto a algumas decisões fundamentais. Antes de mais, optam por uma análise que parte da perspectiva interior do actor. Uma acção pode ser compreendida como a realização de um plano de acção que se apoia numa interpretação da situação. Ao executar um plano de acção, o actor resolve uma situação. A situação da acção constitui o excerto de um mundo circundante interpretado pelo actor. Este excerto constitui-se à luz de possibilidades de acção que o actor percebe como relevantes para a execução do seu plano de acção. Além disso, as teorias da acção distinguem-se das abordagens das teorias do comportamento pelo facto de atribuírem ao actor um saber de estrutura proposicional. O actor tem de ser capaz de repetir no foro interno e endereçar a si próprio os enunciados de um observador (A visa ou crê, quer ou tem a intenção de, deseja ou teme que «p»). Finalmente, as teorias sociológicas da acção postulam para os participantes da interacção no mínimo um conhecimento *concordante*: as suas interpretações das situações devem ser suficientemente coincidentes. Neste âmbito admitem também a comunicação linguística, em todo o caso a troca de informações. Quanto ao restante, porém, as abordagens da teoria da acção diferenciam-se por postularem, para a coordenação de acções, o *mútuo acordo*, ou seja, um conhecimento *comum*, ou uma mera *influência* mútua e externa.

Um saber «comum» deve satisfazer condições exigentes. Não estamos já na sua presença quando os intervenientes estão de acordo no que toca a algumas opiniões; nem mesmo quando sabem que estão de acordo a seu respeito. Por *comum* designo um saber que constitui o *mútuo acordo*, sendo que o mútuo acordo termina no reconhecimento intersubjectivo de pretensões de validade criticáveis. Mútuo acordo significa que os intervenientes aceitam um saber como válido, ou seja, como intersubjectivamente vinculativo. Só então um conhecimento comum, na medida em que contenha componentes ou implicações relevantes para as consequências da interacção, pode assumir funções de coordenação de acções. Vínculos recíprocos nascem unicamente de convicções intersubjectivamente partilhadas. Pelo contrário, a influência externa (no sentido da produção de um efeito causal) sobre as convicções de um outro participante da interacção mantém um carácter unilateral. As convicções intersubjectivamente partilhadas *vinculam mutuamente* os participantes da interacção, e é por isso que o potencial de motivos associados a convicções constitui uma base aceite, sobre a qual, se for preciso, um pode apelar à compreensão do outro. Uma convicção que um *induz* no outro (eventualmente com recurso a uma mentira) não pode atingir esse efeito vinculativo. As convicções monológicas, ou seja, aquilo que cada um considera verdadeiro ou correcto no foro interno, podem afectar unicamente as atitudes próprias. No modelo da influência unilateral (ou do exercício de influência mútua), os motivos, por muito bons que sejam, não podem constituir uma instância de recurso. Neste modelo, os bons motivos não têm uma relevância privilegiada. O que conta não é o tipo de meios, mas unicamente o êxito da influência sobre as decisões de um adversário, quer seja com recurso a dinheiro e violência ou a palavras.

O mútuo acordo e a influência são mecanismos de coordenação de acções que se excluem mutuamente, pelo menos na perspectiva dos intervenientes. Processos de entendimento não podem ser empreendidos *simultaneamente* na intenção de alcançar um mútuo acordo com um participante na interacção e de exercer influência sobre ele, isto é, de provocar nele um determinado efeito causal. Na perspectiva dos intervenientes, um acordo não pode ser imposto, não pode resultar da coacção de uma parte sobre outra – seja de forma instrumental, por intervenções imediatas sobre a situação da acção, ou de forma estratégica, pela influência calculada em função do êxito sobre as atitudes do parceiro. Em termos objectivos, um consenso bem pode resultar de coacção ou de indução; mas o que se realiza *de forma evidente* com recurso a intervenção externa, por gratificação, intimidação, sugestão ou indução em erro, a nível subjectivo, não pode passar por mútuo acordo. Perde a sua eficácia de coordenação de acções. Um acordo perde o carácter das convicções comuns no momento em que o visado se dá conta de que resulta da influência de um outro sobre a sua pessoa.

Um actor apenas pode empreender a tentativa de uma semelhante intervenção se, na execução do seu plano de acção, adoptar uma atitude objectivadora perante o meio circundante e se orientar de forma imediata pelas consequências da sua actuação, nomeadamente pelo êxito. Pelo contrário, os participantes de uma interacção que coordenam os seus respectivos planos de acção de comum acordo e apenas os executam se estiver preenchida a condição de um consenso alcançado têm de adoptar a atitude performativa de locutores e ouvintes e de chegar a um acordo entre si sobre a situação em apreço e a forma de a resolver. A atitude orientada para o êxito isola quem age dos outros actores com que se depara no seu meio circundante; é que, para ele, as acções dos adversários, tal como os restantes componentes da situação, são meros meios para e restrições à realização do próprio plano de acção; a este respeito, os objectos sociais não se distinguem dos físicos. A atitude orientada para a busca de um acordo, pelo contrário, faz os participantes de uma interacção depender uns dos outros. Estes necessitam das tomadas de posição de sim ou não daqueles a quem se dirigem, porque apenas podem alcançar um consenso com base no reconhecimento intersubjectivo de pretensões de validade.

(2) Desde Aristóteles, o conceito de acção teleológica ou de actividade orientada para fins encontra-se no centro da teoria filosófica da acção. O actor realiza o seu fim ou consegue criar uma situação desejada escolhendo numa dada situação meios promissores de êxito e aplicando-os de forma apropriada. O papel central pertence ao *plano de acção* apoiado numa *interpretação da situação* visando a realização de um fim e que permite uma *decisão entre alternativas de acção*. Esta estrutura teleológica é constitutiva de todos os conceitos de acção; no entanto, os conceitos de acção social distinguem-se segundo a forma como abordam a coordenação das acções individuais. Uma primeira classificação consegue-se sob o ponto de vista de saber se as abordagens da teoria da acção contam com o efeito empírico do *Ego* sobre o *Alter* ou com a criação de um acordo motivado racionalmente *entre Ego e Alter*. Conforme os casos, os participantes na interacção adoptam uma atitude orientada para o êxito ou para o entendimento. Neste contexto pressupõe-se que estas atitudes podem, em condições adequadas, ser identificadas com recurso ao saber intuitivo dos próprios intervenientes.

O modelo estratégico de acção contenta-se com a explicação das regras de uma acção orientada para o êxito, ao passo que os restantes modelos de acção especificam as condições de acordo, sob as quais os participantes da interacção podem executar os respectivos planos de acção. A acção regulada por normas pressupõe entre os intervenientes um consenso sobre valores, a acção dramatúrgica apoia-se na relação consensual entre um intérprete que se põe em cena, causando uma determinada impressão e o seu público, e a interacção mediada pela linguagem requer o estabelecimento de consensos, seja pela adopção interpretativa de papéis e a sua projecção criativa, ou por processos de interpretação cooperativos. As teorias de troca e de poder desenvolvidas a partir do modelo de acção orientado para o êxito partem do princípio de que os participantes de uma interacção coordenam as suas acções por influência recíproca (a), ao passo que as teorias não-empiristas da acção substituem a influência por processos de entendimento mútuo (b).

(a) O modelo teleológico de acção é ampliado num *modelo estratégico de acção* quando o cálculo de êxito do actor pode incluir a expectativa de decisões de pelo menos um actor adicional que actua de acordo com objectivos. Este modelo de acção é frequentemente objecto de interpretações utilitaristas; nesse caso supõe-se que o actor escolhe e calcula os meios e fins sob aspectos da maximização de benefícios ou expectativas conexas. No entanto, deste conceito de acção estratégica não se pode derivar um conceito da ordem social sem recorrer a suposições adicionais. Da articulação de cálculos de benefícios egocêntricos resultam padrões de interacção, ou seja, interacções estabelecidas de modo regular e estável numa rede de intenções, apenas sob condição de as preferências dos actores intervenientes serem complementares e de as correlações de interesses se equilibrarem a condizer. Os dois casos exemplares, aos quais isto se aplica de um modo geral, são as relações de troca que se estabelecem entre representantes da oferta e da procura em regime de livre concorrência, assim como as relações de poder que se estabelecem entre detentores do comando e dependentes no âmbito de relações de domínio sancionadas. Se e quando as relações interpessoais entre sujeitos que agem orientados para o êxito se encontram reguladas unicamente pela troca e pelo poder, a sociedade apresenta-se como uma *ordem instrumental*. Esta especializa as orientações da acção na competição por dinheiro ou poder, e coordena as decisões por intermédio de relações de mercado ou domínio. Semelhantes ordens puramente económicas ou plenamente subordinadas à política de poder designam-se por instrumentais, porque nascem de relações interpessoais em que os participantes de uma interacção se instrumentalizam mutuamente como meios para o êxito próprio.

Ora, Durkheim, Weber e Parsons chamaram repetidamente a atenção para o facto de as ordens instrumentais não serem estáveis, de as ordens sociais não poderem assentar a longo prazo exclusivamente sobre correlações de interesses articuladas entre si. Com efeito, as teorias sociológicas da troca e do poder não passam sem empréstimos ao conceito de uma ordem normativa. Assim, por exemplo, P. Blau complementa os conceitos fundamentais utilitaristas da sua teoria da acção de troca com noções de justiça, com base nas quais os actores podem avaliar as suas indemnizações como mais ou menos justas([1]); e R. Dahrendorf, na sua teoria dos conflitos, não deixa de encarar o domínio, no sentido de Weber, como um poder institucionalizado que necessita de legitimação([2]). Ambos são componentes normativos que se destacam de uma ordem concebida, no restante, como instrumental; no modelo de base, que é o da acção estratégica, porém, constituem corpos estranhos.

Uma solução mais consequente é a oferecida pelo funcionalismo sistémico que substitui o conceito de acção estratégica pelo da *interacção regulada por meios*. A ordem social é representada à partida segundo o modelo dos sistemas de limites constantes, ou seja, independentemente da perspectiva conceptual de uma teoria da acção. O conceito de acção social, por seu lado, é antes moldado ao conceito, introduzido pela teoria dos sistemas, do meio de comunicação ou de regulação([3]).

Um semelhante meio tem as propriedades de um código, com recurso ao qual informações podem ser transmitidas do emissor ao receptor. Contrariamente às expressões gramaticais da linguagem, porém, nas expressões simbólicas de um meio de regulação, por exemplo em preços, encontra-se incorporado algo como uma estrutura preferencial – podem informar o receptor sobre uma proposta e ao mesmo tempo induzi-lo a aceitar a proposta. Um meio de regulação é estruturado de molde a que as acções de *Alter*

([1]) P. Blau, *Exchange and Power in Social Life*, Nova Iorque 1966.
([2]) R. Dahrendorf, *Class and Class Conflict in Industrial Society*, Stanford 1959.
([3]) J. Habermas, «Bemerkungen zu T. Parsons» Medientheorie», in W. Schluchter (org.), *Verhalten, Handeln und System*, Frankfurt/M. 1980.

sejam «concertadas» com as acções de *Ego*, evitando-se arriscados processos de formação de consenso. Este automatismo verifica-se porque o código dos meios apenas se aplica

– a uma classe fácil de delimitar de situações-padrão
– a qual se encontra definida por correlações de interesses claras de modo a:

– que as orientações das acções dos intervenientes se encontrem estabelecidas por um valor generalizado;

– que *Alter* possa por princípio decidir-se entre duas tomadas de posição alternativas;

– que *Ego* possa regular essas tomadas de posição através de propostas

e

– que os actores se orientem unicamente pelas consequências de acções, ou seja, tenham a liberdade de fazer as suas decisões depender exclusivamente de um cálculo do êxito da própria acção.

No caso exemplar do dinheiro, a *situação-padrão* encontra-se definida pelo processo da troca de bens. Os parceiros da troca perseguem *interesses* económicos, tentando optimizar a relação entre despesa e receita num contexto de utilização de recursos escassos para fins alternativos. Neste âmbito, a utilidade é o *valor generalizado*, sendo que generalizado quer dizer que vincula todos os actores que participam nas relações monetárias em todo o lado e a todo o momento do mesmo modo. O código do dinheiro esquematiza possíveis tomadas de posição de *Alter* de tal modo que este ou aceita a proposta de troca de *Ego* ou a rejeita, e assim adquire um património ou prescinde da sua aquisição. Nestas condições, parceiros numa troca podem, através das suas propostas, condicionar mutuamente as suas *tomadas de posição*, sem terem de se fiar na predisposição para a cooperação que é pressuposta na acção comunicativa. Antes se espera dos actores uma atitude objectivadora relativamente à situação da acção e uma orientação racional segundo as consequências das acções. A *rentabilidade* constitui o critério segundo o qual o êxito pode ser calculado.

O conceito de uma interacção regulada através do meio do dinheiro é oriundo da concepção de acção estratégica mediada pelo mercado e, simultaneamente, substitui-a. Coaduna-se com um conceito de sociedade da teoria sistémica que, contrariamente ao da ordem instrumental, não tem de ser enriquecido com conceitos fundamentais normativistas.

Também as interacções estratégicas são em regra apresentadas como mediadas pela linguagem; mas, no seio desse modelo, as próprias acções locutórias são assimiladas a acções orientadas para o êxito. É que, para sujeitos que actuam de forma estratégica, que promovem a realização dos seus planos de acção *de uma forma imediata*, a comunicação linguística é um meio como qualquer outro; aproveitam-se da linguagem para alcançarem efeitos perlocutórios. Sem dúvida existem inúmeros casos de entendimento indirecto, seja que alguém dê a entender a outrem algo através de sinais, levando-o de forma indirecta a formar uma determinada opinião ou a formular determinadas intenções pela via do tratamento dedutivo de percepções de situações; ou que alguém, com base numa prática comunicativa quotidiana já convencionada, se sirva do outro, como quem não quer a coisa, para os seus fins, ou seja, o empurre, pelo recurso manipulativo a meios linguísticos, para um comportamento por si desejado e assim o instrumentalize para o êxito da própria acção. Acontece que este uso da linguagem que se orienta pelas consequências falha o *telos* implicado na própria linguagem de um acordo que os participantes de uma comunicação podem alcançar entre eles sobre algo.

(b) Os modelos de uma acção não estratégica pressupõem um uso da linguagem orientado para o entendimento, se bem que sob aspectos unilaterais, como um componente essencial da coordenação de acções. Na acção regulada por normas, o entendimento serve a actualização de um acordo de grupo pré-existente, na acção dramatúrgica, uma auto-encenação em função do público, com que os intervenientes se impressionam mutuamente. Utilizo estes dois conceitos da forma como foram introduzidos por Parsons e por Goffman[4].

O conceito da acção *regulada por normas* não se refere ao comportamento de um actor em princípio solitário que, no seu meio circundante, encontre outros actores, mas a membros de um grupo social que orientam a sua acção por valores comuns. O actor individual cumpre uma norma (ou infringe-a) logo que, numa dada situação, estejam reunidas as condições a que a norma se aplica.

---

[4] T. Parsons, *The Structure of Social Action*, Nova Iorque, 1949; E. Goffman, *Wir spielen alle Theater*, Munique, 1968 [*Apresentação do Eu na Vida de Todos os Dias*, Lisboa: Relógio de Água, 1993]; *idem, Interaktionsrituale*, Frankfurt/M., 1971 [*Os Momentos e os seus Homens*. Lisboa: Relógio d'Água, 1999].

As normas exprimem um acordo que existe no seio de um grupo social. Todos os membros de um grupo, em que determinada norma é válida, podem esperar uns dos outros que em determinadas situações executem ou omitam as acções que se imponham nas respectivas circunstâncias. O conceito central da *obediência à norma* significa a satisfação de uma expectativa de comportamento generalizada. A expectativa de comportamento não tem o sentido cognitivo da expectativa de um acontecimento prognosticado, mas o sentido normativo de os membros terem o *direito* de esperar um comportamento. Este modelo normativo de acção encontra-se na base da teoria dos papéis.

Em termos primários, o conceito da acção *dramatúrgica* não se refere nem ao actor solitário nem ao membro de um grupo social, mas a participantes de uma interacção que constituem um público uns para os outros, público este perante cujos olhos se apresentam. O actor evoca no seu público uma determinada imagem, uma impressão de si, revelando a sua subjectividade de um modo mais ou menos dirigido. Cada actor pode controlar o acesso público à esfera das suas próprias intenções, pensamentos, atitudes, desejos, sentimentos, etc., aos quais apenas ele tem um acesso privilegiado. Na acção dramatúrgica, os intervenientes aproveitam-se dessa circunstância e regulam a sua interacção através do condicionamento do acesso mútuo à subjectividade própria. O conceito central da *auto-representação* não designa, por isso, um comportamento expressivo espontâneo, mas a estilização em função dos espectadores da expressão de vivências próprias. Este modelo dramatúrgico de acção presta-se em primeira linha a descrições de interacções de enfoque fenomenológico; no entanto, até à data ainda não foi desenvolvido no sentido de uma abordagem generalizadora em termos teóricos[5].

---

[5] Para além disso, Goffman faz um uso ambivalente deste modelo de acção. A escala da apresentação do Eu vai desde a comunicação sincera de intenções, desejos, disposições, etc., próprios até ao seu emprego cínico com vista a regular as impressões que o actor causa em outros. Também um semelhante *impression management* [gestão de impressões] ainda se enquadra na descrição da acção dramatúrgica enquanto se dirigir a um público que, de forma ingénua, ou seja, desconhecendo as intenções estratégicas, julga assistir a uma representação que procura o consenso. De outro modo trata-se de uma forma subtil do exercício de poder simbólico-expressivo, ou seja, de uma versão especial da acção orientada para o êxito da qual, como vemos no exemplo dos trabalhos de Pierre Bourdieu, se pode deduzir uma concepção da sociedade correspondente, consentânea com a teoria do poder.

À acção regulada por normas corresponde uma ordem social encarada como um sistema de normas reconhecidas ou de instituições existentes. Nomeadamente as instituições são consideradas tanto mais perenes quanto melhor as orientações valorativas normativamente propostas puderem ser integradas com correlações de interesses existentes. Esta concepção da sociedade, no entanto, é construída de um modo tão estreito que não deixa espaço para as realizações construtivas do actor; expõe-se à objecção de pressupor um sujeito da acção «hipersocializado» (D. Wrong). Contrariamente a isso, o actor pressuposto na acção dramatúrgica é «subsocializado». Neste modelo de acção falta de todo um lugar conceptual para ordens sociais; em vez disso, conta com um pluralismo de identidades auto-afirmativas que comunicam umas com as outras no modo da apresentação do Eu. Embora este modelo expressivista admita algum espaço aos desempenhos criativos do actor, revela fragilidades que são simétricas às fragilidades do modelo normativista. Enquanto as mesmas estruturas normativas que se encontram institucionalizadas na ordem social se limitam a reproduzir-se a si próprias nos sujeitos hipersocializados, as identidades que se manifestam de um modo rico em facetas são concebidas como seres que se elevam acima da sociedade ou, por assim dizer, ingressam na mesma vindos do exterior.

Estas fragilidades complementares são superadas no *interaccionismo simbólico*. A assunção de papéis é apresentada como mecanismo de um processo de aprendizagem em que o indivíduo em crescimento constrói o mundo social e, ao mesmo tempo, forma a sua própria identidade. A concepção da assunção de papéis permite compreender a individuação como processo de socialização e, simultaneamente, a socialização como individuação. O interaccionismo simbólico supera a oposição abstracta entre as ordens das instituições e a pluralidade das identidades num processo formativo e circular que é igualmente constitutivo para ambas as partes, a ordem social e os actores. Com estas inovações conceptuais, reage às referidas fragilidades da conceptualização da ordem social, abstendo-se, no entanto, de renovar o próprio conceito da acção social. No interaccionismo simbólico, todas as acções sociais são apresentadas de acordo com o modelo das interacções socializadoras; mas fica por esclarecer de que modo a linguagem pode funcionar como meio de socialização.

As abordagens fenomenológicas e hermenêuticas, com destaque para a *etnometodologia* fundada por H. Garfinkel, encarregaram-se deste problema. Estas compreendem acções sociais como processos de interpretação cooperativos, em que os participantes de uma interacção negoceiam definições comuns de situações, a fim de coordenarem os seus planos de acção. No entanto concentram-se tão exclusivamente nos desempenhos interpretativos dos actores que as acções se convertem em acções locutórias, e as *interacções sociais se dissolvem* tacitamente *em conversações*. Sob esta perspectiva, a ordem social esfuma-se numa sequência contingente de ficções criadas no plano intersubjectivo que apenas emergem da torrente de interpretações para voltarem a desagregar-se. Com cada sequência de interacções, os intérpretes renovam a aparência de uma sociedade estruturada de um modo normativo; na realidade, porém, vão tacteando de um frágil consenso momentâneo até ao próximo. No entanto, uma acção comunicativa que seja assimilada à hermenêutica intrinsecamente circular de um eterno diálogo fornece-nos, no melhor dos casos, um conceito de ordem social que equipara a sociedade ao desenvolvimento reflexivamente descontínuo de tradições culturais.

Antes de mais quero demonstrar por que o interaccionismo simbólico e a etnometodologia falham a sua tarefa de desenvolver um conceito de acção social em que a formação de consensos com recurso à linguagem assuma a função da coordenação de acções. Esta explicação serve de chave ao conceito da acção comunicativa, fértil para a teoria social, que desenvolvi em detalhe noutro lugar [6].

(3) Tanto o interaccionismo simbólico como também a etnometodologia fenomenologicamente enriquecida propõem-se a tarefa de lançar alguma luz sobre o mecanismo linguístico de coordenação da acção orientada para o entendimento; mas, com as concepções da assunção de papéis e da interpretação, entram no torvelinho de análises que visam *outros* objectivos; apresentam a acção comunicativa como um *medium,* um meio pelo qual são levados por diante processos de socialização ou são fingidas ordens normativas. Atribuo este desvio do objectivo próprio da teoria da

---

[6] J. Habermas, *Theorie des kommunikativen Handelns,* Frankfurt/M. 1981. No que se segue, não irei assinalar como citações as referências em parte literais a este texto.

acção ao facto de as tradições de investigação associadas a G. H. Mead e A. Schütz não distinguirem com o rigor suficiente entre *mundo* e *mundo da vida*. Aquilo *sobre o que* os participantes de uma interacção se entendem não deve ser contaminado com aquilo *a partir do que* eles alimentam os seus desempenhos interpretativos. A acção orientada para o entendimento é intrinsecamente reflectida; por isso, as ordens institucionais e as identidades dos sujeitos da acção figuram em dois lugares. Como *componentes tematizáveis* da situação da acção podem ser explicitamente conhecidas pelos intervenientes; como *recursos* para a produção do próprio processo comunicativo permanecem em segundo plano e, à semelhança dos padrões interpretativos culturalmente retidos, apenas se encontram presentes como um saber implícito. É verdade que o interaccionismo e a fenomenologia escolhem uma abordagem que os obriga a separarem os temas dos recursos, isto é, a distinguirem os planos do conteúdo e da constituição de processos de entendimento. Mas, como não desenvolvem estes contextos em termos suficientemente analíticos, é sempre um dos dois aspectos que se autonomiza. Num dos casos dominam pontos de vista da constituição. A estrutura de perspectivas engastada nos papéis sociais monopoliza a atenção de tal modo que a acção comunicativa se contrai à dimensão relevante, para os processos de socialização, do desempenho de papéis. No outro caso, o tratamento cooperativo de temas conquista de tal modo o primeiro plano que o saber cultural é o que resta como único recurso, e a ordem social, por assim dizer, se afunda em diálogos.

Apenas conseguiremos conceptualizar adequadamente a reprodução simbólica do mundo da vida quando (a) identificarmos as *referências ao mundo* em que se enquadram os sujeitos que agem de forma comunicativa, (b) reformularmos o conceito da *situação* da perspectiva da acção orientada para o entendimento para distinguirmos as realizações *que formam o contexto* das que são *constitutivas* do mundo da vida e, finalmente, (c) abandonarmos a perspectiva do actor para vermos aquilo com que a acção comunicativa contribui, por seu lado, para a conservação e a geração do mundo da vida.

(a) *Referências ao mundo*. No seguimento de Frege e (do jovem) Wittgenstein, convencionou-se um conceito semântico do mundo como totalidade daquilo que é o caso. Se acrescentarmos o conceito da lei e da causalidade desenvolvido no seguimento de

Peirce(⁷), podemos aplicar ao mundo objectivo uma escala temporal e defini-lo como a totalidade dos estados de coisas interligados de acordo com a lei que, num dado momento, existem ou passam a existir ou então podem ser levados a existir por intermédio de intervenções. No plano semântico, podemos imaginar tais estados de coisas representados como conteúdos proposicionais de proposições afirmativas e de intenção. Os pressupostos ontológicos associados ao modelo acima introduzido da actividade orientada para fins podem então ser explicados com recurso a este conceito do mundo. Para entendermos um acontecimento como uma acção teleológica, temos de atribuir ao actor (pelo menos de forma implícita) a capacidade de formar e de verificar opiniões, assim como a de formular e de levar a cabo intenções. Com isso, supomos que o actor pode, por princípio, estabelecer duas relações com o mundo objectivo: pode identificar estados de coisas existentes e produzir estados de coisas desejados.

Os mesmos pressupostos ontológicos aplicam-se ao conceito da *acção estratégica*. Sujeitos que agem de forma estratégica, que não se limitam a interferências instrumentais e promovem os seus desígnios pela via da influência sobre as decisões de outros actores, têm de ampliar o seu aparelho conceptual para aquilo que ocorre no mundo (actores capazes de decisão *versus* coisas e acontecimentos); mas com a complexidade das entidades inerentes ao mundo o próprio conceito do mundo objectivo não se torna mais complexo. A actividade orientada para fins diferenciada em acção estratégica permanece um conceito de um só mundo. Os conceitos da acção regulada por normas e da acção dramatúrgica, pelo contrário, pressupõem relações entre um actor e o respectivo mundo *adicional*.

Ao mundo objectivo dos estados de coisas existentes vem juntar-se, no primeiro caso, um *mundo social*, ao qual tanto se encontra associado o actor como sujeito que desempenha papéis como aqueles actores que podem estabelecer, uns com os outros, relações interpessoais legitimamente reguladas. Um mundo social consiste em ordens institucionais que estabelecem quais são as interacções que se inscrevem na totalidade das respectivas relações sociais autorizadas; e todos os destinatários de um tal complexo de normas encontram-se associados ao mesmo mundo social. Tal

---

(⁷) G. H.v. Wright, *Explanation and Understanding*, Londres 1971.

como o sentido do mundo objectivo pode ser explanado com referência à existência de estados de coisas, o sentido do mundo social pode sê-lo com base na validade de dever (ou na dignidade de reconhecimento) de normas. No plano semântico, as normas são representadas por proposições normativas e gerais (ou mandamentos) que são reconhecidas como justificadas por parte dos respectivos destinatários, tal como os factos são representados por proposições assertórias e verdadeiras.

Ao descrevermos um acontecimento como uma *interacção regida por normas* pressupomos que os intervenientes distinguem os componentes normativos dos componentes factuais da sua situação de acção, ou seja, meios e condições de direitos e deveres. O modelo normativo de acção parte do princípio de que os intervenientes tanto podem adoptar uma atitude objectivante perante algo que é o caso ou não é o caso como uma atitude conforme às normas perante algo que se impõe de forma quer justificada, quer injustificada. Tal como no modelo teleológico de acção, porém, a acção é representada *primariamente* como uma relação entre o actor e um mundo – aqui como uma relação para com o mundo social, com que o actor se defronta no seu papel de destinatário de normas e no qual pode estabelecer relações interpessoais legitimamente reguladas. Nem num nem no outro caso, porém, se pressupõe o *próprio* actor como um mundo, com o qual ele pudesse relacionar-se de forma reflexiva. Tão-só o conceito da acção dramatúrgica requer o pressuposto adicional de um mundo subjectivo a que se refere o actor que, ao agir, se auto-encena.

No caso da acção *dramatúrgica*, o actor, ao apresentar diante de um público um aspecto de si próprio, tem de se relacionar com o seu próprio mundo subjectivo. Este pode ser definido como a totalidade das vivências, às quais o actor tem o respectivo acesso privilegiado. No entanto, esta área da subjectividade apenas merece o nome de um «mundo» se o significado do mundo subjectivo puder ser explicado de um modo similar ao significado do mundo social, pela referência à existência de normas (análoga à existência de estados de coisas). Talvez se possa dizer que o subjectivo é representado da mesma forma por proposições vivenciais enunciadas com sinceridade como estados de coisas existentes o são por enunciados verdadeiros e normas válidas o são por proposições de dever justificadas. Não devemos conceber as vivências subjectivas como estados mentais ou episódios internos; com isso, assemelhá-

-las-íamos a entidades, a componentes do mundo objectivo. Podemos encarar o termos vivências como algo de análogo à existência de estados de coisas, mas não devemos assimilar uma coisa à outra. Um sujeito dotado de capacidade de emitir enunciados não «tem» ou «possui» desejos ou sentimentos no mesmo sentido em que um objecto observável tem ou possui extensão, peso, cor ou qualidades semelhantes. Um actor tem desejos e sentimentos no sentido em que ele poderia manifestar essas vivências a seu bel-prazer diante de um público, e de tal modo que esse público atribuísse os desejos ou sentimentos exteriorizados ao actor, na medida em que nele fizesse fé, como algo de subjectivo.

Ao descrevermos um acontecimento como acção dramatúrgica, pressupomos que o actor demarca o seu mundo interior do mundo exterior. Neste mundo exterior, o actor pode certamente distinguir entre componentes normativos e não normativos da situação da acção; no entanto, no modelo de acção de Goffman não está previsto que se comporte para com o mundo social adoptando uma atitude *conforme às normas*. Ele tem em conta as relações interpessoais reguladas de um modo legítimo como meros factos sociais. Por isso, parece-me correcto classificarmos também a acção dramatúrgica como um conceito que pressupõe *dois mundos*, nomeadamente o mundo interior e o mundo exterior, ou, por outro lado, o mundo subjectivo e o mundo objectivo.

As relações entre o actor e o mundo que discutimos até aqui inscrevem-se no lote dos pressupostos ontológicos de *descrições* em que surgem concepções da acção correspondentes. Nós, cientistas sociais, ao fazermos semelhante descrição, presumimos que os actores estabelecem relações com mundos que encaramos como representados por uma totalidade de proposições assertórias ou normativas ou expressivas. Logo que empreguemos o modelo da *acção orientada para o entendimento*, temos de atribuir aos actores as mesmas relações entre o actor e o mundo, desta feita, porém, como relações reflexivas. É que, nesse caso, supomos que os actores se apoderam das referências ao mundo que estabelecem simultaneamente no plano linguístico, mobilizando-as para o fim cooperativamente perseguido do entendimento. Os *próprios* sujeitos descritos utilizam essas proposições, com recurso às quais até à data o cientista social descritivo lograva elucidar o estatuto de factos, normas e vivências, ou seja, dos referentes de uma actividade orientada para fins, regida por normas e dramatúrgica. Os participantes de uma interacção empregam semelhantes proposições em actos comunicativos, com os quais querem chegar a acordo sobre a sua situação de modo a poderem coordenar de comum acordo os seus respectivos planos de acção.

O conceito da acção comunicativa obriga-nos a considerar os actores também como locutores e ouvintes que se referem a algo no mundo objectivo, social ou subjectivo, fazendo simultaneamente valer pretensões de validade recíprocas sujeitas a serem aceites ou contestadas. Os actores já não se referem *linearmente* a algo no mundo objectivo, social ou subjectivo, mas relativizam o seu enunciado sobre algo no mundo perante a possibilidade da sua validade ser contestada por outros actores. O entendimento funciona como mecanismo coordenador de acções de tal modo que os participantes de uma interacção chegam a acordo sobre a *validade* que reivindicam para os seus enunciados, ou seja, reconhecem no plano intersubjectivo *pretensões de validade* que fazem valer de forma recíproca. Um locutor faz valer uma pretensão criticável relacionando-se pelo seu enunciado com pelo menos um «mundo» e aproveitando ao mesmo tempo a circunstância de esta relação entre o actor e o mundo ser em princípio acessível a uma apreciação objectiva para desafiar o seu interlocutor a uma tomada de posição motivada racionalmente. Se deixarmos de parte o facto de a expressão simbólica usada estar ou não bem formada, um actor, que, neste sentido, se encontra orientado para o entendimento mútuo, tem implicitamente de fazer valer com o seu enunciado exactamente três pretensões de validade, nomeadamente

– que o enunciado é verdadeiro (ou que os pressupostos de existência de um conteúdo proposicional apenas mencionado se encontram realmente satisfeitos);

– que a acção intendida é correcta com referência a um contexto normativo e válido (ou que o contexto normativo que deve satisfazer é, ele próprio, legítimo) e

– que a intenção manifesta do locutor é visada tal como é enunciada.

O locutor reivindica, portanto, a verdade de enunciados ou pressuposições existenciais, a correcção de acções reguladas de forma legítima e do respectivo contexto normativo e a sinceridade da expressão pública de vivências subjectivas.

(b) *Mundo e mundo da vida.* Se entendermos a acção como a resolução de situações, o conceito da acção comunicativa destaca nomeadamente dois aspectos da resolução de situações: o aspecto teleológico da execução de um plano de acção e o aspecto comunicativo da interpretação da situação e da obtenção de um acordo. É constitutiva da acção orientada para o entendimento a condição de os participantes, numa situação de acção definida entre todos, executarem os seus planos de uma forma concertada. Tentam evitar dois riscos: o *risco do entendimento falhado*, ou seja, do desentendimento ou do mal-entendido, e o *risco do plano de acção falhado*, ou seja, do insucesso. Evitar o primeiro risco é uma condição necessária à superação do segundo. Os participantes não podem alcançar os seus objectivos se não conseguirem dar resposta à necessidade de entendimento decorrente das possibilidades de acção da situação – em todo o caso deixam de poder alcançar o seu objectivo *pela via* da acção comunicativa.

Uma *situação* apresenta um excerto de um mundo da vida delimitado com respeito a um tema. Um *tema* surge no contexto de interesses e objectivos de acção de (pelo menos) um participante; circunscreve a *área de relevância* dos componentes da situação passíveis de serem tematizados e é acentuado pelos *planos* que os participantes concebem com base na interpretação que fazem da situação a fim de realizarem os seus respectivos objectivos. A situação de acção interpretada circunscreve uma margem de manobra tematicamente aberta de *alternativas de acção*, ou seja, de condições e meios necessários à execução de planos. Da situação faz parte tudo o que se torna perceptível como *limitação* para iniciativas de acção correspondentes. Enquanto o actor mantiver por detrás de si o mundo da vida como recurso da acção orientada para o entendimento, enfrenta as restrições que as circunstâncias impõem à execução dos seus planos como componentes da situação. E estes podem ser subdivididos, no sistema de referência dos três conceitos formais do mundo, em factos, normas e vivências.

Se introduzirmos o conceito da situação deste modo, o «mundo» e o «mundo da vida» podem ser distinguidos sob os dois pontos de vista da *tematização* de *objectos* e da *limitação de margens de manobra interpretativas*.

Antes de mais, as concepções do «mundo» e do «mundo da vida» prestam-se a delimitar áreas que numa dada situação ou são acessíveis aos participantes da tematização ou se lhes subtraem. Da perspectiva, virada para a situação, dos participantes, o mundo da vida afigura-se como um *contexto de processos de entendimento, for-*

mador de um horizonte que delimita a situação da acção e, por isso, permanece inacessível à tematização. Com os temas deslocam-se igualmente os excertos do mundo da vida relevantes para a situação, relativamente aos quais, tendo em vista possibilidades de acção actualizadas, se gera uma necessidade de entendimento. *Só* o que deste modo se torna componente de uma situação faz parte dos pressupostos tematizáveis dos enunciados comunicativos com que os participantes da interacção chegam a acordo sobre algo no mundo. Estas pressuposições bem constituem um contexto necessário, mas ainda não suficiente; não chegam para acrescentar ao significado literal de expressões linguisticamente padronizadas o que falta para o significado totalmente determinado de um texto. É, por isso, recomendável que se distinga o *contexto da situação* do *contexto do mundo da vida*.

Como Searle demonstrou, dando seguimento ao Wittgenstein tardio[8], o significado de um texto apenas pode ser apreendido perante o pano de fundo de uma pré-compreensão culturalmente convencionada, que tem o estatuto das suposições de fundo inerentes ao mundo da vida. Este conhecimento de fundo basilar, que tem de complementar tacitamente o conhecimento das condições de aceitabilidade de enunciados linguisticamente padronizadas para que um ouvinte possa compreender o seu significado literal, tem propriedades dignas de reparo. Trata-se de um saber *implícito* que não pode ser representado num número finito de proposições; trata-se de um saber *estruturado de forma holística* cujos elementos remetem uns para os outros, e trata-se de um saber que *não se encontra à disposição* na medida em que não podemos trazê-lo à consciência e pô-lo em causa por um acto de vontade. O mundo da vida encontra-se presente no *modus* óbvio com que os que agem de forma comunicativa estão de tal maneira familiarizados no plano intuitivo que nem sequer contam com a possibilidade da sua problematização. O mundo da vida não é «sabido» no sentido estrito, uma vez que o saber explícito se caracteriza por poder ser contestado e fundamentado. Apenas o excerto relevante para a situação do mundo da vida constitui um contexto *passível de uma tematização sem restrições* para os enunciados com que os participantes de uma comunicação *tornam um tema* algo enquanto algo num mundo.

---

[8] J. Searle, «Literal Meaning», in *idem*, *Expression and Meaning*, Cambridge 1979, p. 117 ss.

No entanto, o mundo da vida não tem apenas uma função *formadora de contextos*. Oferece, ao mesmo tempo, um reservatório de convicções ao qual os participantes da comunicação vão haurir para darem resposta, com interpretações capazes de reunir consenso, à necessidade de entendimento surgida numa situação. Como *recurso*, o mundo da vida é *constitutivo* de processos de entendimento. Assim, o «mundo» e o «mundo da vida» não se diferenciam apenas do ponto de vista da tematização de objectos, mas igualmente do da restrição de margens de manobra para a acção. Podemos conceber o mundo da vida, na medida em que pode ser utilizado como *recurso interpretativo*, como repositório linguisticamente organizado de suposições de fundo que se reproduz sob a forma de tradição cultural. O saber de fundo transmitido culturalmente assume, face aos enunciados comunicativos criados com recurso a ele, uma posição em certa medida transcendental. Faz que os participantes da comunicação encontrem o nexo entre o mundo objectivo, social e subjectivo já interpretado quanto ao seu conteúdo. Se ultrapassarem o horizonte de uma determinada situação, não podem cair em saco roto; de imediato encontram-se noutra área, agora actualizada, mas previamente interpretada do que é culturalmente evidente. Na prática comunicativa e quotidiana não existem situações pura e simplesmente desconhecidas. Também novas situações emergem de um mundo da vida constituído por um repositório de saber cultural desde sempre familiar. Perante ele, os que agem de forma comunicativa não podem assumir uma posição extramundana como também não o podem fazer relativamente à língua como meio dos processos de entendimento.

Os participantes de uma comunicação movem-se, ao executarem ou compreenderem um acto de fala, tanto no interior da sua linguagem que não podem trazer *diante de si* um enunciado actual como «algo de intersubjectivo», do mesmo modo em que experienciam um acontecimento como algo de objectivo, como enfrentam uma expectativa de comportamento como algo de normativo ou vivenciam um desejo, um sentimento como algo de subjectivo ou o atribuem a outros. O meio de entendimento permanece numa *semi-transcendência* peculiar. Enquanto os participantes da comunicação mantiverem a sua atitude performativa, a linguagem actualmente empregue permanece *nas suas costas*. Por isso, a cultura e a língua normalmente não se contam entre os componentes da situação. Não limitam, de modo algum, a margem de manobra para a acção e também não se enquadram num dos conceitos formais de mundo, com recurso aos quais os participantes se põem de acordo sobre a sua situação. Não *necessitam* de nenhuma concepção em que pudessem ser apreendidas como elementos de uma situação de acção([9]).

O que é verdade para as tradições culturais já não se aplica às instituições e às estruturas de personalidade. Estas podem sem dúvida limitar a margem de iniciativa dos actores e *enfrentá-los* como componentes da situação. É por isso mesmo que se enquadram, sendo normativas ou subjectivas, por assim dizer à partida num dos conceitos formais de mundo. No entanto, esta circunstância não deve induzir-nos a supor que normas e vivências (à semelhança de factos, ou seja, coisas e acontecimentos) podem ocorrer exclusivamente como algo sobre o que participantes de uma interacção se põem de acordo. Podem assumir um estatuto duplo – como componentes de um mundo social ou subjectivo, por um lado, e como componentes estruturais do mundo da vida, por outro. O pano de fundo do mundo da vida não consiste menos de habilidades individuais, do conhecimento intuitivo de *como* se resolve uma situação, e de práticas socialmente convencionadas, do conhecimento intuitivo sobre *em quê* nos podemos fiar numa situação, do que de convicções de fundo trivialmente sabidas. A sociedade e a personalidade não actuam apenas como restrições, servem igualmente de recursos. O estatuto incontroverso do mundo da vida, a partir do qual se exerce a acção comunicativa, explica-se pela segurança que o actor deve às solidariedades comprovadas e competências experimentadas. E mais, o carácter paradoxal do saber do mundo da vida, que apenas transmite o sentimento de segurança absoluta porque não sabemos *dele*, deve-se à circunstância de que o saber daquilo *em que* podemos fiar-nos e de *como* algo se faz ainda se encontra indiferenciadamente associado àquilo *que*

([9]) A cultura e a língua desenvolvem, apenas nesses momentos raros em que falham como recursos, essa particular resistência que sentimos em situações de entendimento perturbado. Nessas alturas tornam-se necessários os serviços de reparação de várias espécies de intérpretes ou de terapeutas. Também eles têm à sua disposição, ao quererem integrar elementos disfuncionais do mundo da vida – enunciados incompreensíveis, tradições opacas, no caso-limite uma linguagem não decifrada – numa interpretação comum da situação, apenas os conhecidos três conceitos do mundo. Incumbe-lhes identificarem elementos do mundo da vida que falham como recursos como factos culturais que limitam a margem de manobra para a acção.

sabemos em termos pré-reflexivos. Mas quando as solidariedades dos grupos integrados por valores e normas e as competências de indivíduos socializados influenciam a acção comunicativa *a tergo*, à semelhança das tradições culturais, recomenda-se que se corrija a *redução culturalista do conceito do mundo da vida*.

(c) Introduzi o conceito do mundo da vida como o pano de fundo da acção comunicativa. Ao passo que o excerto do mundo da vida relevante à situação se impõe ao actor, por assim dizer, de frente, como problema que ele terá de resolver pelos seus próprios meios, *a tergo* ele é suportado pelo pano de fundo do seu mundo da vida. A resolução de situações apresenta-se como um processo circular em que o actor tem um duplo papel – de *iniciador* de acções imputáveis e de *produto* de tradições em que se insere, de grupos solidários a que pertence, de processos de socialização e de aprendizagem a que se encontra sujeito. Se agora adoptarmos, em vez da perspectiva do actor, a do mundo da vida, podemos transpor a interrogação da teoria da acção para a interrogação sociológica propriamente dita: quais são as funções que a acção orientada para o entendimento assume para a reprodução do mundo da vida. Ao porem-se de acordo entre eles sobre a sua situação, os participantes da interacção inserem-se numa tradição cultural que simultaneamente utilizam e *renovam*; ao coordenarem as suas acções através do reconhecimento intersubjectivo de pretensões de validade criticáveis, os participantes da interacção apoiam-se no facto de pertencerem a grupos sociais e *reforçam* ao mesmo tempo a integração dos mesmos; ao participarem em interacções com pessoas de referência a agirem com competência, os adolescentes interiorizam as orientações valorativas do seu grupo social e *adquirem* capacidades de acção generalizadas.

Sob o *aspecto* funcional *do entendimento*, a acção comunicativa serve para a transmissão e renovação do saber cultural; sob o aspecto da *coordenação de acções* visa a integração social e o estabelecimento de solidariedade; sob o aspecto da *socialização*, por fim, a acção comunicativa ajuda a estruturar identidades pessoais. As estruturas simbólicas do mundo da vida reproduzem-se pela via da continuação de saber válido, da estabilização da solidariedade de grupo e da formação de actores responsáveis. O processo de reprodução associa situações novas às condições existentes do mundo da vida, e fá-lo tanto na dimensão *semântica* de significados ou conteúdos (da tradição cultural) como nas dimensões do *espaço social* (de grupos socialmente integrados) e do tempo *histórico* (das sucessivas gerações). A estes processos da *reprodução cultural*, da *integração social* e da *socialização* correspondem como componentes estruturais do mundo da vida: a cultura, a sociedade e a pessoa [*Person*]. Chamo *cultura* ao repositório de conhecimento de onde se abastecem de interpretações os participantes de uma comunicação, na medida em que se põem de acordo sobre algo num mundo. Por *sociedade* designo as ordens legítimas através das quais os participantes da comunicação regulam a sua pertença a grupos sociais e assim asseguram a solidariedade. Por *personalidade* [*Persönlichkeit*] entendo as competências que dotam um sujeito de capacidade de fala e de acção, ou seja, capacitam-no para participar em processos de entendimento e ao mesmo tempo afirmar a sua própria identidade. O campo semântico dos conteúdos simbólicos, o espaço social e o tempo histórico constituem as *dimensões* por onde se estendem as acções comunicativas. As interacções urdidas em rede da prática comunicativa e quotidiana constituem o meio através do qual a cultura, a sociedade e a pessoa se reproduzem. Estes processos reprodutivos estendem-se às *estruturas simbólicas* do mundo da vida. Disto temos de distinguir a preservação do *substrato material* do mundo da vida.

A reprodução material processa-se através do meio da actividade orientada para fins, com a qual os indivíduos socializados intervêm no mundo para realizarem os seus objectivos. Como o verificou Max Weber, os problemas que o actor tem de resolver na respectiva situação dividem-se em problemas de «necessidade interna» e de «necessidade externa». A estas categorias de tarefas, que decorrem da perspectiva da acção, correspondem, na perspectiva da preservação do mundo da vida, os processos de reprodução simbólica e material.

(4) Desenvolvi os conceitos da acção comunicativa e do mundo da vida intuitivamente a partir de contextos da discussão sociológica. A plausibilização de uma determinada pré-compreensão pode, quando muito, ser preparada pela análise de conceitos da pragmática formal que aqui não posso levar a cabo. No que se segue referirei algumas tentativas de reconstrução que empreendi noutro lugar.

(a) *Orientação para o êxito* versus *orientação para o entendimento*. Para delimitar a acção comunicativa da acção estratégica é necessário explicar o que significa agir numa atitude orientada para o entendimento. Refiro, por exemplo, a atitude de participantes de uma comunicação, dos quais um, em casos elementares, executa um acto de fala e um outro assume uma posição de «sim» ou «não» perante o mesmo. Ora, é evidente que nem toda a interacção mediada pela linguagem comporta um exemplo de uma acção orientada para o entendimento. O acto de fala elementar só pode servir de modelo a uma formação de consensos que, por seu lado, não possa ser atribuída a uma acção orientada para o êxito se o uso da fala dirigido para o entendimento puder ser caracterizado como o modo original do uso da linguagem em sentido lato, em relação ao qual o uso da linguagem que se orienta pelas consequências e a comunicação indirecta (o dar-a-entender) se comportam de um modo parasitário. A tarefa consiste, então, em comprovar que não podemos compreender o que significa *causar efeitos sobre ouvintes* com recurso à linguagem se não soubermos anteriormente o que significa locutores e ouvintes alcançarem entre si um *acordo* sobre algo com recurso a actos comunicativos. É precisamente isso que pode ser conseguido pela análise detalhada das forças ilocutórias e dos efeitos perlocutórios de actos de fala. Os actos de fala apenas podem servir o fim perlocutório de influenciar o ouvinte se forem de molde a permitir alcançar objectivos ilocutórios. Se o ouvinte não compreendesse o que o locutor diz, mesmo um locutor agindo teleologicamente não poderia levar o ouvinte por intermédio de actos comunicativos a comportar-se da forma desejada. Nesta medida, o uso da linguagem que se orienta pelas consequências não é um uso da linguagem originário, mas sim a subsunção de actos de fala ao serviço de fins ilocutórios, nas condições de uma acção orientada para o êxito[10].

(b) *O acordo motivado racionalmente.* O conceito de acção comunicativa depende, para todos os efeitos, da prova de que um acordo comunicativo, no caso mais simples a tomada de posição afirmativa de um ouvinte ante a proposta de um acto de fala de um locutor, pode cumprir funções de coordenação de acções. Com o seu «sim», o ouvinte lança as bases de um acordo que se refere, por um lado, ao *conteúdo do enunciado* e, por outro, a *garantias imanentes ao acto de fala* e a *vínculos relevantes para as consequências da interacção.* O potencial de acção típico de um acto de fala evidencia-se na pretensão que o locutor formula, no caso dos actos de fala explícitos,

---

[10] Habermas (1981), Vol. 1, 387-397.

com recurso a um verbo performativo para aquilo que diz. Ao reconhecer essa pretensão, o ouvinte aceita uma proposta que é feita com o acto de fala. Este êxito ilocutório é relevante para a acção na medida em que é com ele que se estabelece uma relação interpessoal entre o locutor e o ouvinte que ordena as margens de acção e consequências de interacções e, através de alternativas de acção gerais, abre ao ouvinte possibilidades de associação. Agora resta saber donde retiram os actos de fala a sua força coordenadora de acções, se não retirarem essa autoridade, como é o caso dos actos de fala de enquadramento institucional, de um modo imediato da validade social de normas ou, como no caso dos enunciados de vontade imperativos, de um potencial sancionatório contingente e disponível.

Uma análise mais apurada demonstra que a força racionalmente motivadora da proposta de um acto de fala não resulta porventura da validade do que é dito, mas da *garantia* eficaz para a coordenação que o locutor assume no sentido de, em caso de necessidade, se esforçar por cumprir a pretensão que fez valer. O locutor pode honrar a sua garantia, no caso de pretensões de verdade e correcção, de forma discursiva, ou seja, aduzindo motivos, no caso de pretensões de sinceridade, através de um comportamento consistente. (O facto de alguém estar a falar a sério apenas pode ser tornado credível pelo carácter consequente da sua actuação, e não pela indicação de motivos.) Logo que o ouvinte se fie na garantia proposta pelo locutor, entram em vigor esses *vínculos relevantes para as consequências da acção* que se encontram contidos no significado do que é dito. Compromissos de acção aplicam-se, por exemplo no caso de ordens e directrizes, em primeira linha ao destinatário, no caso de promessas e contratos, de forma simétrica, a ambas as partes, no caso de recomendações e avisos de teor normativo, de forma assimétrica, a ambas as partes.

Contrariamente ao que acontece nestes actos de fala regulativos, do significado de actos de fala constativos apenas decorrem vínculos na medida em que o locutor e o ouvinte acordarem em apoiar a sua acção em interpretações da situação que não contradigam os enunciados respectivamente aceites como verdadeiros. Do significado de actos de fala expressivos decorrem de forma imediata obrigações de acção, e de tal modo que o locutor especifica aquilo com que o seu comportamento não está nem entrará em contradição. É, portanto, graças à base de validade da comunicação que visa o entendimento que um locutor pode, assumindo a garantia pela revalidação de uma pretensão de validade criticável, levar um ouvinte a aceitar a proposta do seu acto de fala e assim alcançar, para a prossecução da interacção, um efeito de acoplamento que assegura a adesão.

No entanto, efeitos de vinculação ilocutórios apenas podem alcançar uma eficácia empírica numa medida socialmente relevante porque os actos comunicativos se encontram inseridos em contextos do mundo da vida que garantem um consenso de fundo alargado. (O peso do risco de dissensão incorporado na acção comunicativa não depende apenas da pressão do problema constituído por conflitos de interesses que se desencadeiam de forma contingente. Aumenta estruturalmente com uma crescente racionalização do mundo da vida, em especial com o facto de as tradições culturais se tornarem reflexivas e a desvinculação da acção comunicativa de contextos normativos.)

(c) *Pretensões de validade e modos de comunicação*. O cerne da investigação da pragmática formal consiste na análise dos pressupostos pragmáticos gerais de actos de fala. O que está em causa é, *em primeiro lugar*, o papel pragmático de pretensões de validade criticáveis que aspiram a um reconhecimento intersubjectivo e remetem para um potencial de motivos. Tem de se demonstrar que qualquer acto de fala orientado para o entendimento pode ser rejeitado, isto é, negado, no seu todo sob exactamente três aspectos: sob o aspecto da correcção que o locutor reivindica para a acção visada com referência a um contexto normativo (ou, de forma mediata, para essas próprias normas); sob o aspecto da verdade que o locutor reivindica com o seu enunciado para uma afirmação (ou para as pressuposições de existência do conteúdo de uma afirmação nominalizada); finalmente, sob o aspecto da sinceridade que o locutor reivindica para a enunciação das vivências a que tem acesso privilegiado. É inerente à intenção comunicativa do locutor que este (a) exerça uma acção *correcta* com vista ao contexto normativo em causa para que se estabeleça entre ele e o ouvinte uma relação interpessoal reconhecida como legítima; (b) faça uma afirmação *verdadeira* (ou apresente pressupostos existenciais *adequados*) para que o ouvinte adopte e partilhe o conhecimento do locutor; e (c) enuncie opiniões, intenções, sentimentos, desejos etc. de uma forma sincera para que o ouvinte faça fé no que é dito.

A análise das pretensões de validade, que visam o facto de as convicções normativas, do conhecimento proposicional e da confiança mútua serem comuns, fornece, *em segundo lugar*, a chave para a identificação das funções de base do entendimento linguístico. A linguagem serve (a) ao estabelecimento e à renovação de relações interpessoais, sendo que o locutor se refere a algo no *mundo* das ordens legítimas; (b) à ostensão ou à pressuposição de situações e acontecimentos, sendo que o locutor se refere a algo no *mundo* dos estados de coisas existentes; e (c) à manifestação de vivências, isto é, à auto-representação, com o locutor a referir-se a algo no *mundo* subjectivo a que tem acesso privilegiado.

A estas funções correspondem, *em terceiro lugar*, modos fundamentais do uso da linguagem; a estes deve poder ser reconduzido o largo espectro de forças ilocutórias consubstanciadas pelas linguagens individuais. Só poucos tipos ilocutórios têm um carácter tão geral que se prestam de forma imediata à caracterização de um *modus* fundamental. As promessas e as ordens representam o uso da linguagem regulativo, as constatações e as afirmações representam o uso constativo da linguagem, ao passo que as confissões representam o uso expressivo da linguagem.

Os tipos puros de um uso da linguagem orientada para o entendimento, e, sobretudo, os casos típicos de um emprego de simples proposições normativas, assertórias e expressivas, constituem, *em quarto lugar*, bons modelos para a análise de referências ao mundo e dessas atitudes fundamentais que o locutor tem de adoptar ao referir-se a algo num mundo. Aos conceitos de mundo objectivo, subjectivo e social correspondem uma *atitude objectivadora* em que um observador neutro se relaciona com algo que tem lugar no mundo; além disso, a *atitude expressiva* em que um sujeito que se representa a si próprio desvenda aos olhos de um público algo do seu interior a que tem um acesso privilegiado; e finalmente a *atitude conforme às normas* com que o membro de grupos sociais satisfaz ou defrauda expectativas de comportamento legítimas([11]).

(d) *Prática comunicativa quotidiana e mundo da vida*. Finalmente a análise da pragmática formal, que parte de actos de fala alta-

---

([11]) Habermas (1981), vol. 1, p. 410-439. Ainda não procedi ao exame de uma lógica pragmática que pudesse explicar as invariâncias de validade da transição regulada de um modo de comunicação ao outro. Quanto à transferência intermodal da validade cf. Habermas (1981), vol. 1, p. 442 s. Fn. 84.

mente idealizados, isolados e elementares, tem de ser efectuada até ao ponto onde se tornarem discerníveis os pontos de partida para uma análise de contextos de acção complexos e formas de vida comunicativamente estruturadas. Aqui trata-se *em primeiro lugar* do problema fundamental de como o significado situativo de um acto de fala se relaciona com o significado literal dos componentes da proposição. Tem de se demonstrar que o significado literal carece de complementos fornecidos pelo contexto da situação e pelo pano de fundo constituído pelo mundo da vida. No entanto, esta relativização do significado de expressões linguisticamente padronizadas não conduz à dissolução contextualista de invariâncias semânticas, ou seja, a um relativismo de significados consequente; é que as formas de vida particulares não se limitam a apresentar semelhanças de família: antes, nelas são recorrentes as infra-estruturas gerais dos mundos da vida em geral([12]). Para esta tese forte, as reflexões do âmbito da semântica não são suficientes. É necessária, *em segundo lugar*, a prova de que entre os componentes estruturais de actos de fala elementares, por um lado, e as funções que os actos de fala podem desempenhar para a reprodução do mundo da vida, por outro, existem relações internas.

Comecei por associar os componentes proposicionais, ilocutórios e expressivos que ressaltam da forma normal de actos de fala elementares às cognições, obrigações e expressões de um locutor. Se, em seguida, numa perspectiva evolutiva, recorrermos a título de comparação aos correlatos pré-linguísticos conhecidos da investigação comportamental, vemos como estes devem ter-se alterado no plano linguístico. Tanto as percepções e representações como o comportamento adaptativo assumem uma estrutura proposicional. As solidariedades produzidas de um modo ritual, as obrigações para com o colectivo, são subdivididas, no plano de acções reguladas por normas, no reconhecimento intersubjectivo de normas existentes, por um lado, e em motivos para a acção conformes às normas, por outro. As expressões espontâneas associadas ao corpo, ao serem substituídas ou interpretadas por enunciados linguísticos, perdem a sua espontaneidade. Enunciados expressivos servem desígnios comunicativos e podem ser empregues de um modo intencional.

Esta recolocação de cognições, obrigações e expressões numa base linguística pode explicar por que os meios de comunicação

---

([12]) Habermas (1981), vol. 1, p. 449 ss.; vol. 2, p. 205 ss.

linguísticos assumem determinadas funções: para além da função de *entendimento,* agora também a de *coordenação de acções* e da *socialização* de actores. Sob o aspecto do entendimento, os actos comunicativos servem para *transmitir um saber armazenado culturalmente*: a tradição cultural reproduz-se, como demonstrámos, pelo meio da acção orientada para o entendimento. Sob o aspecto da coordenação de acções, os mesmos actos comunicativos visam um *cumprimento de normas* adequado ao respectivo contexto: também a integração social se processa por este meio. Sob o aspecto da socialização, por fim, os actos comunicativos ajudam a estabelecer controlos internos do comportamento e, em termos gerais, a formação de *estruturas de personalidade*: faz parte das intelecções fundamentais de Mead que os processos de socialização se processem através de interacções mediadas pela linguagem ([13]).

Permanece como *terceira* tarefa a de relacionar as análises pragmáticas formais com as abordagens empíricas de tal modo que os instrumentos analíticos adquiram uma flexibilidade suficiente para um estudo aprofundado da prática quotidiana complexa. De resto, o conceito, repleto de conteúdo normativo, de acção orientada para o entendimento pode ser tornado frutífero para uma investigação sistemática de níveis de realidade linguísticos (como o jogo, o humor, a ironia, etc.) e de patologias linguísticas ([14]).

(5) Excursos
(a) *Os níveis da acção social e da integração social*
Encaro a acção comunicativa e a acção estratégica como dois tipos de acção social que representam uma alternativa da perspectiva do próprio actor; os participantes de uma interacção têm de escolher, por muito intuitiva que seja essa escolha, entre uma atitude orientada para o entendimento e outra, orientada para o êxito. Já as estruturas da actividade orientada para fins e da comunicação podem apenas ser destrinçadas com base em aspectos analíticos. Acontece que essas estruturas são compostas de modos diversos, em função do tipo de acção. Em interacções estratégicas, também os meios comunicativos são aplicados no sentido de um uso da linguagem que se orienta para as consequências; aqui a formação de consensos com recurso à linguagem não funciona, tal como na acção comunicativa, como mecanismo de coordenação

---

([13]) Habermas (1981), vol. 2, p. 97-117.
([14]) Habermas (1981), vol. 1, p. 440-447.

de acções. Na acção comunicativa, os participantes de uma interacção executam os seus planos de acção sob a condição de um acordo alcançado de modo comunicativo, ao passo que os próprios actos coordenados mantêm o carácter de actividades orientadas para fins. A actividade orientada para fins constitui um componente tanto da acção orientada para o entendimento como da acção orientada para o êxito; em ambos os casos, os actos implicam intervenções no mundo objectivo. Consoante o fim da acção, podem incluir mesmo actos instrumentais, isto é, alterações manipulativas de objectos físicos. Acções instrumentais podem, assim, surgir como componentes em acções sociais de ambos os tipos.

Na reprodução material do mundo da vida que se processa através do meio da actividade orientada para fins estão implicadas tanto acções estratégicas como acções comunicativas. A reprodução simbólica do mundo da vida, pelo contrário, depende unicamente da acção orientada para o entendimento. Evidentemente, a preservação do substrato material constitui uma condição necessária à preservação das estruturas simbólicas de um mundo da vida. Mas a apropriação de tradições, a renovação de solidariedades, a socialização de indivíduos necessitam da hermenêutica natural da comunicação quotidiana e, assim sendo, do meio da formação de consensos com recurso à linguagem. Uma interacção, em que alguém trata outrem como objecto de influência, passa ao lado desta dimensão da intersubjectividade construída com recurso à linguagem; no âmbito da influência mútua, os conteúdos culturais não podem ser transmitidos, os grupos sociais não podem ser integrados, os adolescentes não podem ser socializados.

Enquanto para a reprodução material do mundo da vida é importante o aspecto da actividade orientada para fins da acção social, o aspecto do entendimento é importante para a reprodução simbólica do mundo da vida. Daí decorre a associação proposta entre tipos de reprodução e tipos de acção. Uma associação inequívoca e reversível existe unicamente entre o mundo da vida simbolicamente reproduzido e a acção comunicativa. Este quadro complica-se um pouco se deixarmos de considerar os nexos da reprodução material da perspectiva interna dos sujeitos agentes que resolvem a sua situação de acordo com os seus objectivos para as *objectivarmos* como sistema. A reprodução material do mundo da vida nem em casos-limite encolhe a dimensões suficientemente diminutas para poder ser concebida como resultado intencional de uma cooperação colectiva. Normalmente processa-se como o cumprimento de funções latentes que *vão além* das orientações das acções dos intervenientes. Ora, na medida em que os efeitos agregados de acções cooperativas dão resposta a imperativos de preservação do substrato material, estes nexos de acções podem ser estabilizados de forma funcional, ou seja, pela verificação a jusante das consequências funcionais e colaterais. Estas funções latentes exigem o conceito de uma conexão sistémica de *resultados* de acções e de *consequências* de acções que vá além de um enredamento comunicativo de *orientações* de acções.

Podemos considerar as sociedades sob os aspectos do mundo da vida e do sistema; entre esses aspectos temos de contar com diversos mecanismos de integração social. Mais uma vez, uma associação inequívoca existe apenas entre a acção comunicativa e a integração social. Os mecanismos da integração sistémica, pelo contrário, decorrem de resultados e consequências da actividade orientada para fins, ou seja, dos efeitos que tanto as acções comunicativas como as acções estratégicas podem causar no mundo objectivo.

Evidentemente existe uma classe de mecanismos sistémicos que não são compatíveis do mesmo modo com *ambos* os tipos de acção: meios de regulação como o dinheiro e o poder. Estes meios de comunicação *desverbalizados* regulam um relacionamento social em grande medida desligado da formação de consensos com recurso à linguagem em sentido lato – sobretudo nesses subsistemas da acção económica e administrativa movidos por uma racionalidade orientada para fins que se autonomizaram relativamente a contextos do mundo da vida. Uma vez que os meios de regulação impõem a transição da acção comunicativa para uma interacção regulada por meios, aqui resulta, uma vez mais, uma associação inequívoca entre a acção estratégica, por um lado, e os sistemas de acção diferenciados através de meios, por outro.

(b) *Problemas filosóficos derivados*

A teoria da acção comunicativa está talhada para dar resposta às necessidades da teoria social; no entanto, se o programa que esbocei na Primeira Consideração Intermédia([15]) for exequível, esta teoria também tem consequências para a resolução de problemas filosóficos. Antes de mais, constitui um contributo para a *semântica*.

([15]) Habermas (1981), vol. 1, p. 367 ss.

Prosseguindo a abordagem da semântica da verdade, a pragmática formal reconduz a compreensão de um enunciado linguisticamente padronizado ao conhecimento das condições gerais em que um ouvinte pode aceitar um enunciado. *Compreendemos um acto de fala se soubermos o que o torna aceitável.* Da perspectiva do locutor, as condições de aceitabilidade são idênticas às condições do seu êxito ilocutório. A aceitabilidade não é definida no sentido objectivista da perspectiva de um observador, mas a partir da atitude performativa dos participantes da comunicação. Um acto de fala deve poder designar-se por «aceitável» se satisfizer as condições necessárias para que um ouvinte possa assumir uma posição face à pretensão que o orador faz valer respondendo com um «sim». Estas condições não podem estar preenchidas de uma forma unilateral, nem relativamente ao locutor, nem relativamente ao ouvinte; trata-se antes de condições para o reconhecimento intersubjectivo de uma pretensão linguística que, como é típico dos actos de fala, lança as bases de um acordo, especificado quanto ao seu conteúdo, relativamente aos vínculos relevantes para as consequências da interacção.

Para mais, a teoria da acção comunicativa coloca-se a tarefa de procurar a razão embutida na prática comunicativa quotidiana e de reconstruir, a partir da base de validade do discurso, um *conceito não reduzido de razão*. Se partirmos da utilização não comunicativa de conhecimento proposicional em acções orientadas por objectivos, tomamos uma decisão prévia favorável a esse conceito da *racionalidade cognitivo-instrumental* que, através do empirismo, conferiu um forte cunho ao modo como a modernidade se encara a si própria. Acarreta as conotações de uma auto-afirmação bem sucedida que é possibilitada pela disposição informada das e pela adaptação inteligente às condições de um mundo circundante contingente. Se, pelo contrário, partirmos da utilização comunicativa de conhecimento proposicional em actos de fala, tomamos uma decisão prévia a favor de um outro conceito de racionalidade que entronca em ideias mais antigas com respeito ao *logos*. Este conceito da *racionalidade comunicativa* comporta conotações que acabam por remontar à experiência central da força unificadora, sem coacção e instituidora de consensos do discurso argumentativo, em que diversos participantes superam as suas opiniões, de início apenas subjectivas e, ao mesmo tempo, se asseguram da unidade do mundo objectivo e da intersubjectividade do seu contexto de vida, graças ao carácter comum das convicções racionalmente motivadas. Esta contraposição é, contudo, já uma consequência da falaciosa tentativa de dissociar o momento da racionalidade cognitivo-instrumental do conceito mais abrangente de racionalidade.

É certo que, no plano das culturas de peritos, as orientações racionais hoje se afastaram tanto umas das outras que o tratamento reflexivo de questões de verdade, justiça e gosto segue as respectivas lógicas próprias. Mas, também neste plano, a unidade da razão é assegurada de forma processual, nomeadamente pelo processo de revalidação argumentativa de pretensões de validade. Uma *teoria da argumentação* que siga a abordagem da pragmática formal pode, partindo dos papéis diferenciais das pretensões de validade na acção comunicativa, distinguir entre diversas formas de discurso e clarificar as relações internas entre esses tipos de discurso.

Finalmente, a teoria da acção comunicativa assimila determinados impulsos críticos que desde Humboldt (e até Austin e Rorty) partiram da filosofia da linguagem. Ela critica o enfoque unilateral da filosofia ocidental sobre o mundo do ente. Ao primado do pensamento *ontológico* corresponde o tratamento privilegiado da cognição na epistemologia e na teoria da ciência e o destaque metódico dado à proposição assertória na semântica. A investigação do entendimento em termos gerais com recurso à abordagem da pragmática formal pode resolver estas fixações. Contra as unilateralidades ontológicas e cognitivistas, pode fazer valer essa compreensão do mundo descentrada que *a limine* entrosa o mundo objectivo com o mundo social e o mundo subjectivo, e postula uma orientação simultânea pelas pretensões de validade correspondentes da verdade proposicional, da correcção normativa, da sinceridade, ou seja, da autenticidade.

3
Acções, actos de fala, interacções mediadas pela linguagem e mundo da vida

I

As relações múltiplas entre a acção e a linguagem, entre o agir e o falar, serão mais fáceis de expor se partirmos de exemplos tão claros e simples quanto possível[1]. Exemplifico o termo «agir» com actividades quotidianas ou artesanais como as de andar, entregar, martelar ou serrar; o acto de «falar», com actos de fala, tais como ordens, confissões ou constatações. Em ambos os casos podemos falar, num sentido mais lato, de «acções». No entanto, a fim de não esbater as diferenças que pretenderei realçar, opto à partida por dois modelos descritivos distintos. Descrevo as acções no sentido mais restrito, no caso exemplar, actividades simples, não linguísticas do género referido, como actividades orientadas para fins, pelas quais um actor intervém no mundo para, pela escolha e aplicação dos meios adequados, realizar determinados propósitos. Descrevo as manifestações linguísticas como actos, pelos quais um locutor quer entender-se com outro sobre algo existente no mundo. Posso efectuar estas descrições na perspectiva do agente, ou seja, da primeira pessoa. Com isto contrastam descrições feitas na perspectiva de uma terceira pessoa que observa como um actor atinge um objectivo através de uma actividade orientada para fins, ou como ele se põe de acordo com alguém, sobre alguma coisa situada no interior do mundo, por intermédio de um acto de fala. Descrições na perspectiva da segunda pessoa são sempre possíveis no caso dos actos de fala («Tu ordenas-me (ele ordena-me) que deixe

---

[1] O carácter deste artigo, que pretende esboçar de um modo algo sumário a minha abordagem pragmática da linguagem no seu todo, explica a renúncia à apresentação de provas detalhadas.

cair a arma»); no caso das actividades orientadas para fins, essas mesmas descrições só são possível quando se encontram inseridas em contextos de cooperação («Tu entregas-me (ele entrega-me) a arma.»).

1. *Falar* versus *agir*

Em primeiro lugar, podemos explorar a diferença que separa certos pontos de vista descritivos, a fim de explicarmos por que motivo os dois tipos de acções referidos, não linguísticas e linguísticas, dependem de condições de compreensão específicas. Se eu *observar* que um amigo passa a correr do outro lado da rua, posso certamente identificar a sua passagem apressada como uma acção. Para algumas finalidades, a proposição: «Ele vai apressado pela rua abaixo» também será suficiente como descrição dessa acção; é que, com ela, atribuímos ao actor a intenção de alcançar o mais depressa possível um local que se encontra mais adiante na direcção da sua célere deslocação. No entanto, não podemos *deduzir* esta intenção da observação; antes presumimos um contexto geral que justifica a suposição de semelhante intenção. Porém, mesmo nesse caso, a acção continua a denotar uma singular necessidade de interpretação. Poderia dar-se o caso de o nosso amigo não querer perder o comboio, ou querer evitar chegar atrasado a uma aula, ou desejar honrar um compromisso; na verdade, também poderia sentir-se perseguido e estar em fuga, estar a correr por ter escapado a um atentado ou ter entrado em pânico por outros motivos e andar por aí a vaguear, etc. Do ponto de vista do observador, embora possamos identificar uma acção, não a podemos descrever com segurança como a execução de um plano de acção específico; pois para tal precisaríamos de conhecer a intenção associada a essa acção. Podemos aproximar-nos desta intenção recorrendo a indicadores, atribuindo-a ao agente a título de hipótese; para tirarmos as dúvidas a seu respeito, temos de ser capazes de assumir a perspectiva do participante. E a actividade não linguística não desvenda esta perspectiva íntima, de modo algum, de livre vontade – ela não revela *a partir de si mesma* o modo como foi planeada. Os actos de fala, pelo contrário, preenchem esta condição.

Se compreendo a ordem que a minha amiga me dá a mim (ou a outro) ao dizer que eu (ou ele) deixe cair a arma, sei com bastante precisão qual é o acto que ela levou a cabo: ela deu esta ordem determinada. Esta acção não continua a carecer de interpretação no mesmo sentido como o andamento de corrida do amigo que passa apressado. Pois no caso típico do significado literal, um acto de fala dá a conhecer a intenção do locutor; um ouvinte pode depreender do conteúdo semântico do enunciado como é utilizada a proposição proferida, ou seja, que tipo de acção é exercida com ela. Os actos de fala interpretam-se a si próprios, têm uma estrutura autoreferente. O componente ilocutório determina, à semelhança de um comentário pragmático, o sentido da utilização do que foi dito. A intelecção de Austin, segundo a qual uma pessoa faz algo ao dizer algo, tem um reverso: ao efectuar um acto de fala, o locutor diz, ao mesmo tempo, o que faz. Este sentido performativo de um acto de fala, contudo, só se torna acessível a um potencial ouvinte que, assumindo o ponto de vista de uma segunda pessoa, renunciou à perspectiva de observador para abraçar a perspectiva de participante. É necessário que se fale a mesma língua e que se participe, por assim dizer, num mundo da vida partilhado por uma comunidade linguística a nível intersubjectivo, a fim de se tirar proveito da singular reflexividade da língua natural e de apoiar a descrição de uma acção exercida com palavras na compreensão do autocomentário implícito desse acto de fala.

Os actos de fala não só se distinguem das actividades não linguísticas simples pelo seu carácter reflexivo, em virtude do qual se interpretam a si mesmos, mas, além disso, pelo género de objectivos que podem ser almejados e pelo tipo de êxitos que podem ser alcançados pelo falar. É certo que, a um nível geral, *todas* as acções, sejam elas linguísticas ou não linguísticas, podem ser compreendidas como actividades orientadas para fins. Mas logo que queiramos diferenciar entre *agir gerador de entendimento* e *actividade orientada para fins*, temos de ter em mente que o jogo de linguagem teleológico, em que actores perseguem fins, têm êxitos e produzem resultados com as suas acções, adquire outro sentido na teoria linguística que não tinha na teoria da acção – os mesmos conceitos fundamentais são interpretados de forma diferente. Para a nossa finalidade basta a descrição global da actividade orientada para fins como uma intervenção no mundo objectivo orientada para fins e produtora de efeitos causais. Ao fim seleccionado em função de critérios axiológicos corresponde um estado do mundo que, pela escolha e aplicação dos meios aparentemente indicados, deve ser levado a existir. Mais concretamente, o respectivo plano de acção tem por base uma interpretação da situação, na qual a finalidade da acção é determinada: (*a*) independentemente dos meios intervenientes; (*b*) como um estado a ser produzido de modo causal, e (*c*) no mundo objectivo. O interessante é o facto de os actos de fala não poderem ser subsumidos sem dificuldades neste modelo da actividade orientada para fins; em todo o caso, o próprio locutor não pode visar os seus fins ilocutórios, ou seja, exteriores à locução propriamente dita, sob esta descrição (*a-c*).

Se concebermos os actos de fala como meios que servem o fim do entendimento e desdobrarmos o fim geral do entendimento em dois fins particulares: que o ouvinte *compreenda* o significado do que se disse e *reconheça* a locução *como válida*, então a descrição sob a qual um locutor pode seguir esses fins não preenche nenhuma das três condições referidas.

(*a*) Os fins ilocutórios não podem ser definidos independentemente dos meios linguísticos do entendimento. Com efeito, os enunciados gramaticais não são instrumentos do entendimento como, por exemplo, as operações de um cozinheiro que representam meios para a confecção de pratos comestíveis. Acontece que o *medium* (meio) da linguagem natural e o *telos* (objectivo) do entendimento se interpretam mutuamente – um não pode ser explicado sem o recurso ao outro.

(*b*) O locutor não pode visar o fim do entendimento como algo a ser produzido de modo causal, uma vez que o êxito exterior à locução (ilocutório) (que vai para além da mera compreensão do enunciado) depende da concordância do ouvinte que é motivada de forma racional – um ouvinte tem, por assim dizer, de assinalar voluntariamente o seu acordo objectivo pelo reconhecimento de uma pretensão de validade criticável. Os fins ilocutórios só podem ser atingidos de forma cooperativa, não se encontrando à disposição do participante individual de uma comunicação como efeitos que possam ser produzidos de modo causal. Um locutor não pode atribuir a si *próprio* um êxito ilocutório, da mesma forma que aquele que age prosseguindo um fim o faz relativamente ao resultado da sua ingerência no nexo dos processos intramundanos.

(*c*) Finalmente, na perspectiva dos participantes, o processo de comunicação e o resultado a que é suposto conduzir não constituem situações intramundanas. Actores que agem orientados para fins enfrentam-se, apesar da liberdade de escolha mutuamente atribuída, tão-só como entidades no mundo – não podem chegar uns aos outros a não ser como objectos ou adversários.

Os locutores e os ouvintes, pelo contrário, adoptam uma atitude performativa em que se encaram uns aos outros como pertencentes ao mundo da vida partilhado a nível intersubjectivo da sua comunidade linguística, ou seja, como «segundas pessoas». Ao procurarem entender-se sobre algo, os fins ilocutórios visados situam-se, na sua perspectiva, para além do mundo a que se referem com a atitude objectivante de um observador e em cujo interior podem intervir perseguindo os seus fins. Nesta medida também mantêm, uns para os outros, uma posição «transmundana».

Distinguimos os actos de fala das actividades simples, não linguísticas, com base em duas características: estas acções que se interpretam a si próprias apresentam uma estrutura reflexiva; elas visam fins ilocutórios que não detêm o estatuto de um objectivo a alcançar no interior do mundo, que não podem ser realizadas sem a cooperação e anuência não coagida de um destinatário e, finalmente, só podem ser explicadas com recurso ao conceito de entendimento, inerente ao próprio *medium* linguístico. Todavia, em ambos os casos as condições de compreensão e os conceitos fundamentais com que os próprios actores seriam capazes de descrever os seus objectivos diferem. A relativa independência dos tipos de acção mencionados confirma-se também nos respectivos critérios para ajuizar os êxitos das acções. As intervenções por meio de actividades orientadas para fins e os actos de fala obedecem, respectivamente, a condições de racionalidade diferentes. A racionalidade tem menos que ver com a posse de saber do que com a forma como os sujeitos dotados de capacidade de fala e de acção empregam o seu saber. Ora, é certo que nas actividades não linguísticas se encontra consubstanciado um saber proposicional, tal como acontece com os actos de fala; mas é o modo de utilização específico desse saber que decide o sentido da racionalidade, pela qual se mede o êxito da acção. Se partirmos da utilização não comunicativa de um saber proposicional em acções teleológicas, acabamos por deparar com o conceito da racionalidade orientada para fins – tal como foi elaborado na teoria da escolha racional. Se partirmos da utilização comunicativa de um saber proposicional nos actos de fala, acabamos por deparar com um conceito de racionalidade próprio do entendimento que pode ser clarificado, no âmbito da teoria do significado, com base nas condições de aceitabilidade de actos de fala. A este conceito subjaz intuitivamente a experiência do poder unificador, sem recurso à coacção, e criador de consensos do discurso argumentativo. Enquanto a racionalidade orientada para fins remete para as condições das intervenções que produzem efeitos de ordem causal no mundo dos estados de coisas existentes, a racionalidade dos processos de entendimento afere-se do nexo entre condições de validade de actos de fala, pretensões de validade que são levantadas com actos de fala, e razões para a revalidação discursiva dessas pretensões. As condições que definem a racionalidade dos actos de fala bem sucedidos são de uma natureza diferente das condições de racionalidade das actividades orientadas para fins, igualmente bem sucedidas.

Esta observação deve aqui servir apenas como indício para a afirmação ulterior de que a racionalidade orientada para fins e a racionalidade do entendimento recíproco não podem substituir-se mutuamente. Sob esta premissa encaro a actividade orientada para fins e a acção de entendimento como tipos de acção elementares, nenhum dos quais pode ser reduzido ao outro. No que se segue devem interessar-nos as associações que ambos os tipos estabelecem entre si em interacções mediadas pela linguagem. De uma destas associações provém o que designo por acção comunicativa.

2. *Acção comunicativa* versus *acção estratégica*

Utilizo «agir social» ou «interacção» como um conceito complexo que pode ser analisado com recurso aos conceitos elementares do agir e do falar. Nas interacções mediadas pela linguagem (às quais doravante nos dedicaremos em exclusivo), ambos os tipos de acção se encontram interligados. Apresentam-se, porém, em constelações diferentes, consoante as forças ilocutórias dos actos de fala assumam uma posição coordenadora da acção ou os actos de fala sejam, por seu lado, subordinados à dinâmica extra-linguística da influência de actores que agem uns sobre os outros na persecução dos seus fins, caso em que as energias vinculativas específicas da linguagem permanecem *desaproveitadas*.

Uma interacção pode ser entendida como a solução do problema seguinte: como podem os planos de acção de vários actores ser coordenados uns com os outros de tal forma que os actos do *alter* se encaixem nos do *ego*. O acto de «encaixar(-se)» significa aqui, inicialmente, apenas a redução do espaço de manobra de possibilidades de escolha que coincidem de um modo contingente com uma medida que torna possível a interligação radial de temas e acções em espaços sociais e tempos históricos. Se assumimos a perspectiva dos participantes, a necessidade de semelhante concertação resulta já do interesse de cada um em seguir os seus próprios planos de acção. Uma acção teleológica pode ser descrita como a realização de um plano que se apoia no significado que a respectiva situação tem para o actor. Ao executar um plano de acção, o actor domina uma situação, sendo que a situação da acção constitui um excerto do mundo circundante interpretado pelo actor. Esse excerto constitui-se à luz das possibilidades de acção que o actor tem como relevantes com vista à boa execução de um plano. O problema da coordenação de acções coloca-se sempre que um actor só possa executar o seu plano de acção de forma interactiva, isto é, com a ajuda da acção (ou inacção) de pelo menos um actor adicional. Consoante a forma como os planos e as acções do *alter* são concertados com as acções e os planos do *ego,* resultam diversos tipos de interacções mediadas pela linguagem.

Os tipos de interacção distinguem-se, em primeiro lugar, em função do mecanismo de coordenação de acções e, em particular, consoante a linguagem natural seja utilizada apenas como *medium* para a transmissão de informação ou, também, como fonte de integração social. No primeiro caso, falo de acção estratégica, no segundo, de acção comunicativa. Se neste último a força estabelecedora de consensos do *entendimento* linguístico, isto é, as energias vinculativas da *própria linguagem* actuam em prol da coordenação das acções, no primeiro o efeito coordenador permanece dependente de uma *influência,* levada a cabo por intermédio de actividades não linguísticas, dos actores sobre a situação da acção ou sobre os seus semelhantes. Vistos da perspectiva dos participantes, os dois mecanismos, que são o do entendimento motivador de convicções e o da influência indutora de comportamentos, têm de se excluir mutuamente. Os actos de fala não podem ser levados a cabo na dupla intenção de chegar a um consenso sobre algo com um destinatário e de, ao mesmo tempo, originar nele um efeito causal. Do ponto de vista tanto dos locutores como dos ouvintes, um consenso não pode ser imposto a partir do exterior, não pode ser outorgado a um lado pelo outro – a não ser pela ingerência imediata na situação em que a acção se encontra inserida ou pela influência indirecta, uma vez mais calculada em função do êxito próprio, sobre as atitudes proposicionais de um adversário. O que é *visivelmente* alcançado por gratificação ou ameaça, sugestão ou indução em erro, em termos intersubjectivos não pode passar por consenso; uma semelhante interferência viola as condições sob as quais as forças ilocutórias inspiram convicções e permitem que as diferentes acções se «encaixem» umas nas outras.

Uma vez que a acção comunicativa depende de um uso da linguagem orientado para o entendimento, tem de obedecer a condições mais rigorosas. Os actores intervenientes tentam, dentro do horizonte de um mundo da vida partilhado e com base em interpretações comuns da situação, conjugar os seus planos de um modo *cooperativo*. Além disso, estão dispostos a alcançar estes objectivos mediatos, da definição da situação e da conciliação de objectivos, nos papéis de locutores e de ouvintes, *por intermédio de processos de entendimento* – ou seja, pela via do prosseguimento sem ressalvas de fins ilocutórios. Ora, acontece que o entendimento linguístico funciona de tal modo que os participantes da interacção ou se põem de acordo sobre a validade pretendida para os seus actos de fala ou levam em conta de um modo adequado as dissensões detectadas. Com os actos de fala são levantadas pretensões de validade criticáveis que almejam um reconhecimento intersubjectivo. A proposta de um acto de fala adquire capacidade vinculativa pelo facto de o locutor, com a sua pretensão de validade, assumir uma garantia credível de ser capaz de poder honrá-la, em caso de necessidade, com o tipo adequado de argumentos. A acção comunicativa distingue-se, portanto, da acção estratégica pelo facto de uma coordenação de acções bem sucedida não se apoiar na racionalidade orientada para fins dos planos de acção sempre individuais, mas na força racionalmente motivadora de realizações de entendimento, ou seja, numa racionalidade que se manifesta nas condições em que um *consenso* pode ser alcançado de um modo comunicativo.

As propostas de actos de fala, no entanto, só podem desenvolver uma actuação coordenadora de acções porque a capacidade vinculativa de um acto de fala, tanto compreensível como aceitável para o ouvinte, também se propaga às consequências relevantes para a acção que resultam do teor semântico do enunciado – quer assim aconteça de forma assimétrica para ouvinte(s) ou locutor(es), ou de um modo simétrico para ambas as partes. Quem aceita uma ordem sente-se obrigado a cumpri-la; quem faz uma promessa sente-se comprometido a cumpri-la em caso de necessidade; quem aceita uma afirmação acredita nela e orientará por ela o seu comportamento. Subsumi a compreensão e a aceitação de actos de fala na categoria dos êxitos ilocutórios; chamarei doravante «perlocutórias» a todas as metas e efeitos que ultrapassem este âmbito. Dos efeitos perlocutórios$_1$, que resultam do significado do acto de fala, quero distinguir os efeitos perlocutórios$_2$, que não resultam do próprio enunciado como êxitos gramaticalmente regulamentados, mas se ocasionam de forma contingente, em função de um êxito ilocutório: O compreende (êxito ilocutório$_1$) e aceita (êxito ilocutório$_2$) a exortação para dar algum dinheiro a Y. O dá «algum dinheiro» a Y (êxito perlocutório$_1$) e, com isso, agrada à mulher deste (êxito perlocutório$_2$). Este último tipo de efeitos não regulamentado gramaticalmente será, em regra, um componente público da interpretação da situação ou, pelo menos, de molde a poder ser declarado sem prejudicar o decorrer da acção. O caso já é diferente se o locutor quiser convencer o destinatário, com a sua exortação, a possibilitar a Y, com o dinheiro obtido, a preparação de um assalto, sendo que L presume que O não estaria de acordo com semelhante crime. Nesse contexto, o cometimento do crime seria um efeito perlocutório$_3$ que não ocorreria se o locutor o declarasse desde logo como meta.

Este caso de uma *acção estratégica latente* apresenta um exemplo interessante, mas deficiente, do modo como o mecanismo de entendimento actua no estabelecimento de interacções: o actor pode alcançar o seu fim estratégico, sob a forma de um efeito perlocutório$_3$ não público, unicamente no caso de alcançar com a sua exortação um êxito ilocutório; por outro lado, só conseguirá isso se o locutor fingir prosseguir o fim ilocutório sem reservas, mantendo, portanto, o ouvinte inadvertido relativamente à violação realmente ocorrida das pressuposições de um agir orientado para o entendimento. O uso estratégico latente da linguagem alimenta-se de um modo parasitário do uso normal da linguagem, uma vez que só funciona se pelo menos um dos lados partir do princípio de que a linguagem é utilizada de uma forma orientada para o entendimento. Este estatuto derivado remete para a autonomia subjacente da comunicação linguística que só mantém os seus efeitos coordenadores enquanto sujeitar a actividade orientada para fins dos actores a determinadas limitações.

Por certo, também na acção comunicativa os encadeamentos de acções de estrutura teleológica dos actores individuais atravessam os processos de entendimento; afinal são as actividades orientadas para fins dos participantes de uma interacção que são interligadas através do *medium* da linguagem. Mas o *medium* da linguagem só pode cumprir a sua função de interligação se *interromper* os planos de acção controlados pelo respectivo êxito próprio e se alterar temporariamente o modo de acção. A interligação comunicativa, através de actos de fala efectuados sem ressalvas, coloca as orientações e procedimentos das acções, talhados de forma egocêntrica à medida do respectivo actor, sob as limitações estruturais de uma linguagem partilhada a nível intersubjectivo. Estas obrigam os que agem a uma mudança de perspectiva: os actores têm de passar da atitude objectivante de quem actua orientado para o êxito, querendo causar algum efeito no mundo, para a atitude performativa de um locutor que quer comunicar sobre algo existente no mundo com uma segunda pessoa. Sem esta reorientação para as condições do uso da linguagem orientado para o entendimento, ficariam impedidos de usufruir do potencial das energias vinculativas da linguagem. Por isso, uma acção latentemente estratégica fracassa, mal o destinatário descubra que o seu adversário apenas fingiu interromper a sua orientação para o êxito.

Na acção estratégica, altera-se a constelação do falar e agir. Aqui enfraquecem-se as forças de ligação ilocutórias; a linguagem reduz-se a um simples meio de informação. Podemos entender isso mais facilmente com recurso ao exemplo já referido:

(1) L: «Exorto-te a dares a Y algum dinheiro.»

Sob os pressupostos da acção comunicativa, o destinatário de uma ordem ou de uma exigência tem de conhecer o contexto normativo que autoriza o locutor a formular a exigência e que justifica a expectativa de que o exortado tem motivos para executar a acção exigida. O conhecimento das condições de êxito (para a entrega do dinheiro), que podem ser depreendidas do teor proposicional de (1), não é suficiente para se entender o significado ilocutório deste acto de fala, nomeadamente o seu carácter específico de exortação. Ao conhecimento das condições de êxito (a) tem de se juntar o conhecimento das condições (b), em que o locutor pode ter razões para considerar uma exortação do teor (a) válida, isto é, neste caso, justificada do ponto de vista normativo: por exemplo a pessoa a quem se dirige L é um amigo, um colega notoriamente generoso em assuntos financeiros, um credor ou um cúmplice. Neste contexto, aquilo que o destinatário

eventualmente acaba por recusar é justamente uma pretensão de validade normativa:
(1») O: «Não, não tens o direito de me vires pedir isso.»
Em contextos de uma acção manifestamente estratégica, são precisamente estas pretensões de validade (pretensões de verdade proposicional, de correcção normativa e de sinceridade subjectiva) que são subvertidas. O pressuposto de uma orientação por pretensões de validade encontra-se suspenso.
A exclamação «mãos ao ar!» do assaltante de banco que, de pistola em riste, exige do caixa a entrega do dinheiro, demonstra de forma drástica que, nesta situação, as condições de validade normativa foram substituídas por condições sancionatórias. Às condições de aceitabilidade de um imperativo destituído de qualquer cobertura normativa têm de ser acrescentadas condições sancionatórias de semelhante índole. O mesmo acontece também no caso da exortação (1). Se o destinatário, cumpridor da legalidade, souber que Y quer aproveitar o dinheiro que é suposto ele entregar-lhe para a preparação de um acto criminoso, L terá de acrescentar à sua exortação uma chamada de atenção para eventuais sanções e dizer por exemplo:
(2) L: «Exorto-te a dares a Y algum dinheiro – senão direi à polícia até que ponto já estás metido em tudo isto.»
A dissolução do pano de fundo normativo evidencia-se de uma forma sintomática na estrutura condicional da ameaça («se –então») que coloca pretensões de poder no lugar das pretensões de validade, pressupostas na acção comunicativa. Neste facto revela-se a constelação alterada do falar e do agir. Na *acção manifestamente estratégica*, os actos de fala, destituídos da força a nível ilocutório, cedem o papel da coordenação de acções em proveito de influências exteriores à linguagem. A linguagem despotenciada já só cumpre aquelas funções informativas que restam quando a constituição de consensos é subtraída às realizações do entendimento linguístico e a validade dos enunciados, deixada em aberto na própria comunicação, já só pode ser aferida por meios indirectos. O acto de fala (2) já só apresenta a aparência de uma exortação, constituindo de facto uma ameaça:
(2*a*) L: «Se não deres dinheiro a Y, digo à polícia que...»
As ameaças são exemplos de actos de fala que desempenham um papel instrumental em contextos associados ao agir estratégico, tendo perdido a sua força ilocutória e indo buscar o sentido

ilocutório a outros contextos de utilização, nos quais as mesmas frases costumam ser pronunciadas de um modo orientado para o entendimento. Tais actos autonomizados a nível perlocutório de ilocutório nada têm, visto não terem por objectivo a tomada de posição racionalmente motivada do destinatário. Isso vê-se no modo como são recusadas as ameaças:

(2*a*») O: «Não, pois não tens nenhuma prova contra mim.»

Este «não» reporta-se a condições empíricas que teriam forçosamente de encontrar-se preenchidas para que a ameaça pudesse surtir o efeito perlocutório almejado. O ouvinte contesta as razões que deveriam levá-lo a agir da forma prognosticada por L. As ameaças, contrariamente aos actos ilocutórios, não se apoiam em razões gerais e independentes do destinatário, capazes de convencer qualquer um. A sua componente condicional remete, antes, para razões particulares que, para determinados destinatários e em circunstâncias especiais, podem constituir um motivo empírico para reagirem de uma determinada maneira.

Também as injúrias, tal como os imperativos simples, têm frequentemente um carácter ambíguo. Podem dispor de cobertura normativa, exprimindo, por exemplo, uma condenação moral; no entanto, também podem autonomizar-se a nível perlocutório, servindo, por exemplo, para infundir medo e terror no destinatário.

II

O conceito, introduzido a título provisório, de acção comunicativa apoia-se numa determinada concepção da linguagem e do entendimento. Esta concepção deve ser desenvolvida no quadro de uma teoria do significado. Não posso aprofundar aqui esta fundamentação. Gostaria, no entanto, de introduzir e explicitar a hipótese fundamental da teoria pragmática formal do significado, a qual se refere à relação interna entre significado e validade (1). Neste contexto, ainda não se disse nada sobre a fertilidade desta abordagem teórica para as ciências sociais. O conceito da acção comunicativa deve comprovar a sua pertinência na teoria sociológica da acção. E esta pretende explicar como é possível uma ordem social. Neste empreendimento, a análise dos pressupostos da acção comunicativa pode constituir uma ajuda. Esta análise torna-nos acessível a dimensão do pano de fundo do mundo da vida que interliga e estabiliza as interacções em agregados de valência superior (2).

1. A viragem pragmática na teoria do significado

O conceito de acção comunicativa desenvolve a intuição de que à linguagem é inerente o *telos* do entendimento. O entendimento é um conceito repleto de sentido normativo que ultrapassa o âmbito da compreensão de uma expressão gramatical. Um locutor põe-se com outros de acordo sobre um assunto. Ambos os lados só podem alcançar um tal consenso se aceitarem os enunciados como adequados aos factos em apreço. O consenso acerca de alguma coisa é aferido pelo reconhecimento intersubjectivo da validade de um enunciado em princípio criticável. Certamente não é a mesma coisa compreendermos o significado de uma expressão linguística ou entendermo-nos sobre um assunto com recurso a um enunciado tido como válido; de uma forma não menos clara tem de se distinguir entre um enunciado tido como válido e um enunciado válido. Mesmo assim, as questões de significado não podem ser dissociadas por completo das questões de validade. A questão fundamental da teoria do significado – o que significa compreender o significado de uma expressão linguística – não pode ser dissociada da questão do contexto em que esta expressão pode ser aceite como válida. Pura e simplesmente não se saberia o que significa compreender o significado de uma expressão linguística, se não soubéssemos como usá-la a fim de nos entendermos com alguém sobre alguma coisa. Das condições para a compreensão das expressões linguísticas ressalta já que os actos de fala, que foram constituídos com a sua ajuda, almejam um consenso de motivação racional sobre o que se diz. Nesta medida, a orientação pela possível validade de enunciados não se inscreve somente entre as condições pragmáticas do entendimento, mas também, entre as da própria compreensão da linguagem. Na linguagem, as dimensões do significado e da validade encontram-se intrinsecamente interligadas.

Decerto que a semântica da verdade, desde Frege, tirou proveito desta intelecção: compreendemos uma proposição assertória se soubermos qual é o caso se ela for verdadeira. Mas não é por acaso que aqui é usada, como caso-modelo, uma proposição, e não um acto de fala e, mais concretamente, uma proposição assertória.

Com efeito, segundo esta teoria, a problemática da validade está localizada exclusivamente na relação da linguagem com o mundo enquanto totalidade dos factos. Uma vez que a validade é equiparada à verdade do enunciado, só no discurso que constata factos é que se estabelece uma relação entre o significado e a validade de expressões linguísticas. No entanto, a função representativa da linguagem é, como Karl Bühler já observou, apenas uma de três funções da linguagem que partilham uma origem comum. As locuções utilizadas de forma comunicativa servem, ao mesmo tempo, para exprimir intenções (ou vivências) de um locutor, para representar estados de coisas (ou algo que se encontra no mundo) e para entabular relações com um destinatário. Nestas três funções reflectem-se os três aspectos fundamentais do acto de: entender--se / sobre algo / com outro. Existe uma relação tríplice entre o significado de uma expressão linguística e: (*a*) o que se *quis dizer* com ela, (*b*) o que nela foi *dito* e (*c*) o *modo da sua utilização no acto de fala*.

Curiosamente, as três abordagens da teoria do significado mais conhecidas partem apenas de um destes três raios de significação que, por assim dizer, confluem no foco da linguagem, a fim de explicarem a partir de uma única função da linguagem todo o espectro de significados. A semântica intencionalista (de Grice a Bennett e Schiffer) considera como fundamental o que o locutor quer dizer, ou quer dar a entender, numa dada situação, com uma expressão por si empregue; a semântica formal (de Frege, passando pelo jovem Wittgenstein, até Dummett) parte das condições em que uma proposição é verdadeira (ou é tornada verdadeira); e a teoria, inaugurada pelo último Wittgenstein, do uso que fazemos do significado acaba por relacionar tudo com os contextos usuais de interacção em que as expressões linguísticas preenchem funções práticas. Cada uma destas três teorias do significado, concorrentes, reporta-se precisamente a um único aspecto do processo de entendimento. Querem explicar o significado de uma expressão linguística ou do ponto de vista do que se quis dizer como significado intencional, ou do ponto de vista do que se disse como significado literal, ou do ponto de vista do uso que é feito em interacções, como significado de expressão. A estilização de apenas um dos aspectos, que aparecem em simultâneo no esquema de funções de Bühler conduziu a dificuldades que aqui não posso discutir. Em resposta a estas dificuldades entrou em cena a teoria dos actos de fala (desenvolvida por Searle, no seguimento de Austin).

Esta teoria atribui à intenção do locutor um lugar adequado, mas sem, tal como a semântica de Grice, reduzir simplesmente o entendimento linguístico à acção estratégica. Juntamente com o componente ilocutório, ela também leva em consideração a relação interpessoal e o carácter de acção inerente ao falar, sem, no entanto, tal como a pragmática de Wittgenstein, excluir todas as pretensões de validade que apontassem para além do provincianismo dos jogos de linguagem particulares, em princípio equiparados. Assim, com o conceito das condições de preenchimento, a teoria dos actos de fala acaba por respeitar, também, a relação entre a linguagem e o mundo, entre a proposição e o estado de coisas. No entanto, com esta determinação unidimensional da validade como o preenchimento de condições de verdade proposicional, ela permanece apegada ao cognitivismo da semântica da verdade. É precisamente neste ponto que vejo o défice que tem de ser colmatado logo que se reconheça que todas as funções da linguagem, e não apenas a da representação, estão carregadas de pretensões de validade.

Em termos modais, a proposição «Eu dou a Y algum dinheiro» é equívoca; consoante o contexto, a ambiguidade desta proposição pode ser levantada como promessa, como confissão ou também como predição:

(3) L: Prometo-te que darei algum dinheiro a Y.

(4) L: Fica sabendo que dou algum dinheiro a Y.

(5) L: Já estou a prever que X (=o locutor) dará algum dinheiro a Y.

Das negações correspondentes, com as quais o ouvinte poderia recusar estas propostas de actos de fala, já emana o tipo de pretensão de validade que um locutor associa a promessas, confissões e predições:

(3») O: Não, neste tipo de coisas nunca foste de confiança.

(4») O: Não, o que queres é confundir-me.

(5») O: Não, afinal não tens um tostão.

Com (3), o locutor estabelece a pretensão normativa de assumir e respeitar um compromisso, com (4), a pretensão de sinceridade subjectiva de estar a falar a sério e com (5) uma pretensão de verdade proposicional. Para além do mais, é possível negar um acto de fala não só sob o aspecto da validade dominante. A ordem:

(1) L: «Exorto-te a dares a Y algum dinheiro.»

não só pode ser recusada com

(1») O: «Não, não tens o direito de me vires pedir isso.»,
mas igualmente duvidando-se da sinceridade do locutor ou dos
pressupostos existenciais do teor do enunciado:
(1»») O: «Não deves estar a falar a sério – deves estar a brincar
comigo.»,
(1»»») O: «Não, nem sequer vou estar com Y e, assim, não terei
oportunidade de lhe entregar o dinheiro.»

Mutatis mutandis, aplica-se o mesmo aos actos da fala constativos e expressivos. Se um enunciado cumpre a sua função representativa depende por certo das suas condições de verdade; o cumprimento das funções interactiva e expressiva da linguagem, contudo, depende das condições de autorização e de sinceridade análogas à verdade. No conjunto, qualquer acto de fala pode sempre ser criticado como sendo inválido sob três aspectos: como não verdadeiro, no que diz respeito a um enunciado proferido (ou à pressuposição de existência do conteúdo do enunciado); como incorrecto, com relação a contextos normativos existentes (ou à legitimidade das normas pressupostas); e como insincero, no que diz respeito à intenção do locutor. Suponhamos, pois, que esta ampliação tricotómica do conceito da validade, aqui apenas esboçada, possa ser levada até ao pormenor; o que resulta daí para as respostas a dar à questão fundamental da teoria do significado?

Dummett deu o primeiro passo para uma reinterpretação pragmática da problemática da validade ao demonstrar que a semântica da verdade, nos casos de simples proposições predicativas de observação, pode abstrair-se das circunstâncias em que um ouvinte é capaz de *reconhecer* quando as condições de verdade de uma proposição assertória se encontram reunidas. Apoiando-se na distinção pragmática entre *truth* e *assertibility* – entre a verdade de uma proposição e o direito de, com ela, formular uma afirmação – Dummett substitui o conhecimento das condições de verdade por um saber indirecto. O ouvinte tem de conhecer o tipo de razões com que o locutor poderia vir a fazer valer a sua pretensão de que determinadas condições de verdade estão satisfeitas. Compreendemos uma proposição afirmativa se soubermos quais as razões que um locutor teria de invocar para convencer um ouvinte de que tem o direito de levantar uma pretensão de verdade para a proposição. As condições de compreensão, tais como têm de estar preenchidas na prática diária da comunicação, remetem, por isso, para a suposição de um jogo argumentativo em que o locutor, enquanto proponente, poderia convencer um ouvinte como oponente da justificação de uma pretensão de validade eventualmente problemática. Após esta *viragem epistémica* da semântica da verdade, a questão da validade de uma proposição já não pode ser considerada uma questão da relação objectiva separada do processo de comunicação entre a linguagem e o mundo.

Nesse caso, porém, é natural que a pretensão de verdade se deixe de definir de forma semântica e, também, unicamente da perspectiva do locutor. As pretensões de verdade constituem o ponto de convergência do reconhecimento intersubjectivo por parte de todos os participantes. Desempenham um papel pragmático na dinâmica que perpassa a proposta de um acto de fala e a tomada de posição sim/não do destinatário. Esta *viragem pragmática* da semântica da verdade reclama uma reavaliação da «força ilocutória». Austin tinha-a compreendido como o componente irracional do acto de fala, ao passo que a parte racional propriamente dita era monopolizada pelo conteúdo do enunciado. Segundo a interpretação aclarada pela pragmática, o componente modal determina a pretensão de verdade que o locutor, no caso exemplar, levanta com uma proposição performativa. Com isso, o componente ilocutório torna-se a sede de uma racionalidade que se apresenta como uma relação estrutural entre condições de validade, pretensões de verdade referentes às mesmas e razões para a sua revalidação discursiva. Assim, as condições de validade já não se encontram fixadas no componente proposicional; e abre-se espaço para a introdução de pretensões de verdade ulteriores que não visam condições de verdade (ou de êxito), ou seja, que não são talhadas à medida da relação entre a linguagem e o mundo objectivo.

Após termos acrescentado à verdade proposicional a correcção normativa e a sinceridade subjectiva, num passo derradeiro, podemos *generalizar* a explicação de Dummett. Compreendemos um acto de fala se conhecermos o tipo de razões que um locutor poderia alegar para convencer um ouvinte de que, em dadas condições, tem o direito de reclamar a validade do seu enunciado – numa palavra: se soubermos *o que o torna aceitável*. Com uma pretensão de validade, um locutor invoca um potencial de razões que poderia aduzir a seu favor. As razões interpretam as condições de validade e, nessa medida, fazem elas próprias parte das condições que tornam um enunciado aceitável. Assim sendo, as condições de aceitabilidade remetem para o carácter holístico das línguas natu-

rais: cada acto da fala individual está interligado, por fios lógico-
-semânticos, com muitos outros actos de fala potenciais que podem
assumir o papel pragmático de razões que podemos invocar.
O conhecimento da linguagem encontra-se, por isso, intimamente
associado ao saber de como as coisas se passam de facto no mundo
aberto pela linguagem. Talvez o saber mundano dependa apenas
de uma cadeia de razões mais extensa que o saber linguístico.
O facto de ambos não poderem ser distinguidos com precisão confirma o pensamento de base de que partimos: compreender uma
expressão significa saber como podemos utilizá-la, a fim de nos
entendermos com alguém sobre alguma coisa.

Se for possível elaborar e tornar plausível, de um modo suficiente, este esboço de uma teoria pragmática formal do significado, ele permitirá uma explicação para a questão de saber por
que o *medium* da linguagem natural dispõe de um potencial de
forças vinculativas que pode ser aproveitado para os fins da coordenação de acções. Na medida em que um locutor, com a sua
pretensão de validade criticável, assume a garantia de que aduzirá,
em caso de necessidade, razões para a validade do acto de fala, o
ouvinte, que conhece as condições de aceitabilidade e, com isso,
entende o que lhe é dito, é desafiado a uma tomada de posição
de motivação racional: se reconhecer a pretensão de validade e,
assim, aceitar a proposta do acto de fala, aceita a sua quota-parte
dos compromissos relevantes para as consequências da interacção
que resultam para todos os intervenientes daquilo que é dito.

2. Da acção social à ordem social

Abordei a acção comunicativa e a estratégica como duas variantes da interacção mediada pela linguagem. Contudo, só à *acção
comunicativa* se aplica que as limitações estruturais de uma linguagem partilhada a nível intersubjectivo levam os actores – no sentido de uma necessidade transcendental débil – a abandonarem
o egocentrismo de uma orientação pautada pelo fim racional do
êxito próprio e a submeterem-se aos critérios públicos da racionalidade do entendimento. As estruturas supra-subjectivas da linguagem oferecem-se, portanto, para responder à questão clássica de
como é possível a ordem social, da perspectiva da teoria da acção.

O conceito atomista de *acção estratégica* não oferece, por si,
nada de equivalente a este propósito. Se, mesmo assim, for suposto

servir de conceito fundamental a uma teoria sociológica da acção, tem de se explicar como os contextos de interacção, que decorrem unicamente da mútua intervenção de actores orientados para o êxito, podem perpetuar-se em ordens estáveis. Desde Hobbes que se empreendeu repetidamente a tentativa de explicar a constituição de normas, com pretensões de uma validade normativa vinculativa a nível supra-subjectivo, pela correlação de interesses e pelo cálculo utilitário individual de actores cujos caminhos se cruzam de forma aleatória e cujas decisões se baseiam numa racionalidade orientada para fins. Este «problema hobbesiano» (Parsons) é, hoje, tratado através da teoria dos jogos. No entanto, do que acompanhei das discussões de D. Lewis até John Elster, não fiquei com a impressão de que a questão da emergência da ordem a partir da dupla contingência de actores que decidem de modo independente fosse, hoje, respondida de uma forma mais convincente do que o foi, noutros tempos, por Hobbes.

Mais promissora do que a tentativa de renovar o conceito clássico da ordem instrumental com meios modernos é a introdução de um *medium* de comunicação através do qual são conduzidos fluxos de informação que exercem um efeito regulador sobre os comportamentos. Na medida em que este conceito é definido segundo o exemplo das relações de mercado reguladas pelo dinheiro, a acção estratégica, orientada para a escolha racional, pode ser mantida como o conceito de acção adequado ao *medium* de regulação. As informações que se fazem transportar, por exemplo, por meio do código monetário, condicionam, através de uma estrutura de preferências incorporada, decisões de acção sem que, para tal, se tenha de recorrer a realizações de entendimento, as quais, para além de mais exigentes e arriscadas, se orientam por pretensões de validade. O actor assume uma atitude dirigida para o êxito que, no caso-limite, chega a ser a de uma racionalidade orientada para fins. Contudo, para ele, a transição para as interacções *reguladas por media* tem como consequência uma inversão objectiva das finalidades estipuladas e dos meios escolhidos. Agora é o próprio *medium* quem transmite os imperativos da manutenção da existência do sistema correspondente (aqui seria o sistema de mercado). Esta inversão do meio e finalidade é experienciada pelo actor, na acepção de Marx, como o carácter reificante de processos sociais coisificantes. Nesta medida, as interacções reguladas pelos *media* já não consubstanciam uma razão instrumental, localizada na racionalidade orientada para fins, de quantos tomam as decisões, mas uma razão funcionalista, inerente aos sistemas auto-regulados. Não obstante, esta abordagem, aprofundada nas ciências económicas e organizacionais, abrange apenas áreas de acção específicas; não corresponde à pretensão de uma explicação generalizada que possa fazer remontar a acção social como um todo à acção estratégica. Uma vez que os *media* de comunicação que tal como o dinheiro exercem uma acção reguladora sobre o comportamento são códigos específicos que constituem simplesmente ramificações da linguagem comum, cuja estrutura é mais rica, a teoria dos *media* remete para o âmbito mais amplo de uma teoria da linguagem (cf. *Theorie des kommunikativen Handelns*, vol. 2, pp. 384 e segs.).

O que resta como alternativa é apenas a renúncia à tentativa de desenvolver uma concepção da ordem social no seu todo a partir da perspectiva da teoria da acção. Às estruturas linguísticas transsubjectivas que se encontram entrosadas com a prática do dia-a-dia substituem-se, em Parsons e Luhmann, *sistemas que preservam os limites* e que são introduzidos a um nível mais geral que o dos actores e interacções mediadas pela linguagem. Estes, por seu lado, podem ser interpretados como sistemas psíquicos e sociais que constituem meios circundantes uns para os outros e se observam mutuamente. No entanto, a autonomização da teoria sistémica em relação à teoria da acção tem de pagar o preço de uma abordagem objectivista. O funcionalismo sistémico isola-se do saber intuitivo do mundo da vida e de quantos a ele pertencem. O acesso hermenêutico a este potencial de saber passa pela participação (ao menos virtual) na prática comunicativa do dia-a-dia. Decerto que as ciências sociais, confrontadas com sociedades complexas, têm de se mentalizar da necessidade de retirarem do seu objecto de estudo também ensinamentos contra-intuitivos. Mas acontece que a sociedade tecida de redes de interacções mediadas pela linguagem não se nos depara, à semelhança de uma natureza exterior, unicamente acessível à observação; o sentido, sedimentado nos seus contextos simbólicos e auto-interpretações, abre-se unicamente à apreensão compreensiva da interpretação. Quem não quiser obstruir esse caminho a si próprio, preferindo empreender a tentativa de tornar acessível o contexto vital sociocultural *do seu interior*, tem de partir de uma concepção da sociedade que possa compatibilizar-se com as perspectivas da acção e com o trabalho interpretativo dos participantes na interacção. Para este primeiro passo oferece-se o conceito do mundo da vida com que a análise pragmático-formal dos pressupostos da acção comunicativa já deparara anteriormente a toda e qualquer elaboração de teorias sociológicas.

Que a ordem social possa estabelecer-se por intermédio de processos de formação de consensos parece, à primeira vista, uma ideia trivial. Apesar disso, torna-se evidente o carácter improvável desta ideia, logo que nos recordamos de que qualquer consenso alcançado pela via da comunicação depende da tomada de posição do tipo sim/não ante a pretensões de validade criticáveis. A dupla contingência, que tem de ser assimilada por qualquer processo constitutivo de uma interacção, assume, no caso da acção comunicativa, a forma particularmente precária de um risco de dissensão sempre presente e incorporado no próprio mecanismo de entendimento, sendo que qualquer dissensão acarreta custos elevados. Com ele colocam-se várias alternativas, sendo as mais importantes: simples trabalhos de reparação; a suspensão e a exclusão de pretensões de validade controversas com a consequência do solo comum das convicções partilhadas se retrair; a adopção de discursos sumptuosos com desfecho e efeitos de problematização incertos; o corte da comunicação ou, finalmente, a transição para a acção estratégica. Se tivermos em mente que qualquer aceitação explícita da proposta de um acto de fala se baseia numa dupla negação, ou seja, na recusa da sempre possível rejeição, os processos de entendimento que passam por pretensões de validade criticáveis não se recomendam propriamente como uma via fiável para a integração social. A motivação racional, que se baseia na possibilidade de se dizer não, provoca um movimento irresistível de problematização que leva a constituição linguística de consensos a parecer-se mais com um mecanismo descontínuo. Com efeito, o risco de dissensão é continuamente nutrido por experiências. As experiências quebram a rotina do habitual e constituem um manancial de contingência. Frustram expectativas, contrariam os modos habituais de percepção, causam surpresas, trazem coisas novas à consciência. As experiências são sempre experiências *novas* e constituem um contrapeso em relação ao que nos é familiar.

Com isto obtemos uma primeira chamada de atenção para os fenómenos complementares do *surpreendente* e do *familiar*. Um entendimento prévio ocorrido numa camada profunda de evidências, certezas, realidades inquestionáveis, poderia explicar como esse risco omnipresente de dissensões do entendimento linguístico é amparado, regulado e contido na prática quotidiana. Como é sabido, Husserl, na sua obra tardia, com o conceito de «mundo da vida», empreendeu esforços no sentido de explorar o solo do que nos é imediatamente familiar e inquestionavelmente certo. Ele tentou, com os meios da Fenomenologia, esclarecer esta área do saber implícito, do pré-predicativo e do pré-categorial, do fundamento esquecido do sentido da prática da vida e da experiência do mundo quotidiana. No âmbito presente, não versarei de forma pormenorizada o método de Husserl e o contexto da introdução do seu conceito de mundo da vida; apropriar-me-ei do conteúdo material dessas investigações partindo da hipótese de que também a acção comunicativa se encontra inserida num mundo da vida que assegura a cobertura de um consenso de pano de fundo maciço, capaz de absorver os eventuais riscos. As realizações de entendimento explícitas dos que agem de um modo comunicativo movem-se no horizonte das convicções comuns não problemáticas; a inquietação decorrente da experiência e da crítica quebra-se num rochedo aparentemente amplo e inabalável que se eleva das profundezas e que consiste em padrões de interpretação, lealdades e habilidades estabelecidas como consensuais.

Através do conceito do saber não temático, Husserl mostrou o caminho mediante o qual este fundamento de sentido pode ser descoberto. Não obstante, têm de ser levadas em conta duas limitações a este respeito. O saber pré-reflexivo que acompanha os processos de entendimento sem ser tematizado tem, primeiramente, de ser distinguido do *saber co-tematizado* em actos de fala. Num acto de fala «Mp», a frase de conteúdo proposicional é o suporte do saber temático. A frase performativa expressa uma pretensão de validade e especifica o sentido em que as frases são empregues. Este comentário auto-referente é dado a conhecer de forma performativa, ou seja, pela execução de uma acção, não sendo apresentado explicitamente como saber, tal como acontece com o conteúdo comentado de um enunciado. Para tornar disponível o significado apenas co-tematizado do acto ilocutório, da mesma forma que o saber temático «Mp» tem de ser transformado numa descrição de «Mp»:

(1) L: «Exorto-te a dares a Y algum dinheiro.»
transformado em:
(1a) L: «Ao pronunciar (1), L exortou O a "p".»

O saber *não temático* distingue-se do saber meramente *co-tematizado* por não o podermos tornar acessível pela simples transformação da perspectiva do participante na perspectiva do observador; o saber não temático requer, antes, uma análise dos pressupostos. Assim, não temáticos são os pressupostos de que partem necessariamente os participantes da comunicação para que o acto de fala, numa dada situação, possa assumir um determinado significado e para que possa de todo ser válido ou inválido. Mas nem todo o saber não temático é constitutivo de um *determinado* mundo da vida. Neste contexto, não é relevante o saber geral e generativo que coloca os locutores competentes em condições de utilizarem, de um modo geral e conforme às regras, frases gramaticais nos enunciados. Igualmente pouco relevante é o saber como se preenchem os pressupostos gerais pragmáticos da acção comunicativa; por exemplo, o saber relativo à maneira como nos orientamos em função de pretensões de validade e como imputamos mutuamente a capacidade de responder pelas nossas acções; como se identificam objectos e, assim, se estabelece o contacto entre a linguagem e o mundo; ou ainda como se distingue entre fins ilocutórios e perlocutórios, como se separa o mundo subjectivo e o mundo social do mundo objectivo, como se passa da acção para a argumentação, etc. Tudo isto faz parte de um saber implícito que é dominado apenas a nível intuitivo, requerendo o trabalho reflexivo de uma reconstrução racional capaz de transformar o *know how* em *know that*. No entanto, este *saber universal, pré-reflexivo e não temático* inerente à competência linguística serve para a produção de actos de fala de uma forma geral, engendra uma acção comunicativa, mas não lhe serve de complemento. Temos de concentrar-nos nesse outro tipo de saber não temático que complementa, acompanha e enquadra a acção comunicativa. Trata-se desse saber concreto, relativo à linguagem e ao mundo, que permanece na penumbra do pré-predicativo e do pré-categorial, e que prepara o solo não problemático de todo o saber temático e co-tematizado.

III

O conceito fenomenológico de mundo da vida sugere o conceito da constituição do mundo, recebido da epistemologia, e que não pode ser transferido sem mais nem menos para o âmbito da sociologia. Para se furtar às dificuldades da fenomenologia social, a teoria da sociedade tem de emancipar-se, logo de início, da teoria constitutiva do conhecimento e afinar as agulhas pela pragmática linguística que, desde sempre, abrange as interacções mediadas pela linguagem. O «mundo da vida» deve, por isso, ser introduzido como conceito complementar da acção comunicativa (1). A investigação pragmático-formal que, por via de uma análise de pressupostos, procura elucidar o pano de fundo constituído pelo mundo da vida é realizada na perspectiva participante e reconstrutiva do locutor. A utilização deste conceito no âmbito das ciências sociais pressupõe uma transição metodológica da atitude (performativa) da segunda pessoa para a atitude (teórica) da terceira pessoa (2).

1. O conceito pragmático-formal do mundo da vida

No seu ensaio sobre *A Crise das Ciências Europeias,* Husserl introduziu o conceito de mundo da vida no contexto de uma crítica da razão. Sob a realidade, que as ciências da natureza admitem ser única, ele faz aparecer o contexto pré-existente da prática natural da vida e da experiência do mundo como o fundamento reprimido do sentido. Nesta medida, o mundo da vida forma o conceito oposto àquelas idealizações sem as quais o âmbito das ciências naturais não poderia constituir-se. Contra as idealizações da medição, da hipótese de uma causalidade subjacente e da matematização, e contra uma tendência intrínseca para a tecnicização, Husserl reclama o mundo da vida como a esfera imediatamente presente das realizações originais; é da perspectiva destas últimas que critica as idealizações inconscientes, esquecidas de si próprias, do objectivismo das ciências naturais. Ora, como a filosofia do sujeito é cega para o sentido próprio da intersubjectividade linguística, Husserl não pode, contudo, reconhecer que o próprio solo da prática comunicativa do dia-a-dia repousa já sobre pressupostos idealizantes.

Através das pretensões de validade, que transcendem todos os critérios meramente locais, a tensão entre os pressupostos transcendentais e os dados empíricos instala-se na facticidade do próprio mundo da vida. A teoria da acção comunicativa destranscendentaliza o domínio do inteligível pondo a descoberto, nos inevitáveis pressupostos pragmáticos dos actos de fala, ou seja, no coração da própria prática do entendimento, a força idealizante da antecipação – idealizações estas que se evidenciam de modo mais visível nas formas de comunicação extra-quotidianas, por assim dizer, da argumentação. A ideia da revalidação de pretensões de validade criticáveis exige idealizações que, uma vez descidas do céu transcendental para o solo do mundo da vida, produzem os seus efeitos no seio do *medium* da linguagem natural; é, igualmente, nelas que se manifesta a capacidade de resistência de uma razão comunicativa que opera de forma astuta contra as deformações cognitivas e instrumentais de formas de vida submetidas a uma modernização selectiva.

Uma vez que estas idealizações se devem a uma competência linguística de que os locutores dispõem a um nível pré-reflexivo sob a forma de um saber implícito, a contenda entre o saber explícito que não pode passar sem idealizações, por um lado, e o saber de fundo que absorve os riscos, por outro, desenrola-se *no interior* da área do saber não temático – e não se manifesta somente, como Husserl pensava, na concorrência entre o saber específico das ciências empíricas e as convicções pré-teóricas do dia-a-dia. A maior parte do que é dito na prática comunicativa e quotidiana permanece não problemático, escapa à crítica e à pressão provocada pela surpresa das experiências críticas, uma vez que vive da antecipação de validade das certezas previamente consentidas, justamente por fazerem parte do mundo da vida.

O ónus de tornar plausíveis as pretensões de validade é assumido, *prima facie*, por um saber *de primeiro plano*, que as acompanha de forma não temática e no qual os participantes se apoiam sob a forma de pressupostos pragmáticos e semânticos. Trata-se, aqui, em primeiro lugar, (*a*) de um saber que constitui um horizonte relativamente à respectiva situação e (*b*) de um saber contextual dependente dos temas.

ad a) O centro da situação de fala é constituído pelo meio circundante percebido que se encontra inserido em horizontes espácio-temporais não percebidos e dispostos de forma concêntrica. Normalmente, os participantes podem supor que interpretam a partir de perspectivas coordenadas e de um modo mais ou menos coincidente os elementos mais triviais da situação de fala e dos meios circundantes que se vão tornando mais difusos em função das distâncias; partem igualmente do princípio de que as suas perspectivas divergentes, decorrentes das histórias das respectivas vidas, convergem no aqui e agora e, no pior dos casos, dotam a interpretação comum da situação de graus diversos de relevância. Este *saber relativo a um horizonte determinado* é implicitamente actualizado pelo que é dito; é ele que torna um enunciado não problemático e promove a sua aceitabilidade. Se, durante uma conversa circunstancial no parque de Grüneburg, em Frankfurt, menciono que está a nevar na Califórnia, o interlocutor só não reagirá com questões de pormenor se souber que acabo de chegar de São Francisco, ou que, por exemplo, trabalho como meteorologista no serviço meteorológico.

ad b) Um papel não menos importante na estabilização da validade é desempenhado por esse *saber contextual dependente dos temas* que um locutor pode pressupor no âmbito de uma linguagem comum, da mesma cultura, da mesma formação escolar, etc., ou seja, no âmbito de um meio ou horizonte vivencial comum. O locutor que aflora um determinado assunto convoca, a um nível implícito, contextos objectivos; é à luz destes últimos que o enunciado assume uma aparência trivial ou surpreendente, informativa ou pouco digna de confiança. A partir do saber contextual que se torna conjuntamente presente, podem, consoante as necessidades, ser mobilizadas informações ou fundamentações. Tal será necessário sempre que se revele incorrecta a suposição de que o saber que o acompanha de forma não temática é intersubjectivamente partilhado e é objecto de um consenso. A minha tentativa de introduzir o conceito de mundo da vida, no âmbito da teoria da comunicação, da forma como o estou a fazer neste preciso momento, irá provocar outras questões e objecções diante de um público composto de colegas da especialidade, por exemplo, em Madrid, em Paris ou em Berkeley.

Este tipo de saber não temático é facilmente apanhado no torvelinho da problematização. Para tal, basta que o horizonte da situação ou o tema se desloquem um pouco. Se eu ultrapassar a duração habitual de uma aula em apenas dez minutos, ou se me desviar do assunto do mundo da vida para uma viagem de férias iminente, a atenção dirige-se para a violação dos pressupostos académicos que até aí tínhamos tacitamente partilhado. Neste contexto, o saber relativo a um horizonte, referente à situação, e o saber contextual, dependente dos temas, distinguem-se (*c*) do *saber de pano de fundo próprio do mundo da vida*. Este obedece a condições de tematização diferentes. Não pode ser trazido à consciência da mesma forma intencional e constitui uma camada profunda de saber não temático em que se encontram enraizados o saber relativo a um horizonte determinado e o saber contextual.

ad c) O saber de pano de fundo tem uma estabilidade maior porque é em grande medida imune à pressão da problematização de experiências, fontes de contingência. Isso comprova-se pelo facto de esta camada de um saber elíptico e desde sempre pressuposto só poder ser retirada do *modus* inacessível do preenchimento incontestado de um pano de fundo através de um *esforço metódico* e, mesmo aí, apenas a pouco e pouco, a fim de ser convertido em tema. Husserl propôs, para esse efeito, o processo da variação eidética, ou seja, o livre fantasiar de modificações do mundo ou a projecção de mundos de contraste que possam aclarar as nossas expectativas de normalidade, tão inconscientes como inabaláveis e indisponíveis, trazendo à luz, por assim dizer, o fundamento mundividencial da nossa prática quotidiana. Também recordam este método os exemplos com os quais J. Searle comprova que o significado de actos de fala se mantém pouco claro enquanto as respectivas condições de validade, estabelecidas pela semântica, não forem complementadas por hipóteses de fundo, sabidas a nível intuitivo, que permanecem implícitas e não temáticas, pressupostas como absolutamente não problemáticas. Assim, Searle transfere o «gato no tapete» para o espaço sideral a fim de, com esta alteração, trazer à nossa consciência que só conseguimos representar um corpo assente numa base sob a acção da força gravitacional terrestre. De modo semelhante, o *homo sapiens* sempre possuiu, desde que assegura a sua vida pelo uso de determinados utensílios, um conhecimento intuitivo da lei das alavancas; mas, enquanto lei, ela apenas foi descoberta e traduzida para a forma de um saber explícito no âmbito de um questionamento metódico levado à prática por parte da ciência moderna do nosso saber pré-teórico.

O método da livre variação dos pressupostos inevitáveis, no entanto, não tarda a esbarrar com limitações. Da mesma forma que não dispomos do pano de fundo do mundo da vida a nosso bel-prazer, também não somos capazes de sujeitar simplesmente tudo a uma dúvida abstracta. Ao colocar pragmaticamente em dúvida esta dúvida cartesiana, Ch. S. Peirce recordou o facto de os problemas que abalam as certezas associadas ao mundo da vida virem ao nosso encontro com o poder objectivo das contingências históricas. Husserl tinha já associado a sua análise do mundo da vida ao tema da crise. É a crise, nascida das consequências das ciências modernas, que arranca Husserl do esquecimento objectivista do mundo e de si próprio. A pressão exercida pelos problemas de tais situações de crise, quer se refiram à história universal ou à história da vida pessoal, altera de forma objectiva as condições de tematização e, só assim, cria uma distância esclarecedora em relação ao que é próximo e mais evidente. Um exemplo disso é o impulso em direcção ao universalismo moral que se inicia com o advento das religiões proféticas e que quebra a familiaridade ingénua com a veneranda moralidade substancial do clã ou da comunidade tribal – impulso esse que, aliás, desencadeou tantas regressões que periodicamente teve de ser renovado até ao nosso século – até ao dia em que os campos de extermínio abriram as suas portas.

À semelhança de todo o saber não temático, o pano de fundo do mundo da vida encontra-se presente de um modo implícito e pré-reflexivo. O que o caracteriza é, em primeiro lugar, o *modus* de uma *certeza imediata*. Esta dota esse saber, devido ao qual vivemos, realizamos experiências, falamos e agimos sem distanciamento, de um carácter paradoxal. A presença incómoda, e ao mesmo tempo imperceptível, do pano de fundo apresenta-se como uma forma intensificada e, mesmo assim, deficiente do saber. Ao saber de fundo falta a relação interna com a possibilidade de se tornar problemático, porque só no momento de ser pronunciado entra em contacto com pretensões de validade criticáveis e, assim, é transformado num saber falível. As certezas absolutas mantêm-se inabaláveis até se desmoronarem repentinamente; pois no sentido restrito da falibilidade, nem sequer representam um saber.

Em segundo lugar, o saber de fundo caracteriza-se pela sua *força totalizante*. O mundo da vida constitui uma totalidade com um centro e limites indefinidos, porosos e que, todavia, não podem ser transcendidos, mas que vão recuando. O saber de primeiro plano, que se refere a um horizonte e a um contexto determinados, vai beber – tanto na dimensão da percepção como na dimensão do significado – o seu carácter formador do mundo ao pano de fundo em que se encontra enraizado. O centro onde confluem, anteriormente a toda a objectivação por intermédio de operações de medição, os espaços sociais, dispostos de forma concêntrica segundo profundidades e amplitudes e os tempos históricos abertos em leque de forma tridimensional, é constituído pela respectiva situação linguística – e não porventura pelo meu corpo físico, como a fenomenologia antropologizante chegou a afirmar. Os tempos e os espaços vividos são sempre as coordenadas interpretadas ou consubstanciadas de forma concreta – como comunidade aldeã, religião, Estado, nação, sociedade mundial, etc., ou como sequência de gerações, épocas, idades do mundo, histórias de vida individuadas perante Deus, etc. – do *nosso respectivo* mundo. Eu, no meu corpo, e enquanto corpo, encontro-me sempre inserido num mundo partilhado a nível intersubjectivo, onde os mundos da vida habitados colectivamente, tal como o texto e o contexto, se entrelaçam, sobrepõem e interligam mutuamente.

Uma terceira característica, que se prende com o cariz imediato e com a totalização, é o *holismo* do saber de fundo que o torna impenetrável apesar da sua aparente transparência: o mundo da vida enquanto «emaranhado». É aí que se encontram fundidos os componentes que apenas por experiências problematizantes são subdivididas em várias categorias de saber. O pragmático formal dirige, de qualquer modo, o seu olhar a partir da posição do saber temático, já diferenciado por factos, normas e vivências, de volta para o mundo da vida. O facto de este olhar diferenciador lhe ser devolvido fá-lo concluir que, no saber de fundo, as convicções a propósito de algo se encontram fundidas com o confiar-se a algo, o acto de ser impressionado por algo e o de se compreender na relação com algo. As suposições de fundo, fiabilidades e familiaridades, disposições e destrezas, todas *engrenadas umas com as outras*, são formas pré-reflexivas ou prefigurações daquilo que apenas se *ramifica* após a respectiva tematização nos actos de fala, a fim de assumir o significado do saber proposicional, da relação interpessoal estabelecida por meios ilocutórios ou da intenção do locutor.

As três características da imediatez, da força totalizante e da constituição holística deste saber pressuposto de forma não temática talvez possam explicar a paradoxal «função de solo» do mundo da vida – a contenção de contingências próxima da experiência. O mundo da vida constrói, a partir de garantias tiradas da experiência, um muro contra surpresas que, afinal, são por sua vez provenientes da experiência. Se o saber acerca do mundo se define por ser adquirido *a posteriori,* ao passo que o saber linguístico, encarado de forma relativa, constitui um saber *a priori*, nesse caso, talvez o paradoxo resida no facto de, no pano de fundo do mundo da vida, se encontrarem integrados o saber referente ao mundo e o saber referente à linguagem.

Ora, é a força problematizante das experiências críticas que distingue o pano de fundo do mundo da vida do respectivo primeiro plano. Ao acontecer isso, as próprias experiências diferenciam-se em função das formas práticas de se lidar com o que descobrimos no mundo – coisas e acontecimentos, pessoas e histórias em que estamos enredados. O *mundo dos objectos de uso* e os contextos conjunturais pragmáticos constituem-se no trato directo com coisas e acontecimentos; o *mundo solidário* e os contextos históricos de sentido constituem-se no relacionamento de forma interactiva com pessoas de referência – o primeiro no âmbito das comunidades cooperativas, o segundo no âmbito de comunidades linguísticas. Sob o ponto de vista ontogenético, o mundo da experiência do modo técnico e prático de lidar com a natureza exterior apenas se separa pouco a pouco do mundo da experiência do modo moral e prático de se relacionar no seio de uma sociedade. Por fim, as experiências com a nossa natureza interior, com o corpo, a necessidade e o sentimento são de cariz indirecto; elas *reflectem-se* nas experiências com o mundo exterior. Logo que estas experiências adquirem uma autonomia estética, as obras de arte autónomas assumem o papel de objectos reveladores que provocam novos modos de ver, novas atitudes e comportamentos. As experiências estéticas não se encontram embrenhadas em formas práticas; não se encontram referidas a habilidades cognitivas e instrumentais e a concepções morais que se vão desenvolvendo em processos de aprendizagem interiores ao mundo, encontrando-se, antes, entrosadas com a função da linguagem, a função de abrir o mundo, com a função constituinte do mundo.

A articulação da experiência reflecte a arquitectura do mundo da vida na medida em que se encontra interligada com a constituição tricotómica dos actos de fala e do saber de fundo relativo ao mundo da vida. Estas estruturas gerais do mundo da vida, no entanto, apenas se evidenciam se alterarmos a nossa atitude metodológica. A terminologia de «pano de fundo», de «primeiro plano» e de «excerto do mundo da vida relevante para a situação» apenas faz sentido enquanto assumirmos a perspectiva de um locutor que quer comunicar com outro sobre algo no interior do mundo, podendo apoiar a plausibilidade da sua proposta de um acto de fala numa massa de saber partilhado a nível intersubjectivo e não temático. No seu *todo*, o mundo da vida só é abrangido pelo olhar quando nos colocarmos, por assim dizer, por detrás do actor e concebermos a acção comunicativa como um elemento de um processo circular, em que o actor já não figura como origem, mas como produto de tradições em que se encontra inserido, de grupos solidários a que pertence, de processos de socialização e aprendizagem a que está sujeito. Após esse primeiro passo objectivante, o enredo das acções comunicativas constitui o *medium* através do qual o mundo da vida se reproduz.

2. A sociedade como mundo da vida simbolicamente estruturado

Qualquer acto de fala, com que um locutor se entende / sobre algo/ com outro, localiza a expressão linguística em três referências ao mundo: em referências ao locutor, ao ouvinte e ao mundo. No que respeita ao estabelecimento de interacções ocupámo-nos sobretudo do segundo destes três aspectos – a relação interpessoal. Com os seus actos de fala, os participantes de uma interacção assumem realizações de coordenação e estabelecem relações interpessoais. Porém, não conseguem isso cumprindo apenas uma função da linguagem. Os actos de fala servem a coordenação de acções, em geral, por tornarem possível um consenso racionalmente motivado entre vários actores; e, nesse processo, também têm a sua quota-parte as outras duas funções da linguagem – a representação e a expressão. O ponto de vista da coordenação de acções situa-se, portanto, a um nível mais abstracto que o estabelecimento de uma determinada relação interpessoal visada de forma imediata pelo actor. A coordenação de acções, no seu conjunto, serve a finalidade da integração social de um mundo da vida que é partilhado pelos participantes a nível intersubjectivo. Na verdade, uma tal descrição já pressupõe a alteração de perspectiva que nos permite perguntar qual a contribuição das acções comunicativas para a reprodução de um mundo da vida. Depois de termos levado a cabo essa mudança de atitude de uma forma metódica, podemos dedicar-nos a uma reflexão semelhante no que diz respeito ao entendimento sobre coisas que foram ditas ou no que toca à socialização de pessoas que participam no mundo da vida; os actos de fala também cumprem estes papéis em todas as suas funções. Sob o aspecto do entendimento, eles servem a transmissão e o desenvolvimento de saber cultural, ao passo que sob o da socialização proporcionam o desenvolvimento e a preservação de identidades pessoais.

Ora, podemos representar os componentes do mundo da vida, nomeadamente os padrões culturais, as ordens legítimas e as estruturas de personalidade, como adensamentos e sedimentações destes processos de *entendimento*, de *coordenação de acções* e de *socialização* que perpassam a acção comunicativa. O que, vindo do seio dos recursos do pano de fundo do mundo da vida, ingressa na acção comunicativa, atravessa as comportas da tematização e possibilita a resolução de situações, constitui o tronco de um saber comprovado na prática comunicativa. Este saber consolida-se, atravessando trajectórias interpretativas, em padrões interpretativos que são objecto de tradição; o dito saber adensa-se, no seio da rede de interacções de grupos sociais, em valores e normas e, através de processos de socialização, em atitudes, competências, modos de percepção e identidades. Os componentes do mundo da vida resultam da, e mantêm-se pela, continuidade de saber válido, a estabilização de solidariedades de grupo e a formação de actores capazes de responder pelas suas acções. A rede da prática comunicativa e quotidiana estende-se tanto através do campo semântico dos conteúdos simbólicos, como pelo interior das dimensões do espaço social e do tempo histórico e constitui o *medium* pelo qual se formam e reproduzem a cultura, a sociedade e as estruturas de personalidade.

Chamo *cultura* ao inventário de saber a partir do qual os participantes da comunicação extraem as suas interpretações, quando pretendem entender-se sobre algo. A *sociedade* compõe-se das ordens legítimas através das quais os participantes da comunicação regulam a sua pertença a grupos sociais e asseguram a solidariedade. Nas *estruturas de personalidade* englobo todos os motivos e habilidades que permitem ao sujeito falar, agir e, ao mesmo tempo, assegurar a sua própria identidade. Se, por um lado, para os que agem de uma forma comunicativa a cultura constitui o cone de luz, dentro do qual se deparam entidades, podendo ser representadas ou tratadas como algo de tangível, por outro, as normas e as vivências afiguram-se-lhes como algo que se inscreve no mundo social ou num mundo subjectivo, a que podem referir-se numa atitude conforme às normas ou expressiva. Para prevenir um mal--entendido comum, tenho de começar por explicar por que esta cena se altera radicalmente aos olhos dos sujeitos, com a passagem da acção comunicativa para a acção estratégica, mas não para o cientista social que utilize esse conceito do mundo da vida.

Se considerarmos a sociedade, num sentido mais lato, como um mundo da vida estruturado a nível simbólico, esta forma-se e reproduz-se apenas através da acção comunicativa. Não obstante, daí não se deduz que, para o observador proveniente das ciências sociais, não se possam ocasionar interacções estratégicas em mundos da vida assim constituídos. No entanto, têm para ele uma relevância distinta da de Hobbes ou do âmbito da teoria dos jogos. Estas teorias, afinal, compreendem a acção estratégica como um mecanismo para a produção de sociedade enquanto ordem instrumental. Do ponto de vista da teoria da comunicação, porém, as interacções estratégicas podem apenas ocasionar-se no interior do horizonte de mundos da vida já constituídos noutro lugar — nomeadamente como alternativas a acções comunicativas que teimam em não surtir efeito. Ocupam, por assim dizer, *a posteriori*, espaços sociais e tempos históricos, ou seja, secções de dimensões de um mundo da vida constituído previamente por intermédio da acção comunicativa. O sujeito da acção estratégica age, sempre, sob o pano de fundo do seu mundo da vida e face às instituições ou pessoas que o constituem — mas em ambos os casos de uma forma transfigurada. O pano de fundo do mundo da vida é neutralizado de um modo singular para a resolução das situações que ficaram sujeitas aos imperativos do agir orientado para o êxito; o mundo da vida perde a sua força coordenadora de acções enquanto recurso garante de consensos. E, como todos os outros dados do mundo da vida (que agora já não é partilhado a nível intersubjectivo), também os outros participantes da interacção são apenas encarados como factos sociais — como objectos que o autor (no caso de necessidade com o recurso a efeitos perlocutórios) pode influenciar, ou levar a determinadas reacções. Mas, na atitude objectivante de quem segue uma acção estratégica, ele já não pode comunicar com eles como se de uma segunda pessoa se tratasse.

Para o especialista das ciências sociais, podem, portanto, ocasionar-se, no mundo da vida que ele analisa, sequências de acções (e eventualmente sistemas de acções) que não se encontram integrados através de valores, normas e processos de entendimento mas, quando muito, através de mútuas influências, por exemplo de relações de mercado ou de poder. Resta, nesse caso, a questão empírica de saber se esta abordagem do mundo da vida é mais realista que uma abordagem do tipo da de Hobbes. À primeira vista existem muitos indícios que apontam nesse sentido. Também as relações de mercado e de poder são regulamentadas de forma normativa, em regra jurídica, ou seja, estão compreendidas num enquadramento institucional. Os próprios conflitos bélicos mantêm-se inseridos em contextos normativos. As guerras civis, e muito mais os genocídios, deixam atrás de si rastos de um abalo moral que apontam no sentido de mundos da vida partilhados a nível intersubjectivo constituírem um fundamento imprescindível também para as interacções estratégicas.

Ora, os componentes do mundo da vida – a cultura, a sociedade e as estruturas de personalidade – constituem contextos de sentido complexos que comunicam uns com os outros, mesmo que estejam encarnados em substratos diversos. O saber cultural encontra-se encarnado em formas simbólicas – em objectos utilitários e tecnologias, em palavras e teorias, em livros e documentos, não menos que em acções. A sociedade encontra-se encarnada em ordens institucionais, em normas legais ou nos enredos formados por práticas e usos regulamentados de uma forma normativa. As estruturas de personalidade, por fim, estão literalmente encarnadas no substrato de organismos humanos. O que assim se encontra encarnado são conteúdos semânticos que também podem ser convertidos e colocados em circulação na moeda da linguagem corrente. Na praça pública da prática comunicativa quotidiana converge todo o sentido. Mesmo assim, os diversos componentes do mundo da vida constituem grandezas distintas; isso evidencia-se, sob o ponto de vista ontológico, nos aspectos espácio-temporais das suas encarnações.

As tradições culturais difundem-se para além das fronteiras de colectividades e comunidades linguísticas e, no que diz respeito à sua duração – as religiões mundiais constituem o exemplo mais eloquente dessa realidade – não estão vinculadas à identidade de sociedades ou, até, de pessoas. As sociedades, por seu lado, ocupam um espaço social maior e períodos históricos mais prolongados do que as pessoas e as histórias das suas vidas, mas têm limites menos difusos e mais circunscritos que as tradições. Por fim, as estruturas de personalidade apegadas aos seus substratos orgânicos são definidas com a maior acuidade espácio-temporal. Para os indivíduos, a cultura e a sociedade começam por assumir a forma de uma continuidade geracional que os transcende.

Mesmo assim, os componentes do mundo da vida não devem ser compreendidos como sistemas que constituem, uns para os outros, meios circundantes; através do *medium* comum da linguagem quotidiana, eles permanecem *entrosados* uns nos outros. Enquanto não se diferenciarem deste *medium* quaisquer códigos específicos como o dinheiro ou o poder administrativo – através dos quais, a seguir, se diferenciam sistemas de acção especificados a nível funcional do componente social do mundo da vida – uma linguagem quotidiana invariavelmente multifuncional coloca limitações à diferenciação do mundo da vida. Também os sistemas de acção, que se encontram altamente especializados na reprodução cultural (escola) ou na integração social (direito) ou na socialização (família), não operam de forma rigorosamente selectiva. Através do código comum da linguagem quotidiana, cumprem em paralelo as outras funções, mantendo assim uma referência à totalidade do mundo da vida. O mundo da vida, enquanto contexto de sentido simbolicamente estruturado que perpassa as diversas formas de encarnação e funções, é composto de três componentes *mutuamente entrosados* e *co-originários*.

O conceito do mundo da vida, deste modo explicitado, constitui uma resposta à questão clássica de como é possível a ordem social. Com a ideia do entrosamento dos componentes do mundo da vida, este conceito responde também à outra questão da teoria clássica da sociedade que é a da relação entre o indivíduo e a sociedade. O mundo da vida não constitui nenhum *meio circundante* contra cujas ingerências contingentes o indivíduo devesse afirmar-se. O indivíduo e a sociedade não constituem sistemas que se encontrem no seu meio circundante e que, enquanto observadores, se reportem uns aos outros de forma externa. Mas tão-pouco o mundo da vida constitui uma espécie de *contentor* em que os indivíduos estejam encerrados como partes de um todo. A figura do pensamento da filosofia do sujeito não falha menos redondamente que a da teoria sistémica.

Em termos de filosofia do sujeito, a sociedade foi concebida como um todo composto de partes, quer ela pretensamente se resuma no Estado constituído por cidadãos políticos ou na associação de produtores livres. O conceito do mundo da vida também rompe com esta figura do pensamento. Os sujeitos comunicativamente socializados não seriam sujeitos sem o enredo das ordens institucionais e das tradições da sociedade e da cultura. Decerto que os sujeitos que agem de uma forma comunicativa *experienciam* o seu mundo da vida como um todo partilhado a nível intersubjectivo que se apresenta como pano de fundo. Mas esta totalidade que, *para eles*, teria de desmoronar-se no momento da tematização e da objectivação, constitui-se tanto a partir dos motivos e das habilidades dos indivíduos socializados, como das evidências culturais e solidariedades de grupo. O mundo da vida é tão estruturado por tradições culturais e ordens institucionais como pelas identidades resultantes de processos de socialização. Por isso, o mundo da vida não constitui nenhuma organização a que indivíduos pertençam como sócios, nem associação em que indivíduos se reúnam, nem colectividade que seja composta de membros individuais. A prática comunicativa quotidiana em que se encontra centrado o mundo da vida alimenta-se, antes, de uma *interacção* entre a reprodução cultural, a integração social e a socialização que, por seu lado, tem as suas raízes na mesma prática.

Os organismos só podem ser descritos como pessoas se e na medida em que se encontram socializados, isto é, impregnados e estruturados por contextos de sentido sociais e culturais. Pessoas *são* estruturas simbólicas, ao passo que o substrato natural simbolicamente estruturado, embora seja vivido como corpo próprio, se mantém tão exterior aos indivíduos enquanto natureza como a base material da natureza relativamente ao mundo da vida no seu todo. A natureza interior e exterior constitui, para os indivíduos socializados e o respectivo mundo da vida, limites exteriores, delimitações face a um meio circundante, ao passo que as pessoas permanecem entrosadas com a sua cultura e a sua sociedade de forma interna, nomeadamente através de relações gramaticais.

Os conteúdos culturalmente transmitidos constituem sempre, potencialmente, um saber de pessoas; sem a apropriação e elaboração hermenêutica de saber cultural por parte de pessoas, não se constituem nem se mantêm quaisquer tradições. É nesta medida que as pessoas, com as suas realizações interpretativas, realizam algo em prol da cultura. No entanto, esta também constitui algo como um recurso para as pessoas. Estas não são «suportes» de tradições no mesmo sentido em que o substrato orgânico pode ser descrito como suporte de estruturas de personalidade. Qualquer tradição cultural *é*, ao mesmo tempo, um processo formativo para sujeitos dotados de capacidade de fala e de acção que tanto se formam no seu interior como, por seu lado, mantêm viva a cultura.

Correlativamente, as ordens normativas, quer se consolidem em instituições ou se mantenham em suspenso como contextos fugidios, são sempre ordens de relações interpessoais. Só a partir dos esforços de coordenação de sujeitos que agem de forma comunicativa se constituem as redes de interacções de grupos mais ou menos integrados, mais ou menos solidários e coesos. Mas, uma vez mais, as pessoas seriam mal descritas como «suportes» destas redes de interacções. Uma vez mais, a sociedade e o indivíduo constituem-se mutuamente. Toda a integração social de contextos de acções *é*, ao mesmo tempo, um processo de socialização para sujeitos dotados de capacidade de fala e de acção que tanto se formam no mesmo processo como, por seu lado, renovam e estabilizam a sociedade, enquanto totalidade das relações interpessoais legitimamente ordenadas (cf. o diagrama na página seguinte).

Os processos de socialização e de formação constituem processos de aprendizagem indissociáveis das pessoas. Destes haverá que distinguir os efeitos de aprendizagem supra-subjectivos que se fazem sentir como inovações culturais e sociais e que se sedimentam em forças produtivas ou estruturas de consciência moral. Estes processos de aprendizagem interiores ao mundo inserem-se no contexto de problemas de reprodução material que não constituem aqui o nosso tema. Noutro nível, que não o dos processos de aprendizagem interiores ao mundo, situam-se os processos de diferenciação estrutural do próprio mundo da vida. Esta dinâmica explica-se, observada internamente, a partir de uma acção recíproca entre a abertura inovadora do mundo pela linguagem e os processos de aprendizagem que se desenvolvem no interior do mundo. Por fim, a lógica desta interacção deverá ser mais uma vez aclarada por uma recapitulação pragmática da linguagem.

Da teoria do significado já conhecemos a relação interna entre significado e validade: entendemos o significado de um acto de fala se soubermos em que condições o mesmo pode ser aceite como válido. Assim sendo, as regras semânticas determinam as condições de validade das proposições ou dos actos de fala possíveis num sistema linguístico. Com semelhantes contextos de sentido, a linguagem abre aos participantes um horizonte de acções e experiências possíveis. A linguagem que abre o mundo, diz Heidegger, faz com que algo se nos depare como algo no mundo. Outra questão é, porém, se as possibilidades projectadas com recurso à linguagem também se *comprovam* nas relações que se desenvolvem no interior do mundo. Se as condições de validade estabelecidas semanticamente se verificam na prática ao ponto de as possíveis proposições e enunciados encontrarem o seu lugar em jogos linguísticos funcionais – tal não depende unicamente da força da linguagem que abre o mundo mas, igualmente, do êxito da prá-

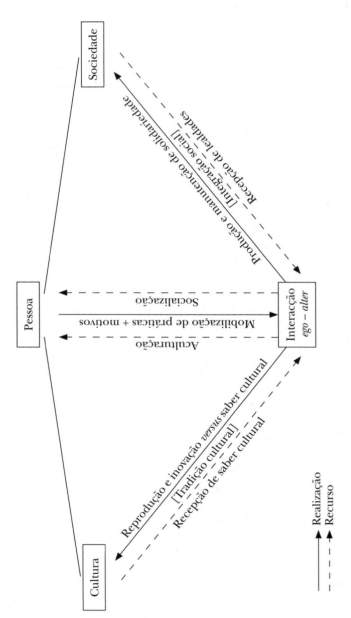

Articulação das estruturas de personalidade com a cultura e a sociedade

tica intramundana que, com efeito, se torna possível pelo sistema linguístico. As inovações criadoras no seio da imagem linguística do mundo não devem ser hipostasiadas, como acontece em Heidegger ou em Foucault, numa história «imemorial» e profunda da ontologia ou das formas do saber. Com o horizonte de significação linguística alteram-se apenas as *condições* de validade dos enunciados; pois uma pré-compreensão modificada tem de *comprovar-se* na abordagem daquilo que de facto se nos depare no interior do horizonte deslocado. O espectro de pretensões de validade inscrito na acção comunicativa faz, além disso, com que a prática intramundana fique novamente acoplada a processos de aprendizagem. As estruturas da imagem do mundo, que possibilitam a prática intramundana através de uma compreensão prévia de sentido, não se renovam apenas por força da criação poética do sentido; também reagem, por seu lado, aos processos de aprendizagem por si iniciados, cujos resultados se sedimenta na transformação das estruturas de imagens do mundo.

Por outro lado, as limitações do meio circundante oriundas do exterior, contingentes, que se fazem sentir na assimilação da pressão dos problemas levantados por experiências críticas, também não devem ser hipostasiadas num imperativo incontornável da auto-afirmação de sistemas em meios circundantes hipercomplexos. Procedendo a uma tal hipóstase, o funcionalismo sistémico autonomiza deste modo um aspecto que, enquanto tal, é legítimo. Do ponto de vista sistémico, as sociedades apresentam-se sob o ângulo daquilo que Marx designou metaforicamente o metabolismo da sociedade com a natureza exterior. O traço constitutivo para a formação de um sistema consiste na diferenciação entre uma perspectiva interior e outra exterior, sendo que ao sistema é atribuída a manutenção da diferença entre o sistema e o meio circundante como realização própria. Mas esta atribuição não deve ser efectuada na perspectiva de um observador que, agora, venha encaixar também o mundo da vida num modelo sistémico. Se o mundo da vida, que se torna primeiramente acessível de forma hermenêutica a partir da perspectiva do participante e abrangido de forma reconstrutiva no que diz respeito às suas estruturas gerais, deve ser objectivado uma vez mais sob o aspecto de um sistema que preserva os seus limites, nesse empreendimento não se devem deitar a perder os proventos sociológicos da análise do mundo da vida. A fim de evitar uma confusão de paradigmas, tentei noutro lugar

(*Theorie des kommunikativen Handelns*) conciliar a teoria da acção com os conceitos fundamentais da teoria sistémica, seguindo o fio condutor do par de conceitos da integração social e da integração sistémica. Assim se consegue explicar porque os elementos sistémicos se formam como resultados de processos históricos. Só com os subsistemas regulados por *media* sistémicos, essa dinâmica da delimitação contra meios circundantes complexos, que distingue o carácter sistémico da sociedade no seu todo, se propaga até ao *interior* da própria sociedade.

4
Individuação pela socialização.
Sobre a teoria da subjectividade de George Herbert Mead

I

Durkheim foi o primeiro a observar o nexo existente entre a diferenciação social ou a divisão do trabalho e a individuação progressiva: «Hoje já não existe ninguém que conteste o carácter vinculativo da regra que nos ordena ser uma pessoa e cada vez mais uma pessoa.» ([1]) Esta formulação encerra uma ambiguidade que regressa na expressão de Parsons do «individualismo institucionalizado» ([2]). Por um lado, a pessoa deve obter maior liberdade de escolha e autonomia, na medida da sua individuação; por outro, esta expansão dos graus de liberdade recebe uma formulação determinista: a própria libertação da coacção estereotipada das expectativas de comportamento institucionalizadas é descrita como uma nova expectativa normativa – como uma instituição. Este reverso da medalha é resumido de forma irónica por A. Gehlen: um indivíduo, diz ele, é uma instituição num só caso ([3]). A nota irónica deve indicar que até o processo de emancipação do indivíduo da violência do universal acaba por desembocar na subsunção do indivíduo sob o universal. Desta forma, Gehlen quis denunciar a ideia da individuação como mera ilusão e, à semelhança de Foucault, provar que a autocompreensão da Modernidade é ilusória ([4]). Na realidade,

---

([1]) E. Durkheim: *Über die Teilung der sozialen Arbeit* [*A Divisão do Trabalho Social*, Lisboa, Presença, s.d.], Frankfurt, 1977, pp. 445 e segs.

([2]) T. Parsons: *Religion in Postindustrial America*, in idem, *Action, Theory and the Human Condition*, Nova Iorque, 1978, p. 321.

([3]) A. Gehlen: *Die Seele im technischen Zeitalter* [*A Alma na Era da Técnica*, Lisboa, Livros do Brasil, 1960], Hamburgo, 1957, p. 118.

([4]) Cf. J. Habermas: *Der philosophische Diskurs der Moderne* [*O Discurso Filosófico da Modernidade, op. cit.*], Frankfurt, 1985, pp. 279 e segs.

porém, trata-se de um dilema que tem as suas origens na ausência de conceitos fundamentais adequados. Aos intérpretes das ciências sociais faltam os conceitos adequados para poderem apreender descritivamente uma experiência específica da modernidade que captam intuitivamente. O individual deve ser caracterizado como o essencial; e, ainda assim, ele pode apenas ser determinado como o acidental, isto é, como aquilo que se desvia da encarnação exemplar de um universal genérico: «Ser uma pessoa significa ser uma fonte autónoma do agir. O homem apenas adquire esta qualidade na medida em que tem em si algo que [...] o individualiza, onde é mais que a mera encarnação de um tipo genérico da sua raça e do seu grupo.» [5] Durkheim compreende a individualização social como um crescimento das forças espontâneas que capacitam um indivíduo para ser ele próprio; mas ele pode descrevê-las apenas com base nas particularidades através das quais o indivíduo se *desvia* das determinações gerais do seu meio social. Semelhantes desvios das disposições normativas de um grupo relativamente homogéneo produzem, com o tempo, a pluralidade normativa de um grupo diferenciado em si mesmo. Mas não é pela sua multiplicação que as novas normas perdem o carácter de determinações gerais, dadas preliminarmente; o indivíduo acaba por se encontrar sujeito a estas precisamente da mesma maneira como anteriormente estivera sujeito aos padrões comportamentais de uma forma de vida menos diferenciada. Acontece que o que em tempos fora acidental se converteu entretanto em essencial e o próprio individualismo transformou-se em mais uma instituição. Esta descrição, no fundo, encobre o específico a que também Durkheim se referira com a expressão «individualização» – o acréscimo em singularidade, personalidade e o poder ser si mesmo. Quer necessitemos, para a caracterização de um sujeito socializado, de um número maior ou menor de papéis sociais – qualquer combinação de papéis, por muito complexa que seja, tem de ser expressa sob a forma de uma conjunção de determinações gerais. Estes predicados continuam a constituir determinações gerais, mesmo que admitam um número comparativamente grande de combinações diversas e cada combinação singular se aplique apenas a poucos membros de um colectivo.

---

[5] Durkheim (1977), 444.

Hegel exemplifica as diferenças no grau de individuação da maneira seguinte: «O astro esgota-se na sua lei singela, levando essa lei à respectiva manifestação; o reino mineral apresenta poucas características determinadas; mas no reino vegetal encontramos uma plenitude infinita de formas, transições, combinações e anomalias. Os organismos animais apresentam-se num espectro ainda mais alargado de diferenças de acção e reacção entre eles e o meio ambiente; e se, por fim, ascendermos ao mundo do espírito e às suas manifestações, deparamos com uma diferenciação ainda maior da existência interior e exterior.» ([6]) Ainda de acordo com a escolástica, Hegel compreende os graus do ser, simultaneamente, como gradações da individualidade. Mas, contrariamente a S. Tomás de Aquino, Hegel descobre no processo da História universal a tendência para a individuação progressiva do ente; tal como as formas da natureza, também as formações históricas do Espírito revelam um cunho tanto mais individual quanto mais elevado é o seu grau de organização. A observação que acabamos de citar insere-se no contexto da introdução da arte grega que aparece diferenciada das formas simbólicas da arte dos antigos impérios pela sua «individualidade concentrada», ou seja pela total interpenetração do universal e do particular. Para Hegel, a ideia da individualidade ganha a sua encarnação intuitiva mais perfeita nos deuses da mitologia grega, representados sob a forma de obras de arte plásticas. Serve-se do conceito de «totalidade individual» a fim de explicar porque a mera diversidade das determinações predicativas não esgota a essência da individualidade. Mas ao sociólogo que, na sua área, se vê confrontado com um problema semelhante, falta-lhe um conceito equivalente; falta-lhe o ponto de referência que poderia impedi-lo de confundir processos de individualização com processos de diferenciação.

Na psicologia social de G. H. Mead, vejo esboçada a única tentativa com perspectivas de êxito para reproduzir no plano conceptual o pleno teor significante da individualização. Mead associa a diferenciação da estrutura dos papéis à formação da consciência e ao desenvolvimento da autonomia de indivíduos que são socializados em condições crescentemente diferenciadas. Tal como a individuação, em Hegel, depende da progressiva subjectivização do espírito, assim ela depende, em Mead, da interiorização das instâncias

---

([6]) Hegel, *Theorie-Werkausgabe*, vol. 14, pp. 92 e segs.

controladoras do comportamento que, por assim dizer, migram do exterior para o interior. À medida que, no processo da sua socialização, o sujeito em crescimento começa por assimilar o que as pessoas de referência esperam dele para, a seguir, com o recurso a abstracções, generalizar e integrar as expectativas múltiplas, mesmo contraditórias, constitui-se um centro interior de auto-orientação de um comportamento pelo qual o respectivo autor é capaz de responder individualmente. Tal instância da consciência significa «um grau de individuação que exige uma emancipação de papéis, uma distância em relação a expectativas que outros alimentam, quando desempenhamos esses papéis. Tal emancipação e individuação ocorrem quando, no decurso da história da nossa vida, surgem expectativas que entram em conflito umas com as outras. A individuação de si resulta do número, do alcance e da variedade das acções autónomas de que tomamos a iniciativa e correspondem a expectativas normativas. É aí que se concretiza a capacidade de tomar decisões susceptíveis de serem imputadas ao indivíduo.» ([7])

Nesta formulação de Gerth e de Mills, estão reunidos diversos momentos da individualização social que têm necessidade de uma análise mais circunstanciada. O que se apresenta, sob o ponto de vista histórico, como *diferenciação* social traduz-se no plano ontogenético no decurso de uma percepção cada vez mais diferenciada de e confrontação com expectativas normativas multiplicadas e ricas de tensões. O trabalho de interiorização destes conflitos conduz a uma *autonomia* de si: de certa maneira, o próprio indivíduo tem de colocar-se como sujeito que age de forma espontânea. Nessa medida, a individualidade não é pensada, em primeira linha, como singularidade, não como característica adscrita, mas como realização pessoal – e a *individuação* como uma auto-realização do indivíduo([8]). Porém, com estas características apenas é reproduzida a reinterpretação do conceito da individua-lidade que já tinha sido tornada possível pela viragem dada aos conceitos fundamentais da metafísica pela filosofia do sujeito. No meu entender, Mead tem outro mérito que é o de ter recuperado temas que podem ser encontrados em Humboldt e em Kierkegaard: que a individuação

---

([7]) H. Gerth, W. Mills, *Character and Social Structure*, New York, Chicago, Burlingame, Harcourt, Brace & World, Inc., 1964, p. 100.

([8]) A. Piper, «Individuum», in *Handbuch philosophischer Grundbegriffe*, org. por H. Krings, H. M. Baumgartner, Ch. Wild, pp. 728-737.

não é representada como a auto-realização solitária e livre de um sujeito que age de forma espontânea, mas como processo mediado pela linguagem da socialização e da constituição simultânea de uma história de vida consciente de si própria. A identidade de indivíduos socializados constitui-se, simultaneamente, no *medium* do entendimento linguístico com outros e no *medium* do entendimento intra-subjectivo e biográfico consigo próprio. A individualidade constitui-se, pois, em condições de reconhecimento intersubjectivo e de um auto-entendimento mediado a nível intersubjectivo.

A inovação decisiva relativamente à filosofia do sujeito tornou--se possível, também neste aspecto, devido a uma viragem pragmática linguística que concede à linguagem que abre o mundo – enquanto *medium* de um entendimento possível, de cooperação social e de processos de aprendizagem autocontrolados – a primazia sobre a subjectividade criadora do mundo. Somente assim são colocados à nossa disposição os meios, sob a forma de conceitos fundamentais, com que podemos reproduzir uma intuição já há muito tematizada no discurso religioso. É a partir da estrutura da linguagem que se explica porque o espírito humano se encontra condenado à Odisseia – porque ele não encontra o caminho para si mesmo a não ser através do desvio pela alienação completa em relação a algo de outro e aos outros. Só na maior distância de si mesmo adquire consciência de si mesmo na impermutável unicidade de uma essência individuada.

Antes de me debruçar sobre a concepção de Mead, quero aproveitar a retrospectiva histórica para recordar como a «essência individual» – a própria expressão denuncia o paradoxo – se esquiva aos conceitos fundamentais da metafísica, mesmo na forma que lhe foi dada pela filosofia da consciência.

II

Na linguagem filosófica «indivíduo» é a tradução do grego «atomon» e significa, em termos lógicos, um objecto do qual se pode enunciar algo e, em termos ontológicos, uma coisa singular ou um ente determinado ([9]). O termo «indivíduo» não tem, em

---

([9]) «Individuum», in J. Mittelstraß: *Enzyklopädische Philosophie und Wissenschaftstheorie*, vol. 2, pp. 229 e segs.

primeira linha, o significado do atómico ou do indivisível, mas o da singularidade ou particularidade de algo numericamente singular. Neste sentido, designamos como «individual» qualquer objecto que possa ser escolhido e reconhecido, isto é, identificado entre a quantidade de todos os objectos possíveis como este objecto único e particular. Termos, tais como nomes próprios, pronomes demonstrativos, descrições definidas, etc., com os quais identificamos objectos individuais, são designados, desde Guilherme de Ockham, *termos singulares*. Na tradição empirista, o espaço e o tempo são considerados princípios da individuação: qualquer objecto pode ser identificado com base em coordenadas espácio-temporais. A singularidade de um objecto define-se pela identidade espácio-temporal do respectivo corpo. Assim, por exemplo, um homem pode ser identificado *em termos numéricos* pelos segmentos espácio-temporais que o seu corpo ocupa. Falamos, pelo contrário, de identificação *qualitativa* se caracterizarmos o mesmo ser humano por uma determinada combinação genética, por uma constelação de papéis sociais ou por um padrão biográfico.

Enquanto a *singularidade* de um objecto pode ser explicada no sentido de uma identidade constatável em termos numéricos, falarei, daqui em diante, na *individualidade* de um ente somente se este puder ser distinguido de todas as outras coisas (ou, pelo menos, da maior parte delas) por intermédio de determinações qualitativas. Acontece que, na tradição metafísica, as qualidades que podem ser atribuídas ou negadas a um objecto sempre foram compreendidas simultaneamente num sentido lógico e ontológico. As determinações predicativas reflectem entidades, formas ou substâncias ideais que, pela associação a substratos materiais, se individuam. Assim, por exemplo as cadeiras individuais são consubstanciações mais ou menos exemplares da mesma ideia ou forma que determina para que servem as cadeiras em geral. Esta abordagem idealista prenuncia, independentemente da forma como é pensada a relação das coisas universais com as singulares, uma singular primazia do universal sobre o individual. O indivíduo está associado, desde os primórdios, a algo do questionável sentido próprio que distingue o singular concreto do universal. No uso que a língua alemã faz da palavra «indivíduo», particularmente nos estratos mais antigos da etimologia, ainda se conserva algo das conotações pejorativas da vulgaridade e da marginalidade de uma existência indiferente, isolada e fechada sobre si própria.

Esta desvalorização do individual exprime não só uma ideologia condicionada socialmente mas, igualmente, um constrangimento filosófico. Se a matéria é considerada o único princípio de individuação e se, enquanto não-ente, é definida apenas por poder ser determinada através de substâncias formais, a individualidade da coisa singular tem de permanecer *subdeterminada*. Pois as determinações qualitativas pelas quais ela se distingue de outras coisas resultam das entidades ou formas que *per se* são universais e que não podem distinguir o indivíduo como único na sua espécie[10]. Este dilema, já na Antiguidade tardia, conduziu a tentativas[11] para dotar o individual – definindo-o como o átomo, ou seja, como indivisível, inteiro, autónomo, etc. –, ao menos na aparência, de substancialidade; mas sobretudo levou à introdução da categoria do particular, com a doutrina das qualidades acidentais, no âmbito das próprias substâncias formais: à *substantia universalis* e à *substantia particularis* são acrescentados o *accidens universale* e o *accidens particulare*. O individual já não deve ser identificado apenas de forma *numérica*, pela sua associação à matéria, mas de forma *qualitativa* através de múltiplas diferenciações formais. Este caminho acaba por nos levar a Duns Escoto, que eleva a uma determinação formal aquilo que faz de um indivíduo um indivíduo, e de Sócrates, Sócrates. Ele acrescenta à cadeia dos géneros e das espécies uma última determinação absolutamente individuadora – *a haecceitas*. Neste paradoxo de uma determinação da essência atribuída a cada ente enquanto indivíduo triunfa contra vontade o universal sobre uma realidade individual que, na sua unicidade e falta de permutabilidade, se esquiva aos conceitos metafísicos e fundamentais de forma e de matéria.

Leibniz confere a esta inefabilidade do individual um sentido afirmativo sem, no entanto, abrir mão da forma metafísica de colocar a questão. Para tal, pôde apoiar-se no conceito de uma subjectividade que representa o mundo no seu todo e, ao mesmo tempo, servir-se de uma figura do pensamento originária do cálculo infinitesimal, nomeadamente a da aproximação analítica, infinita, a um valor-limite ideal. Todo o indivíduo é um espelho do mundo no seu todo e, em princípio, pode ser determinado pela conjunção

---

[10] A própria expressão «*einzigartig*» (único, *literalmente:* único na/ da sua espécie) denuncia a tradição que diferencia os géneros segundo espécies.
[11] *Art, Individuum, Individualität*, in *Historisches Wörterbuch der Philosophie*, vol. 4, Basileia, 1976, pp. 300 e segs.

de todos os predicados que a ele se aplicam. Esta caracterização constitui o conceito completo do indivíduo; no entanto, como teria de conter um número infinito de proposições, ela nunca se encontra disponível de facto, representando, como dirá Kant, apenas uma Ideia da razão. Na verdade, ao contrário de Kant, Leibniz ainda insistiu no significado ontológico desta Ideia da razão. Ele representa o indivíduo, caracterizado por uma aproximação infinitesimal, como uma substância individual em que a lacuna entre a *infima species* e a matéria subjacente se encontra colmatada: o substrato material reduz-se ao conjunto global das determinações formais que tudo perpassam, organizam e, ao mesmo tempo, *consomem* e *sublimam*. Por isso, os indivíduos já não se encontram inseridos num universo de extensão espácio-temporal e já não se encontram em contacto uns com os outros. Ao invés disso, cada um deles constitui por si uma totalidade que tudo em si encerra ao representar o mundo no seu todo a partir da sua perspectiva. As mónadas existem sob o modo da representação individual do universo no seu todo. O que tem força individuadora já não é a matéria, mas sim a circunstância transcendental de qualquer subjectividade capaz de representar estar centrada em si e representar o mundo no seu todo à sua maneira particular. Assim sendo, e ao contrário do que se verifica em Plotino, o todo não se encontra compreendido no uno; em cada indivíduo reflecte-se, antes, tudo de um modo diferente: «É mesmo necessário que cada mónada seja diferente de cada outra. Porque não existem nunca na natureza dois seres que sejam perfeitamente um como o outro e onde não seja possível encontrar uma diferença interna, ou fundada numa determinação intrínseca.» (*Monadologia*, § 9). [12]

Deste modo, Leibniz introduziu um modelo ontológico para um conceito da substância individual que, enquanto programa de caracterizações exaustivas impossível de cumprir em termos discursivos, se opõe à explicação completa. A lógica dialéctica de Hegel pode ser compreendida como a promessa de cumprir este programa. Neste empreendimento, Hegel pôde apoiar-se numa leitura da mónada que não a concebe como reflexo estático, mas a reinterpreta simultaneamente segundo o modelo da filosofia transcendental e no sentido de uma expressão estética, transformando-a

---

[12] Citada a partir da edição portuguesa: Leibniz, *Princípios da Filosofia ou Monadologia*, INCM, Lisboa, 1987 (*N.R.*).

assim numa totalidade individual, que se encontra em formação. Já não é o organismo, mas o pôr-se-em-obra genial da obra-de-arte orgânica que serve de modelo. Nesta última, a matéria perfeitamente organizada converteu-se inteiramente em forma, a qual se encontra moldada com tal profundidade que, enquanto obra-de--arte, se resume à sua forma orgânica. À subjectividade transcendental, a totalidade individual vai beber a capacidade de criação espontânea do mundo, à produtividade estética, o modo do movimento de um processo de formação, do qual resulta sempre algo de novo. Quanto a esta concepção, Hegel sabe-se em dívida para com Schiller ([13]) que tinha pensado a essência individuada segundo o exemplo do artista que produz. Tal como o artista concilia, na sua obra, ludicamente a forma com a matéria, assim também acontece com qualquer forma amadurecida em individualidade: o homem «deve trazer ao mundo tudo o que apenas forma e manifestar todas as suas potencialidades»; ao mesmo tempo deve «extirpar em si tudo o que seja apenas mundo e trazer concordância a todas as suas mudanças [...] deve exteriorizar tudo que seja interior e formar tudo o que seja exterior.» ([14])

A realidade individualizada é sempre apreendida segundo os conceitos fundamentais da metafísica; o impulso lúdico, que medeia a forma e a matéria sem deixar lacunas representa, contudo, um modelo ontológico ainda incompreendido. A fim de dar forma conceptual à totalidade individual que assim apenas foi circunscrita, tornando acessível o individual ao conhecimento rigoroso, Hegel tem de clarificar a relação das mónadas entre si. Não pode dar-se por satisfeito com a «intervenção» do Deus de Leibniz que coloca as mónadas coexistentes numa ordem intemporalmente harmónica. Hegel vê-se obrigado a voltar a reunir as próprias totalidades individuais em formação numa supertotalidade, através de um processo de formação que as atravessa. Mas este Espírito absoluto, que se apresenta no singular, tem de roubar a individualidade que para si reivindica às formas individuais do Espírito que nele se encontram incluídas – exactamente do mesmo modo como o Espírito do mundo contesta a individualidade aos indivíduos da história universal, dos quais ele se serve como simples

---

([13]) Hegel, *Werke*, vol. 13, p. 89.

([14]) Schiller:, *Über die ästhetische Erziehung des Menschen* [*Cartas sobre a Educação Estética do Homem*, Lisboa, INCM, s.d.], 11.ª carta. [Citado a partir da edição portuguesa].

meios para os seus fins. Na filosofia da história de Hegel, tal como na filosofia do direito, apenas se revela de forma drástica o que também é válido de um modo geral. Enquanto as interrogações do pensamento metafísico da unidade do todo continuarem em vigor, e os meios idealistas do pensamento em uso, o universal triunfa sobre o individual banido para o domínio do inefável. Nos trilhos do pensamento metafísico, o individual ameaçado dá-se a conhecer quando muito de forma irónica como o não idêntico – como realidade marginal forçada a uma existência periférica que soçobra a cada tentativa de identificar um ser singular enquanto tal e de o distinguir de *todos* os outros seres singulares ([15]).

III

Com Kant, entretanto a filosofia da consciência tinha adquirido uma forma que franqueou um outro caminho para o que ficara por pensar no conceito de individualidade. Descartes, com a relação do sujeito cognitivo consigo mesmo, tinha aberto o campo dos fenómenos da consciência e equiparado esta consciência de si próprio, por seu lado, ao *Ego cogito*. Desde então, o conceito da individualidade, na medida em que significava mais que singularidade, ficou associado ao Eu enquanto fonte espontânea do conhecer e do agir. Desde Kant, o Eu revalorizado de forma transcendental é compreendido, ao mesmo tempo, como um sujeito *que produz o mundo* e que *age de forma autónoma*. No entanto, relativamente ao conceito da individualidade, esta associação oferece apenas a representação de uma subjectividade que age de forma espontânea. Na filosofia kantiana, o Eu individuado, por assim dizer, desaparece por entre o Eu transcendental que se encontra face ao mundo no seu todo e o Eu empírico que se encontra no mundo como um entre muitos ([16]). O que distingue o indivíduo de todos os outros indivíduos, ou seja, a unicidade e a falta de permutabilidade no sentido enfático, pode no máximo aplicar-se ao Eu inteligível; mas enquanto destinatário da lei moral, este orienta-se justamente por máximas que têm validade universal. Para além disso, o Eu enquanto sujeito capaz de acção moral é uma coisa em

---

([15]) T. W. Adorno, *Negative Dialektik*, vol. 6, p. 344.
([16]) D. Henrich, *Fluchtlinien*. Frankfurt, 1982, p. 20.

si que, mesmo que pudesse ser pensada como totalmente individuada, se subtrairia ao conhecimento.

Fichte vem centrar os conceitos kantianos no problema da individualidade, reunindo as realizações transcendentais do Eu cognitivo e do Eu prático, da constituição do mundo e da autodeterminação, sob o denominador comum da espontaneidade e radicalizando-as no acto originário da *autoposição*. Fichte responde à questão: Mas quem sou eu afinal? Com o programa: quem eu fizer de mim. «Quem sou eu afinal, isto é, que tipo de indivíduo? E qual a razão de eu ser *este*? Respondo: sou, a partir do momento em que cheguei à (minha) consciência, *quem eu fizer de mim com liberdade, e sou-o porque o fiz de mim.*»([17]) Com esta formulação, Fichte interpreta o processo ontológico da individuação, que agora se concentra na génese do Eu, como um acto *consumado na prática* e, ao mesmo tempo, *passível de ser recapitulado de forma reflexiva*; ele compreende-o como um processo de autoconstituição preliminar, mas que só pode ser compreendido no final, que é imputado ao indivíduo na medida em que este se descobre como Eu espontâneo. É a este pensamento que Kierkegaard irá reportar-se com o conceito da escolha de si. O próprio Fichte leva este pensamento um pouco mais longe, na direcção de uma teoria da intersubjectividade; caberá a Humboldt o papel de repensá-la em função das premissas da filosofia da linguagem.

Fichte quer demonstrar que o Eu pode pôr-se a si mesmo unicamente como um Eu individual; quer explicar porque a consciência da individualidade está *a priori* associada à autocompreensão como eu([18]). No primeiro acto da autoconsciência encontro-me a mim próprio como um objecto que, ainda assim, é suposto ser um Eu – um sujeito livre e que actua de forma espontânea: «Assim como é certo que eu devo encontrar-me [...] como um produto da natureza, também é certo que eu devo encontrar-me como alguém que age livremente [...]. A minha autodeterminação está presente sem a minha intervenção.» (p. 614) Esta experiência paradoxal pode ser esclarecida de tal modo que o conceito da minha liberdade começa por deparar-se-me na expectativa ou exortação que me é dirigida por outro sujeito: «Não posso compreender essa exortação à espontaneidade sem a atribuir a um ser efectivamente

---

([17]) J. G. Fichte, *Ausgewählte Schriften (Medicus)*, vol. 2, p. 616.
([18]) Quanto ao que se segue, Fichte, *Das System der Sittenlehre*, 1798, *ibidem*, pp. 395 e segs.

real fora de mim que me quis comunicar um conceito, o conceito da acção exigida e que, assim sendo, é (por seu lado) capaz de um conceito do conceito; um tal ser é, no entanto, um ser racional, um ser que se põe a si mesmo como Eu.» (p. 614 s.) Ao confrontar outrem com uma exigência, que só pode ser cumprida por força de uma vontade livre, eu experiencio-me como um ser capaz de espontaneidade: «A minha egoidade e a minha autonomia são condicionadas pela liberdade do outro.» (p. 615) Esta relação intersubjectiva entre inteligências que se defrontam e respeitam enquanto seres livres pressupõe exactamente o tipo de limitação e autocontenção que faz tanto de um como do outro Eu indivíduos; devido à sua relação recíproca, cria-se uma «esfera de liberdade em que vários seres se partilham». Eu enquanto indivíduo tenho de me opor a outro e voltar a opor esse indivíduo a mim. Com isto, está demonstrado «que o ser racional não se pode pôr, como tal, dotado de autoconsciência sem se pôr como *indivíduo,* como um entre vários seres racionais que ele admite fora de si.»[19]

Fichte, em todas as suas construções, na doutrina da ciência tal como na doutrina moral, parte do círculo da filosofia da consciência: que o sujeito cognitivo, na consciente certificação de si próprio, ao fazer-se inevitavelmente objecto, não chega a si próprio como fonte previamente existente, anterior a toda a objectivação, pura e simplesmente subjectiva de realizações espontâneas de consciência. O Eu, na sua espontaneidade, é suposto fazer-se objecto. No entanto, a solução que Fichte propõe com vista à dedução do conceito de direito permanece retida nesse círculo inicial. Pois, a individuação do Eu, que torna possível uma relação intersubjectiva entre vários indivíduos e, com isso, o encontro com uma liberdade alheia, revela-se, à medida que a construção avança, como mera ilusão. Através dos conceitos da filosofia do sujeito, Fichte pode determinar a individualidade apenas como autolimitação, como renúncia à possibilidade da realização da própria liberdade – e não como a formação produtiva das forças do próprio ser. Como os sujeitos só podem ser objectos uns para os outros, a sua individualidade, também na actuação com que se limitam reciprocamente, não vai além das determinações objectivistas da liberdade de escolha estratégica segundo o padrão arbitrário de sujeitos jurídicos privados e autónomos. Quando as limitações da liber-

---

[19] Fichte, *Grundlagen des Naturrechts*, 1796, *ibidem*, p. 12.

dade subjectiva se encontram deduzidas como jurídicas, também a individualidade dos sujeitos jurídicos perde qualquer significado. O Eu originário de Fichte figura, de par com o Eu transcendental, criador do mundo, no singular – como um face a tudo; por isso, a subjectividade «livremente actuante», da qual quero assegurar-me sem restrições e na consciência de mim mesmo, revela-se em cada consciência individual novamente como algo universal, como a egoidade em geral. Como para esta é «acidental que *eu*, o indivíduo A, seja precisamente A; e que o impulso de autonomia deva ser um impulso de egoidade, essencialmente enquanto tal; assim, este impulso não visa a autonomia do indivíduo A, mas a autonomia da razão em geral [...]; se esta apenas puder ser apresentada nos indivíduos A, B, C, etc., e *através* deles, é-me necessariamente indiferente que seja eu, A, B ou C que a apresente [...]; o meu impulso terá sido sempre satisfeito, pois ele não quisera outra coisa.»[20]

Fichte não consegue esgotar o potencial da sua proposta de solução porque se vê obrigado a diluir a relação intersubjectiva, pela qual, afinal, o Eu se singulariza para dar lugar a vários indivíduos, numa relação do tipo sujeito-objecto. O problema da intersubjectividade que, nos limites da filosofia do sujeito, é irresolúvel, e que se vai colocando de uma maneira cada vez mais insistente, passando pela quinta das *Meditações Cartesianas* de Husserl até à construção de Sartre do ser-para-outros, já se encontra esboçado em Fichte – essa dinâmica da objectivação recíproca que passa ao lado da especificidade de uma compreensão da linguagem partilhada a nível intersubjectivo e de uma relação comunicativa entre a primeira e a segunda pessoa[21]. Por um lado, Fichte, com o seu argumento central, reivindica a linguagem como um *medium* através do qual alguém pode *exortar* outrem à espontaneidade, e pode confrontá-lo com a sua expectativa. Mas, à semelhança de todos os representantes da filosofia da consciência, ele olha através da linguagem como se ela fosse um *medium* vítreo e isento de qualidades.

Fichte deu início a uma nova abordagem do conceito da individualidade. Não obstante, para que as suas intuições se tornassem fecundas, elas tinham de ser desprendidas da arquitectónica da sua doutrina da ciência. W. v. Humboldt irá investigar a relação entre a individualidade e a intersubjectividade com recurso a essa síntese

---

[20] Fichte, *Sittenlehre, ibidem,* pp. 625 e segs.
[21] M. Theunissen, *Der Andere,* Berlim, 1977, pp. 176 e segs.

não violenta que se verifica no processo do entendimento através da linguagem. E a ideia de que cada indivíduo tem, antes de tudo o mais, de *fazer* de si mesmo aquilo que é, será agudizada por Kierkegaard no acto em que cada um assume de forma responsável a sua própria história de vida. Finalmente, a fusão da constituição do mundo com a autodeterminação que Fichte efectua no conceito da espontaneidade mostra-se frutuosa para a concepção de um eu-identidade, *reivindicado* por mim para mim. No entanto, antes que o sentido enfático da individualidade possa transitar inteiramente para o uso performativo do pronome pessoal da primeira pessoa, a associação singular operada por Fichte entre a reflexão e a realização da acção nesse acto de autoposição ao qual, por assim dizer, foi implantado um olho, tem de ser aliviada de pretensões teóricas. Será G. H. Mead a realizar este pensamento, reconduzindo a instância do Eu (I) tal como ela é concebida na filosofia da consciência, a um «mim» (ME), a um si-mesmo que somente vem a existir debaixo dos olhos de um *alter ego* – transferindo, com isso, todos os conceitos fundamentais filosóficos da base da consciência para a da linguagem.

IV

Para Humboldt, a linguagem é o todo composto pelo sistema das regras gramaticais e do discurso. Sendo ela própria desprovida de sujeito, a linguagem permite essa prática linguística entre sujeitos que fazem parte de uma comunidade linguística e através dos quais, ao mesmo tempo, a linguagem se renova e conserva enquanto sistema linguístico. O interesse de Humboldt centra-se, antes de mais, no seguinte fenómeno: no processo da comunicação linguística opera uma força sintética criadora da unidade na pluralidade, através de um *novo* caminho que não o da subsunção da variedade sob uma regra geral. Kant tomara a construção de uma série de números como modelo para ilustrar a produção da unidade. Humboldt substitui o conceito construtivista da síntese pela concepção da união não violenta no diálogo. À perspectiva unificadora que aproxima o sujeito produtor, primeiro com as suas formas de intuição e categorias, do material sensível e, depois, com o «Eu penso», da apercepção transcendental, da corrente das próprias vivências, substitui-se a diferença confirmada entre as perspectivas, a partir das quais os participantes de uma comunicação se entendem sobre uma e mesma coisa. Estas perspectivas de locutor(es) e ouvinte(s) já não convergem para o fulcro de uma subjectividade centrada sobre si própria; entrecruzam-se no centro da linguagem – e com este centro Humboldt designa o «diálogo recíproco em que ocorre uma verdadeira permuta de ideias e sentimentos.» Neste diálogo actualiza-se, de modo sempre renovado, o «inalterável dualismo» entre discurso e contradiscurso, pergunta e resposta, enunciado e réplica. A menor unidade analítica é, por isso, a relação entre o acto de fala do *ego* e a tomada de posição do *alter.* Humboldt aplica um grande esforço na análise do uso dos pronomes pessoais; ele pressente na relação eu-tu e tu-mim, diferenciada da relação eu-ele e eu-aquilo, as condições específicas para essa síntese não violenta do entendimento linguístico que, ao mesmo tempo, socializa e individualiza os participantes.

Será Mead o primeiro a fazer da atitude performativa da primeira pessoa face à segunda – e sobretudo da relação simétrica tu-mim – a chave da sua crítica do modelo simétrico da auto--relação do sujeito que se objectiva a si mesmo. No entanto, já Humboldt parte daqui a fim de esclarecer a experiência fundamental de qualquer intérprete – nomeadamente a experiência de que a linguagem só se apresenta no plural de linguagens particulares que se representam como totalidades individuais, sendo ainda assim porosas umas em relação às outras. As linguagens, por um lado, imprimem o seu cunho individual a concepções do mundo e formas de vida, dificultando assim as traduções de uma língua para a outra; mas, mesmo assim, elas convergem, quais raios, na meta comum do entendimento universal: «A individualidade fragmenta, mas de um modo tão miraculoso que desperta, justamente pela separação, o sentimento de unidade, apresentando-se como um meio de a realizar pelo menos idealmente [...] Ao pugnar na profundidade do seu interior por essa unidade e universalidade, o homem quer ultrapassar as fronteiras separadoras da sua individualidade, vendo-se, contudo, obrigado a apurar a sua individualidade neste seu combate. Assim sendo, faz progressos sempre crescentes numa aspiração sempre impossível. Ora, aqui ele é socorrido, de um modo deveras miraculoso, pela linguagem que também associa enquanto individualiza e que encerra no envoltório da expressão mais individual a possibilidade de um entendimento geral.» ([22])

([22]) W. v. Humboldt, *Über die Verschiedenheit des menschlichen Sprachbaus*, 1827-1829, in (Flitner), vol. III, pp. 160 e segs.

Humboldt não chegou, porém, a fornecer qualquer explicação plausível para o facto de a linguagem ser um mecanismo que *ao mesmo tempo* individualiza e associa.

Fichte tinha derivado o Eu individual do facto de um sujeito singular ter de se contrapor ao outro numa relação intersubjectiva. A necessidade de um encontro entre o *ego* e o *alter* era suposta resultar do facto de um Eu que, de forma paradoxal, se pôs a si *próprio*, poder unicamente tomar consciência de si no modo da subjectividade que age. Ora, Sören Kierkegaard apropria-se desta peculiar figura do pensamento da autoposição ao ponto de interpretar a auto-relação como um comportamento em relação a si mesmo, no qual ao mesmo tempo me comporto em relação a um outro que é anterior a mim e do qual esta relação depende ([23]). Certamente Kierkegaard já não identifica este outro com o Eu absoluto enquanto sujeito do acto originário da autoposição. Nesse caso, porém, coloca-se com uma acuidade acrescida o problema de como um sujeito pode encontrar-se, mesmo assim, como sujeito espontâneo sob as circunstâncias contingentes de uma história de vida que ele não pode escolher – precisamente na consciência de ser quem se fez. O acto de autoposição tem, agora, de ser imputado a um indivíduo envolvido na História; o si-mesmo tornado histórico, situado, tem de se recolher a si mesmo a partir da facticidade de uma forma de vida natural.

Isso apenas é possível se o indivíduo se apropriar da sua própria história de vida de uma forma crítica: num acto paradoxal, tenho de me escolher como aquele que sou e que quero ser. A *história de vida* torna-se o princípio da individuação, mas somente pelo facto de ser transposta por um semelhante acto de escolha de si próprio para uma forma de existência auto-responsável. Esta decisão extraordinária da autoposição, que coloca o si-mesmo tornado histórico com efeitos, por assim dizer, retroactivos sob a sua própria alçada, resulta na pretensão de o indivíduo ser idêntico consigo próprio no quadro da vida ética: «Agora descobre que o si-mesmo que escolhe oculta em si uma riqueza infinita, na medida em que possui uma história em que assume a sua identidade consigo mesmo» ([24]). O indivíduo autêntico deve a individuação a si mesmo; enquanto produto determinado de um determinado meio

---

([23]) S. Kierkegaard, *Die Krankheit zum Tode,* secção I, A.
([24]) Kierkegaard, *Entweder-Oder,* Colónia e Olten, 1960, p. 774.

histórico, assumiu a responsabilidade pelos seus próprios actos: «Ao escolher-se a si mesmo como produto (pode)-se dizer a seu respeito, com a mesma pertinência, que ele se produz a si mesmo.» (p. 816) A espontaneidade, para Kierke-gaard, está associada à «assunção» da individualidade, visto que esta tem de se comprovar no material recalcitrante da própria história de vida: «Quem vive de uma forma ética, suprime de certa forma a distinção entre o contingente e o essencial, visto que se assume inteiramente como algo essencial; no entanto, aquela distinção regressa, uma vez que, depois de a ter suprimido, ele assume uma responsabilidade essencial, em relação ao que exclui como fortuito, a responsabilidade de o ter excluído (p. 827)». Na atitude performativa do sujeito que se escolhe a si mesmo, a oposição metafísica entre o que pertence ao indivíduo essencialmente e o que lhe pertence de forma acidental perde todo o seu significado.

Fichte introduzira dois temas que Humboldt e Kierkegaard recuperaram a partir da perspectiva inflectida pela orientação histórica do pensamento: a individualidade e a intersubjectividade linguística, assim como a individualidade e a identidade associada à história de vida. Os dois temas encontram-se ligados pela ideia de que é necessário o chamamento, a exortação ou a expectativa de um outro para despertar em mim a consciência da espontaneidade. A «alternativa» de Kierkegaard coloca-se inevitavelmente no diálogo da alma solitária com Deus. O estado da vida ético é apenas a passagem para o religioso, onde o diálogo consigo mesmo revela ser a máscara atrás da qual se ocultara a prece, o diálogo com Deus. Assim, a consciência cristã do pecado e a necessidade protestante da graça constituem o verdadeiro aguilhão para a conversão a uma vida que unicamente ganha forma e coerência tendo em conta a justificação, devida no dia do Juízo Final, de uma existência impermutável e única. De S. Agostinho até Kierkegaard, os monólogos interiores do escritor que formula uma confissão, actuando com sentido de missão, mantêm a estrutura da oração. No entanto, já em meados do século XVIII, Rousseau deu forma profana à confissão dos pecados perante um Deus juiz numa autoconfissão que o cidadão particular submete perante o público leitor burguês. A oração é deflacionada num diálogo público([25]).

([25]) Cf., quanto ao que se segue, H. R. Jauß, *Ästhetische Erfahrung und literarische Hermeneutik*, Frankfurt, 1982, pp. 232 e segs.

Em Janeiro de 1762, Rousseau escreve ao senhor de Malherbes quatro cartas, nas quais se apresenta e projecta como aquele que ele é e quer ser com vontade de autenticidade. Mais tarde, prosseguirá esta auto-apresentação existencial nas suas *Confissões*, nos *Diálogos* e, finalmente, nos *Devaneios de Um Caminhante Solitário*, com uma intensidade e um desespero crescentes. Já nessas cartas iniciais são enumerados os pressupostos comunicativos do processo público de um auto-entendimento e certificação identitária implacável. Rousseau dirige as suas revelações a Malherbes a fim de se justificar perante ele: «V. Ex.ª ajuizará sobre isso depois de eu ter dito tudo.» ([26]) Porém, o destinatário não passa do representante de um público omnipresente. Se, por um lado, a forma epistolar denuncia o carácter privado do seu conteúdo, por outro, a pretensão de sinceridade radical, com que Rousseau escreve as suas cartas, requer um público ilimitado. O verdadeiro destinatário é o público universal, que vai para além do seu público contemporâneo, e que pertence a uma posteridade que o julgará com justiça: «Quer resulte na minha vantagem ou desvantagem, não temo ser visto tal como sou.» (*ibidem*, p. 48.)

O pano de fundo religioso continua presente, mas apenas constitui uma metáfora, para uma cena do mundo interior privada de toda e qualquer transcendência, na qual ninguém conhece melhor o autor que ele próprio. Só ele possui um acesso privilegiado à sua interioridade. Não falta a experiência da conversão, que pode ser datada com a referência do local e da hora, como também não falta o tema da consciência do pecado e a esperança da salvação. Mas os equivalentes profanos transformam o sentido da justificação religiosa no desejo de ser reconhecido, perante o fórum de todos os semelhantes, como aquele que se é e se quer ser: «Conheço os meus grandes defeitos e sinto vivamente todos os meus vícios. Com tudo isso morrerei cheio de esperança no supremo Deus, firmemente convicto de que de todos os homens que na minha vida conheci nenhum foi melhor que eu.» (*ibidem*, p. 481.) Na verdade, Rousseau sabe que depende do julgamento do público. É o reconhecimento deste que ele quer conquistar para si; sem este, a escolha de si radical permaneceria sem confirmação. Depois do eixo vertical da oração se ter inclinado no sentido horizontal da comunicação entre

---

([26]) J.-J. Rousseau, *Quatre Lettres à M. le Président de Malesherbes*, in *Œuvres complètes*, Pléiade, 1986, p. 1133.

seres humanos, o indivíduo já não pode comprovar a sua pretensão enfática à individualidade unicamente pela apropriação reconstrutiva da história da sua vida; se essa reconstrução acaba por ser bem sucedida, isso depende das tomadas de posição dos outros. Deste ponto de vista secularizado, o conceito da individualidade, *utilizado de uma forma performativa*, libertou-se por completo do seu uso descritivo. No diálogo, a pretensão de individualidade da primeira pessoa levantada perante uma segunda pessoa ganha um significado em tudo diferente. As confissões justificativas, com que pode ser autenticada a pretensão levantada de forma performativa da identidade própria, não podem ser confundidas com a descrição invariavelmente selectiva de um indivíduo. O género literário da carta, da confissão, do diário, da autobiografia, do romance de aprendizagem e da auto-reflexão exposta de uma forma didáctica, que escritores como Rousseau e Kierkegaard utilizam com predilecção, testemunha a mudança que afecta aqui o modo ilocutório: não se trata de *relatos* e constatações na perspectiva de um observador, nem de *auto-observações*, mas de *auto-apresentações* interessadas com que é justificada uma complexa pretensão frente a segundas pessoas: a pretensão de reconhecimento da identidade impermutável de um Eu que se manifesta através de uma conduta de vida consciente. A tentativa, que permanece sempre fragmentária, de tornar esta pretensão expressa numa atitude performativa credível com recurso a um projecto de vida totalizante, não deve ser confundida com o projecto descritivo inexequível de caracterizar um sujeito pela totalidade de todos os enunciados que possivelmente se apliquem a ele. As *Confissões* de Rousseau podem mais facilmente ser concebidas como um abrangente auto-entendimento ético que é apresentado ao público, com uma intenção justificativa, para que este tome uma posição. Elas fazem parte de um género diferente da apresentação que um historiador poderia fazer da vida de Rousseau. Não se medem pela verdade de afirmações históricas, mas pela autenticidade da auto--apresentação. Expõem-se, como Rousseau sabe, à acusação da *mauvaise foi* e da auto-ilusão, mas não à da falta de verdade.

V

Leibniz tinha conservado o sentido descritivo para o significado da individualidade que ultrapassava o da mera singularidade, com a ressalva de que não existe ser cujo conceito individual possa ser explicado por completo. Fichte tinha conciliado a filosofia teórica e prática de Kant no ponto culminante do acto-acção [*Tathandlung*]; é por isso que nele os momentos do conhecimento e da execução do acto se fundem na espontaneidade do sujeito que se põe a si mesmo. A discussão ulterior demonstrou que o conteúdo semântico da «individualidade» pode unicamente ser salvaguardado se reservarmos esta expressão para a utilização performativa e a utilizarmos, em todos os contextos descritivos, apenas no sentido da «singularidade». As nossas considerações históricas sobre a semântica desembocam, portanto, na recomendação de se explicar o significado da expressão «individualidade» com referência à autocompreensão de um sujeito capaz de falar e agir que se apresenta e, em caso de necessidade, justifica como uma pessoa impermutável e inconfundível perante outros interlocutores. Esta autocompreensão, por muito difusa que permaneça, fundamenta a identidade do Eu. Nela articula-se a auto-consciência, não como a auto-relação de um sujeito cognitivo, mas como a autocertificação ética de uma pessoa capaz de responder pelos seus actos. Situado no horizonte de um mundo da vida partilhado a nível intersubjectivo, o indivíduo projecta-se como alguém que *garante* a continuidade, mais ou menos claramente estabelecida, de uma história de vida mais ou menos conscientemente apropriada; à luz da sua individualidade adquirida, também de futuro quer ser identificado como alguém que se fez por si mesmo. Numa palavra, o significado da «individualidade» deve ser explicado com base na autocompreensão ética de uma primeira pessoa em relação a uma segunda pessoa. Só pode possuir um conceito de individualidade, que vá para além da mera singularidade, quem souber quem é e quer ser – perante si e perante outros.

É verdade que não deixa de ser problemático atribuir-se a esta autocompreensão o estatuto de um saber, se este não puder ser decomposto num número finito de proposições, podendo, antes, enquanto pretensão que busca reconhecimento, ser unicamente ilustrado sob a forma de confissões ou auto-apresentações susceptíveis de serem desenvolvidas *ad hoc*. Trata-se de um saber performativo *sui generis*. Também o saber performativo que o locutor exprime, por exemplo na execução de um acto ilocutório, com recurso a uma proposição performativa, acompanha apenas de uma forma colateral o saber explícito expresso no componente proposicional; mas este saber pode, no entanto, tornar-se na sua totalidade objecto de um *outro* acto de fala constativo e, assim, ser traduzido num saber proposicional. A autocompreensão totalizante de um indivíduo subtrai-se a uma explicação tão fácil. Qualquer tentativa de certificação e de justificação da própria identidade tem de permanecer fragmentária. Em Rousseau, foram primeiro cartas, depois confissões, a seguir esclarecimentos relativos às confissões que adoptam a forma de diálogos, de notas de diário, de livros. Seria completamente errado considerar estas tentativas exemplares como um sucedâneo de uma explicação inexequível, de forma *descritiva*, do inefavelmente individual. A autocompreensão de uma pessoa, fundadora da sua identidade, não possui qualquer sentido *descritivo*; tem o sentido de uma *garantia;* e o destinatário terá compreendido *inteiramente* o significado desta última, mal ele saiba que o outro se responsabiliza pela capacidade de ser ele próprio. Isso, por outro lado, *manifesta-se* na continuidade de uma história de vida assumida de um modo mais ou menos consciente.

Assim também se explica por que uma semelhante autocompreensão, que se articula na totalidade de um projecto de vida, necessita da confirmação por parte de outros, quer se trate de participantes concretos ou possíveis de uma interacção. A circunstância de Rousseau e Kierkegaard terem permanecido tão dependentes da tomada de posição do seu público aponta para além dos motivos específicos que faziam parte das suas pessoas. Em termos fenomenológicos, é fácil mostrar que as estruturas identitárias não ameaçadas, para poderem ser minimamente seguras, têm de estar ancoradas em condições de reconhecimento intersubjectivo. Este facto clínico encontra a sua explicação na circunstância de a estrutura, pela qual alguém assume a garantia com a sua pretensão de individualidade, não constituir, de forma alguma – tal como o sugere a conceptualidade decisionista de Fichte a Kierkegaard (e Tugendhat([27])) – o que a pessoa tem de mais próprio. Ninguém pode dispor da sua identidade como se de uma propriedade se tratasse. Essa garantia não deve ser compreendida segundo o modelo de uma promessa, à qual um locutor autónomo associa a sua vontade; *desta* forma, ninguém pode comprometer-se a manter-se idêntico a si mesmo, ou a ser ele mesmo. O facto de isso não estar inteiramente nas suas mãos explica-se a partir de uma singela circunstância. O auto- da autocompreensão ética não constitui a propriedade absolutamente inte-

---

([27]) E. Tugendhat, *Selbstbewußtsein und Selbstbestimmung*, Frankfurt, 1979.

rior do indivíduo. Esta aparência surge do individualismo possessivo de uma filosofia da consciência que parte da auto-relação abstracta do sujeito cognitivo, em vez de a compreender como resultado. O auto- da autocompreensão ética depende do reconhecimento por parte de destinatários, e constitui-se primeiramente como resposta às exigências de um adversário. Na medida em que os outros pressupõem a minha capacidade de responder pelas minhas acções, eu faço de mim mesmo, passo a passo, aquele em que me tornei na convivência com os outros. Não posso manter apenas pela minha força própria o Eu que me parece ser dado, na minha autoconsciência, como um bem absolutamente próprio – ele não me «pertence». Este Eu conserva, antes, um núcleo intersubjectivo, porque o processo da individuação de que provém atravessa a rede das interacções mediadas pela linguagem.

G. H. Mead foi o primeiro a pensar com rigor este modelo intersubjectivo do Eu produzido a nível social. Abandona o modelo reflexivo da autoconsciência, segundo o qual o sujeito cognitivo se refere a si mesmo como um objecto, a fim de se apropriar de si mesmo e, assim, tomar consciência de si mesmo. A doutrina da ciência de Fichte *começa* pelas aporias da filosofia reflexiva, mas Mead é o primeiro a sair destas aporias pela via de uma análise da interacção, embora esta já se encontre prefigurada na doutrina moral de Fichte.

VI

Mead retoma o programa da Filosofia da consciência, mas segundo os pressupostos naturalistas da psicologia funcionalista de John Dewey. No início, começa por se interessar pela explicação da subjectividade e da autoconsciência de forma epistemológica, isto é, do ponto de vista do psicólogo que procura justificar a constituição da sua área temática. É esta a interrogação de um dos seus primeiros artigos, «Sobre a definição do psíquico» (1903). À questão da acessibilidade do mundo subjectivo por parte do psicólogo não tarda em associar-se a questão genética das condições em que emerge uma vida autoconsciente. Uma resposta exploratória encontra-se no artigo «A consciência social e a consciência dos significados» (1910). Numa sequência rápida são publicados mais artigos, em que Mead elabora a solução do duplo problema de um acesso auto-reflexivo à consciência e da génese da autoconsciência([28]). O último artigo desta série, «A identidade social» (1913), começa por esse círculo da reflexão de que Fichte tinha partido: o «Eu», que o sujeito cognitivo descobre ser na sua auto-reflexão, encontra-se sempre já objectivado num «mim» meramente intuído. A este Eu transformado em objecto tem de ser pressuposto o Eu espontâneo, ou seja, o Eu da auto-reflexão, não se encontrando este, contudo, dado no seio da experiência consciente: «No momento em que este é representado, ele transitou para o estado de objecto e pressupõe um Eu que observa; um Eu que só pode revelar-se diante si mesmo deixando de ser o sujeito para o qual existe o objecto «mim».»([29])

A ideia com que Mead quebra este círculo da reflexão auto--objectivadora([30]) requer a transição para o paradigma da interacção mediada a nível simbólico. Enquanto a subjectividade for pensada como o espaço interior de representações próprias – que se abre pelo facto de o sujeito que representa objectos se debruçar, como num espelho, sobre a sua actividade produtora de representações – tudo o que for subjectivo só se encontra acessível sob a forma de objectos da auto-observação ou introspecção e o próprio sujeito só é acessível como um «mim» objectivado nessa contemplação. Na verdade, este liberta-se desta contemplação reificante assim que o sujeito não figure no papel de um *observador*, mas no de um *locutor*, e aprenda a ver-se e compreender-se na *perspectiva social* de um *ouvinte* com o qual depara no diálogo, enquanto *alter ego* desse outro *ego*: «O si-mesmo que enfrenta conscientemente o si-mesmo de outro transforma-se, portanto, num objecto, num outro em relação a si mesmo, unicamente pelo facto de se ouvir a falar e responder.»([31])

Em termos intuitivos, é evidente que eu, enquanto primeira pessoa, não me objectivo da mesma maneira numa auto-relação, mediada pela relação com uma segunda pessoa, como na introspecção. Enquanto esta pressupõe a atitude objectivante de um observador que se defronta consigo mesmo na terceira pessoa, a atitude performativa do locutor e do ouvinte pressupõe a diferenciação entre o «Tu» – *alter ego* cujos olhos se encontram à mesma altura que os meus e *com quem* procuro um entendimento – e

---

([28]) Contidos em G. H. Mead, *Gesammelte Aufsätze*.
([29]) *Ibidem*, p. 241.
([30]) Cf. H. Joas, *Praktische Intersubjektivität*, Frankfurt, 1980, pp. 67 e segs.
([31]) Mead, *Aufsätze*, vol. 1, p. 244.

«algo», *sobre* o qual quero entender-me com ele. Mead explica o auto- da autoconsciência como aquele objecto *social* que o actor descobre em si na acção comunicativa, quando se adapta à relação actual Eu-Tu e, nesse acto, se encontra consigo mesmo como o *alter ego* do seu *alter ego*. Opõe-se, portanto, na primeira pessoa da sua atitude performativa, a si próprio enquanto segunda pessoa. Neste acto, surge um *me* (mim) completamente diferente. Também este não é idêntico com o *I* que age de forma espontânea e que, como sempre, se subtrai a qualquer experiência directa; no entanto, o *me* acessível numa atitude performativa apresenta-se como a recordação exacta de um estado espontâneo do Eu que, nomeadamente, se pode depreender facilmente da reacção da segunda pessoa. O si-mesmo que me está dado, mediado pelo olhar do outro na minha direcção, é a «imagem mnésica» do meu *ego*, tal como ele acaba de agir cara a cara no olhar de um *alter ego*.

Entretanto, esta construção expõe-se à objecção de aplicar-se apenas à auto-relação reflectida de um sujeito que se encontra em diálogo consigo mesmo, mas não à autoconsciência *originária* que já tem de ser *pressuposta* para a enunciação de simples frases vivenciais. Segundo Wittgenstein, enunciados como

(1) Tenho dores de dentes;
(2) Tenho vergonha;
(3) Tenho medo de ti;

ainda retêm, não obstante a sua estrutura proposicional, algo do carácter sintomático desses gestos de expressão corporal que ocasionalmente substituem. Os próprios gestos quando são empregues com uma intenção comunicativa, *como* expressões linguísticas, traem uma relação intencional do sujeito para consigo mesmo, sem que possamos já atribuir-lhe a auto-relação reflectida «de um diálogo interiorizado»([32]). Esse *me*, que terá surgido da adopção da perspectiva de um *alter ego*, apenas poderia explicar a autoconsciência como um fenómeno originário se fosse situado num plano mais profundo, nomeadamente abaixo do nível de uma competência linguística já adquirida e utilizada nos monólogos interiores([33]). Na realidade,

---

([32]) *Ibidem*, p. 245

([33]) De outro modo não seria possível responder às objecções formuladas por D. Henrich em *Was ist Metaphysik?—was Moderne? Thesen gegen Jürgen Habermas*, em D. Henrich, *Konzepte*, Frankfurt, 1987, pp. 34 e segs.

Mead assume que temos de *pressupor* a autoconsciência para a utilização de símbolos com um significado idêntico. Comecemos por recapitular, antes de mais, os princípios de Mead.

Nos seus primeiros trabalhos, Mead tinha-se apoiado em reflexões de John Dewey, a fim de desencobrir por detrás do «mim», introspectivamente reificado pela psicologia positivista, o «Eu» como fonte das realizações espontâneas. Inicialmente, Mead procurou um acesso ao mundo subjectivo através do conceito pragmático, já introduzido por Peirce, da problematização de uma interpretação da situação. Um «problema» perturba a execução de um plano de acção adoptado, subtrai a uma expectativa até aí comprovada a base da sua validade e provoca um conflito dos estímulos subjacentes à acção. Nesta fase da desintegração, aquilo que tivemos como objectivo desmorona-se: «os nossos objectos (são) expulsos da sua posição objectiva e relegados para um mundo subjectivo»([34]). O excerto do mundo que se tornou problemático é destituído, no interior de um horizonte do mundo mantido intacto, da sua familiaridade e da sua validade; subsiste enquanto material das representações *puramente subjectivas*, constituindo assim a matéria de que é feito «o domínio do psíquico». Assim, o actor torna-se consciente, no momento da «perturbação» de um curso de acções convencionado, da sua subjectividade, visto que, por abdução, tem de constituir a partir dos escombros das representações invalidadas hipóteses melhores, ou seja, tem de reconstruir a sua interpretação da situação. Por esta via, a psicologia funcionalista encontra o seu objecto que é precisamente o domínio do psíquico, na perspectiva de um agente que, numa atitude performativa, se apercebe da execução da sua acção interrompida pela problematização: «A área temática da psicologia funcionalista é aquele estádio da experiência em que temos um conhecimento imediato de estímulos de acção conflituosos que retiram ao objecto o seu carácter de objecto e, nesse sentido, nos deixam numa atitude de subjectividade, durante a qual se constitui um novo objecto-estímulo, devido à nossa actividade reconstrutiva que se encontra associada ao conceito do sujeito Eu»([35]).

Esta «definição do domínio psíquico» tinha por função esclarecer o fenómeno inexplicável, a saber, o mundo subjectivo de um sujeito que constrói hipóteses, exercendo uma actividade abdutiva. Mead não tarda a ver que esta tentativa de explicação está votada

---

([34]) Mead, *Aufsätze*, vol. 1, p. 126.
([35]) *Ibidem*, p. 143.

ao fracasso; pois este caminho não lhe permite tornar plausível de que modo o sujeito, na actividade dispendida para solucionar um problema, se descobre a si mesmo. É verdade que o actor, no momento em que, por exemplo, se apercebe de que a bola é demasiado pesada, o buraco é demasiado grande, o tempo está demasiado incerto para ousar o respectivo lançamento, o salto ou o passeio, se encontra a braços com um problema que pode fazê--lo tomar consciência da desvalorização das *premissas* da sua acção postas em xeque face à realidade; mas a maneira como o *próprio processo de solução de problemas*, que conduz a novas premissas de acção, poderia tornar-se *consciente*, mantém-se obscura. Mead só pode explicar o fenómeno e a génese da vida consciente depois de ter abandonado o modelo de Dewey, que implica a relação instrumental de um actor solitário com coisas e acontecimentos, para passar ao modelo da relação interactiva de vários actores.

Mead amplia a conhecida abordagem etológica que caracteriza o organismo singular no seu ambiente específico acrescentando--lhe a dimensão social. Concentra-se nas relações entre vários organismos (da mesma espécie), visto que o comportamento que visa solucionar os problemas em semelhantes interacções está sujeito a condições de dupla contingência. Contrariamente ao ambiente físico representado pelas nuvens a avolumarem-se no céu, um objecto social pode, nas suas reacções comportamentais, também ser influenciado pelo meu próprio comportamento. Esta constelação significa, por um lado, que o perigo das minhas expectativas de comportamento convencionadas se tornarem problemáticas por reacções imprevistas do lado contrário ganha uma maior consistência; por outro lado, ela promete uma vantagem selectiva à parte que seja capaz de calcular as suas próprias reacções comportamentais e capaz de reagir ao outro de uma forma *autoconsciente* num sentido elementar: «Quando alguém reage às condições climatéricas, isso não tem qualquer influência sobre o estado do tempo [...] Ao contrário, um comportamento social bem sucedido conduz a uma área onde a consciência das próprias atitudes permite o controlo do comportamento alheio.»([36]) Este argumento funcionalista chama a atenção para situações de interacção que são o local onde podem ser esperadas vantagens adaptativas especiais para a emergência da autoconsciência. Mas, como sempre, o problema

---

([36]) *Ibidem*, p. 219.

consiste em saber como uma auto-relação desta forma privilegiada pode, de forma geral, surgir em condições de interacção, *antes que se encontre formado um medium* linguístico e as perspectivas de locutor(es) e ouvinte(s) que permitam ao *ego* assumir perante si mesmo o papel de um *alter ego*. A competência para falar consigo mesmo já pressupõe, por seu lado, uma forma elementar de auto-relação. É esta a razão pela qual Mead, na sua análise, se vê remetido para o nível pré-linguístico da comunicação por gestos.

Uma reconstrução interna das condições de possibilidade da autoconsciência originária pode apoiar-se numa pré-compreensão da comunicação linguística. Alguém pode compreender a reacção comportamental de um outro organismo, desencadeada pelo meu gesto, como se *fosse* uma interpretação desse gesto. Esta ideia de se reconhecer no outro serve de fio condutor para a explicação de Mead, segundo a qual a forma elementar da auto-relação torna-se possível pela interpretação que propõe um outro participante da interacção. A fim de compreendermos os pensamentos de Mead correctamente (talvez um pouco melhor que o próprio), temos de ter em atenção a premissa segundo a qual a interacção mediada por gestos ainda é comandada por instintos. Assim exprimem-se, nos circuitos funcionais do comportamento comandado por instintos, significados «objectivos», atribuídos a partir da perspectiva do etólogo observador, tais como a fuga, a defesa, o carinho, a procriação, etc. ([37]) Neste sentido «objectivo» deve, então, ser também compreendida a «interpretação» que capta o comportamento próprio pela reacção de um outro organismo. Ela não constitui uma interpretação no sentido rigoroso, nem para um organismo, nem para o outro. Mead tem de recorrer a uma outra circunstância, já referida por Herder, para explicar quando o processo objectivo de interpretação do próprio comportamento através da reacção comportamental de um outro pode ser compreendido pelo actor, a quem isso acontece, *como* interpretação – isto é possível quando o gesto interpretado pelo outro é um gesto sonoro.

Com o gesto sonoro que é percebido pelos dois organismos, o actor afecta-se a si mesmo ao mesmo tempo e da mesma forma que o seu parceiro. Esta coincidência permite que um organismo aja sobre si da mesma maneira como age sobre outro, aprendendo neste processo a perceber-se exactamente da forma como é per-

---

([37]) Mead remete aqui para McDougall, *Aufsätze*, vol. 1, p. 202.

cebido da perspectiva de outro enquanto objecto social. Aprende a compreender o seu próprio comportamento na perspectiva do outro, ou seja, à luz da reacção comportamental interpretativa deste. O sentido objectivo pré-existente desta interpretação do meu comportamento – por exemplo como um enunciado ao qual qualquer exemplar da nossa espécie reage com uma atitude agressiva, defensiva ou submissa – agora torna-se acessível a mim enquanto sujeito desse enunciado. O meu gesto sonoro adquire *para mim* um significado que depreendo da perspectiva do outro que a ele reage. Com isto, porém, o gesto sonoro altera o seu carácter. Na auto-afectação, o gesto sonoro representa a reacção comportamental de um outro; é da força interpretativa desta reacção comportamental que ele recebe o seu significado objectivo; ao tornar-se acessível «para mim», o gesto sonoro transforma-se, deixando de ser um segmento comportamental para se transformar num substrato semiótico – o estímulo transforma-se num suporte de significado.

Desta reflexão ressalta de que modo, para Mead, o seu tema se desloca sub-repticiamente, nomeadamente, como o devir de uma auto-relação originária se encontra associado à transição para um patamar novo da evolução da comunicação. Só ao apropriar-se do significado objectivo do seu gesto sonoro, com efeitos estimulantes semelhantes para ambos os lados, o actor assume em relação a si mesmo a perspectiva de um outro participante da interacção e toma consciência de si mesmo como objecto social. Com esta auto-relação, ele desdobra-se na instância de um «mim» que segue o «Eu» performativo como uma sombra, visto que, para «mim», «Eu» enquanto autor de um gesto efectuado de forma espontânea existo apenas sob a forma de uma recordação: «Se, portanto, perguntarmos onde o «Eu» se apresenta de forma directa na experiência própria, a resposta é: enquanto figura histórica. O que fomos, um segundo antes, é esse o «Eu» do «mim»»([38]). O auto- da autoconsciência não é o Eu que age de forma espontânea; este encontra-se apenas consubstanciado na inflexão do significado registado a nível simbólico que, «um segundo antes», obtive para o seu parceiro de interacção no papel do *alter ego*: «O observador que acompanha todo o nosso comportamento consciente ou não de si mesmo não é, pois, o verdadeiro «Eu», que é

([38]) G. H. Mead, *Geist, Identität, Gesellschaft*, Frankfurt, 1968, p. 218 (trad. corrigida).

responsável pelo comportamento *in propria persona*, mas constitui uma reacção ao meu próprio comportamento.» O que dá azo a mal-entendidos é a expressão do «observador». O auto- da auto--relação originária é um «mim» constituído a partir da atitude performativa de uma segunda pessoa, e não um «mim» objectivado a partir da perspectiva de observador de uma terceira pessoa. Por isso, a autoconsciência originária não é um fenómeno inerente ao sujeito nem está à sua disposição, mas é um fenómeno produzido pela comunicação.

VII

Até aqui estivemos a falar da auto-relação epistémica, da relação do sujeito que soluciona problemas, isto é, do sujeito cognitivo em relação a si próprio. A viragem em direcção a uma abordagem intersubjectivista conduz, no que diz respeito à «subjectividade», ao resultado surpreendente de que a consciência, que parece estar centrada no Eu, não constitui nada de imediato ou simplesmente interior. Pelo contrário, a autoconsciência forma-se através da relação simbolicamente mediada com um parceiro de interacção, num percurso que conduz do exterior para o interior. Nesta medida, a autoconsciência possui um núcleo intersubjectivo; a sua posição excêntrica testemunha a dependência contínua da subjectividade face à linguagem, enquanto *medium* pelo qual um se reconhece no outro de um modo não objectivador. Tal como em Fichte, a autoconsciência nasce do encontro com outro Eu oposto ao meu. Até este ponto, o Eu «posto» é comparável ao «mim». Mas este «mim» apresenta-se, da perspectiva naturalista do pragmatismo, como a forma mais elevada, justamente reflectida do espírito, e não como o produto de um Eu preliminar que se subtrai à consciência (e se «põe a si mesmo»). No entanto, Mead negligencia a distinção entre a auto-relação originária, que apenas abre o caminho para a transição de uma comunicação mediada por gestos sonoros para a comunicação genuinamente linguística, e a auto-relação reflectida que apenas se estabelece no diálogo consigo mesmo, ou seja, já pressupõe a comunicação linguística. Somente esta franqueia o acesso ao domínio fenomenal das representações que me são atribuídas, do qual a filosofia do sujeito, desde Descartes, parte como realidades últimas. Esta falta de clareza poderá prender-se com as fragilidades da filosofia da linguagem de Mead que debati noutro lugar([39]).

Igualmente pouco definida permanece a importante distinção entre a auto-relação *epistémica* do sujeito cognitivo e a auto-relação *prática* do sujeito agente. Mead menospreza esta distinção, nas suas aulas([40]), provavelmente porque compreende o «conhecimento» como uma prática que consiste em solucionar problemas, e concebe a auto-relação cognitiva como uma função do agir. No entanto, altera-se a significação do par central de conceitos de *I* e *me*, mal entre em jogo a dimensão motivacional da auto-relação. Por certo, Mead explica a auto-relação prática, tal como a auto-relação epistémica, a partir de uma reorganização do nível da interacção pré-linguística, comandada pelo instinto. Da mesma forma que a auto-relação epistémica surge da transição para um outro modo de comunicação, também aquela provém da passagem para outro mecanismo de controlo comportamental. Não obstante, com estas transições diferenciam-se simultaneamente os dois aspectos da coordenação de comportamentos que ainda coincidem no modelo de uma reacção instintiva desencadeada por estímulos específicos à espécie. A interacção mediada a nível simbólico permite uma regulação cognitiva e auto-referente do comportamento do sujeito; contudo, esta não pode substituir o esforço de coordenação que, até aí, era assegurado por um repertório comum de instintos, ou seja, pela ligação «adequada» das acções de um dos actores às do outro. Esta lacuna é preenchida por expectativas comportamentais generalizadas normativamente que se substituem à regulação por instintos; dito isto, estas normas necessitam de uma consolidação no sujeito que age por intermédio de controlos sociais mais ou menos interiorizados.

Mead explica também esta correspondência entre as instituições sociais e os controlos comportamentais no sistema da personalidade com recurso ao conhecido mecanismo da adopção da perspectiva de um outro que, numa relação interactiva, assume uma atitude performativa em relação ao *Ego*. Mas agora a adopção de perspectivas alarga-se numa adopção de *papéis:* o *ego* assume as expectativas *normativas* do *alter,* e não as expectativas

---

([39]) J. Habermas, *Theorie des kommunikativen Handelns,* Frankfurt, 1981, vol. 2, pp. 30-39.

([40]) G. H. Mead, *Geist, Identität, Gesellschaft,* Frankfurt, 1968, pp. 216 e segs.

cognitivas. Mesmo assim, o processo mantém a mesma estrutura. Uma vez mais, constitui-se pelo facto de eu me perceber como o objecto social de um outro, uma instância reflexiva, através da qual o *ego* se apropria das expectativas de outros. Ao carácter normativo destas expectativas corresponde, porém, uma estrutura alterada deste segundo *me* e uma outra função da auto-relação. O *me* da auto-relação *prática* já não é a sede de uma auto*consciência* originária ou reflectida mas sim uma instância de auto*controlo*. A auto-reflexão assume aqui a tarefa específica da mobilização dos motivos da acção e de um controlo interior dos próprios modos de comportamento.

As etapas do desenvolvimento em direcção a uma consciência moral e convencional, dependente das formas de vida e instituições vigentes, não têm de nos interessar neste contexto[41]. Mead compreende este *me* como o *generalized other*, isto é, como as expectativas comportamentais normativamente generalizadas emanadas do meio social, que de certa forma imigram para o interior da pessoa. Face a esta instância, o *I* comporta-se como uma espontaneidade que se subtrai à consciência. Mas o Eu prático, ao invés do epistémico, constitui um inconsciente que se manifesta de um modo *duplo:* como afluxo dos impulsos sujeitos ao controlo e, igualmente, como fonte das inovações que quebram e renovam os controlos convencionalmente cristalizados. A auto-relação epistémica tinha-se tornado possível devido a um *me* que mantém na memória o «eu» que age espontaneamente, mas também se apresenta, na sua atitude performativa, aos olhos de uma segunda pessoa. A auto-relação prática torna-se possível por um *me* que da perspectiva intersubjectiva do «nós» social, coloca limites à impulsividade e à criatividade de um «Eu» resistente. Deste ponto de vista, o «eu» apresenta-se, por um lado, como a pressão de uma natureza impulsiva pré-social e, por outro, como um ímpeto de imaginação criadora – ou também como impulso para a alteração inovadora de um modo de ver. Esta diferença, por sua vez, deve fazer jus à experiência segundo a qual as formas institucionalizadas do relacionamento social são *diferentemente* questionadas, segundo se trata da revolta dos motivos recalcados e dos interesses reprimidos ou da irrupção de uma linguagem revolucionariamente renovada que nos faz ver o mundo com outros olhos.

---

[41] Habermas, 1981, vol. 2, pp. 53-65.

Em ambos os casos, o *me* da auto-relação prática revela ser um poder conservador. Esta instância encontra-se geminada com a ordem estabelecida. Reflecte as formas de vida e as instituições que se encontram convencionadas e reconhecidas numa sociedade particular. Funciona na consciência dos indivíduos socializados como seu agente e afasta da consciência tudo o que constitua um desvio espontâneo. À primeira vista é contra-intuitivo que Mead atribua estas forças inconscientes do desvio espontâneo a um «Eu» – e não a um *id*, como o fez Freud – se bem que compreenda o auto da auto-relação prática, ou seja, a identidade da pessoa e a consciência das obrigações concretas, como o resultado anónimo de interacções socializantes. Esta confusão não desaparece por completo se nos dermos conta de que não se trata de modo algum de um uso arbitrário da linguagem, mas sim do ponto fulcral de toda esta abordagem.

O auto da auto-relação epistémica não coincide com o Eu enquanto autor da realização espontânea de uma acção, mas aproxima-se deste o mais possível visto que (na recordação) é registado na perspectiva de um *alter ego* co-agente não objectivado. O *terminus ad quem* é aqui a *apreensão* do sujeito na execução das suas realizações espontâneas. Na auto-relação prática, pelo contrário, o sujeito que age não se quer *conhecer*, mas *certificar-se* intimamente enquanto iniciador de uma acção que unicamente lhe pode ser imputada, numa palavra: enquanto vontade livre. Assim, é plausível efectuar esta certificação a partir da perspectiva dessa vontade generalizada ou comunitária que já encontramos, por assim dizer, incorporada nas normas e formas de vida da nossa sociedade reconhecidas e convencionadas a nível intersubjectivo. Só na medida em que crescemos para nos adaptarmos a este meio social é que nos constituímos como indivíduos capazes de responder pelas nossas acções e adquirimos, pela via da interiorização dos controlos sociais, a capacidade de *nós próprios* – de forma voluntária – seguirmos as expectativas consideradas legítimas ou as defraudarmos.

Na verdade, esta interpretação ainda não explica porque Mead mantém, de forma geral, a diferença entre o *me* e o *I*, em vez de permitir que ambas se fundam. O auto da auto-relação prática, afinal, parece integrar *por completo,* no acto da certificação, a livre vontade socialmente constituída. Os componentes inconscientes da personalidade que, enquanto inconsciente, ao mesmo tempo, se lhe subtraem e se fazem notar, dificilmente podem elevar a pretensão ao título do «eu» enquanto sujeito de uma acção responsável: «Unicamente pelo facto de assumirmos os papéis de outros somos capazes de nos reportarmos a *nós próprios*.»([42]) Esta intelecção, que já é válida para a auto-relação epistémica, ganha uma *nuance* especial para a auto-relação prática. O auto- da auto-relação prática não é só a sombra de uma memória que se aconchega a uma espontaneidade preliminar, mas uma vontade que só pela socialização se constitui num «Eu quero», num «Eu posso estabelecer um novo ponto de partida, por cujas consequências sou responsável». E, de facto, Mead diz: «o outro generalizado da sua experiência dota-o de uma identidade-Eu.»([43])

Dito isto, o esclarecimento que Mead dá quanto ao modo de funcionamento desta identidade-Eu deixa já pressentir porque não a equipara ao «eu»: «Louvamo-nos a nós próprios e também nos censuramos a nós próprios. Damos palmadas nas nossas costas e batemos em nós próprios, possuídos por uma raiva cega. Ao censurarmos as nossas representações e os nossos monólogos interiores e ao afirmarmos as regras e os princípios gerais da nossa comunidade comunicativa adoptamos a atitude generalizada do grupo.»([44]) O *me* é o suporte de uma consciência moral que se mantém apegada às convenções e práticas de um grupo específico. Representa o poder de uma *determinada* vontade colectiva sobre uma vontade individual que ainda não chegou a si mesma. Esta última não consegue reconhecer-se *inteiramente* na identidade própria, produzida de forma socializante, enquanto esta identidade nos encorajar a «batermos em nós próprios, possuídos por uma raiva cega». O *me* caracteriza uma formação identitária que só permite um agir responsável ao preço de uma sujeição cega a controlos sociais exteriores que, apesar da adopção de papéis, permanecem exteriores. A identidade-Eu convencional é, no melhor dos casos, o lugar-tenente da verdadeira identidade. E é devido a esta diferença que Mead também não pode suprimir a diferença entre *I* e *me*, mesmo no que diz respeito à auto-relação prática.

Neste ponto importante, Mead recorre a processos de diferenciação social e às experiências de emancipação de formas de vida

---

([42]) Mead, *Aufsätze*, vol. 1, p. 318.
([43]) *Ibidem*, p. 320.
([44]) *Ibidem*, p. 323.

estreitamente circunscritas, tradicionalistas e padronizadas que regularmente acompanham a transição e a integração em grupos de referência e modos de relacionamento alargados, ao mesmo tempo mais abrangentes e funcionalmente diferenciados. Fala, neste contexto, do processo de «civilização» da sociedade que significaria um progresso na individuação de cada um: «Na sociedade primitiva, a individualidade manifesta-se num grau muito maior do que na sociedade civilizada através da adaptação mais ou menos perfeita a um determinado tipo social [...] Na sociedade civilizada, a individualidade manifesta-se muito mais pela rejeição ou realização modificada dos respectivos tipos sociais [...] Ela tende a ser muito mais singular e diferenciada.»([45]) Isto coincide com as descrições de Durkheim e dos outros clássicos da sociologia. A originalidade de Mead manifesta-se no facto de ele ser capaz de conferir um significado mais exacto aos conceitos fundamentais da sociologia, usados indefinidamente, através da perspectiva interior e reconstrutiva da teoria da comunicação, que se desenvolveu por si própria.

VIII

O processo da individualização social tem, do ponto de vista dos indivíduos por ele atingidos, dois aspectos diferentes. São--lhes atribuídas culturalmente e exigidos socialmente, em crescente medida tanto a *autonomia* como a *conduta consciente da vida*. Os padrões culturais e as expectativas sociais de *autodeterminação* e de *auto-realização* vão-se diferenciando mutuamente, na mesma medida em que as realizações próprias do sujeito vão ganhando importância. Se no *me*, tal como o observámos até ao momento, se reflectem as formas de vida e as instituições concretas de uma colectividade particular, os elementos morais e éticos (na linguagem da psicanálise: a instância da consciência moral e o ideal do Eu) vão divergindo, na medida em que essa formação identitária convencional se vai desagregando sob a pressão da diferenciação social e da multiplicação de expectativas de papéis conflituosos. O «abandono das convenções rígidas», a que a sociedade obriga, onera o indivíduo, por um lado, com decisões morais e próprias

---

([45]) G. H. Mead, *Geist, Identität, Gesellschaft*, Frankfurt, 1968, pp. 265 e segs.

e, por outro, com um projecto de vida individual, resultante do auto-entendimento ético.

Ora, acontece que o si-mesmo, a que são exigidas estas realizações próprias, é constituído inteiramente através da sociedade; não pode, libertando-se dos contextos vitais particulares, sair da sociedade em geral para se alojar num espaço de solidão e liberdade abstractas. A abstracção que lhe é exigida encontra-se, ao invés, *na mesma direcção* para a qual aponta o processo civilizacional. O indivíduo projecta-se em direcção a uma «sociedade mais abrangente»: «apela a outros assumindo a existência de um grupo organizado de outros que reagem ao próprio apelo – mesmo que este seja dirigido à posteridade. Aqui temos a postura do *I* em oposição à do *me*.» ([46])

Conhecemos já o apelo à posteridade desde Rousseau, aos olhos de quem o processo de auto-entendimento se encontra sob condições comunicativas em tudo semelhantes, dirigidas contrafactualmente para o futuro de um discurso universal. É igualmente sob as condições de um *universal discourse* que devem ser produzidas as decisões morais que, nas sociedades modernas, cada vez mais frequentemente deixam em apuros a consciência moral meramente convencional. A transição em direcção a uma moral pós-convencional vai-se tornando inevitável. Mead interpreta-a da seguinte forma: «É criada uma comunidade comunicativa ilimitada que transcende a ordem particular de uma determinada sociedade e em cujo interior os membros da comunidade, num conflito particular, também podem colocar-se numa posição exterior à sociedade existente, a fim de alcançarem um consenso sobre hábitos de acção e a reformulação de representações valorativas.» ([47]) À formação dos juízos morais é atribuído (a par com o auto-entendimento ético) um fórum da razão que, ao mesmo tempo, *socializa* e *temporaliza* a razão prática. A esfera pública universal de Rousseau e o mundo inteligível de Kant são concretizados por Mead a nível social e dinamizados no plano temporal; neste enquadramento, a antecipação de uma forma idealizada de comunicação procura assegurar ao processo discursivo da formação da vontade um momento de incondicionalidade.

A figura do pensamento, desenvolvida por Peirce, de um consenso alcançado na comunidade comunicativa ilimitada, de uma

---
([46]) *Ibidem*, p. 243.
([47]) Mead, *Aufsätze*, vol. 1, p. 413.

ultimate opinion, regressa em Mead. No discurso prático, construímos «um mundo ideal, não dos objectos reais, mas do método adequado. A pretensão vai no sentido de todas as condições do comportamento e todos os valores que estão envolvidos num conflito terem de ser levados em conta, sob a abstracção das formas comportamentais consagradas e das boas qualidades que entraram em conflito.» ([48]) Para os indivíduos, a individualização social significa que deles se espera uma autodeterminação e auto-realização que pressupõe uma identidade de Eu de índole não convencional. No entanto, também esta formação da identidade pode apenas ser *pensada* como socialmente constituída; por isso, tem de ser estabilizada em condições pelo menos *antecipadas* de reconhecimento mútuo.

Isso confirma-se nos casos extremos, em que o auto- da auto-relação prática se encontra inteiramente remetido a si próprio na resolução dos seus problemas morais ou éticos: «Uma pessoa pode chegar ao ponto de se opor ao mundo inteiro.» ([49]) Mas enquanto pessoa, mesmo neste isolamento extremo, não poderá manter-se solitária, não *in vacuo,* «a não ser que (ela) se torne membro de uma república de seres racionais mais abrangente.» ([50]) Esta não constitui, porém, uma república ideal, isolada do mundo empírico no sentido kantiano: «Trata-se de uma ordem *social,* pois a sua função é o agir comum com base em condições de comportamento comummente aceites e em fins comuns.» O reino dos fins de Kant tem, aqui e agora, de ser *pressuposto* como constituindo um contexto de interacção e uma comunidade comunicativa em que cada um é capaz de e disposto a assumir a perspectiva de qualquer outro. Quem, remetido inteiramente a si mesmo, quiser falar a si mesmo com a voz da razão, «tem de abranger as vozes do passado e do futuro. Só assim, a identidade pode assegurar para si mesma uma voz que seja mais pungente e vigorosa do que a da comunidade (actualmente existente). Supomos comummente que a voz de uma comunidade *em geral* coincide com a da comunidade alargada ao passado e ao futuro.» ([51])

Mead foi mais longe na elaboração do esboço da teoria moral do que na elaboração de uma ética. Esta seria obrigada a dar ao

---

([48]) *Ibidem,* p. 413.
([49]) Mead, *Geist, Identität, Gesellschaft,* p. 210.
([50]) Mead, *Aufsätze,* vol. 1, p. 414.
([51]) Mead, *Geist, Identität, Gesellschaft,* pp. 210 e segs.

conceito da auto-realização uma versão fundada sobre a teoria da comunicação, tal como a teoria moral o fizera em relação ao conceito de autodeterminação. Uma individuação progressiva pode ser avaliada tanto pela *diferenciação de identidades únicas no seu género* como pelo *crescimento da autonomia pessoal*. Neste contexto, Mead insiste no entrosamento da individuação com a socialização: «O facto de qualquer si-mesmo se formar através do processo social e constituir a expressão individual deste [...], pode muito facilmente ser conciliado com o facto de qualquer si-mesmo individual ter a sua individualidade própria e específica [...]; com efeito se bem que na estrutura organizada ele reflicta como um todo o modelo de comportamento deste processo, cada si-mesmo o faz do seu próprio e único ponto de vista (tal como cada mónada, no Universo de Leibniz, reflecte esse universo de uma perspectiva diferente [...])»([52]) Aqui, Mead reitera a sua constatação anterior, a saber, «que cada indivíduo estrutura os acontecimentos que ocorrem na vida da comunidade, que são comuns a todos, de um ponto de vista que se distingue do de qualquer outro indivíduo. Para o exprimir com as palavras de Whitehead, cada indivíduo estratifica a vida comum de um modo distinto, e a vida da comunidade é a soma de todas estas estratificações.»([53]) Ambos os trechos reproduzem bem a intuição que Mead pretende expressar; mas a referência ontologizante a Leibniz e Whitehead inviabiliza a explicação adequada para a qual remetem as reflexões do próprio de Mead.

Não apenas enquanto ser *autónomo*, mas igualmente enquanto ser *individuado*, o auto- da auto-relação prática não pode certificar-se de si mesmo pela auto-referência directa, mas unicamente a partir da perspectiva de outros. Neste caso não depondo da *aprovação* destes últimos relativamente aos meus juízos e actos, mas do *reconhecimento*, por parte deles, da minha pretensão de ser único e insubstituível. Uma vez que agora uma identidade de Eu, já não apenas inerente ao «tipo social», ou seja, pós-convencional, se articula numa pretensão incondicional de unicidade e impermutabilidade, também desta feita entra em jogo um momento de idealização. Este momento não se refere somente ao círculo dos destinatários que virtualmente abrange *todos*, à comunidade comunicativa ilimitada, mas à própria pretensão de individualidade; ele

---

([52]) *Ibidem*, p. 245.
([53]) Mead, *Aufsätze*, vol. 1, p. 309.

diz respeito à garantia que, à luz de um projecto de vida individual e reflectido, assumo conscientemente para com a continuidade da história da minha vida. A suposição idealizante de uma forma de vida universalista, em que cada um é capaz de adoptar a perspectiva de qualquer outro, e cada um pode contar com o reconhecimento recíproco por parte de todos, possibilita a integração comunitária dos seres individuados – o individualismo como a outra face do universalismo. Só a referência a uma forma de sociedade projectada torna possível que se leve a sério a história da própria vida enquanto princípio de individuação, ou seja, que se a contemple como se *fosse* o produto das suas decisões responsáveis. A apropriação crítica e o prosseguimento reflexivo da história de vida teriam de permanecer uma ideia gratuita e até indeterminada, enquanto eu não fosse capaz de me confrontar «diante dos olhos de todos», ou seja, perante o fórum de uma comunidade comunicativa ilimitada. *Me* significa aqui: a minha existência no seu todo – na plena concretude e amplitude dos contextos vitais e dos processos formativos marcantes para a identidade.

Também desta vez, o Eu apenas encontra o caminho de si mesmo tomando o desvio que passa pelos outros, através do discurso universal contrafactualmente pressuposto. O auto- da auto-relação prática, por seu lado, apenas pode certificar-se de si mesmo se puder retornar a si mesmo, na perspectiva de outros, enquanto *alter ego* destes – desta feita não enquanto o *alter ego* de outro *alter ego* do grupo próprio, mas concreto (enquanto *me*). Ele somente pode descobrir-se como o *alter ego* de *todos* os outros socializados, ou seja, como vontade livre na auto-reflexão moral, e como ser pura e simplesmente individuado na auto-reflexão existencial. Deste modo, a relação entre *I* e *me permanece* igualmente a chave para a análise da identidade de Eu pós-convencional, socialmente exigida. Mas, neste estádio, a relação entre ambos inverte-se.

Até à data era suposto que o *me* recuperasse, de um modo não objectivante, um Eu, que age de modo espontâneo, em actos mediados de autoconhecimento ou de autocertificação. Agora atribui-se ao Eu até a produção antecipatória de relações interactivas com um círculo de destinatários, em cuja perspectiva pode regressar a si mesmo e certificar-se de si mesmo enquanto vontade autónoma e como ser individuado. Aqui, o *me*, que por assim dizer segue o Eu, já não se torna possível por uma relação interactiva *preliminar*. O próprio Eu *projecta* esse contexto de interacção que possibilita a reconstrução a nível superior de uma identidade convencional fracturada. A obrigação desta reconstrução resulta de processos de diferenciação social. Estes põem em marcha uma generalização de valores e, especialmente no sistema jurídico[54], uma generalização de normas que exigem dos indivíduos socializados esforços particulares. A responsabilidade que é necessário assumir a fim de tomar tais decisões requer uma identidade de Eu de um género não convencional. Embora esta possa apenas ser pensada como constituída socialmente, ainda não existe qualquer formação social que lhe corresponda. Este paradoxo acaba por resolver-se na dimensão temporal.

Das experiências características da modernidade faz parte uma aceleração do processo histórico e um alargamento constante do horizonte futuro, com a consequência de que as situações presentes são cada vez mais nitidamente interpretadas à luz de passados que se tornam presentes e, sobretudo, de presentes futuros. Uma função desta consciência do tempo alterada, que se tornou reflexiva, é a exigência de colocar o agir presente sob as premissas de antecipações de presentes futuros. Isto aplica-se tanto a processos sistémicos (tais como linhas de rumo políticas a longo prazo, pedidos de empréstimos, etc.), como às interacções simples. A consciência da crise, que se torna permanente nas sociedades modernas, é a outra face desta tendência utópica endémica. Nesta tendência, porém, inserem-se também essas antecipações que se tornam socialmente desejáveis que são exigidas à livre vontade, na auto-reflexão moral, e ao ser absolutamente individuado, na auto-reflexão existencial. Uma identidade de Eu pós-convencional apenas pode estabilizar-se na antecipação de relações simétricas de um reconhecimento recíproco livre de coacção. Tal pode explicar as tendências para uma certa carga existencial e uma certa moralização de temas públicos e, de um modo geral, a crescente acumulação de exigências normativas na cultura política das sociedades desenvolvidas, denunciada pela crítica neoconservadora[55]. No entanto, é também a partir daí que se confere uma lógica interna às perspectivas democrático-radicais de Mead e Dewey[56].

---

[54] Mead, *Naturrecht und die Theorie der politischen Institutionen*, in idem, *Aufsätze*, vol. 2, pp. 403 ss.

[55] H. Brunkhorst, *Der Intelektuelle im Land der Mandarine*, Frankfurt, 1987.

[56] Mead, *Aufsätze*, vol. 2, parte III.

IX

A projecção da comunidade comunicativa e ilimitada encontra o seu apoio na estrutura da própria linguagem. Tal como, para a filosofia do sujeito, o «Eu» do «Eu penso» desempenha um papel-chave, também para a sua sucessora, a teoria da comunicação, a primeira pessoa do singular desempenha um papel determinante. Na verdade, até à data, a análise linguística preocupou-se sobretudo com dois papéis gramaticais do pronome pessoal «eu» que dizem respeito ao nosso problema apenas de forma indirecta. Um debate refere-se a «Eu» enquanto expressão auto-referencial com a qual o locutor se identifica de forma numérica, em oposição à multiplicidade de todos os objectos possíveis[57]. Um outro debate refere-se ao papel gramatical da primeira pessoa em proposições vivenciais, onde esta expressão assinala um acesso privilegiado do locutor ao próprio mundo subjectivo. Aqui o tema é a auto-referência epistémica nos actos de fala expressivos[58]. Pelo contrário, o auto- da auto-relação prática apenas começa a perspectivar-se quando investigamos o papel gramatical assumido pela primeira pessoa, enquanto expressão do sujeito em proposições performativas. O «eu», nesse caso, representa o actor de um acto de fala que, numa atitude performativa, entabula com a segunda pessoa uma relação interpessoal (que é definida com maior precisão pelo modo da comunicação). Neste aspecto, o pronome pessoal da primeira pessoa não preenche a função da auto-referência, a qual, não obstante, tem de ser pressuposta como preenchida; também não se trata do sentido especificamente modal correspondente ao modo de um auto da auto-representação, ao qual o público atribua as vivências desvendadas perante os seus olhos – pois tal aplica-se apenas a uma de várias categorias de actos de fala. O significado do «Eu» utilizado de forma performativa é uma função própria de qualquer acto ilocutório. Nestes últimos, a expressão refere-se ao locutor e à forma como este efectua no presente momento um acto ilocutório e se encontra com uma segunda pessoa enquanto *alter ego*. Neste acto de sintonização com uma segunda pessoa, o locutor pode apenas referir-se a si mesmo *in actu* enquanto locutor, na medida em que adopta a perspectiva do outro, percebendo-se como *alter ego* do seu interlocutor, como

---

[57] P. F. Strawson, *Individuals*, Londres, 1959.
[58] E. Tugendhat, *Selbstbewußtsein und Selbstbestimmung*, Frankfurt, 1979.

segunda pessoa de uma segunda pessoa. Este significado performativo do «Eu» corresponde, por isso, ao *me* de Mead que deve poder acompanhar os meus actos de fala. Mead insistiu que a relação com uma segunda pessoa é inevitável – e nessa medida fundamental – para qualquer auto--relacionamento, incluindo o epistémico. Com a constituição de diversos modos de comunicação (que Mead não investigou, assim como não investigou a dupla estrutura ilocutória e proposicional do discurso[59]), a auto-relação epistémica é limitada à categoria dos actos de fala expressivos, ao passo que a auto-relação prática, num sentido mais restrito, se diferencia dessa categoria. Com isto também se especifica o significado da expressão correspondente ao sujeito nas proposições performativas, nomeadamente no sentido desse «me» que Mead, nos termos da psicologia social, compreendeu como a «identidade» da pessoa dotada de capacidade de fala e de acção.

O auto- da auto-relação prática certifica-se de si mesmo através do reconhecimento das suas pretensões por parte do *alter ego*. Estas pretensões identitárias não devem ser confundidas com as pretensões de validade que o locutor levanta com os seus actos de fala. Pois, o «não», com que o destinatário rejeita a proposta de um acto de fala, interfere com a validade de um determinado enunciado, mas não com a identidade do locutor. Este não poderia contar com a aceitação dos seus actos de fala se não *pressupusesse* de antemão que seria levado a sério pelo destinatário, como alguém capaz de orientar a sua acção por pretensões de validade. Um tem de ter reconhecido o outro como actor capaz de responder pelos seus actos no momento em que lhe exige que assuma uma posição em relação à proposta do seu acto de fala com um «sim» ou «não». É desta forma que, na acção comunicativa, cada um reconhece no outro a sua própria autonomia.

O que se encontra associado à utilização performativa do pronome pessoal da primeira pessoa não é apenas a auto-interpretação do locutor como vontade livre, mas igualmente a sua auto-compreensão enquanto indivíduo que difere de todos os outros. O significado performativo do «eu» interpreta o papel do locutor

---

[59] J. Habermas, *Was heißt Universalpragmatik?*, in *idem, Vorstudien und Ergänzungen*, Frankfurt, 1984.

também no que diz respeito ao seu próprio posicionamento insubstituível na teia das relações sociais([60]).

Os contextos normativos determinam o número das relações interpessoais que são consideradas legítimas num mundo da vida partilhado a nível intersubjectivo. Ao iniciar uma relação interpessoal com um ouvinte, um locutor refere-se simultaneamente, enquanto actor social, a uma rede de expectativas normativas. No entanto, o cumprimento de papéis sociais nunca pode significar a mera reprodução destes, enquanto as interacções estiverem estruturadas de forma linguística. As perspectivas mutuamente entrosadas da primeira e da segunda pessoa são, sem dúvida, permutáveis; mas um dos participantes só pode adoptar a perspectiva do outro *na primeira pessoa* e isso também significa: nunca como mero lugar-tenente e sim, inevitavelmente, *in propria persona*. Deste modo, quem actua de forma comunicativa é encorajado, pela própria estrutura da inter-subjectividade linguística, a continuar a ser *ele mesmo*, inclusive ao comportar-se em conformidade com as normas. No agir regulado por normas, por princípio, ninguém pode ser destituído da iniciativa de, ao mesmo tempo, se realizar a si próprio – e ninguém pode abrir mão da mesma iniciativa. Por este motivo, Mead não se cansa de sublinhar, com base no modo *como* o actor desempenha os seus papéis de forma interactiva, o momento da imprevisibilidade e da espontaneidade. O efeito de individuação do processo de socialização mediado de forma linguística explica-se pelo próprio *medium* linguístico. Faz parte da lógica da utilização dos pronomes pessoais e, em particular, da perspectiva do locutor que se sintoniza com outra pessoa, que este não possa, *in actu*, desembaraçar-se da sua impermutabilidade, não podendo refugiar-se no anonimato de uma terceira pessoa e tendo, pelo contrário, de elevar a pretensão de ser reconhecido como um ser individuado.

Esta breve consideração efectuada nos moldes da pragmática formal confirma o resultado a que Mead chegou por outra via e que também é consentâneo com a história do conceito, tal como temos vindo a recordar. Dos pressupostos gerais e inevitáveis de um agir orientado para o entendimento faz parte que o locutor levante a pretensão, enquanto actor, de ser reconhecido simultaneamente como vontade autónoma e como ser individuado. Mais concretamente, o si-mesmo que pode certificar-se de si próprio através do

---

([60]) J. Habermas, 1981, vol. 2, pp. 93 e segs.

reconhecimento desta identidade por outros vem à linguagem no significado do pronome pessoal da primeira pessoa utilizado de um modo performativo. Até que ponto este significado se manifesta de forma articulada ou se mantém implícito, no caso concreto, sob os dois aspectos da autodeterminação e da auto-realização ou até é neutralizado, depende, contudo, da situação em que a acção se insere e do contexto mais alargado. Os pressupostos pragmáticos gerais do agir comunicativo constituem recursos semânticos de onde as sociedades históricas extraem e articulam, cada uma a seu modo, representações do espírito e da alma, concepções da pessoa, conceitos de acção, consciência moral, etc.

No quadro de uma moral convencional, a pretensão do actor de ser reconhecido como um sujeito capaz de responder pelas suas acções não é interpretada *da mesma maneira* que à luz de uma ética confessional religiosa, de uma moral de princípios que se tornou autónoma ou de uma ética processual que se torna totalmente profana. Tal como o conceito da vontade autónoma, também o do ser individual pode ser radicalizado. Como vimos, na nossa tradição, a ideia de um ser totalmente individuado só a partir do século XVIII começou a despojar-se das suas conotações soteriológicas. Mas, mesmo num estado evolutivo da sociedade em que a maioria dispõe, em princípio, de uma compreensão radicalizada da autonomia e da conduta consciente da vida, e em que esta se deixa conduzir na acção comunicativa por estas intuições, esta autocompreensão varia consoante as situações e os sistemas de acção. Onde as relações sociais se encontram mais ou menos formalizadas, seja em mercados, no seio de empresas ou nas relações com repartições administrativas, as normas legais aliviam as responsabilidades de ordem moral; ao mesmo tempo, padrões comportamentais anónimos e estereotipados deixam pouco espaço para manifestações individuais. As excepções, como a acção por ordem superior e contrária à própria consciência no caso de violações dos direitos humanos, ordenadas de forma legal, confirmam esta regra. No entanto, as pretensões de reconhecimento da própria identidade elevadas de forma recíproca nem em condições estritamente formalizadas acabam por ser totalmente neutralizadas, enquanto for possível o recurso a normas legais; na concepção da pessoa jurídica, como portadora de direitos subjectivos, encontram-se abrangidos estes dois momentos.

Na acção comunicativa, as pressuposições da autodeterminação e da auto-realização mantêm um sentido estritamente intersubjectivo: quem julga e age moralmente tem de poder contar com o assentimento de uma comunidade comunicativa e ilimitada, e quem se realiza numa história de vida assumida de forma responsável tem o direito de poder contar com o reconhecimento dessa mesma comunidade. Nesta conformidade, a minha identidade, nomeadamente, a minha autocompreensão como um ser individuado que age de forma autónoma, apenas pode estabilizar-se se eu for reconhecido como pessoa e como esta pessoa. Sob as condições da acção estratégica, o si-mesmo da autodeterminação e da auto-realização sai do âmbito das relações intersubjectivas. Quem age de forma estratégica já não se reporta a um mundo da vida partilhado a nível intersubjectivo; tendo ele próprio, por assim dizer, perdido o seu enquadramento no mundo, defronta-se com o mundo objectivo e decide-se unicamente com base em preferências subjectivas. Neste acto, não depende do reconhecimento por parte de outros. A autonomia transforma-se então numa liberdade arbitrária, e a individuação do sujeito socializado, no isolamento de um sujeito libertado que se possui a si mesmo.

Ora, Mead observou a individualização social unicamente sob o aspecto da individuação progressiva. No seu entender, as sociedades modernas sobrecarregam o indivíduo com decisões que requerem uma identidade pós-convencional tornando necessária, assim, uma radicalização da autocompreensão prática do actor que, na utilização da linguagem orientada para o entendimento, desde sempre foi pressuposta de forma implícita. Mas a realidade é bem diferente. Os processos de individualização social não se desenrolam de uma forma linear. Os processos complexos apresentam-se sob aspectos confusos e contraditórios. E estes apenas podem ser distinguidos de um modo adequado se interpretarmos os conceitos fundamentais convencionais da sociologia à luz da teoria da comunicação que Mead desenvolveu primeiramente com uma orientação metodológica diferente[61].

---

[61] A análise reconstrutiva do uso da linguagem não pode, tal como uma investigação de realizações cognitivas levada a cabo pela filosofia transcendental, ser efectuada a partir da perspectiva de um observador. Assim como o filósofo transcendental realiza a sua investigação do ponto de vista de uma primeira pessoa que se refere a si mesma, também Mead concretiza a sua pragmática linguística do ponto de vista de um participante de uma interacção que se refere a si mesmo na perspectiva de uma segunda pessoa.

X

Na sociologia é habitual descrever os processos de modernização social sob dois aspectos diferentes: como diferenciação funcional do sistema social e como processo através do qual o mundo da vida se emancipa das tradições. A complementar diferenciação de um sistema económico regulado por mercados de trabalho, capitais e bens, assim como de um sistema de administração pública, burocrático e monopolizador da força, ou seja, guiados pelo poder, serve como o grande exemplo histórico de uma linha de desenvolvimento em que as sociedades modernas, pouco a pouco, se vão desdobrando nos seus sistemas parciais funcionalmente especializados. Em contrapartida, a dissolução dos mundos da vida tradicionais reflecte-se na desagregação das visões do mundo religiosas, dos sistemas de domínio estratificados e dessas instituições centralizadoras de funções, que ainda marcam a sociedade no seu todo.

Do ponto de vista dos indivíduos socializados, encontram-se associadas a este processo tanto a perda de apoios tradicionais como a emancipação face a dependências naturais. Este significado duplo encontra, por exemplo, um eco em Marx quando este fala, de forma irónica, do trabalho assalariado «livre». Ao estatuto do trabalho assalariado encontra-se exemplarmente associada a experiência *ambígua* da libertação de condições de vida socialmente integradas, mas marcadas por dependências, ao mesmo tempo orientadoras e protectoras, assim como prejudiciais e opressoras. Este complexo de experiências multifacetado constitui o pano de fundo daquilo que os clássicos da sociologia designaram por individualização social. Estes enfatizaram o ganho correspondente às perdas de vínculos, mas sem disporem dos conceitos susceptíveis de libertarem essa intuição da suspeita de uma avaliação arbitrária de factos sociais. Ora, Mead oferece, com o seu conceito de «identidade» formulado em termos intersubjectivistas, um meio para a distinção nítida entre os aspectos contraditórios da individualização social.

Só podemos falar de uma individuação progressiva dos sujeitos socializados, num sentido descritivo, se não cedermos à facilidade de a interpretarmos no sentido de um alargamento dos leques de opções para decisões que presumidamente se pautam por uma racionalidade segundo fins. Esta interpretação reconduz o efeito individualizador da modernização social à troca de vínculos por possibilidades de escolha acrescidas([62]). Para que possamos descrever deste modo a destruição das tradições experienciada como ambígua pelos atingidos é necessário considerar a dissolução dos mundos da vida tradicionais exclusivamente como uma função da diferenciação social. Este quadro é sugerido por uma teoria sistémica que identifica no mundo da vida o substrato e a estrutura de uma sociedade tradicional que são assimilados, por assim dizer sem deixar rastos, nos sistemas parciais fortemente diferenciados no plano funcional. Os sistemas funcionais empurram os indivíduos socializados para os respectivos «meios», solicitando deles apenas as realizações específicas das respectivas funções. Do ponto de vista dos subsistemas regulados por códigos próprios, fechados sobre si de forma reflexiva, a individualização social apresenta-se como a inclusão global de sistemas de personalidade simultaneamente demarcados, isto é, libertados e isolados.

Parsons designou por «inclusão» o que Luhmann descreve da seguinte forma: «O fenómeno que é designado por inclusão [...] surge somente com a dissolução da sociedade estratificada em ordens da velha Europa. Esta associara cada pessoa (ou, para ser mais exacto: cada família) a um e apenas um estrato social. Com a transição para uma diferenciação orientada primariamente por funções, esta ordem teve de ser abandonada. A ela substituem-se regras de acesso. O homem vive, enquanto indivíduo, no exterior dos sistemas funcionais, mas cada indivíduo deve poder aceder a todo o sistema funcional [...] Cada sistema funcional engloba a totalidade da população, mas apenas no que diz respeito aos excertos do seu modo de vida relevantes para as respectivas funções([63]). Ullrich Beck descreveu os mesmos processos do ponto de vista dos indivíduos por eles atingidos. Estes são *excluídos* dos subsistemas reificados e, ao mesmo tempo, *integrados* nos mesmos, segundo a sua função específica: como trabalhadores e consumidores, como contribuintes e segurados, como eleitores, alunos em regime de escolaridade obrigatória, etc.

Aos indivíduos, o processo a partir do qual o mundo da vida se emancipa das tradições apresenta-se primeiramente como uma

---

([62]) C. Offe, *Die Utopie der Null-Option*, in J. Berger (org.). *Die Moderne, Soziale Welt*, ed. especial, n.º 4, 1986.

([63]) N. Luhmann, *Politische Theorie im Wohlfahrtsstaat*, Munique, 1981, pp. 25 e segs.

diferenciação progressiva, vivida como um destino, de situações de vida diversificadas e expectativas de comportamento conflituosas que os sobrecarregam com novos esforços de coordenação e integração. Nas gerações anteriores, o nascimento, a família, o parceiro matrimonial, a profissão e a posição política constituíam uma constelação específica desta ou daquela camada social que prefigurava, em grande medida, o padrão biográfico, as situações e os planos de vida concentrados de forma normativa que agora se vão dissolvendo cada vez mais. Nos leques de opções alargados cresce o número de decisões que têm de ser tomadas no plano individual. O meio social já nem sequer toma pelo indivíduo as decisões com as maiores implicações biográficas: em que escola andamos, que profissão escolhemos, que relações estabelecemos, se e quando casamos, temos filhos, nos inscrevemos num partido, se mudamos de mulher, profissão, cidade ou país, etc.: «Na sociedade individualizada, cada indivíduo [...] tem de aprender a compreender-se a si próprio como centro da acção, como gabinete de planeamento da sua biografia, das suas capacidades, dos seus relacionamentos íntimos, etc. Quando se trata de elaborar uma história de vida, a "sociedade" deve ser tratada individualmente como uma variável [...]. Deste modo, as determinantes sociais que interferem com a própria vida têm de ser compreendidas como "variáveis ambientais" que, com recurso a uma "imaginação operacional" [...] podem ser iludidas ou invalidadas.»[64]

A imagem da inclusão, própria da teoria sistémica, nada mais é do que o indivíduo isolado e libertado que, em múltiplos papéis, se vê confrontado com múltiplas possibilidades de escolha; no entanto, tem de tomar essas decisões em condições sistémicas que não estão à sua disposição. Enquanto membro da organização, enquanto interveniente do sistema, o indivíduo afectado pela inclusão encontra-se sujeito a *outro* tipo de dependência. O indivíduo tem de adaptar-se aos meios de regulação como o dinheiro e o poder administrativo. Estes exercem um controlo comportamental que, por um lado, *individualiza* porque se encontra talhado à medida da escolha do indivíduo regulada por preferências, mas por outro lado, também *padroniza* porque apenas admite possibilidades de escolha dentro de uma dimensão prevista (de ter ou

---

[64] U. Beck, *Risikogesellschaft. Auf dem Weg in eine andere Moderne*, Frankfurt, 1986, p. 216.

não ter, comandar ou obedecer). Além disso, a primeira decisão enreda o indivíduo numa teia de dependências acrescida. Mesmo que o indivíduo se torne cada vez mais uma «unidade de reprodução do social», a libertação e o isolamento não devem ser equiparados «com uma emancipação bem sucedida»: «Os indivíduos libertados tornam-se dependentes do mercado de trabalho e, *através dele*, dependentes da instrução, dependentes do consumo, dependentes de regulamentos e suprimentos jurídico-sociais, de planeamentos de vias de comunicação, ofertas de consumo, possibilidades e modas no aconselhamento e apoio médico, psicológico e pedagógico.»[65] A inclusão progressiva num número cada vez maior de sistemas funcionais não significa um acréscimo de autonomia, mas, quando muito, uma alteração do modo do controlo social: «Aos laços e às formas sociais tradicionais (classe social, família nuclear) substituem-se instâncias secundárias que marcam a biografia do indivíduo e que o tornam, contrariamente ao controlo individual que se vai impondo como forma de consciência, um joguete de modas, circunstâncias, conjunturas e mercados.»[66]

A individualização social associa-se, segundo esta interpretação, a um processo pelo qual a integração social, em lugar de ser efectuada através de valores, de normas e processos que visam o entendimento, se efectua através de *media* reguladores tais como o dinheiro ou o poder e que entroncam nas preferências de actores individualizados que decidem de forma racional. Quem segue este caminho, compreendendo a dissolução dos mundos da vida tradicionais *apenas* como o outro lado da inclusão específica e funcional de indivíduos em subsistemas autonomizados, é forçado a aceitar a seguinte conclusão: a individualização social isola ou *singulariza*, mas não *individua* no sentido enfático. Para este sentido da individuação, não alcançado pelos conceitos fundamentais convencionais da sociologia, Beck não deixa de demonstrar sensibilidade. Resignado, constata: «Muitos associam à "individualização" a individuação, no sentido de um desenvolvimento da pessoa, quer dizer, da unicidade, da emancipação. Tal poderá corresponder à realidade. Ou então, quiçá, o contrário.»[67] Ele vê que a libertação de formas sociais previamente definidas e a perda de certezas

---

[65] Beck, *ibidem*, p. 219
[66] *Idem, ibidem*, p. 211.
[67] *Idem, ibidem*, p. 207.

tradicionais, ou seja, a libertação e o desencantamento, *também* podem dar um impulso, não apenas em direcção à singularização de indivíduos socializados por outras vias, mas também em direcção a «um novo tipo de integração social.» [68].

Este novo tipo de integração social teria de ser pensado como *realização própria* dos indivíduos. Para isso, no entanto, tal como Mead demonstrou, uma formação identitária convencional não é suficiente. Da mesma forma não basta fazer do Eu o centro de uma escolha inteligente e egocêntrica entre possibilidades de participação pré-estruturadas a nível sistémico. Pois este indivíduo, ao mesmo tempo libertado e isolado, não tem à sua disposição, para o tratamento racional de uma quantidade crescente de decisões que se vê obrigado a tomar, quaisquer outros critérios a não ser as próprias preferências que são reguladas pelo imperativo espontâneo da auto-afirmação. Certamente a instância do «Eu», despojada de todas as dimensões normativas, reduzida às operações cognitivas de adaptação, constitui um complemento funcional dos subsistemas regulados por *media;* mas ela não pode substituir os esforços próprios de integração social que um mundo da vida racionalizado exige aos indivíduos. Somente uma identidade de Eu pós-convencional poderia satisfazer essas exigências. E esta apenas se pode constituir no decurso de uma individuação progressiva.

O próprio Beck ilustra o teor empírico desta reflexão com base na dinâmica que se repercute, do mercado do trabalho e através da mobilização da mão-de-obra feminina, sobre a área de socialização da família nuclear. Ele interpreta as tendências confirmadas pelas estatísticas sociológicas de uma diminuição, mais ou menos drástica, de casamentos e nascimentos, assim como o aumento dos divórcios, dos lares unipessoais, das famílias monoparentais, das trocas de parceiros, etc., como decorrentes da tentativa de encontrar soluções, conformes às exigências do mercado, para os problemas surgidos da crescente actividade profissional das mulheres. «À questão crucial da mobilidade profissional juntam-se outras questões cruciais: a altura certa para o nascimento dos filhos, o seu número e o seu sustento; o problema eterno dos afazeres do dia-a-dia que nunca podem ser divididos de forma equitativa; o cariz "unilateral" dos métodos de contracepção; as questões do pesadelo da interrupção da gravidez; as diferenças do tipo e

---

[68] *Idem, ibidem,* p. 206

frequência da sexualidade; não esquecendo as crispações de uma óptica que fareja o sexismo ainda na publicidade da margarina.» Além disso, estes temas problemáticos têm pesos diversos nos ciclos de vida não sincronizados do homem e da mulher. Beck esboça uma perspectiva dramática: «O que aqui irrompe sobre a família em matéria de *tabus* abolidos e novas possibilidades técnicas [...], divide lentamente os papéis que na família outrora se encontravam unidos: a mulher contra o homem, a mãe contra a criança, a criança contra o pai. A unidade tradicional desfaz-se nas decisões que lhe são exigidas.» ([69])

Esta afirmação deixa, contudo, em aberto se o mundo da vida familiar se desmorona sob a pressão das decisões, ou se irá transformar-se *enquanto* mundo da vida. Se observarmos o processo de emancipação das tradições na perspectiva do mercado de trabalho e do sistema de ocupação, apenas como o outro lado da «inclusão», temos de esperar unicamente que o distanciamento progressivo entre situações de vida individualizadas tenha como consequência a singularização dos membros da família «libertados» e uma transformação de relações socialmente integradas em relações contratuais. A institucionalização do casamento e da família nos moldes do direito privado transforma-se, então, em relações familiares jurisdiscionalizadas, situação esta que se vai tornando transparente e que é mantida presente a toda a hora. O ponto de fuga desta tendência seria a dissolução da família em geral: «O modo de existência do solteiro não constitui um caso excepcional no caminho para a modernidade. Constitui, antes, o arquétipo da sociedade perfeitamente estruturada pelo mercado de trabalho. A negação dos vínculos sociais, que prevalece na lógica do mercado, começa no seu estádio mais avançado a dissolver os próprios pressupostos de uma vida a dois duradoura.» ([70])

Sentimos que uma tal descrição sistémica passa curiosamente – e portanto não totalmente – ao lado do seu alvo. As situações por ela descritas só não são totalmente falseadas nas franjas patológicas. O desconcerto que esta descrição provoca não é de natureza moral, tendo antes motivos empíricos. A estrutura de decisão, exigida pelos subsistemas regulados por *media*, falha quando extravasa para as áreas nucleares privadas e públicas do mundo da vida.

([69]) *Idem, ibidem,* p. 192.
([70]) *Idem, ibidem,* p. 200.

Aqui as realizações próprias impostas aos indivíduos *diferem* da escolha racional regulada por preferências próprias; o que estes têm de realizar é esse tipo de auto-reflexão moral e existencial que não é possível sem que alguém assuma as perspectivas dos outros. É, pois, unicamente assim que se pode constituir um novo tipo de integração social de seres individualizados. Os participantes têm de criar, eles próprios, as suas formas de vida socialmente integradas, reconhecendo-se mutuamente como sujeitos capazes de agir de forma autónoma e de assumir com plena responsabilidade a continuidade das suas histórias de vida.

Beck explora a hipótese plausível de que «as normas, as orientações valorativas e os estilos de vida próprios do mundo da vida, que caracterizam a humanidade do capitalismo industrial crescente, não são tanto o produto da constituição das classes na era industrial, mas o resquício de tradições pré-capitalistas e pré-industriais.»[71] Deste ponto de vista, torna-se compreensível por que motivo hoje em dia a tarefa de uma reconstrução das formas pré-modernas de integração social ainda vem ao nosso encontro com todo o seu peso. A individualização social, há muito iniciada pela diferenciação sistémica, constitui em termos objectivos um fenómeno ambíguo; sendo, pois, importante elaborar uma descrição que não a reduza a um só dos seus aspectos. Só na medida de uma *racionalização* do mundo da vida este processo pode significar a *individuação* dos sujeitos socializados – ou seja, algo diferente da «libertação» singularizante de sistemas de personalidade regulados de um modo auto-reflexivo. Mead tornou visível o núcleo intersubjectivo do Eu. Desta forma, ele pôde explicar porque uma identidade do Eu pós-convencional não pode desenvolver-se sem a antecipação de estruturas comunicativas modificadas; no entanto, a partir do momento em que essa antecipação se torna uma realidade social, não pode deixar inalteradas as formas tradicionais de integração social.

---

[71] *Idem, ibidem*, p. 136.

5
Aspectos da racionalidade da acção([1])

I

Habitualmente tematizamos a racionalidade das acções sob o aspecto da racionalidade orientada para fins da escolha dos meios. Ao fazê-lo supomos um modelo teleológico de acção. A acção é encarada como actividade orientada para fins. O sujeito agente intervém no mundo com a intenção de, pela escolha e aplicação de meios adequados, originar um estado visado; tenta preencher numa dada situação as condições marginais em que, de acordo com o seu conhecimento dos nexos causais, se produzirá o estado almejado. Ora, eu afirmo que a racionalidade orientada para fins é apenas *um* aspecto sob o qual acções podem ser racionalizadas, ou seja, executadas de um modo mais ou menos racional (e avaliadas por graus de racionalidade). Referirei outros aspectos sob os quais acções, e em especial acções sociais, são passíveis de racionalização.

Os aspectos da «racionalidade da acção», como vou designá--la de uma forma sucinta, são de interesse não só para a teoria analítica da acção, como igualmente para a sociologia, em todo o caso se quisermos analisar os processos de racionalização na senda de Max Weber. Os processos de racionalização, sob aspectos tanto históricos como metodológicos, saem do quadro do habitual. Se quisermos explicar a génese das sociedades modernas, o «racionalismo ocidental» é um fenómeno-chave. Foi o que Max Weber demonstrou nos seus trabalhos dedicados à sociologia das religiões. Fenómenos-chave são igualmente as formas de racionalidade da economia capitalista e da administração moderna, se quisermos

---

([1]) Versão abreviada em língua inglesa: «Aspects of the Rationality of Action», in T.F. Geraets (org.), *Rationality Today*, Ottawa 1979, p. 185-205.

explicar as deformações que surgem nas sociedades modernas na mesma medida em que a dinâmica do crescimento capitalista vai encaixando à força outras áreas da vida nas formas da racionalidade económica e administrativa. É a isso que se refere a conhecida apreciação, no plano do diagnóstico epocal, que Max Weber faz das tendências de burocratização que tudo perpassam([2]). Por outro lado, Max Weber não tinha tanta clareza sobre o significado metodológico do seu conceito de racionalização como acerca do seu alcance histórico. É que resulta um problema do facto de qualquer descrição de processos de racionalização incluir uma valoração.

Se, por exemplo, aplicarmos o modelo da acção caracterizada pela racionalidade orientada para fins a um determinado contexto, não só damos uma descrição como também o observamos à luz de uma idealização que indica «como a acção *teria* decorrido com o conhecimento de todas as circunstâncias e de todas as intenções dos outros intervenientes e com uma escolha dos meios rigorosamente caracterizada pela racionalidade orientada para fins, por seu lado orientada pela experiência que *nos* parece válida.»([3]) Supomos a racionalidade do agente e consideramos a sua acção (aqui sob o aspecto da organização conveniente de meios) como passível de racionalização. Com isso, introduzimos no quadro categorial critérios que são aceites como «válidos» tanto pelo sujeito da acção observado como pelo observador. É que critérios de racionalização são *per definitionem* considerados gerais. Pode acontecer que no caso em apreço um sujeito escolha meios que pelo seu conhecimento das circunstâncias não puderam deixar de lhe parecer adequados, ao passo que o observador dispõe de um saber empírico fiável com recurso ao qual pode explicar a real ineficácia dos meios, assim como a falta de êxito da acção. O observador pode, em caso de necessidade, explicar as duas coisas, tanto a racionalidade orientada para fins subjectiva como a falta de êxito da acção porque supõe que (a) a acção em causa encarna um saber e (b) qualquer saber pode ser avaliado de uma forma objectiva.

Utilizo a expressão vaga «saber» porque assim não me vinculo à partida a um determinado aspecto da racionalidade da acção.

([2]) K. Löwith, «Max Weber und Karl Marx», in *idem, Gesammelte Abhandlungen*, Stuttgart 1960, p. 1 ss.

([3]) M. Weber, *Wirtschaft und Gesellschaft* [*Economia e Sociedade: Fundamentos da Sociologia Compreensiva*, Brasília, Universidade de Brasília, 1994³], Colónia 1964, p. 5.

A sujeitos dotados de capacidade de fala e de acção podemos atribuir saber com base nas suas expressões. Podemos analisar o saber como o conteúdo significante de expressões que afirmam uma pretensão de validade criticável. Pensemos numa afirmação «Mp» com que um locutor faz valer uma pretensão de verdade em relação à proposição enunciada. A pretensão de verdade, habitualmente afirmada de forma implícita, pode ser tornada explícita sob a forma: «é verdade que p». Esta meta-afirmação nada acrescenta ao significado da afirmação correspondente; mas ela expressa em termos explícitos a pretensão que o locutor faz valer de que as condições de verdade de «p» se encontram preenchidas. Quanto a esta pretensão, os ouvintes podem assumir uma posição de «sim» e «não» (ou abster-se de qualquer tomada de posição). Designamos estas tomadas de posição de *sim/não* relativas a pretensões de validade criticáveis por «racionais» se e na medida em que forem motivadas em exclusivo por *razões*. Proponentes e oponentes podem discutir com recurso a motivos se uma pretensão de verdade afirmada existe a justo título; designamos por discurso teórico semelhante jogo de argumentação ([4]).

Para o nosso contexto é útil elucidar o facto de que os intervenientes de um discurso teórico têm de fazer, entre outras, a seguinte pressuposição: têm de partir da universalidade da pretensão de verdade proposicional e supor mutuamente que juntos sabem o que significa fazer valer e criticar pretensões de verdade. Só uma compreensão comum da verdade, por muito rudimentar e implícita que seja, garante a possibilidade de decidir um discurso com base em motivos, isto é, de chegar a um acordo motivado racionalmente. Evidentemente, os critérios de verdade e os padrões de avaliação, com recurso aos quais uma comunidade de discurso *respectivamente* avalia se determinadas condições de verdade se encontram preenchidas, são mutáveis. Como demonstra a história da ciência, discutem-se frequentemente, a um nível reflexivo, os padrões de racionalidade. Mas mesmo uma disputa deste tipo apenas pode ser tida em moldes discursivos na condição de os intervenientes puderem encarar o seu respectivo padrão de racionalidade como uma operacionalização adequada de uma situação de verdade comum e não controversa.

Se agora falarmos de aspectos passíveis de racionalização de uma acção e de processos sociais de racionalização, também supo-

---

[4] E. Tugendhat, *Vorlesungen zur Einführung in die sprachanalytische Philosophie*, Frankfurt/M. 1976, p. 76 ss.

mos que o saber encarnado nas acções pode ser avaliado de forma objectiva, isto é, segundo critérios (como sempre intuitivos) partilhados entre os sujeitos agentes e o observador. E, onde se pressupõe esta possibilidade de uma avaliação objectiva, a caracterização de uma acção como mais ou menos racional, de um sistema social como mais ou menos racionalizado, contém uma valoração que acaba por se apoiar em decisões de sim/não relativamente a pretensões de validade criticáveis. (O conceito de «racionalização», por isso, tem igualmente consequências interessantes para o postulado de Max Weber da «isenção de valor» que aqui não posso aprofundar.)

Em vez disso vou analisar de que aspectos da racionalidade da acção partem os processos de racionalização investigados por Weber. Suspeito que Weber introduz, na descrição de desenvolvimentos culturais e sociais, mais dimensões de racionalidade do que admite no plano da análise do conceito da acção. Evidentemente que não tenho a ambição de interpretar a tese da racionalidade de Weber de uma forma exaustiva; antes tomo por pretexto algumas das reflexões de Weber para colocar uma questão sistemática: que conceito da acção social é o mais indicado se quisermos explicar o desenvolvimento das sociedades não só no âmbito da teoria dos sistemas, isto é, sob o ponto de vista funcionalista de um crescente potencial de regulação, mas igualmente com recurso à teoria da acção, ou seja, sob o ponto de vista cognitivista de uma crescente racionalidade de áreas da vida?

II

No célebre prefácio à *Ética Protestante*, Weber refere uma panóplia de fenómenos que circunscrevem o «racionalismo ocidental» e ilustram a questão central de por que, fora da Europa, «nem o desenvolvimento científico, nem o desenvolvimento artístico, estatal ou económico entram pelas vias da racionalização que são próprias do Ocidente?»[5] A enumeração que Weber faz das realizações originais do Ocidente vai da ciência moderna com a sua teoria matematicizada e a experiência controlada, passando pela

---

[5] M. Weber, *Die protestantische Ethik* [*A Ética Protestante e o Espírito do Capitalismo*, Lisboa, Presença, s.d.], Hamburgo 1973, p. 20.

música harmónica e racional com os instrumentos de orquestra órgão, piano, violino, passando pela perspectiva linear e aérea na pintura, o direito cientificamente sistematizado e uma jurisdição a cargo de especialistas com formação jurídica, passando ainda pela construção racional da burocracia estatal, a previsibilidade da aplicação do direito privado, a empresa capitalista que trabalha de uma forma orientada para o lucro com uma contabilidade racional, uma organização racional do trabalho e uma técnica de produção que assenta na ciência natural aplicada, até ao complexo que Weber pretende explicar com a imagem do mundo racionalizada da ética protestante, nomeadamente «a capacidade e disposição geral das pessoas para determinados tipos de uma conduta de vida prática e racional» (*ibidem*, p. 20 s.). Esta lista confunde mais do que explica. Quero precisar em quatro passos o que Max Weber entende por racionalização.

(1) Max Weber utiliza as expressões «racional» e «racionalização» antes de mais para a caracterização de expressões, opiniões e acções, para as quais podem ser indicados motivos.[6] Sobre o pano de fundo filosófico do neokantianismo (de Rickert e sobretudo de Lask), a racionalidade de opiniões e acções é aferida com base em pretensões de validade criticáveis que se apoiaram em motivos e que podem ser sujeitas a um exame metódico. Se designamos por «saber» o conteúdo significante de expressões que deste modo se referem a motivos potenciais, todo o saber é racional na sua pretensão e, com os processos de aprendizagem correspondentes, capaz de autocorrecção e ampliação, isto é, de racionalização. Max Weber vê pontos de referência da racionalização no pensamento lógico-formal, nas ciências experimentais modernas e numa moral orientada por princípios. Isso torna-se claro ao tentarmos conferir acuidade de diferenciação às dimensões segundo as quais Max Weber descreve os processos de racionalização.

(a) *A sistematização de contextos de sentido*. Weber designa por racionalização a organização formal e profunda de sistemas simbólicos, nomeadamente de interpretações religiosas, de concepções morais e jurídicas. Trata-se da explicação de conceitos, da consis-

---

[6] Considero hoje o reconhecimento racional, a saber, apoiado em motivos, de pretensões de validade o fenómeno-chave a que deveriam referir-se as tentativas de reconstrução de um «conceito abrangente de racionalidade» (K. Nielsen, «Rationality, Needs, and Politics», *Cultural Hermeneutics*, 4, 281-308).

tência de frases, da construção metódica, da complexidade lógica, etc., em resumo: da aplicação consequente de operações formais segundo a concepção de Piaget. Por exemplo, Weber avalia a racionalidade de imagens do mundo segundo o grau da unificação sistemática e da estruturação argumentativa exaustiva; elas são tanto mais «racionais» quanto mais se encontram depuradas de conteúdos míticos e mágicos.

(b) *Ciências experimentais e técnica modernas.* Por racionalização, Weber designa ainda toda a ampliação do saber empírico, da acuidade prognóstica, da capacidade do domínio instrumental e organizacional de processos naturais. Com a ciência moderna, que se caracteriza pela objectivação metódica da natureza e é originada pela combinação improvável entre o pensamento discursivo educado pela escolástica, a matemática, a forma experimental de lidar com e a atitude instrumental perante a natureza ensaiada pelos ofícios, semelhantes processos de aprendizagem tornam-se reflexivos. É neste nível que as inovações técnicas podem então ser reacopladas com o desenvolvimento científico.

(c) *Ética orientada por princípios e conduta de vida metódica.* Por racionalização, Weber designa por fim também a autonomização cognitiva da moral, ou seja, a dissociação de intelecções prático-morais, de princípios e doutrinas éticas, das imagens do mundo míticas, cosmológicas e religiosas que ainda não admitem uma delimitação clara entre a razão teórica e prática. Às éticas formalistas da convicção e da responsabilidade que se impõem no plano das tradições culturais correspondem, no plano do sistema da personalidade, uma consciência moral pós-convencional (na acepção de Kohlberg) e uma conduta de vida orientada por princípios, metódica, autocontrolada e de Eu autónomo. O fundamento cultural e motivacional desta conduta de vida prática e racional é objecto do mais eminente interesse de Weber. Perante este, fenómenos complementares em outras áreas culturais são relegados para o segundo plano. Mas Weber também se apercebe da racionalização da arte, do nascimento de uma área autónoma de obras de literatura, de belas-artes e de música. Esta causa uma dissociação entre as orientações práticas e racionais impregnadas de uma racionalidade prática do membro da sociedade civil e do cidadão (*bourgeois/citoyen*), por um lado, e as orientações contemplativas do particular apreciador de arte (*homme*), por outro.

(2) Vou formular as três dimensões da racionalização de um modo um pouco mais abstracto[7]. A primeira dimensão caracteriza-se pela formalização de relações no seio de sistemas simbólicos de tradição cultural. Exemplo disso é a aplicação profissionalizada do pensamento operacional e formal ao saber prático e profissional de juristas que conduz a uma sistematização do direito. A racionalização neste sentido é pressuposto de progressos nas outras duas dimensões. Aqui não se trata de precisar e sistematizar as *formas* do saber tradicional, mas de uma teorização dos *conteúdos* do saber e da sua obtenção metódica. Já não se racionalizam apenas os componentes cognitivos (em sentido restrito), mas igualmente os componentes conducentes à integração social das imagens do mundo, ou seja, por um lado, o saber empírico da natureza *exterior* bem como, por outro lado, o saber prático-moral da *sociedade* em que se vive e o saber prático-estético da própria subjectividade ou da *natureza interior*.

Na mesma medida em que este saber é transformado nos planos da fundamentação operacional e formal e da justificação pós--convencional e assume a forma de teorias empíricas, de éticas da convicção e da responsabilidade, de obras de arte autónomas, ele pode igualmente ser posto ao serviço dos fins práticos da dominação do mundo. O saber racionalizado torna-se prático na técnica e nas formas de uma conduta de vida metódica. A técnica serve para dominar o mundo objectivo, a conduta de vida metódica, para dominar o mundo social e o mundo interior. É por isso que Weber pode estabelecer uma ligação tão estreita entre o racionalismo ocidental e o motivo da dominação do mundo e empreender a tentativa de explicar a génese deste fenómeno com recurso a uma hipótese da sociologia da religião. (Como se sabe, explica o motivo da dominação do mundo a partir da transformação da recusa do mundo judaico-cristã numa ascese intramundana para a qual o êxito profissional representa, não o motivo real, é certo, mas o motivo do conhecimento do destino de salvação individual[8]. Esta hipótese não precisa de nos interessar aqui.)

---

[7] J. Weiss, *Webers Grundlegung der Soziologie,* Munique 1975, p. 137 ss.
[8] C. Seyfarth, M. Sprondel (Ed.), *Religion und gesellschaftliche Entwicklung* [Religião e desenvolvimento social], Frankfurt/M. 1973; W. Schluchter, «Die Paradoxie der Rationalisierung», *Zeitschrift für Soziologie,* 5, 1976, p. 256 ss.

(3) Weber situa a problemática da racionalização no plano das estruturas de consciência, com Parsons podemos dizer: no plano da cultura e do sistema de personalidade. Noutro plano situam-se os *processos sociais* de racionalização. Aqui, Weber concentra-se na economia capitalista, no estado moderno e no direito formal. O que tem isso de «racional»? Da sociologia económica e da sociologia da dominação acabamos por ficar com a impressão de que Max Weber designa, em primeira linha, por «racional» esse modelo organizativo que se impõe com a empresa capitalista e a burocracia moderna do estado; o mesmo se aplica a um sistema jurídico que torna os sujeitos do direito privado capazes de calcular a persecução dos seus objectivos particulares numa área moralmente neutralizada. A racionalidade do direito poderia ser vista no facto deste ser concebido para corresponder à racionalidade estratégica de sujeitos jurídicos que agem nos moldes da racionalidade orientada para fins. Isso teria de se provar com base na correspondência entre características formais do direito moderno e do modelo da acção caracterizada pela racionalidade orientada para fins[9]. Será que também a racionalidade das formas empresariais e institucionais, através das quais é exercido o poder decisório do empresário capitalista e o domínio legal do estado, pode ser reconduzida à racionalidade orientada para fins dos empresários, dirigentes, empregados, trabalhadores e funcionários públicos que agem nessas organizações? Se distinguirmos de uma forma suficiente entre a racionalidade sistémica e a racionalidade da acção, esta tese torna-se insustentável. É assaz frequente que organizações e subsistemas inteiros apenas possam resolver os problemas de manutenção da sua existência de uma forma racional se os membros do sistema *não* se comportarem de um modo caracterizado pela racionalidade orientada para fins. Também no que toca ao funcionamento da economia capitalista e da administração moderna, uma harmonia entre a racionalidade da acção dos membros e a racionalidade organizacional enquanto tal não deve ser suposta sem mais[10].

---

[9] J. Habermas, *Zur Rekonstruktion des Historischen Materialismus*, Frankfurt/M. 1976, p. 260 ss.
[10] N. Luhmann, «Zweck-Herrschaft, Grundbegriffe und Prämissen Max Webers», in R. Mayntz (org.), *Bürokratische Organisation*, Colónia 1965, p. 36 ss.

Com efeito, o funcionalismo nas ciências sociais não se reporta à racionalidade do saber de sujeitos dotados de capacidade de conhecimento e de acção; para os processos de racionalização social, ele procura o ponto de referência da racionalidade sistémica: o «saber» passível de racionalização manifesta-se na capacidade de auto-regulação de sistemas sociais que têm de se adaptar a meios circundantes variáveis para se reproduzirem. A racionalidade sistémica pode ser encarada como uma racionalidade orientada para fins, ou, ainda melhor, kantianamente: como uma conformidade a fins sem actividade orientada para fins que é atribuída pelo observador aos sistemas auto-regulados: a manutenção da existência torna-se o fim supremo do sistema. O comportamento orientado racionalmente para fins de membros do sistema perde então a sua importância central para a problemática da racionalidade; de ora em diante, já interessa apenas o contributo funcional dado por estados e elementos aleatórios à resolução de problemas sistémicos([11]).

No entanto, também as teorias sociológicas sistémicas se deparam com a articulação não esclarecida entre a racionalidade sistémica e a racionalidade da acção, mal especificam com maior precisão os processos sociais de racionalização para a economia, a política, o direito, etc. Quer se introduza estes subsistemas, como em Parsons, através de funções fundamentais (*adaption* [adaptação] – economia; *goal-attainment* [consecução de objectivos] – política; *integration* [integração] – direito; *pattern maintenance* [manutenção de padrões] – comunidade, área da socialização) ou, como em Luhmann, de forma imediata através de meios como o dinheiro, o poder, a influência, o amor, a verdade etc., sempre resta um componente estrutural que só então estabelece o *tipo* de problemas *específico ao subsistema* e a *autonomia* do seu tratamento racional. Também Parsons e Luhmann têm de recorrer a uma teoria da acção ou a uma teoria de comunicação para analisarem o que Weber acomodou na fórmula da «autonomia interna das esferas de valor»([12]). Tem de se poder indicar em que deve consistir respectivamente a «racionalidade» económica, administrativa, normativa e científica. Neste lugar irrompe novamente a

---

([11]) N. Luhmann, *Zweckbegriff und Systemrationalität*, Tübingen 1968.
([12]) M. Weber, *Gesammelte Aufsätze zur Wissenschaftslehre*, Tübingen 1968, p. 507 ss., p. 603 ss.

problemática da validade do saber dos sujeitos que, com o conceito da racionalidade sistémica, parecia ter sido banida do âmbito da teoria sociológica sistémica.

(4) Como o demonstra o conceito da «esfera do valor», Weber estava concertado com a versão neokantiana da problemática da validade (veja-se sobretudo Emil Lask([13])). Weber começa por depreender as características formais da racionalidade dos sistemas de saber culturais e analisa a racionalização sob o ponto de referência do saber teórico-empírico, por um lado, e do saber prático-moral e prático-estético, por outro. Nesse caso coloca-se evidentemente a questão da via pela qual as estruturas de consciência que subjazem às ciências experimentais modernas, à moral orientada por princípios e à arte autónoma são traduzidas em processos sociais de racionalização e como se encarnam no quadro institucional. Weber começa por dar uma resposta do âmbito da teoria da acção. As estruturas de consciência modernas são trazidas das alturas do plano da cultura para o plano inferior do sistema da personalidade e encarnadas por um processo de tipificação ideal numa acção caracterizada simultaneamente por uma racionalidade orientada para valores e uma racionalidade orientada para fins, tal como se manifesta na «conduta metódica de vida». Este tipo complexo de acção pode ser perspectivado sob três aspectos diferentes da racionalidade: - sob o aspecto da *racionalidade instrumental* (da resolução racional de tarefas técnicas, como a construção de meios eficazes que depende do saber empírico); mais

– sob o aspecto da *racionalidade estratégica* (da decisão consistente entre possibilidades de escolha, com dadas preferências e máximas de decisão e tendo em conta as decisões de adversários racionais); e finalmente

– sob o aspecto da *racionalidade normativa* (da resolução racional de tarefas práticas no âmbito de uma moral orientada por princípios).

Através de técnicas e estratégias, o saber teórico-empírico pode incorporar-se na acção caracterizada pela racionalidade orientada para fins, ao passo que, através de competências e motivos, tanto um saber prático-moral como um saber prático-

---

([13]) E. Lask, *Zum System der Logik*, in *Gesammelte Schriften III*, Tübingen 1924, p. 57-170.

-estético podem incorporar-se na acção caracterizada por uma racionalidade orientada para valores. No plano do sistema de personalidade, estes diferentes elementos de racionalidade podem adensar-se formando um único complexo de estruturas de acção. No entanto, no plano dos subsistemas da economia, da política e do direito é digno de registo que Weber suponha que apenas os aspectos de racionalidade da acção caracterizada pela racionalidade orientada para *fins*, mas não os da acção caracterizada por uma racionalidade orientada para valores, tenham efeitos estruturantes. Afinal, Weber concebe a racionalização social destas esferas de valor de tal modo, que as estruturas de consciência modernas se incorporam no sistema social através de uma institucionalização da acção caracterizada pela racionalidade orientada para fins diferenciada segundo classes de problemas. Com a racionalização destes sistemas parciais, o racionalismo ocidental repercute-se no plano das instituições. Da sociologia económica, do estado e do direito de Weber, acabamos por ficar com a impressão de que, nas sociedades modernas, os processos de racionalização incidem apenas no saber teórico empírico e nos aspectos instrumentais e estratégicos da racionalidade da acção, ao passo que a racionalidade prática não pode ser institucionalizada de um modo independente, isto é, com um sentido próprio específico a um subsistema.

Deste ponto de vista explica-se essa dialéctica da racionalidade formal e material que deu azo aos conhecidos diagnósticos epocais pessimistas de Weber (Schluchter 1973, p. 90 ss.). Quanto mais a economia capitalista e o estado moderno vão sendo transformados em subsistemas de uma acção caracterizada pela racionalidade orientada para fins, tanto maior é a intensidade com que estas condições sistémicas de uma conduta de vida racional destroem o próprio fundamento motivacional desta. O que está em causa para Weber não são crises, quer no interior de subsistemas, quer entre eles. Antes, o desenvolvimento paradoxal do racionalismo da dominação do mundo que Weber crê descobrir

– na relação entre a religião e a ciência,
– na formalização do direito moderno e
– na burocratização dos processos de decisão económicos e políticos

significa uma crise na relação entre o indivíduo e a sociedade.

Como tal, esta crise foi resumida em poucas palavras por Max Horkheimer e Th. W. Adorno([14]): na sociedade capitalista, a penetração racional e a dominação técnica de uma natureza desmitologizada é institucionalizada de tal modo, que os indivíduos têm de negar a sua própria subjectividade e reprimir a espontaneidade da sua natureza interior: os sujeitos definham. Eles, em cujo nome foi empreendido o desencantamento, a reificação e a sujeição da natureza exterior, vão sendo de tal maneira alienados da sua natureza própria que os progressos e os retrocessos podem cada vez menos ser distinguidos uns dos outros, quanto mais abrangentemente a razão instrumental é encarnada numa sociedade administrada de uma forma cada vez mais penetrante([15]).

III

Partimos da questão de como aspectos da racionalidade da acção se articulam com a racionalização social. O que podemos aprender com as análises de Max Weber? Gostaria de reter três pontos para as nossas reflexões ulteriores.

(1) Distinguimos entre racionalidade sistémica e racionalidade da acção. Num dos casos, a racionalidade afere-se pela capacidade de adaptação de sistemas auto-regulados, no outro, pela capacidade de aprendizagem de sujeitos agentes. Tanto num como noutro caso, a racionalidade é referida à capacidade de resolver problemas. Mas apenas de sujeitos podemos dizer num sentido não metafórico que percebem problemas como tarefas (como tarefas teóricas, técnicas, estratégicas ou práticas) e que trabalham sobre eles com a ajuda de saber, isto é, com a pretensão de validade. A análise funcionalista das capacidades de auto-regulação de sistemas sociais também poderia passar sem empréstimos contraídos junto de metáforas da racionalidade, ao passo que a análise estruturalista das capacidades de acção de actores sociais *tem de* fazer referência a pretensões de validade e padrões de racionalidade. Evidentemente que o funcionalismo sociológico não consegue evitar por completo a problemática da validade.

([14]) M. Horkheimer, Th.W. Adorno, *Dialektik der Aufklärung* [*Dialéctica do Esclarecimento*, Rio de Janeiro, Jorge Zahar, s.d.], Amesterdão 1947.

([15]) A.Wellmer, *Kritische Gesellschaftstheorie und Positivismus*, Frankfurt/M. 1969.

Não pode manusear conceitos da teoria dos sistemas *in abstracto*, tendo antes de interpretar sistemas em conceitos fundamentais da acção social. Neste contexto entram em jogo universais sociais como «sentido» e «comunicação linguística» que remetem, por seu lado, para pretensões de validade como verdade, sinceridade e correcção. Tentou-se repetidamente reinterpretar estas pretensões de validade de um modo subjectivista e, pela via de definições, retirar-lhes o seu carácter universalista. Isso conduz a contradições fáceis de descobrir, pelo menos no caso da verdade proposicional, já que o estatuto da respectiva teoria própria depende, para todos os efeitos, do carácter universalista da pretensão de verdade.([16]) No entanto, a articulação entre o sistema e a racionalidade da acção manifesta-se sobretudo nas propriedades estruturais através das quais são diferenciados os subsistemas sociais.

Max Weber reconduziu os vários modos de coordenação de acções na economia, na administração, na ciência, etc. à lógica própria das esferas de valor. Na linguagem da teoria dos sistemas, são meios de comunicação gerais como dinheiro, poder, verdade, etc. através dos quais as acções dos membros do sistema são coordenadas de uma forma específica ao subsistema. Mesmo se começarmos por investigar esses meios à luz dos problemas sistémicos, nos quais se especializaram respectivamente os sistemas parciais, deparamos com uma área central de problemas que, postas de parte todas as metáforas, apenas se colocam aos próprios sujeitos agentes. E estes problemas da acção, através dos quais se produz a *integração social*, desenvolvem um sentido próprio perante os problemas sistémicos, nos quais é aferida a *integração do sistema*.

Este sentido próprio pode manifestar-se de forma negativa em sintomas de privação como a anomia, com a qual imperativos de integração social não cumpridos ameaçam a existência de todo o sistema. A integração social consuma-se através do meio do «saber» de sujeitos agentes. Ora, o «saber» pode unicamente ser estabilizado através do reconhecimento de pretensões de validade; e o reconhecimento fáctico de pretensões de validade em princípio criticáveis não pode ser manipulado de forma irrestrita. Por isso, os mecanismos de integração social não podem ser substituídos

---

([16]) J. Habermas, N. Luhmann, *Theorie der Gesellschaft oder Sozialtechnologie*, Frankfurt /M. 1971, p. 221 ss.

ilimitadamente por outros mecanismos de integração sistémica, activos por cima das cabeças dos sujeitos agentes.

Por outro lado, os sentidos próprios de várias classes de problemas da acção também se documentam de forma positiva, a saber, em processos sociais de racionalização. Estes constituem os núcleos estruturais de sistemas parciais diferenciados, isto é, de «esferas de valor»; e estabelecem as dimensões em que processos de aprendizagem podem conduzir a efeitos cumulativos, isto é, à racionalização de áreas de acção. Max Weber encontra um acesso sistemático às estruturas de racionalidade em ambos os planos das estruturas da imagem do mundo e das competências para a acção; no entanto, não elabora uma sistemática de esferas de valor e de processos de racionalização referentes a sistemas parciais.

(2) Max Weber afunila a racionalização social numa institucionalização da racionalidade orientada para fins. Para esta apenas são relevantes os componentes cognitivos da cultura, que podem ser verdadeiros ou falsos, assim como os componentes estratégico--instrumentais da acção que decidem sobre o êxito, ou seja, a eficácia empírica.

Weber partilha esta concepção com Marx, por um lado, e com Horkheimer e Adorno, por outro. Para eles, a verdade proposicional e a eficácia empírica começam por ser os únicos critérios da racionalização social. No entanto, estes não se identificam nos mesmos fenómenos históricos. Para *Marx*, a racionalização impõe--se de forma imediata no desenvolvimento das forças produtivas, ou seja, na ampliação do saber empírico, na melhoria da técnica de produção e na mobilização, qualificação e organização cada vez mais eficaz da força de trabalho socialmente aproveitável. No entanto, as relações de produção, ou seja, as instituições que exprimem a distribuição do poder social e regulam o acesso diferencial aos meios de produção, podem unicamente ser revolucionadas sob a pressão da racionalização das forças produtivas. Max Weber avalia de outro modo o quadro institucional da economia capitalista e do estado moderno: não como relações de produção que agrilhoam o potencial de racionalização, mas como subsistemas de uma acção caracterizada pela racionalidade orientada para fins que constituem precisamente o âmbito em que evolui o racionalismo ocidental. Contudo, Weber teme, como consequência da burocratização, uma reificação das relações sociais que sufoca os estímulos motivacionais de uma orientação racional da vida. *Horkheimer* e *Adorno* e, posteriormente, também *H. Marcuse*, interpretam Marx desta perspectiva de Weber. Sob o signo de uma razão instrumental autonomizada, a racionalidade da dominação da natureza funde-se com a irracionalidade do domínio de classe, ao passo que as forças de trabalho libertadas estabilizam as relações de produção alienantes. A «dialéctica do Esclarecimento» absorve a ambivalência que Max Weber ainda mantivera a respeito dos processos de racionalização e simplesmente inverte a avaliação positiva de Marx. A ciência e a técnica que, para Marx, ainda representavam um potencial emancipatório inequívoco, tornam-se elas próprias meios de repressão social.([17])

Neste âmbito não me interessa qual das três posições poderia ter razão; antes me interessa a fragilidade que é comum a estas posições. Por um lado, Marx, Weber, Horkheimer e Adorno identificam a racionalização social com o crescimento da racionalidade instrumental e estratégica de contextos de acções; por outro lado, idealizam, quer no conceito da associação de produtores livres, quer nos exemplos históricos de uma conduta de vida prático--racional ou na ideia de um relacionamento fraterno com a natureza exterior, pelo menos de forma implícita, uma racionalidade social mais abrangente pela qual se afere a importância relativa dos processos de racionalização empiricamente descritos. Este conceito mais abrangente da racionalidade teria, porém, de ser legitimado no mesmo plano como as forças produtivas, os subsistemas da acção caracterizada pela racionalidade orientada para fins, ou os suportes totalitários da razão instrumental. Isso não acontece. Vejo o motivo disso nos impasses da teoria da acção; os conceitos de acção em que se baseiam Marx, Max Weber, Horkheimer e Adorno não são suficientemente complexos para cingirem todos os aspectos em que pode incidir a racionalização social.

(3) Gostaria de explicitar esta tese com toda a brevidade no exemplo da teoria da acção de Weber. Weber distingue a acção de um comportamento observável recorrendo à categoria do sentido: um sujeito agente associa à sua expressão um sentido. Visto que Weber parte de um modelo teleológico de acção, entende o sentido subjectivamente visado como o objectivo da acção. Weber

---

([17]) A.Wellmer, «Kommunikation und Emanzipation», in U. Jaeggi, A. Honneth (orgs.), *Theorien des Historischen Materialismus*, Frankfurt/M. 1977, p. 465 ss.

classifica os objectivos da acção por interesses, valores e afectos ([18]). O agente pode perseguir interesses próprios como a aquisição de poder ou a obtenção de riqueza; ou pode querer fazer jus a valores, exigências ideais como a dignidade humana, a piedade ou a busca da verdade; ou pode procurar satisfação dando largas a afectos e desejos (como o medo, a raiva, os ciúmes, etc.). Esses objectivos utilitários ou valorativos ou afectivos têm de ser concretizados, de uma forma específica a cada situação, em fins. Uma acção orientada por objectivos pode então ser concebida como a organização de meios adequados para a realização de um fim seleccionado de acordo com objectivos. Este conceito de acção pode ser alargado a um conceito de «interacção social» (na acepção de G. H. Mead) se lhe forem acrescentadas duas determinações: (a) a orientação pelo comportamento de outros sujeitos de acção e (b) a mútua relação reflexiva entre as orientações da acção: «Relação social deve significar um comportamento de várias pessoas que, no que diz respeito ao seu conteúdo de sentido, é mutuamente sintonizado e, desse modo, orientado.» (Weber, 1964, p. 19)

As *acções sociais* podem ser classificadas segundo tipos de relação social, por exemplo, consoante uma relação social assentar em correlações de interesse ou num acordo normativo. Deste modo, Weber distingue por exemplo a existência fáctica de um ordenamento económico da validade empírica de um ordenamento jurídico; no primeiro, as relações sociais derivam da complementaridade fáctica de correlações de interesse, no segundo, do reconhecimento fáctico de pretensões de validade normativas. Uma coordenação de acções inicialmente assegurada somente pela complementaridade de interesses pode receber uma superstrutura normativa pela adição da «validade de acordo», isto é, pela «crença de que um determinado comportamento se impõe de forma jurídica ou convencional» (*ibidem*, p. 247). Weber explicita isso no exemplo da formação de tradições, na transição do costume para a convenção: «As regras convencionais são habitualmente a via pela qual regularidades meramente fácticas da acção, meros «costumes», portanto, são traduzidas para a forma de «normas» vinculativas, inicialmente garantidas pela coacção psíquica.» (*ibidem*, p. 246)

---

[18] H. Girndt, *Das soziale Handeln als Grundkategorie erfahrungswissenschaftlicher Soziologie*, Tübingen 1968, p. 24 s.

Evidentemente que a interacção assente na complementaridade de interesses não existe apenas sob a forma do costume, isto é, de uma habituação aceite apaticamente, mas igualmente no plano do comportamento competitivo racional, por exemplo nas relações de troca modernas, onde os intervenientes desenvolveram uma clara consciência da complementaridade, mas igualmente da contingência, das suas correlações de interesses. Por outro lado, também a interacção assente no consenso normativo não só assume a forma de uma acção convencional enquadrada por tradições; o sistema jurídico moderno depende de uma crença esclarecida na legitimidade que, por exemplo, o direito natural racional, com a ideia de um contrato fundamental firmado entre pessoas livres e iguais, remonta a procedimentos de formação racional da vontade. Assim, teria sido um passo óbvio que se construíssem tipos de acção social (a) de acordo com o tipo de coordenação e (b) de acordo com o grau de racionalidade da relação social (veja-se a figura 1).

Figura 1: *Tipos de acção social*

tipo de coordenação da acção	graus de racionalidade	baixo	alto
por correlação de interesses		acção facticamente convencionada	acção estratégica
por acordo normativo		acção por acordo convencional	acção por acordo pós-convencional

Embora esta tipificação encontre pontos de referência em *Economia e Sociedade* (p. 20-26, p. 233-240), o próprio Weber, como é sabido, preferiu uma outra tipologia. Distingue entre a acção caracterizada pela racionalidade orientada para fins, a acção caracterizada por uma racionalidade orientada para valores, a acção por afectos e a acção tradicional. Também esta tipologia é visivelmente guiada pelo interesse em distinguir entre graus de racionalidade da acção. No entanto, Weber não parte da relação social. Encara tão-só a relação entre fins e meios de uma acção monológica representada como teleológica como um aspecto passível de racionalização. Se adoptarmos esta perspectiva, nas acções apenas é acessível à avaliação objectiva o *êxito* observável de uma intervenção com efeitos causais numa situação existente, assim como a *verdade* dos enunciados empíricos que subjazem ao plano de acção, ou seja, à opinião subjectiva sobre uma organização dos meios caracterizada pela racionalidade orientada para fins.

Assim, Weber escolhe a acção caracterizada pela racionalidade orientada para fins como ponto de referência da sua tipologia: «Como qualquer acção, também a acção social pode ser determinada: 1. *pela racionalidade orientada para fins*: por expectativas relativas ao comportamento de objectos do mundo exterior e de outros seres humanos e utilizando essas expectativas como «condições» ou «meios» para *fins* próprios visados e ponderados de forma racional, como êxito, – 2. *pela racionalidade orientada para valores*: pela crença consciente no valor *próprio* incondicional – ético, estético, religioso ou a interpretar de outro modo qualquer – de um determinado comportamento puramente enquanto tal e independentemente do êxito, – 3. *pelos afectos*, em especial *pela emoção*: por afectos e sentimentos presentes, – 4. *pela tradição*: pelo hábito incorporado.» (Weber, 1964, p. 17) Se quisermos seguir uma proposta de interpretação apresentada oralmente por W. Schluchter, a tipologia poderia estar formada de acordo com as características formais de uma acção caracterizada pela racionalidade orientada para fins. Age de uma forma caracterizada pela racionalidade orientada para fins o actor que escolhe *fins* de um horizonte de *valores* claramente articulado e organiza *meios* adequados tendo em consideração *consequências colaterais* alternativas. Nos tipos de acção seguintes, a consciência do sujeito agente estreita-se passo a passo: são eclipsados da consciência e, assim, subtraídos ao controlo racional: (a) na acção caracterizada por uma racionalidade orientada para valores, as consequências colaterais, (b) na acção impulsiva, as consequências colaterais e os valores e, (c) na acção que ainda está apenas facticamente convencionada, também o próprio fim.

IV

No que se segue, gostaria de introduzir de forma intuitiva o conceito da «acção comunicativa» a fim de realçar aqueles aspectos da acção passíveis de racionalização que até à data foram negligenciados na teoria da acção. Apoio-me em trabalhos preliminares relativos a uma teoria da acção comunicativa, mas evidentemente não posso proceder neste lugar a análises de pormenor; limito-me a tornar plausíveis alguns aspectos analíticos.

(1) Orientação para o êxito versus orientação para o entendimento

O modelo da acção caracterizada pela *racionalidade orientada para fins* parte do princípio de que o actor se orienta exclusivamente pela consecução do seu objectivo suficientemente precisado à luz de fins, calculando todas as demais consequências da acção como condições colaterais do êxito. O êxito define-se como a produção de um estado no mundo que pode ser levado a existir de uma forma causal por uma acção ou omissão orientada para fins. Designamos uma acção orientada para o êxito como *instrumental* se a considerarmos sob o aspecto do cumprimento de regras técnicas de acção e avaliarmos o grau de eficácia da intervenção num estado físico; como *estratégica* designamos, pelo contrário, uma acção orientada para o êxito, se a contemplarmos sob o aspecto do cumprimento de regras de escolha racional e avaliarmos o grau de eficácia da influência sobre as decisões de um adversário racional. As acções instrumentais podem estar articuladas com interacções sociais, ao passo que acções estratégicas *são* acções sociais. Às acções instrumentais quero contrapor as acções comunicativas. Refiro-me a estas quando as acções dos actores intervenientes não são coordenadas por cálculos de êxito egocêntricos, mas pelo entendimento. Na acção comunicativa, os intervenientes não se orientam primariamente pelo êxito próprio, mas pelo entendimento.

Daí resulta uma primeira *classificação dos tipos de acção*:

Figura 2: *Tipos de acção*

	orientada para o êxito	orientada para o entendimento
não-social	acção instrumental	---
social	acção estratégica	acção comunicativa

Passemos agora à acção comunicativa. Se um entendimento for bem sucedido, conduz a um acordo entre os intervenientes. Um acordo alcançado de forma comunicativa (ou pressuposto entre todos no contexto da acção) não se limita a satisfazer as condições de uma concordância facticamente existente. Antes, o acordo chega a verificar-se apenas em condições que remetem para um fundamento racional. O acordo assenta numa convicção comum. A acção comunicativa de alguém apenas é bem sucedida se outrem a aceitar de forma específica, se assumir (de uma forma muito ou pouco implícita) uma posição de «sim» ou «não» perante uma pretensão de validade por princípio criticável.

Tanto o *ego* que, com a sua expressão, faz valer uma pretensão de validade, como o *alter*, que a reconhece ou rejeita, apoiam as suas decisões em potenciais motivos.

Se não pudéssemos fazer referência ao modelo do discurso, não seríamos capazes de analisar o que significa dois sujeitos porem-se de acordo. O entendimento parece ser inerente à linguagem humana como seu *telos*. Acções orientadas para o entendimento podem ser analisadas sob pontos de vista da pragmática formal no modelo do acto de fala, mesmo que eles próprios normalmente não tenham uma forma linguisticamente explícita, e frequentemente nem mesmo uma forma verbal. Por outro lado, nem toda a relação social que é estabelecida com meios linguísticos é um exemplo da acção comunicativa. *Ego* pode *levar* o *alter* a um comportamento desejado com recurso a expressões linguísticas e instrumentalizá-lo para o seu próprio êxito. Isso, por outro lado, não significa que sujeitos que agem de uma forma comunicativa não devam *também* orientar-se pelo êxito próprio; mas no quadro da acção comunicativa apenas podem alcançar o êxito pretendido através de um entendimento bem sucedido: o entendimento é decisivo para a coordenação das suas acções.

Por fim, ainda gostaria de mencionar duas variantes. Em situações de uma *acção estratégica encoberta*, pelo menos um dos intervenientes se comporta de forma estratégica, ou seja, ludibria outros sobre o facto de não preencher os pressupostos da acção comunicativa. É este o caso da manipulação. Em comunicações sistematicamente distorcidas, pelo menos um dos intervenientes se ludibria a si próprio sobre o facto de agir de forma estratégica, mantendo apenas a aparência de uma acção comunicativa. Daí resulta uma *classificação* provisória *das acções sociais* (veja-se fig. 3, p. 283).

(2) Modos de comunicação, pretensões de validade e tipos puros da acção orientada para o entendimento

Para simplificar vou representar os aspectos gerais, sob os quais as interacções sociais podem ser descritas e avaliadas segundo graus de racionalidade, por casos idealizados ou «puros» da acção social. Até aqui construímos um desses casos: a acção abertamente estratégica, isto é, uma interacção conscientemente regulada através de cálculos de êxito recíprocos, para a qual entretanto foram desenvolvidos modelos racionais. Por comparação a este, não só as variantes referidas da acção manipulativa e da comunicação sistematicamente distorcida, mas igualmente a acção comunicativa, têm de ser considerados como casos complexos. Para reduzir este tipo de acção a «casos puros», parto da questão de saber sob que aspectos um acto de fala orientado para o entendimento pode ser posto em causa. As diferentes possibilidades de assumir uma posição racionalmente motivada de «sim» ou «não» relativamente à expressão de um locutor põem à nossa disposição um fio condutor para a análise de acções que são coordenadas pelo entendimento.

Figura 3: *Tipos de acção estratégica*

Um acto de fala pode em princípio ser contestado, ou seja, rejeitado como «inválido», sob três aspectos: sob o aspecto da verdade que o locutor reivindica, com a sua expressão, para um enunciado (ou antes para as suposições existenciais do conteúdo de um enunciado); além disso, sob o aspecto da sinceridade que o locutor reivindica para a expressão da sua intenção; e, finalmente, sob o aspecto da correcção que o locutor reivindica para a sua acção com referência a um dado contexto normativo (ou então, de forma mediata, para esse próprio contexto). Toda a acção comunicativa pode, em princípio, ser contestada sob cada um destes três aspectos, isto é, ser rejeitada como não verdadeira, pouco sincera ou incorrecta; mas, na maior parte dos casos, decorre do modo da expressão (em actos de fala explícitos, do significado do componente ilocutório) saber qual é o aspecto principal sob o qual o locutor quer ver compreendida a sua expressão. A análise de tais modos fundamentais incide, por razões de conveniência, sobre casos idealizados ou puros de actos de *fala*. Tenho em mente:

– actos de fala constativos em que são utilizadas *proposições afirmativas elementares*;

– actos de fala expressivos em que figuram proposições vivenciais elementares (da 1ª pessoa do presente); e

– actos de fala de *enquadramento institucional* que apenas se encontram associados a uma norma bem determinada (como um baptismo, uma aposta, um casamento etc.).

Em relação a cada um destes complexos existe, na filosofia analítica, uma bibliografia extensa sobre a qual aqui não posso debruçar-me. No entanto, no seu âmbito, foram desenvolvidos instrumentos e efectuadas análises que permitem clarificar as pretensões de validade universais pelas quais se orienta o locutor, assim como precisar as atitudes fundamentais que o locutor assume ao fazê-lo. Trata-se: (a) da atitude *objectivadora* com que um observador neutro se comporta relativamente a algo que tem lugar no *mundo* objectivo; (b) da atitude *expressiva* com que um sujeito que se apresenta a si próprio desvenda algo do seu *interior*, a que tem acesso privilegiado, perante os olhos de um público; e (c) da atitude *conforme às normas* com que alguém que pertence a um mundo social satisfaz as condições de comportamento generalizadas dos seus grupos de referência. A estas três atitudes fundamentais corresponde um conceito de «mundo».

Agora podemos dar mais um passo e abandonar a limitação heurística a actos de *fala* para construirmos casos puros de uma acção comunicativa em termos gerais. Neste âmbito, os três modos de comunicação servem de fio condutor. O primeiro tipo coincide com os *actos de fala constativos*; em muitos contextos, o discurso que constata factos bem pode ser fortemente encurtado de forma elíptica, mas não pode ser completamente substituído por expressões extraverbais. Já não se passa a mesma coisa com as auto-apresentações expressivas. Estas não se encontram associadas da mesma forma ao *medium* linguístico, indo antes das expressões vivenciais linguisticamente explícitas, passando pelo discurso poético, até às formas extraverbais de expressão artística e aos gestos de expressão (quase) espontânea. As acções normativamente reguladas, por fim, podem assumir a forma de actos de fala, mas não o fazem necessariamente. Este tipo coincide com a acção para o acordo (assegurada de forma normativa) de Max Weber. Em resumo, resultam quatro *casos puros da acção social* (ver fig. 4):

Figura 4: *Tipos puros da acção social*

características tipos de acção	orientação da acção	atitudes fundamentais	pretensões de validade	referência ao mundo
acção estratégica	orientada para o êxito	objectivadora	(eficácia)	mundo objectivo
acto de fala constativo	orientada para o entendimento	objectivadora	verdade	mundo objectivo
auto-apresentação expressiva	orientada para o entendimento	expressiva	sinceridade	mundo interior
acção regulada por normas	orientada para o entendimento	conforme às normas	correcção	mundo social

(3) O caso complexo: A acção comunicativa como processo cooperativo de interpretação

Os casos puros da acção social adquiriram, para a elaboração teórica das ciências sociais, a importância de paradigmas. Assim, o modelo estratégico de acção subjaz, por exemplo, à teoria do poder de Downs e à teoria da troca de Blau; o modelo dramatúrgico de acção, que Harré e Second extraíram das análises de Goffman, orienta-se pelo caso puro da auto-apresentação expressiva; e a teoria convencional dos papéis que, na versão de Parsons, continua a dominar a investigação social contemporânea, apoia-se no modelo da acção regulada por normas. Podemos considerar este facto como uma espécie de confirmação metodológica da nossa sistemática dos aspectos da acção. No interaccionismo simbólico, na etnometodologia e na sociologia de inspiração hermenêutica, porém, impôs-se outro paradigma adicional: aqui, a interacção é entendida como um processo interpretativo em que os intervenientes negoceiam uma definição comum da situação com recurso a interpretações recíprocas. Com este conceito de acção, o processo de entendimento passa para o centro das atenções. Abandonamos as abstracções pelas quais chegámos aos casos puros da acção social. Habitualmente, os actores não assumem, *de forma alguma, apenas uma* das atitudes fundamentais. Não se referem apenas a algo no mundo objectivo ou a algo no seu mundo social ou a uma parcela de subjectividade do seu próprio mundo interior. Habitualmente referem-se *em simultâneo* a todos os três mundos, e os que agem comunicativamente até, em caso de necessidade, se comportam de uma forma reflexiva relativamente ao sistema de coordenadas dos três mundos.

Quanto menos os intervenientes agem de uma forma consensual, quanto menos se podem fiar num entendimento comum da situação que tenha sido previamente criado pela tradição e se encontre assegurado por um consenso de valores, tanto maior é a intensidade com que o fardo da *produção* de um semelhante consenso de fundo recai sobre o desempenho interpretativo dos próprios intervenientes. A negociação de definições comuns de situações tem o objectivo de estabelecer quais são os elementos da situação que podem ser considerados componentes do mundo objectivo, percebidos e interpretados como idênticos, quais podem ser considerados componentes normativos do mundo social reconhecidos entre todos, e quais podem ser considerados meras opiniões, intenções, desejos e sentimentos, todos eles subjectivos. Uma situação é definida na rede destes três mundos. Numa situação de acção não suficientemente integrada no plano normativo, os intervenientes têm de tentar, pela via da interpretação, chegar a uma sobreposição substancial entre as suas várias definições da situação.

Isso apenas pode ser conseguido numa *atitude performativa* em que os participantes de uma interacção podem oportunamente proceder a uma transição regulada, ou seja, racionalmente controlada, de uma atitude quer objectivadora, quer expressiva, quer conforme às normas, para as outras atitudes. Uma tal transformação tem de poder apoiar-se em variâncias intermodais de validade. Este campo de uma lógica dos actos de fala (de uma lógica pragmática) ainda se encontra pouco investigado.

V

Suponhamos por um momento que as análises esboçadas podem ser efectuadas no âmbito de uma teoria da acção comunicativa. Como poderia esta teoria da acção contribuir para apreender os processos de racionalização social? Vejo uma vantagem da teoria no facto de eventualmente ter esclarecido, com os tipos puros de acção, precisamente os aspectos sob os quais acções podem ser racionalizadas, e isso quer dizer: na medida em que encarnam «saber», podem ser criticadas e melhoradas (1); vejo uma segunda vantagem no facto de que, com o conceito da acção comunicativa, teríamos ganho um ponto de vista não arbitrário sob o qual um sistema de instituições sociais pode ser avaliado como mais ou menos «racional»: refiro-me ao ponto de vista do entendimento motivado de forma racional (2).

(1) Gostaria de explicitar os aspectos da racionalidade da acção com recurso a um catálogo de tipos puros de acção. Também aqui apenas se pode tratar de indicações que devem tornar plausíveis interrogações analíticas.

(a) *Actos de fala constativos* não se limitam a encarnar um saber; contrariamente aos restantes tipos de acção, servem para a *apresentação* explícita de saber. Podem ser criticados sob o aspecto da verdade. Uma *pretensão de verdade* controversa pode ser tematizada e ser tratada de forma argumentativa numa atitude hipotética. Se ocorrerem perturbações no uso da linguagem cognitivo, o *discurso teórico* oferece-se como uma continuação da acção orientada para o entendimento com outros meios. Se a verificação discursiva perder o seu carácter *ad hoc* e o saber empírico for sistematicamente posto em causa, se os processos de aprendizagem naturais forem levados através da comporta da argumentação, resultam efeitos cumulativos. Esse saber é armazenado sob a forma de *teorias*.

(b) *Acções caracterizadas pela racionalidade orientada para fins* podem ser avaliadas sob o aspecto da *eficácia*. As regras de acção encarnam um saber *que pode ser aproveitado técnica* e *estrategicamente* e que pode ser criticado no que respeita a pretensões de verdade e melhorado por um reacoplamento com o crescimento do saber teórico empírico.

(c) *Acções expressivas* encarnam um saber da subjectividade sempre própria do actor. Este saber pode ser explicitado sob a forma dos padrões de valor que subjazem aos desejos, atitudes e sentimentos provocados de uma forma específica à situação. Tais expressões podem ser rejeitadas como não sinceras, ou seja, como ilusões ou auto-ilusões. No caso das auto-ilusões, as acções expressivas têm uma significação dupla: a significação manifesta que o actor expressa de forma intencional, assim como a significação latente que o actor revela de forma não intencional. Ora, se existem métodos para criticar auto-ilusões, também existem vias para melhorar o saber expressivo que, no seu âmago, é um saber prático-estético. Considero um preconceito empirista a concepção dominante de que o aspecto expressivo da acção não é passível de racionalização. Auto-ilusões podem ser destruídas com meios argumentativos, a saber, por um lado por uma auto-reflexão produzida de forma metódica e, por outro lado, por inovações no âmbito dessas expressões avaliativas com recurso às quais interpretamos necessidades([19]). Desde que Freud desenvolveu o seu método de tratamento analítico, pode explicitar-se com maior precisão o primeiro tipo de crítica no modelo do diálogo terapêutico. O segundo tipo de crítica pode ser investigado sob a forma de uma lógica de avaliação estética, ou seja, no modelo da crítica da arte([20]).

([19]) H. Peukert, *Wissenschaftstheorie, Handlungstheorie, Fundamentale Theologie*, Düsseldorf 1976 e Frankfurt/M. 1978, p. 272 ss.

([20]) Quanto ao discurso terapêutico, cf. P. Ricoeur, *Die Interpretation*, Frankfurt/ M. 1969; A. Lorenzer, *Sprachzerstörung und Rekonstruktion*, Frankfurt/ M. 1970; quanto à crítica estética: R. Bittner, «Ein Abschnitt sprachanalytischer Ästhetik», in R. Bittner, P. Pfaff (org.), Das ästhetische Urteil, Colónia 1977, p. 251 ss. A crítica da arte tem a tarefa de abrir os olhos por argumentos, ou seja, ensinar a apreensão da autenticidade de uma obra de arte. Tenta convencer o observador, o ouvinte ou o leitor com argumentos a aceitar uma obra como «bela» ou a rejeitá-la como vazia, superficial ou insignificante. Mal isso se consiga, a própria obra pode assumir o papel de um argumento para a aceitação ou rejeição dos padrões de avaliação, segundo os quais pode ser considerada «bela». Ao mesmo tempo, é a crítica que torna linguisticamente (ou seja, para uma linguagem diferenciada em termos proposicionais) disponível o valor que o simbolismo expressivo da obra de arte traduz. Fazendo referência à arte, a crítica estética renova as expressões linguísticas com que podemos dizer em que é que *devemos* tomar um interesse e quais *são* os nossos interesses; é um instrumento discursivo da articulação de necessidades e, com isso, simultaneamente da crítica de interpretações ilusórias de necessidades.

(d) *Acções reguladas por normas* encarnam um saber prático-
-moral. Podem ser contestados sob o aspecto da correcção. Uma
pretensão de correcção controversa pode ser tematizada e verificada de modo discursivo, da mesma forma como uma pretensão de
verdade. No caso de ocorrência de perturbações do uso regulativo
da linguagem, o discurso prático oferece-se como continuação da
acção consensual com outros meios. Em argumentações prático-
-morais, os participantes podem verificar tanto a correcção de uma
determinada acção com referência a uma dada norma como igualmente, no patamar seguinte, a correcção dessa própria norma.
Uma norma de acção é considerada correcta quando se conta com
o facto de que poderia contar com o assentimento racionalmente
motivado de todos os visados, desde que estes participassem num
discurso prático. Normas válidas exprimem interesses passíveis de
generalização (ou então de compromisso). Tal como o discurso
teórico apresenta uma referência a percepções sensoriais interpretadas, o discurso prático mantém uma referência a necessidades
interpretadas. Como as interpretações de necessidades podem, por
seu lado, ser postas em causa, resulta um reacoplamento do discurso prático com as duas formas da crítica terapêutica e estética.

Os aspectos da racionalidade da acção podem ser resumidos
no quadro que se segue (ver fig. 5).

Figura 5: *Aspectos da racionalidade da acção*

tipos puros de acção	tipos de saber	formas de verificação argumentativa	padrões de saber passível de tradição
actos de fala constativos	saber teórico--empírico	discurso teórico	teorias
Acção instrumental estratégica caracterizada pela racionalidade orientada para fins	saber aproveitável técnica e estrategicamente	discurso teórico	tecnologias estratégias
Acção expressiva	saber prático--estético	crítica terapêutica e estética	obras de arte
Acção regulada por normas	saber prático--moral	discurso prático	concepções jurídicas e morais

(2) Uma racionalização não só pode incidir sobre aspectos individuais do saber e da acção, como sobre a própria relação social (Weiss 1975, p. 53). Na medida em que as acções de diversos participantes de uma interacção são coordenadas através do entendimento, as condições formais de um acordo racionalmente motivado indicam como uma semelhante relação social pode ser racionalizada. Pode ser considerada racional na medida em que as tomadas de posição de sim/não que sustentam o respectivo consenso resultam de processos interpretativos dos próprios intervenientes. A dimensão da racionalização social que está implícita às estruturas gerais da acção orientada para o entendimento (ou da intersubjectividade) pode ser caracterizada pelo par de conceitos «acordo normativamente atribuído» *versus* «entendimento conseguido de forma comunicativa». Quanto maior for a medida em que tradições culturais e estruturas sociais existentes decidem *previamente* sobre que pretensões de validade têm de ser afirmadas quando, onde, pelo quê, frente a quem, ou aceites por quem, menos os próprios intervenientes têm a possibilidade de explicitar e verificar os potenciais motivos em que se apoiam as suas tomadas de posição de sim/não. Na base de validade do discurso reside um potencial de racionalidade que nunca se encontra totalmente desactivado, mas que, em conformidade com o estado do desenvolvimento social, pode ser activado a níveis muito diversos. No entanto, este ponto de vista abstracto não é muito útil se o quisermos aplicar de forma imediata a processos de racionalização social. Para tal são necessários vários passos.

(a) Das *estruturas de imagens do mundo* pode-se depreender em que medida os sistemas interpretativos culturais existentes na sociedade *admitem* de todo orientações autónomas da acção. Esta margem tem de ser reduzida onde, como é o caso, por exemplo, nas imagens míticas do mundo, pretensões de validade normativas não só se encontram misturadas com pretensões de verdade e de sinceridade, mas com a compreensibilidade de expressões linguísticas, por um lado, como, por outro, confluem com conceitos de eficácia empírica como a causalidade e a saúde. Esta categoria difusa da validade vincula a acção quotidiana, através da magia e do rito, às interpretações míticas da cultura tribal e da natureza. Podemos depreender dos trabalhos clássicos de Durkheim e Piaget os pontos de vista analíticos para uma racionalização das imagens do mundo([21]). A diferenciação de imagens do mundo a partir do sistema social, a autonomização de componentes cognitivos, expressivos e prático-morais das interpretações religiosas, a correspondente descentração da mundividência e a progressiva reflexividade das atitudes de fé caracterizam tendências que podem ser reconstruídas sob o ponto de vista de se distinguir, antes de mais, entre a eficácia empírica, a significação e a validade semânticas e, no âmbito da categoria da validade, novamente entre verdade proposicional, autenticidade ou sinceridade e correcção normativa. Só depois da validade pretendida estar depurada da sua fusão com outras pretensões de validade, também a correcção de normas pode ser compreendida como uma pretensão de validade que é, ela própria, passível de revalidação discursiva. Antes de estar atingido este grau de representações jurídicas e morais pós-convencionais, o feitiço que a tradição cultural exerce sobre uma intersubjectividade do entendimento não-violenta, baseada sobre a convicção racionalmente motivada, não pode ser quebrado.

(b) Por outro lado pode-se depreender das estruturas de consciência de indivíduos socializados, e sobretudo das suas competências de acção, em que medida os sistemas de personalidade dos membros da sociedade permitem orientações de acção autónomas. Creio que as investigações clássicas de Freud, Mead e, uma vez mais, Piaget, lançaram as bases de uma teoria do desenvolvimento do Eu que se coaduna com um conceito da racionalização social fundamentado na teoria da comunicação([22]).

(c) Se, no plano dos sistemas culturais e de personalidade, as estruturas da consciência se encontram diferenciadas a tal ponto que o saber pode ser criticado e aperfeiçoado com base em pretensões de validade específicas, encontra-se preenchida uma condição necessária para a *institucionalização de sistemas de saber* e processos de aprendizagem correspondentemente *diferenciados*. Na modernidade assiste-se à consagração de um universo científico em que problemas empíricos podem ser tratados de acordo com parâmetros internos, independentemente de doutrinas religiosas

---

([21]) R. Döbert, «Methodologische und forschungsstrategische Implikationen von evolutionstheoretischen Studienmodellen», in Jaeggi, Honneth (1977), p. 524 ss.
([22]) R. Döbert, G. Nunner-Winkler, *Adoleszenzkrise und Identitätsbildung*, Frankfurt /M. 1975; R. Döbert, J. Habermas, G. Nunner-Winkler (org.), *Entwicklung des Ichs*, Colónia 1977, p. 9-30.

e separadamente de questões fundamentais de carácter prático-
-moral. Aproximadamente em simultâneo é institucionalizado um
universo artístico, em que a produção de arte é libertada de vínculos a cultos eclesiásticos e a mecenatos das várias cortes e onde uma crítica artística e profissionalizada interpreta as obras para um público fruidor das artes, feito de leitores, ouvintes e espectadores. No âmbito das universidades, por fim, o tratamento científico de questões fundamentais de ética e de teoria do estado, assim como de problemas jurídicos especializados, encontra um enquadramento institucional autónomo. Esta institucionalização da ciência experimental, de uma arte e de uma teoria moral e jurídica autónomas já caracterizava o «racionalismo ocidental» na acepção de Weber. Mas o saber acumulado nestas áreas apenas desenvolve uma força revolucionadora na medida em que é concertado com a técnica, a ordem jurídica e a prática da socialização.

(d) Para apreender estes processos, a teoria dos meios de comunicação desenvolvida no âmbito do funcionalismo sistémico (Parsons 1970, Turner 1968) teria de ser reformulada com recurso a uma teoria da acção comunicativa de modo a tornar-se clara a articulação entre a constituição de subsistemas e a racionalidade da acção.

6
Ciências sociais reconstrutivas *versus* ciências sociais compreensivas([1])

Observações introdutórias

Permitam-me que comece por uma observação pessoal. Quando, em 1967, formulei pela primeira vez a tese de que as ciências sociais não devem abrir mão da dimensão hermenêutica da investigação, e mais, que poderiam suprimir o problema da compreensão apenas ao preço de distorções, vi-me confrontado com dois tipos de objecções([2]).

A primeira consistia na insistência em que a hermenêutica nem sequer seria uma questão de metodologia. Hans-Georg Gadamer chamou a atenção para o facto de que o problema da compreensão se colocaria, antes de mais, em contextos não científicos, fosse na vida quotidiana, na história, na arte e na literatura ou, em termos gerais, quando se lida com tradições. A hermenêutica filosófica defrontar-se-ia, por isso, com a incumbência de aclarar processos de compreensão comuns, e não com a tentativa sistemática, ou o processo, de recolha e análise de dados. Gadamer encarava o «método» como algo oposto à «verdade»; a seu ver, a verdade apenas podia ser alcançada por uma prática experimentada e inteligente da compreensão. Enquanto actividade, a hermenêutica

---

([1]) Palestra proferida por ocasião de uma conferência organizada por R.N. Bellah, N. Haan e P. Rabinow, dedicada ao tema *Morality and the Social Sciences*, Berkeley, Março 1980. Traduzida do Inglês por Max Looser. Primeira publicação em N. Haan, R.N. Bellah, P. Rabinow, W.M. Sullivan (org.), *Social Science as Moral Inquiry*, Nova Iorque 1983, p. 251-270.

([2]) J. Habermas, «Zur Logik der Sozialwissenschaften. Ein Literaturbericht» [*Sobre a lógica das ciências sociais. Um relato literário*], Suplemento da *Philosophische Rundschau*, Tübingen 1967; reeditado em *idem*, *Zur Logik der Sozialwissenschaften*, Frankfurt/M. 1982, 89 ff.

seria, no melhor dos casos, uma arte e nunca um método – relativamente à ciência seria uma força subversiva que ilude qualquer abordagem sistemática ([3]). O segundo tipo de objecções provinha de representantes da corrente principal das ciências sociais que apresentavam uma objecção complementar. Afirmavam que o problema da interpretação consistiria na sua mistificação. Segundo estes, não existiriam quaisquer problemas gerais da interpretação, mas apenas problemas individuais que poderiam ser resolvidos com as técnicas habituais da investigação. Uma cuidada operacionalização de termos teóricos, isto é, testes da validade e fiabilidade de instrumentos, seria de molde a impedir influências descontroladas que de outro modo se infiltram na investigação vindas da complexidade, pouco ou nada analisada e de difícil manuseamento, da linguagem coloquial e da vida quotidiana.

Na controvérsia dos meados dos anos sessenta, ou a hermenêutica era insuflada em sucedâneo filosófico da ontologia de Heidegger, ou era trivializada como problema derivado de dificuldades de medição. Desde essa altura, esta constelação alterou-se de uma forma considerável. Os argumentos principais da hermenêutica filosófica foram em grande medida aceites, não, no entanto como doutrina filosófica, mas como paradigma da investigação *no interior* das ciências sociais, com destaque para a antropologia, a sociologia e a psicologia social. Paul Rabinow e William M. Sullivan designaram o fenómeno por «viragem interpretativa» ([4]). No decorrer dos anos setenta, várias tendências dentro e fora do mundo académico concorreram vantajosamente para que o paradigma da interpretação se impusesse. Permitam-me que refira apenas algumas delas.

Antes de mais, foram o debate entre Popper e Kuhn e a ascensão de uma teoria pós-empírica da ciência a abalarem a autoridade do positivismo lógico e, com isso, a destruírem a visão de uma ciência nomológica (mais ou menos) unificada. Uma consequência longínqua deste processo é uma deslocação da tónica no âmbito da história da ciência das construções normativas para abordagens mais sensíveis à hermenêutica.

([3]) H.-G. Gadamer, «Rhetorik, Hermeneutik und Ideologiekritik. Metakritische Erörterungen zu "Wahrheit und Methode"» , in K.-O. Apel *et al.*, *Hermeneutik und Ideologiekritik*, Frankfurt/M. 1971, p. 57 ss.

([4]) P. Rabinow, W. M. Sullivan (org.), *Interpretative Social Science*, Berkeley 1979.

Para mais, tornou-se visível o malogro das ciências sociais convencionais que não puderam honrar as suas promessas teóricas e práticas. A investigação sociológica não foi capaz de corresponder a referências como as estabelecidas pela teoria abrangente de Parsons; a teoria económica de Keynes falhou no plano político das medidas eficazes; e na psicologia fracassou a pretensão de explicação universal da teoria da aprendizagem – afinal havia servido de exemplo paradigmático de uma ciência exacta do comportamento. Tudo isto abriu o caminho a abordagens alternativas construídas sobre as bases da fenomenologia, da obra tardia de Wittgenstein, da hermenêutica filosófica, da teoria crítica, etc. Estas abordagens recomendavam-se pelo simples facto de oferecerem alternativas ao objectivismo predominante – e não tanto por uma superioridade reconhecida.([5])

Em seguida impuseram-se duas abordagens medianamente bem sucedidas que constituíram exemplos de um tipo interpretativo das ciências sociais: o estruturalismo na antropologia, na linguística e – de um modo menos convincente – na sociologia; e o estruturalismo genético na psicologia do desenvolvimento – um modelo que parece ser promissor para a análise da evolução social, do desenvolvimento de mundividências, de sistemas de crenças morais e de sistemas jurídicos.

Outra tendência que merece referência foi a deslocação neoconservadora no clima filosófico que acarretou uma alteração das premissas de fundo entre os cientistas sociais. Por um lado, ocorreu um certo reavivar das abordagens biologistas que durante várias décadas estiveram desacreditadas por motivos políticos (por exemplo a sociobiologia e a investigação genética da inteligência), por outro, um regresso ao relativismo, ao historicismo, ao existencialismo e ao nietzscheanismo de todas as variantes, uma mudança de atmosfera que vai das disciplinas mais duras, como por exemplo a teoria da ciência e a linguística, passando pelas áreas mais moles da investigação da ciência da cultura, até à crítica literária, à ideologia arquitectónica, etc. Ambas as tendências são expressão da mesma síndrome, expressa na crença muito disseminada de que tudo o que a cultura humana evidencia de traços universais é de atribuir mais à natureza humana do que à infra-estrutura racional da linguagem humana, do conhecimento e da acção, isto é, da própria cultura.

([5]) R. J. Bernstein, *Restructuring of Social and Political Theory*, Nova Iorque 1976; edição alemã: Frankfurt/M. 1979.

Dois modos do uso da linguagem

Permitam-me que esclareça antes de mais o que entendo por hermenêutica. Qualquer expressão dotada de sentido – seja um enunciado (verbal ou não verbal), um qualquer artefacto como por exemplo uma ferramenta, uma instituição ou um documento escrito – pode ser identificado, numa atitude bifocal, não só como um acontecimento observável, mas também como uma objectivação compreensível de um significado. Podemos descrever, explicar ou antecipar um ruído que se equipare à expressão sonora de uma frase pronunciada sem fazermos a mínima ideia do que essa expressão significa. Para apreendermos o seu significado (e o formularmos) temos de participar em várias acções comunicativas (reais ou imaginadas), em cujo decurso a referida frase é utilizada de tal forma que seja compreensível aos locutores, ouvintes e membros da mesma comunidade linguística presentes por acaso. Richard Rorty aduz um caso extremo: «Mesmo que pudéssemos antecipar os sons que a comunidade de investigadores irá emitir no ano 4000, ainda assim não seríamos capazes de participar no seu diálogo.»[6] A oposição entre o «antecipar o seu futuro comportamento linguístico» e «participar no seu diálogo» remete para a importância da distinção entre dois modos diferentes do uso da linguagem.

Ou *se diz o que é o caso ou o que não é o caso*, ou então *se diz algo a outra pessoa*, e de tal forma que esta *compreenda o que se está a dizer*. Apenas o segundo *modus* do uso da linguagem está interna ou conceptualmente vinculado às condições da comunicação. Dizermos como se comportam as coisas não depende necessariamente de um tipo de comunicação efectivamente realizado ou, pelo menos, imaginado; não é necessário que se *emita* um enunciado, ou seja, que se leve a cabo um acto de fala. Em vez disso, uma pessoa pode dizer «p» para consigo própria ou simplesmente pensar «que p». Compreender o que nos estão a dizer, pelo contrário, requer a participação na acção comunicativa. Tem de existir uma situação de fala (ou pelo menos tem de ser imaginada) em que um locutor, na comunicação *com* um ouvinte expressa algo *sobre* o que *ele* tem

---

[6] R. Rorty, *Philosophy and the Mirror of Nature* [*A Filosofia e o Espelho da Natureza*, Lisboa, Dom Quixote, 1988], Princeton, Nova Jérsia 1979, 355; edição alemã: Frankfurt/M. 1981, p. 384 s.

em mente. Assim sendo, no caso do uso da linguagem puramente cognitivo, não comunicativo, apenas se encontra implicada *uma* relação fundamental; chamemos-lhe a relação entre frases e algo no mundo «sobre» o qual as mesmas enunciam algo. Se, pelo contrário, a linguagem for utilizada com a finalidade de se entender com outra pessoa qualquer (nem que seja para no final se constatar um desacordo), existem três relações desse género: com a expressão *da* sua opinião, o locutor comunica *com* um outro membro da sua comunidade linguística *sobre* algo no mundo. A epistemologia ocupa-se apenas desta última relação entre a linguagem e a realidade, ao passo que a hermenêutica tem de se debruçar em simultâneo sobre a relação tripla de um enunciado que serve (a) de expressão da intenção de um locutor, (b) de expressão para o estabelecimento de uma relação interpessoal entre o locutor e o ouvinte e (c) de expressão sobre algo no mundo. Para mais, qualquer tentativa de clarificar o significado de uma expressão linguística coloca-nos perante uma quarta relação, desta feita interior à linguagem, ou seja, linguística, nomeadamente a relação entre um dado enunciado e o conjunto de todos os enunciados possíveis que poderiam ser feitos na mesma língua.

A hermenêutica, por assim dizer, observa a linguagem no exercício das suas funções, nomeadamente a forma como é utilizada por participantes com o objectivo de chegarem a um *entendimento* comum de um assunto ou a uma *perspectiva* comum. A metáfora visual do observador que «examina» algo não deveria, contudo, obscurecer o facto de a linguagem utilizada de uma forma performativa se encontrar inserida em relações que são mais complicadas do que uma simples relação «através de» (e o tipo de intenções que se lhe encontram associadas). Quando um locutor diz algo no âmbito de um contexto quotidiano, não se refere apenas a algo no mundo objectivo (como a totalidade daquilo que é, ou poderia ser, o caso) mas, em simultâneo, a algo no mundo social (enquanto totalidade das relações interpessoais legitimamente reguladas) e a algo no próprio mundo subjectivo do locutor (enquanto totalidade das vivências manifestáveis a que tem um acesso privilegiado).

Deste modo se apresenta a tripla associação entre o enunciado e o mundo *intentione recta*, ou seja, a partir das perspectivas do locutor e do ouvinte. A mesma associação pode ser analisada *intentione obliqua*, da perspectiva do mundo da vida ou perante o pano de fundo das premissas e práticas comuns em que toda e qualquer comunicação está imperceptivelmente inserida desde o início. Encarada deste ponto de vista, a linguagem cumpre três funções: (a) a da reprodução cultural ou a de trazer ao presente as tradições (desta perspectiva, desenvolve Gadamer a sua hermenêutica filosófica), (b) a da integração social ou da coordenação de planos de diversos actores na interacção social (deste ponto de vista desenvolvi a teoria da acção comunicativa), e (c) a da socialização ou da interpretação cultural de necessidades (sob este ângulo, G. H. Mead projectou a sua psicologia social).

Por outras palavras, enquanto o uso cognitivo da linguagem, não comunicativo, requer o esclarecimento da relação entre a frase e o estado de coisas, quer em termos das intenções correspondentes, quer das atitudes proposicionais, dos vectores de adaptação e condições de satisfação, o uso da linguagem comunicativo coloca-nos perante o problema de como esta relação se articula com as outras duas relações (do «ser expressão *de* algo» e do «partilhar algo *com* alguém»). Como demonstrei noutro lugar, o problema pode ser resolvido em termos de mundos ontológicos e deontológicos, de pretensões de validade, de tomadas de posição de sim ou não e de condições do consenso motivado racionalmente.

Agora conseguimos ver por que «dizer algo a alguém» e «compreender o que é dito» repousam sobre pressupostos mais complicados e bem mais exigentes do que o simples «dizer (ou pensar) o que é o caso». Quem observa ou opina que «p» ou quem tem a intenção de que «p» se produza assume uma atitude *objectivante* face a algo no mundo objectivo. Quem, pelo contrário, participa em processos de comunicação, dizendo algo e compreendendo o que é dito – seja uma opinião que é *reproduzida*, uma constatação que é *feita*, uma promessa ou uma ordem que é *dada*; ou seja intenções, desejos, sentimentos ou disposições que são *expressos* – tem de assumir *sempre* uma atitude *performativa*. Esta atitude permite a alternância entre a terceira pessoa, ou atitude objectivante, a segunda pessoa, ou atitude conforme às regras, e a primeira pessoa, ou atitude expressiva. A atitude performativa permite uma orientação *recíproca* por pretensões de validade (verdade, correcção normativa, sinceridade) que o locutor faz valer na expectativa de uma tomada de posição de sim ou não da parte do ouvinte. Estas pretensões incitam a uma avaliação crítica para que o reconhecimento intersubjectivo de uma pretensão possa servir de base a um consenso racionalmente motivado. Ao comunicarem numa atitude performativa, o locutor e o ouvinte participam ao mesmo tempo naquelas funções que os seus actos comunicativos desempenham para a reprodução do mundo da vida comum.

A interpretação e a objectividade da compreensão

Se compararmos a atitude da terceira pessoa daqueles que se limitam a dizer como se comportam as coisas (é esta a atitude de cientistas, entre outros) com a atitude performativa daqueles que tentam compreender aquilo que lhes é dito (é esta a atitude dos intérpretes, entre outros), vêm à luz do dia as consequências metodológicas de uma dimensão hermenêutica da investigação. Permitam-me que chame a atenção para três das implicações mais importantes dos modos de proceder hermenêuticos.

Em primeiro lugar, os intérpretes abrem mão da posição privilegiada do observador, porque eles próprios, pelo menos em termos virtuais, são arrastados para o meio das negociações sobre o sentido e a validade de enunciados. Ao participarem em actos comunicativos, aceitam por princípio o mesmo estatuto que aqueles cujos enunciados querem compreender. Deixam de estar imunes às tomadas de posição de sim ou não das cobaias ou dos leigos, passando antes a envolver-se num processo de crítica mútua. No quadro de um processo de entendimento mútuo – virtual ou real – não existe nenhuma decisão *a priori* sobre quem tem a aprender com quem.

Em segundo lugar, os intérpretes, ao assumirem uma atitude performativa, não só abrem mão da sua posição de superioridade face à sua área temática, como além disso se defrontam com a questão de como podem resolver a dependência do contexto da sua interpretação. Não podem estar certos à partida de que eles próprios e as pessoas que participam na experiência partam das mesmas premissas e práticas de fundo. A pré-compreensão global da situação hermenêutica por parte do intérprete apenas se presta à verificação de uma forma fragmentária e não pode ser posta em causa como um todo.

Não menos problemático que as questões do descomprometimento do intérprete em questões de validade e da descontextualização das suas interpretações é o facto da linguagem quotidiana abranger enunciados não descritivos e pretensões de validade não cognitivas. Na vida quotidiana estamos muito mais frequentemente de acordo (ou em desacordo) sobre a correcção de actos e normas, sobre a adequação de avaliações e padrões, e sobre a autenticidade ou sinceridade de uma auto-representação do que sobre a verdade de proposições. Por isso, o saber que utilizamos quando dizemos algo a alguém é mais abrangente que o saber estritamente proposicional ou referente à verdade. Para compreenderem o que lhes é dito, os intérpretes têm de abranger um saber que se apoia em pretensões de validade *adicionais*. Por isso, uma interpretação correcta não é simplesmente verdadeira, à semelhança de uma proposição que reproduz um estado de coisas existente; antes poderia dizer-se que uma interpretação correcta acerta no, condiz com ou explica o significado do *interpretandum* que deve ser apreendido pelos intérpretes.

Estas são as três consequências que resultam do facto de «compreender o que é dito» requerer participação, e não apenas *observação*. Por isso não surpreende que qualquer tentativa de fundar a ciência na interpretação conduza a dificuldades. Um dos obstáculos principais consiste em saber como podem as expressões simbólicas ser medidas com a mesma fiabilidade que os fenómenos físicos. Em meados dos anos setenta, Aaron Cicourel elaborou uma boa análise da conversão de expressões simbólicas dependentes do contexto, cujos significados são intuitivamente evidentes, em dados «duros»([7]). As dificuldades devem-se ao facto de aquilo que é compreendido numa atitude performativa ter de ser traduzido no que pode ser constatado a partir da perspectiva da terceira pessoa. A atitude performativa necessária à interpretação admite, decerto, transições regulares entre as atitudes da primeira, segunda e terceira pessoa; no entanto, para efeitos de medição, a atitude performativa tem de ser subordinada a uma única atitude, a saber, à atitude objectivante. Um problema adicional consiste no facto de, imperceptivelmente, se imiscuírem juízos de valor no discurso que constata factos. Estas dificuldades devem-se ao facto de o quadro teórico da análise empírica do comportamento quotidiano ter de ser articulado conceptualmente com o quadro de referência das interpretações quotidianas dos próprios intervenientes. As suas interpretações, porém, encontram-se associadas a pretensões de validade cognitivas *e* não cognitivas, ao passo que frases teóricas (proposições) se referem unicamente à verdade. Charles Taylor e Alvin Gouldner argumen-

---

([7]) A. Cicourel, *Method and Measurement in Sociology*, Glencoe 1964; edição alemã: Frankfurt/M. 1970.

taram, por isso, de um modo convincente, contra a possibilidade de linguagens sem juízos de valor no âmbito das ciências sociais compreensivas ([8]). Esta posição obtém apoio da parte de tendências filosóficas muito diversas, através de argumentos de Wittgenstein, Quine, Gadamer – e, evidentemente, Marx.

Em poucas palvras, qualquer ciência que admita objectivações de significados como parte da sua área temática tem de se haver com as consequências metodológicas do *papel de participante* de um intérprete que não só «dá» significado aos objectos observados, mas que tem de explicar o significado «dado» de objectivações que apenas podem ser compreendidas a partir do interior de processos de comunicação. Estas consequências ameaçam a própria independência do contexto e neutralidade valorativa que se afigura ser necessária à *objectividade* do saber teórico ([9]).

([8]) C. Taylor, «Interpretation and the Science of Man», *Review of Metaphysics*, 25, 1971, 3-51; edição alemã in *idem, Erklärung und Interpretation in den Wissenschaften vom Menschen*, Frankfurt/M. 1975.

([9]) Permitam-me que acrescente que, com a distinção entre ciências hermenêuticas e não hermenêuticas não pretendo pronunciar-me em favor de um dualismo ontológico entre determinadas áreas da realidade (por exemplo cultura *versus* natureza, valores *versus* factos ou semelhantes delimitações neokantianas que foram introduzidas sobretudo por Windelband, Rickert e Cassirer). Antes sou favorável à distinção *metodológica* entre ciências que, por uma compreensão daquilo que se diz a alguém, têm ou não têm de ganhar acesso à sua área objectual. Embora, como é evidente, todas as ciências se vejam a braços com problemas de interpretação *a nível metateórico* (este veio ser o foco da teoria da ciência pós-empirista, cf. Mary Hesse, «In Defence of Objectivity», in *Proceedings of the British Academy*, vol. 58, Londres, British Academy 1972), só aquelas que apresentam uma dimensão hermenêutica da investigação vêem-se confrontadas com problemas de interpretação já no nível da *produção de dados*. A este respeito, A. Giddens fala do problema da «dupla hermenêutica» (cf. as suas *New Rules of Sociological Method*, Londres 1976). Com esta definição metodológica das ciências que procedem de forma hermenêutica contradigo a concepção de Rorty da hermenêutica como uma actividade que se limita a «discursos divergentes». Decerto é o fracasso da comunicação rotineira que, na vida quotidiana, mais frequentemente conduz a que sejam envidados esforços hermenêuticos. No entanto, a necessidade de interpretação não surge apenas em situações em que deixamos de compreender seja o que for ou até sentimos uma excitação nietzscheana perante aquilo que é imprevisível, novo e criador. Semelhante necessidade surge igualmente nos encontros bem triviais com o que nos é menos familiar. Sob o microscópio do etnometodologista até os traços mais corriqueiros da vida quotidiana convertem-se em algo de intrigante. Esta necessidade de interpretação quase que criada artificialmente é corrente nas ciências sociais. A hermenêutica não se encontra reservada àquilo que é nobre e pouco convencional; no mínimo, a concepção aristocrática da hermenêutica de Rorty não se aplica à metodologia das ciências sociais.

Será que daí temos de concluir que a posição de Gadamer também deveria ser aceite nas e para as ciências sociais? Será a viragem interpretativa a estocada final para o estatuto estritamente científico de todas as abordagens não objectivistas? Deveríamos seguir a recomendação de Rorty, de equipararmos as ciências sociais não só às ciências humanas mas, em termos gerais, à crítica literária, à poesia e à religião, e mesmo ao diálogo culto em sentido lato? Devíamos admitir que as ciências sociais podem, no melhor dos casos, contribuir para o nosso saber cultural – pressupondo que não serão substituídas por algo de mais sério, como por exemplo a neurofisiologia ou a bioquímica? Entre cientistas sociais encontro três reacções principais a estas questões. Mantendo separadas as pretensões de objectividade e de capacidade explicativa, poderíamos distinguir um «objectivismo hermenêutico» de uma «hermenêutica radical» e de um «reconstrucionismo hermenêutico».

Alguns cientistas sociais minimizam as consequências mais dramáticas do problema da interpretação regressando a uma espécie de teoria da empatia da compreensão. Esta teoria baseia-se, ao fim e ao cabo, na suposição de que nos podemos colocar no interior da consciência de outra pessoa e desacoplar as interpretações dos seus enunciados da situação de partida hermenêutica do intérprete. A meu ver, esta saída deixou de ser transitável a partir da crítica convincente que Gadamer fez da teoria da empatia do jovem Dilthey.

Por isso, outros já não hesitam em estender os princípios de uma hermenêutica radical – com as justificações quer de Gadamer, quer de Rorty – à própria área que (na sua perspectiva) infeliz e erroneamente foi reivindicada como o domínio próprio da ciência social. Quer com desagrado, quer com sentimentos antes de mais esperançosos, estes cientistas sociais abrem mão tanto da pretensão de objectividade como da pretensão de um saber explanatório. Uma consequência disso é um relativismo desta ou daquela variedade, o que significa que as diferentes abordagens e interpretações reflectem apenas diferentes orientações valorativas.

Outros ainda, perante o problema da interpretação, estão dispostos a deixarem cair o postulado convencional da neutralidade valorativa; para mais, distanciam-se da assimilação das ciências sociais ao modelo de uma ciência estritamente nomológica, mas, ainda assim, defendem a desejabilidade *e* possibilidade de abordagens teóricas que prometessem produzir tanto saber objectivo como saber teórico. Esta posição necessita de uma justificação.

Pressupostos de racionalidade da interpretação

Antes de mais, permitam-me que refira um argumento que, se fosse desenvolvido de uma forma mais circunstanciada, poderia demonstrar que, embora os intérpretes, devido ao seu inevitável empenho no processo de entendimento mútuo, percam o privilégio do observador descomprometido ou da terceira pessoa, dispõem, *pelo mesmo motivo*, dos meios para, a partir do seu interior, sustentarem uma posição de imparcialidade negociada. É paradigmática para a hermenêutica a interpretação de um texto tradicional. Os intérpretes parecem inicialmente compreender as frases de um dado autor; depois fazem a desconcertante experiência de não compreenderem o texto de uma forma adequada, ou seja, não suficientemente bem para em caso de necessidade poderem responder a questões do autor. Os intérpretes vêem nisso um sinal de estarem a referir o texto ainda a um outro contexto que não aquele em que o texto esteve de facto inserido. Têm de rever a sua compreensão. Este tipo de perturbação da comunicação marca a situação de partida. Em seguida, tentam compreender por que o autor – na convicção tácita da existência de determinados estados de coisas, de determinados valores e normas serem válidas, de determinadas vivências poderem ser atribuídas a determinados sujeitos – faz, no seu texto, afirmações, cumpre ou quebra determinadas convenções, e por que expressa determinadas intenções, disposições, sentimentos e similares. Mas apenas na medida em que os intérpretes desvendem igualmente os *motivos* que fazem parecer racionais os enunciados do autor, a partir da perspectiva deste, compreendem o que o autor quis dizer.

Assim sendo, os intérpretes compreendem a significação do texto apenas na medida em que compreendem *por que* o autor se sentiu no direito de proferir determinadas afirmações (como verdadeiras), de reconhecer determinados valores e normas (como correctas) e de expressar (como sinceras) determinadas vivências (ou de as atribuir a outros). Os intérpretes têm de clarificar o contexto que o autor deve ter visivelmente pressuposto como o saber comum do público seu contemporâneo, se as dificuldades actuais com o texto não tiverem ocorrido, em todo o caso não de uma forma tão persistente, na altura em que o mesmo foi redigido. Este modo de proceder explica-se pela racionalidade imanente com que intérpretes contam em todos os enunciados, na medida em que os atribuem a um sujeito, sobre cuja capacidade de responder pelas suas acções não têm à partida nenhum motivo de dúvida. Os intérpretes não podem compreender o conteúdo semântico de um texto se não passarem em revista os motivos que o autor, na situação original, poderia ter invocado em caso de necessidade.

Ora, acontece que não é a mesma coisa que motivos sejam razoáveis ou apenas sejam tidos como tais – quer se trate de motivos para a afirmação de factos, para a recomendação de normas e valores ou para a enunciação de desejos e sentimentos. Por isso, os intérpretes não podem dispor diante de si e compreender tais motivos sem os avaliarem, no mínimo implicitamente, *enquanto* motivos, ou seja, sem assumirem uma posição positiva ou negativa relativamente aos mesmos. Talvez os intérpretes deixem determinadas pretensões de validade em aberto e se decidam por não considerar determinadas questões como respondidas, contrariamente ao autor, deixando-as antes em suspenso como problemas em aberto. No entanto, os motivos apenas podem ser *compreendidos* na medida em que forem levados a sério – e *avaliados* – como motivos. Por isso, os intérpretes apenas conseguem aclarar o significado de uma expressão obscura se explicarem como se chegou a essa obscuridade, ou seja, por que os motivos que o autor poderia ter invocado no seu contexto já não nos são assim tão evidentes.

Num certo sentido todas as interpretações são interpretações *racionais*. Na prática da compreensão, que implica também a avaliação de motivos, os intérpretes não podem deixar de invocar padrões de racionalidade, ou seja, padrões que eles próprios considerem vinculativos para todas as partes envolvidas, incluindo o autor e os seus coevos (desde que estes pudessem e quisessem entrar na comunicação que os intérpretes retomam). Evidentemente uma semelhante invocação, habitualmente implícita, de padrões de racionalidade pretensamente universais, mesmo que seja inevitável ao intérprete dedicado e obstinado na busca da compreensão, ainda não constitui uma prova da razoabilidade dos padrões pressupostos. No entanto, a intuição fundamental de qualquer locutor competente – de que as suas pretensões de verdade, de correcção normativa e sinceridade sejam universais, isto é, nas condições adequadas, aceitáveis para todos – sempre nos dá um pretexto para darmos uma breve olhada à análise efectuada nos moldes da pragmática formal que se concentra nas condições gerais e necessárias da validade de enunciados e realizações simbólicos. Neste contexto, penso nas reconstruções racionais do *know-how* de sujeitos dotados de capacidade de fala e de acção que consideremos capazes de produzir enunciados válidos e que se considerarem capazes a si próprios de, pelo menos de um modo intuitivo, distinguirem entre expressões válidas e inválidas.

Esta é a área de disciplinas como a lógica e a meta-matemática, a epistemologia e a teoria da ciência, a linguística e a filosofia da linguagem, a ética e a teoria da acção, a estética, a teoria da argumentação, etc. Todas estas disciplinas têm em comum o objectivo de darem conta do saber pré-teórico e do domínio intuitivo de sistemas de regras que estão na base da produção e avaliação de enunciados e realizações simbólicos – independentemente de se tratar de conclusões correctas, bons argumentos, descrições, explicações ou prognósticos acertados, frases gramaticais, actos de fala bem sucedidos, actos instrumentais e eficazes, avaliações adequadas, auto-representações autênticas, etc. Na mesma medida em que as reconstruções racionais explicam as condições de validade de enunciados, podem igualmente explicar casos divergentes e, com esta autoridade indirectamente legislativa, alcançar, para além do mais, uma função *crítica*. Na mesma medida em que as reconstruções racionais levam as diferenciações entre pretensões de validade individuais para além dos limites tradicionalmente convencionados, até podem estabelecer novos padrões analíticos e, assim, assumir um papel *construtivo*. E, na medida em que formos bem sucedidos na análise de condições de validade muito gerais, as reconstruções racionais podem fazer valer a pretensão de descreverem verdades universais e, assim, representarem um saber *teórico* capaz de competir com outros. Neste plano surgem argumentos *transcendentais* fracos que visam comprovar a inevitabilidade, ou seja, a irrefutabilidade de práticas relevantes([10]).

Precisamente estas três características (o teor crítico, o papel construtivo e a fundamentação transcendental do saber teórico) induziram por vezes um ou outro filósofo a sobrecarregar determinadas reconstruções com o fardo das pretensões de fundamentação última. Por isso é importante ver que *todas* as reconstruções racionais, tal como os restantes tipos de saber, têm apenas um estatuto hipotético. É que podem sempre apoiar-se numa escolha

---

([10]) A. J. Watt, «Transcendental Arguments and Moral Principles», *Philosophical Quarterly*, 25, 1975, p. 38 ss.

errada dos exemplos; podem obscurecer e distorcer intuições correctas e, o que ainda é mais frequente – podem exceder-se na generalização de casos singulares. Por isso, necessitam de confirmações ulteriores. A justificada crítica de todas as pretensões apriorísticas e transcendentais fortes não deveria, no entanto, desencorajar as tentativas de pôr à prova as reconstruções racionais de competências presumivelmente basais e de assim examinar de forma indirecta a sua utilização como *inputs* em teorias empíricas.

Trata-se de teorias que visam a explicação quer da aquisição ontogenética de capacidades cognitivas, linguísticas e sócio-morais, ou do aparecimento evolutivo e das encarnações institucionais de estruturas de consciência inovadoras na História; ou trata-se ainda de teorias que visam a explicação de desvios sistemáticos (por exemplo de patologias da fala, ideologias ou programas de investigação em degenerescência). O tipo não relativista da interacção entre a teoria da ciência e a história da ciência, assinalado por Lakatos, é exemplo acabado disso.

O exemplo da teoria de Kohlberg do desenvolvimento moral

Vou recorrer ao exemplo da teoria de Lawrence Kohlberg para documentar a afirmação de que as ciências sociais podem tomar consciência da sua dimensão hermenêutica e, ainda assim, manter-se fiéis à tarefa de produzirem saber teórico. Escolhi este exemplo por três motivos.

Em primeiro lugar, a pretensão de objectividade da teoria de Kohlberg parece ser posta em causa pelo facto de dar preferência a uma determinada teoria moral em detrimento de outra. Em segundo lugar, a teoria de Kohlberg é um exemplo de uma muito peculiar divisão do trabalho entre a reconstrução racional de intuições morais (filosofia) e a análise empírica de desenvolvimentos morais (psicologia). E, em terceiro lugar, as intenções declaradas de Kohlberg são, ao mesmo tempo, arriscadas e provocatórias – desafiam qualquer um que não queira reprimir em si nem o cientista social, nem o filósofo prático.

Permitam-me que apresente as seguintes teses, fortemente condensadas e certamente necessitadas de explanação:

(1) Existe um paralelismo óbvio entre a teoria do desenvolvimento cognitivo (no sentido mais restrito) de Piaget e a teoria do

desenvolvimento moral de Kohlberg. Ambas têm por objectivo a explicação de *competências* que são definidas como capacidades de resolver determinadas classes de problemas de análise empírica ou de prática moral. A solução de problemas é aferida de forma objectiva, ou pelas pretensões de verdade de enunciados descritivos, incluindo explicações e prognósticos, ou pela correcção de enunciados normativos, incluindo a justificação de acções e de normas de acção. Ambos os autores descrevem a competência-alvo de jovens adultos no quadro de reconstruções racionais do pensamento operacional formal e do juízo moral pós-convencional. Além disso, Kohlberg partilha com Piaget um *conceito de aprendizagem* construtivista. Este estriba-se nas seguintes suposições: antes de mais, a de que o saber pode, de todo, ser analisado como um produto de processos de aprendizagem; em seguida, que a aprendizagem é um processo de resolução de problemas em que o sujeito que está a aprender participa de forma activa e, finalmente, que o processo de aprendizagem é conduzido pelos conhecimentos dos próprios intervenientes imediatos. O processo de aprendizagem tem de poder ser compreendido a nível interno como a transição de uma interpretação X_1 de um dado problema para uma interpretação X_2 do mesmo problema, e de tal modo que o sujeito que está a aprender possa *explicar* à luz da sua segunda interpretação por que razão a primeira está errada([11]).

Na mesma linha de pensamento, Piaget e Kohlberg estabelecem uma hierarquia de níveis de aprendizagem ou de «graus» diferentes, sendo que cada plano individual é definido como um relativo equilíbrio de operações que se vão tornando, numa medida crescente, complexas, abstractas e reversíveis. Ambos os autores emitem suposições sobre a lógica intrínseca de um processo de aprendizagem irreversível, sobre os mecanismos de aprendizagem (isto é, sobre a interiorização de esquemas da acção instrumental, social ou discursiva), sobre os desenvolvimentos endógenos do organismo (suposições teóricas do amadurecimento mais fortes ou mais fracas), sobre intensidades de estimulação específicas de cada grau e os fenómenos a elas associados de deslocação, protracção, aceleração, etc. Kohlberg acrescenta a tudo isso ainda suposições

---

([11]) Cf. o debate entre S. Toulmin e D.W. Hamlyn no ensaio de Hamlyn: «Epistemology and Conceptual Development», in T. Mischel (org.), *Cognitive Development and Epistemology*, 1971, p. 3-24.

sobre a interacção entre o desenvolvimento socio-moral e o desenvolvimento cognitivo.

(2) Devido à relação de complementaridade delicada, que é a mais importante no nosso contexto, entre a reconstrução racional e a análise empírica surge o perigo de uma conclusão errónea de cariz naturalista. Nas suas obras mais tardias, e em especial a partir de *Biologie et Connaissance*([12]), Piaget inclina-se a alinhar a sua abordagem com a teoria dos sistemas. O conceito do equilíbrio, que remete para uma relativa constância dos processos de resolução de problemas e que é aferido pelo critério interno do grau de reversibilidade, associa-se a conotações da adaptação bem sucedida de um sistema que se autoconserva ao seu mundo circundante mutável. Evidentemente podemos tentar combinar o modelo estruturalista com o modelo da teoria dos sistemas (tal como se tenta fazer na teoria social com o modelo da acção ou do mundo da vida, por um lado, e o modelo do sistema, por outro), mas combiná-los significa algo diferente da assimilação de um modelo ao outro. Qualquer tentativa de interpretar a superioridade de realizações de grau mais elevado, que se avaliam pela *validade* de tentativas de resolução de problemas, de um modo *exclusivamente funcional* faz periclitar a realização peculiar da teoria do desenvolvimento cognitivista. Afinal nem sequer teríamos necessidade de reconstruções racionais se fosse verdade que o verdadeiro ou o moralmente correcto pudesse ser suficientemente analisado no âmbito daquilo que é favorável à conservação de limites sistémicos. Embora Kohlberg evite cair na errónea conclusão naturalista, as seguintes frases estão formuladas, no mínimo, de uma forma ambivalente: «A nossa teoria psicológica da moral deriva em grande medida de Piaget, que afirma que tanto a lógica como a moral se desenvolvem de um modo gradual e que cada grau é uma estrutura que – de um ponto de vista formal – se encontra num equilíbrio melhor que a estrutura do grau anterior. Supõe, portanto, que cada novo grau (lógico ou moral) é uma nova estrutura que, se bem que inclua elementos da estrutura anterior, os transforma de forma a representarem um equilíbrio mais estável e mais abrangente.» Em seguida, porém, Kohlberg adianta de forma inequívoca: «Estas suposições de «equilibração» da nossa teoria psicológica encontram-se evidentemente ligadas à

([12]) J. Piaget, *Biologie et connaissance* [*Biologia e Conhecimento*, Vozes, 1996], Paris 1967; edição alemã: Frankfurt/M. 1974.

tradição formalista da ética filosófica de Kant até Rawls. Este isomorfismo das teorias psicológica e normativa afirma a pretensão de que um grau mais elevado do juízo moral em termos psicológicos, aferido por critérios filosóficos, também é mais adequado no plano normativo.» ([13])

(3) Na área da consciência moral, porém, a elaboração teórica depara com uma dificuldade que faz a diferença entre a tese de Kohlberg e a de Piaget. Ambos explicam a aquisição de competências presumivelmente universais no âmbito de padrões de desenvolvimento invariantes no plano intercultural, sendo que esses padrões são determinados por aquilo que é percebido como a lógica interna de processos de aprendizagem correspondentes. No entanto, por comparação com o universalismo moral, o universalismo cognitivo é a posição mais fácil de defender – embora também esta ainda seja controversa; em todo o caso existe uma quantidade de evidências de que, no plano intercultural, as operações formais na explicação de situações e acontecimentos observáveis são executadas de um modo uniforme. Kohlberg arca com o ónus da prova mais difícil, ao nível teórico-moral, de saber se (a) uma posição universalista e cognitivista, confrontada com um relativismo ou cepticismo moral que se encontra profundamente enraizado nas tradições empiristas (e nas ideologias burguesas) tem defesa e se (b) a superioridade de uma ética formalista, que entronca em Kant, relativamente a teorias utilitaristas e contratualistas pode ser comprovada. Existem hoje debates no âmbito da teoria da moral que constituem o contexto para a fundamentação de (a) e de (b). Embora os argumentos decisivos não estejam à mão de semear, ainda assim suponho que Kohlberg poderá sair vencedor do debate em torno do universalismo moral. No segundo ponto (a distinção entre o seu sexto grau – a moral formalista – e o seu quinto grau – o utilitarismo das regras e a moral contratual) a posição filosófica de Kohlberg não é tão forte.

Se quisermos explicar o formalismo ético em termos da *racionalidade processual*, um enunciado como o seguinte, por exemplo, deixa de ser aceitável: «Uma moral que pudesse servir de base a uma unanimidade universal requer que a obrigação moral possa ser deduzida directamente de um princípio moral material capaz

---

([13]) L. Kohlberg, «The Claim to Moral Adequacy of a Highest Stage of Moral Judgement», *Journal of Philosophy*, 70, 1973, p. 632, 633.

de definir as decisões de qualquer ser humano sem conflitos e inconsistências.» Já quando remete para o «desempenho ideal de papéis» como «processo apropriado» para a tomada de decisões práticas, Kohlberg deixa-se guiar pelas intuições correctas de Kant, que Peirce e Mead reinterpretaram de um modo pragmático, expressando-as no sentido da participação num «discurso universal». Kohlberg reencontra a intuição fundamental de que normas válidas deveriam poder contar com o consentimento geral também na teoria de Rawls: «Uma solução justa para um dilema moral é uma solução aceitável para todas as partes, sendo que todas as partes são consideradas livres e iguais e de nenhuma se supõe que possa saber qual seria o papel por ela desempenhado na situação (problemática).»[14]

(4) Suponhamos que a defesa do universalismo moral é bem sucedida. Nesse caso subsistiria sempre uma dificuldade adicional. Kohlberg assume uma posição deontológica e afirma, a meu ver com bons motivos, que a consciência moral e pós-convencional requer que se perceba a autonomia da esfera moral. Autonomia significa a distinção da forma da argumentação moral de todas as restantes formas de argumentação, quer estas se refiram ao estabelecimento e à explicação de factos, à avaliação de obras de arte, à clarificação de expressões, à aclaração de motivos inconscientes ou a seja o que for. Em discursos práticos, o que está em causa não é a verdade de proposições, a adequação de valorações, saber se as construções estão bem formadas ou a sinceridade de enunciados expressivos, mas apenas a correcção de acções e de normas de acção: «A questão é, «será moralmente correcto»?»[15]

Daí resulta, porém, que as reconstruções racionais em que Kohlberg tem de se apoiar pertencem a um tipo de teoria normativa que pode ser designada por «normativa» de dois pontos de vista. Uma teoria moral de pendor cognitivista à partida é normativa apenas no sentido em que explica as condições de um determinado tipo de pretensões de validade – deste ponto de vista, as teorias do juízo moral não se distinguem de reconstruções daquilo que Piaget designa por pensamento operacional formal. Aquela teoria moral, porém, como não se esgota em reflexões meta-éticas, também é «normativa» no sentido em que, para a validade dos seus

---

[14] L. Kohlberg, «From Is to Ought», in Mischel (1971), p. 208, 213.
[15] *Ibidem*, p. 215.

próprios enunciados, apela a critérios de correcção moral, e não de verdade proposicional. Neste aspecto, o ponto de partida de Kohlberg diferencia-se do de Piaget.

Teremos de concluir daí que uma teoria do desenvolvimento moral está de algum modo envenenada pelo estatuto normativo do tipo peculiar de reconstruções racionais que nela se encontram incorporadas? Será que a teoria de Kohlberg é meramente pseudo-empírica, uma variante híbrida que nem pode reclamar a dignidade de uma teoria moral com um estatuto normativo pleno, nem pode corresponder à pretensão de uma ciência empírica cujos enunciados teóricos apenas podem ser verdadeiros ou falsos? Estou em crer que a resposta é «Não».

(5) No entanto, a atitude do próprio Kohlberg perante a questão de como a reconstrução filosófica de intuições morais comprovadas se articula com a explicação psicológica da aquisição deste saber intuitivo não deixa de apresentar ambiguidades.

Vejamos primeiro a tese mais forte de que estes dois empreendimentos são partes da mesmíssima teoria. Esta «tese da identidade» afirma: «Uma explicação psicológica adequada em última instância das razões pelas quais uma criança se desenvolve de um grau para o seguinte, e uma explicação filosófica adequada em última instância de por que razão um grau superior é mais adequado que um grau inferior são partes da mesmíssima teoria, que apenas é aplicada em direcções diferentes.»[16] Esta concepção apoia-se sobre o conceito construtivista de aprendizagem. Um sujeito que evolui de um grau para o seguinte deveria poder explicar porque são os seus juízos no grau superior mais adequados que os que formou no grau inferior – e é precisamente esta linha da reflexão moral natural do leigo que é adoptada, de modo reflexivo, por parte de filósofos morais. Esta afinidade baseia-se no facto de tanto a cobaia e que está perante o psicólogo bem como o filósofo moral assumirem a mesma atitude performativa de um participante no discurso prático. Em ambos os casos, o resultado da reflexão moral, quer se sedimente nele a mera intuição moral do leigo ou a tentativa de reconstrução do perito, é avaliado à luz de pretensões de validade normativas. Só a atitude do psicólogo é diferente, e diferente é também o tipo de validade pelo qual *o seu* esforço cognitivo se orienta. É certo, também o psicólogo observa

---

[16] *Ibidem*, p. 154.

os enunciados da cobaia do ponto de vista de como esta critica os juízos morais de um grau que acaba de superar e como justifica juízos de um grau superior; mas, contrariamente ao leigo (e ao seu *alter ego* reflexivo, o filósofo moral), o psicólogo descreve e explica os seus juízos na atitude de uma terceira pessoa, de modo que o resultado das suas reflexões pode apenas ser aferido pela pretensão de verdade proposicional. Esta diferença importante é ofuscada em formulações como a seguinte: «A teoria científica sobre a questão de por que as pessoas vão de facto evoluindo no sentido de uma ascensão de grau em grau e de por que de facto preferem um grau superior a outro inferior é, em termos genéricos, igual a uma teoria moral sobre a questão por que os seres humanos *deveriam* preferir um grau superior a outro inferior.»([17])

Em boa verdade existe uma complementaridade entre a teoria filosófica e a teoria psicológica que Kohlberg descreve, noutro lugar, acertadamente da forma que se segue: «Enquanto os critérios morais da adequação de juízos morais contribuem para a definição de um padrão da adequação ou do desenvolvimento psicológico, a investigação empírica do desenvolvimento psicológico repercute-se sobre esses critérios ajudando a clarificá-los. A nossa teoria psicológica sobre os motivos pelos quais os indivíduos evoluem de um grau para o seguinte baseia-se numa teoria de filosofia moral que indica por que o grau posterior é melhor ou mais adequado em termos morais que o grau anterior. A nossa teoria psicológica afirma que os indivíduos preferem o grau mais elevado de reflexão moral que dominam; afirmação essa que é apoiada pela investigação. Esta afirmação da nossa teoria psicológica deriva de uma afirmação filosófica, segundo a qual um grau mais elevado é, segundo determinados critérios *morais*, «objectivamente» melhor ou mais adequado. No entanto, a nosso ver, esta pretensão filosófica ficaria posta em causa, se os factos do progresso na avaliação de questões morais fossem inconciliáveis com as suas implicações psicológicas.»([18])

Esta tese da complementaridade abarca a divisão do trabalho entre a filosofia moral, por um lado, e a teoria do desenvolvimento moral, por outro, melhor que a tese da identidade. O êxito de uma teoria empírica, que pode ser verdadeira ou falsa, pode servir para

---

([17]) *Ibidem*, p. 223.
([18]) Kohlberg (1973), p. 633.

assegurar a validade normativa de uma teoria moral empregue para fins empíricos: «O facto da nossa concepção de moral «funcionar» no plano empírico é importante para a sua adequação filosófica.» Neste sentido podem-se verificar ou «testar» reconstruções racionais, se «teste» aqui significa a tentativa de verificar se diversos pedaços de teoria se enquadram de uma forma complementar no mesmo padrão. Em Kohlberg a formulação mais clara é a seguinte: «Assim sendo, a ciência pode testar se a concepção moral de um filósofo se coaduna em termos fenomenológicos com os factos psicológicos. No entanto, a ciência não pode ir além disso e justificar essa concepção moral como aquilo que a moral deveria ser...»[19]

(6) A relação de compatibilidade mútua remete para o facto de que o círculo hermenêutico se fecha apenas no plano metateórico. A teoria empírica pressupõe a validade da teoria normativa que aplica; ainda assim, a validade desta torna-se duvidosa a partir do momento em que as reconstruções filosóficas demonstram a sua inutilidade no contexto de utilização da teoria empírica. No entanto, a utilização de uma teoria normativa também tem, por seu lado, um efeito sobre a dimensão hermenêutica da investigação. A produção de dados é mais fortemente «guiada por teorias» do que interpretações normais. Comparem-se as duas formulações seguintes da mesma questão de um teste:

(1) «Na Europa, uma mulher estava a morrer devido a uma doença grave, uma variante rara de cancro. Existia um único medicamento de que os médicos esperavam alívio. Era uma forma de rádio pela qual o farmacêutico pedia o décuplo do que lhe tinha custado o fabrico. O marido da doente, Heinz, procurou toda a gente a quem esperava poder pedir emprestado o dinheiro, mas apenas conseguiu juntar metade do valor necessário. O homem contou ao farmacêutico que a sua mulher estava a morrer e perguntou-lhe se poderia vender-lhe o medicamento mais barato ou se ele poderia pagá-lo mais tarde. Mas a resposta foi: «Não, eu descobri o medicamento e conto fazer dinheiro com ele.» Heinz ficou desesperado, arrombou a farmácia e roubou o medicamento para a sua mulher. Deveria tê-lo feito? Porquê?»

(2) «Passara pouco tempo desde que um homem e uma mulher desceram da montanha. Começaram a cultivar a terra, mas a chuva faltou e a sementeira não medrava. Ninguém tinha comida

---

[19] Kohlberg, in Mischel (1971), p. 222 s.

que chegasse. A mulher adoeceu e acabou por estar às portas da morte por falta de alimento. Na aldeia existia apenas uma mercearia, e o merceeiro exigia um preço exorbitante pelos víveres. O marido pediu ao merceeiro que lhe desse algum alimento para a mulher e disse que pagaria mais tarde. Mas o merceeiro disse: «Não, não te dou de comer se não pagares à cabeça.» O homem correu a todos os habitantes da aldeia a pedir alimentos. Mas ninguém tinha comida a mais. Ficou desesperado, arrombou a mercearia para roubar alimentos para a sua mulher. Deveria o marido tê-lo feito? Porquê?»

A formulação (1) reproduz o famoso dilema de Heinz, da autoria de Kohlberg; constitui uma boa ilustração do método pelo qual crianças americanas são levadas a fazer juízos morais comparáveis. As respostas a um semelhante dilema são associadas a graus morais, de acordo com descrições-padrão. A formulação (2) é uma retroversão do chinês do mesmo dilema, isto é, da versão que Kohlberg utilizou ao testar crianças numa aldeia da ilha da Formosa. Não estou em condições de avaliar em que medida esta versão chinesa está impregnada de ideias ocidentais. Por muito fraca que seja a tradução chinesa, sempre lança alguma luz sobre a própria tarefa hermenêutica. Se – e apenas se – a teoria for correcta, deveríamos ser capazes de encontrar equivalentes sensíveis ao contexto para o dilema de Heinz para todas as culturas, de forma a obtermos respostas taiwanesas que fossem comparáveis relativamente a dimensões importantes da teoria com as respostas americanas. Decorre da própria teoria que histórias com relevância para a teoria podem ser traduzidas de um contexto para outro – e a teoria fornece instruções quanto às formas de o conseguir. Se esta tarefa não puder ser levada a cabo sem violência nem distorções, o insucesso da aplicação hermenêutica é precisamente o sinal de que as dimensões postuladas são impostas de fora – e não são o resultado de uma reconstrução a partir do interior[20].

Permitam-me finalmente que realce que estas reflexões metodológicas sobre a estrutura de teorias da psicologia do desenvolvimento, nas quais as reconstruções de competências presumivelmente gerais se encontram, por assim dizer, incorporadas, se apoiam para fins ilustrativos na teoria de Kohlberg. Isso não afecta, para já, quaisquer questões referentes a partes substanciais da teoria: por exemplo, se

---

[20] *Ibidem*, p. 156, 165.

a descrição que Kohlberg faz de graus pós-convencionais da consciência moral tem de ser melhorada; se, em particular, a abordagem formalista da ética ignora de forma inadmissível aspectos contextuais e interpessoais; se o conceito, alinhado com Piaget, da lógica do desenvolvimento é demasiado forte; se, por fim, Kohlberg, com a sua suposição sobre a relação entre o juízo moral e a acção moral negligencia os aspectos psicodinâmicos[21].

---

[21] Cf. J. Habermas, *Moralbewuβtsein und kommunikatives Handeln* [*Consciência Moral e Acção Comunicativa*, Rio de Janeiro, Tempo Brasileiro, 2003], Frankfurt/M. 1983, p. 194 ss.

7
Concepções da Modernidade
Uma retrospectiva de duas tradições

Quando uma Sociedade de Filosofia me convida a discorrer sobre «concepções da Modernidade», parte do princípio de modo algum trivial de se tratar de um tema filosófico([1]). Isto dirige a nossa atenção para o conceito clássico da modernidade, tal como ele foi, antes de mais, definido por Hegel e posteriormente desenvolvido com meios da teoria social por Marx, Max Weber, o jovem Lukács e a escola de Frankfurt mais antiga. Esta tradição acabou por se enredar de uma forma aporética na auto-referencialidade de uma crítica da razão totalizante. Por isso, o projecto de uma certificação autocrítica da modernidade foi prosseguido com recurso a um outro conceito de razão – o de uma «razão» encarnada e «situada» na linguagem. Desta viragem linguística nasceram, contudo, duas concepções concorrentes: a «superação» pós-moderna da auto-compreensão normativa da Modernidade, por um lado, e a variante intersubjectivista do conceito clássico da modernidade ambivalente, por outro.

I

Antes de mais, gostaria de explicar por que é que a modernidade se tornou afinal um tema da Filosofia. Trata-se aqui, a bem dizer, de três questões: (1) Quando e por que é que filósofos se interessaram por uma interpretação da situação de vida especificamente moderna – *the modern condition*? (2) Porque é que esta interpretação filosófica da modernidade assume uma forma crí-

---

([1]) Palestra proferida na Sociedade Coreana de Filosofia, em Seul, Maio de 1996.

tica da razão? (3) Porque é que a filosofia cede a execução da sua interpretação à teoria social?

(1) A palavra «modernus» começou por ser utilizada no século v tardio para distinguir um presente que se tornou «cristão» do passado romano «pagão» ([2]). Desde essa altura, a expressão tem a conotação de uma descontinuidade intencional entre o novo e o antigo. A expressão «moderno» foi repetidamente usada na Europa para – com conteúdos diversos – dar expressão à consciência de uma nova era. A distanciação do passado imediato é conseguida, antes de mais, pela referência à Antiguidade ou a outro qualquer período caracterizado como «clássico», isto é, digno de ser imitado. Foi deste modo que o Renascimento, com o qual, segundo a nossa compreensão, se inicia a era «moderna», se referiu ao classicismo grego. Em torno do ano 1800, porém, um grupo de jovens escritores colocou o clássico em oposição ao romântico, projectando uma Idade Média idealizada como o seu passado normativo. Também esta consciência romântica revela o traço característico de um novo começo que se demarca daquilo que pretende transcender. Uma vez que se pretende efectuar uma ruptura com uma tradição que se prolonga até ao presente, o espírito «moderno» tem de desvalorizar e afastar essa pré-história imediata para se fundamentar em termos normativos a partir de si próprio.

Como o demonstram as ilustres *Querelles des Anciens et des Modernes* – os debates com os arautos de uma estética clássica na França do século XVII tardio – a arte e a experiência estética preparam o terreno para a percepção da «modernidade». Cada período tinha criado o seu próprio estilo, muito antes de, no século XX, a autocompreensão de vanguarda das belas-artes acelerar e perenizar a mudança de estilo. No domínio da arte, a intensificação da consciência de descontinuidades auto-produzidas não pode constituir surpresa. No entanto, chegados os finais do século XVIII, alastra por toda a parte uma nova consciência histórica – atingindo, por fim, a própria filosofia. Hegel constata de forma explícita a «ruptura» com o passado histórico que, para os mais pensativos de entre os seus contemporâneos, fora trazida pela Revolução Francesa e pelo Iluminismo ([3]).

([2]) H.R. Jauß, *Literaturgeschichte als Provokation*, Frankfurt/M. 1970, p. 11.

([3]) J. Habermas, *Der philosophische Diskurs der Moderne*, Frankfurt/M. 1985, pp. 13-21.

Desta feita, o mundo «moderno» contrasta com o mundo «antigo» pelo facto de se abrir radicalmente em direcção ao futuro. O momento passageiro do presente ganha em importância pelo facto de servir, a cada geração de novo, de ponto de partida para a compreensão da história no seu todo. O singular colectivo «a» história é, contrariamente às múltiplas histórias dos vários actores, uma cunhagem do século XVIII tardio[4]. De ora em diante, a história é experimentada como um processo gerador de problemas – e o tempo como um recurso escasso para a resolução desses problemas que se precipitam sobre nós vindos do futuro. Os desafios que se sucedem numa roda-viva fazem-se sentir como «falta de tempo» ou «pressão».

Esta consciência do tempo moderna afecta a filosofia de um modo particular. Afinal, até à data esperava-se dela, esperava-se da teoria em geral, uma representação verdadeira da essência do mundo – dos traços gerais, necessários e eternos da realidade enquanto tal. No entanto, mal a filosofia tem de reflectir sobre o seu próprio lugar na história, a teoria – a apreensão da verdade – é provida de um índice temporal. No horizonte intramundano de um presente que é fonte de acontecimentos fugazes, contingentes e sempre singulares, o contexto da justificação entrosa-se com o da descoberta. Se as intelecções filosóficas verdadeiras devem poder ainda assim reivindicar uma validade independente do contexto, a filosofia tem de penetrar este presente inquietante e vertê-lo em conceitos. Apenas pode tentar superar as limitações da situação histórica de que nasce o próprio pensamento filosófico compreendendo «a modernidade» enquanto tal. Hegel foi o primeiro filósofo a articular esta nova necessidade de «captar» o seu tempo «em pensamentos». A filosofia tem de responder ao desafio do tempo com a análise do «tempo novo». Mas por que deve, por que pode ela compreender a modernidade na forma de uma crítica da razão?

(2) Uma vez que a modernidade se compreende a si própria em contradição com a tradição, procura, por assim dizer, apoio na razão. Mesmo que aqueles que se compreendem como os modernos hajam sempre inventado um passado idealizado para ser imitado, agora uma modernidade que se tornou reflexiva vê-se obrigada a justificar a escolha desse modelo segundo os seus próprios padrões e a extrair de si própria tudo que seja normativo.

[4] R. Koselleck, *Vergangene Zukunft*, Frankfurt/M. 1979.

A modernidade tem de se estabilizar com base na única autoridade que lhe restava, que é precisamente a razão. É que foi exclusivamente em nome do Esclarecimento que ela desvalorizou e superou a tradição. Com base nesta afinidade electiva, Hegel identifica a necessidade que a modernidade tem de autocertificação como «necessidade de filosofia». A filosofia, nomeada guardiã da razão, encara a modernidade como uma filha do Esclarecimento.

Ora, a filosofia mais recente concentrara-se, desde Descartes, na subjectividade e na autoconsciência. A razão fora explicada em conceitos da auto-referência de um sujeito cognoscente que, por assim dizer, se debruça sobre si próprio, como se fosse um espelho, para deparar consigo como sujeito cognoscente. O espírito toma posse de si através de uma auto-reflexão que abre o acesso à consciência como uma esfera, não tanto de objectos, mas de representações de objectos. É a esta «especulação» que Hegel recorre ao caracterizar a nova era por um princípio de subjectividade que assegura a liberdade por intermédio da reflexão: «A grandeza do nosso tempo é que a liberdade, a propriedade do espírito de estar consigo em si mesmo, se encontra reconhecida.»[5] A subjectividade é um conceito fundamentador e, de certo modo, fundamentalista. Assegura o tipo de evidência e certeza, com base na qual tudo o mais pode ser posto em dúvida e criticado. Assim, a modernidade orgulha-se do seu espírito crítico que nada aceita como evidente, a não ser à luz de bons motivos. A «subjectividade» tem, ao mesmo tempo, um sentido universalista e individualista. Toda a pessoa merece o igual respeito de todos. Ao mesmo tempo, deve ser reconhecida como fonte e última instância da avaliação da sua pretensão, sempre específica, à felicidade.

Nesta medida, a autocompreensão da modernidade não se caracteriza apenas pela «autoconsciência» teórica, por uma atitude autocrítica perante tudo o que é tradicional, mas igualmente pelas ideias morais e éticas da «autodeterminação» e da «autorealização». Segundo Hegel, este teor normativo da Modernidade reside na estrutura da própria razão e encontra a sua explicação no «princípio da subjectividade». Dado que Kant fizera um uso autocrítico da razão e desenvolvera um conceito transcendental das faculdades da razão, Hegel pode agora ler as três *críticas* de Kant como interpretação abalizada da autocompreensão da modernidade.

---

[5] G. F. W. Hegel, *Werke*, Vol. 20, Frankfurt/M. 1971, p. 329.

A *Crítica da Razão Pura* explica as condições de possibilidade de uma ciência natural objectivante que liberte o espírito humano de ilusões metafísicas. A *Crítica da Razão Prática* explica como as pessoas conquistam autonomia ao regerem-se por leis que dão conscientemente a si próprias. E a *Crítica da Faculdade e do Juízo* explica as condições subjectivas necessárias de uma experiência estética que se libertou do contexto religioso.

Kant distinguira a razão prática e a faculdade do juízo da razão teórica sem abrir mão da unidade formal das três faculdades. No final do século XVIII, estas três esferas do saber também já se haviam diferenciado em termos institucionais. Nas esferas da ciência, da moral e da arte, questões da verdade, assim como questões da justiça e do bom gosto, eram debatidas sob aspectos de validade distintos, mas sob as mesmas condições discursivas de uma «crítica». Como Kant analizara as faculdades correspondentes da razão como componentes da subjectividade transcendental, Hegel nem sequer hesitou em encarar também estas esferas culturais da ciência e da investigação, da moral e do direito, da arte e da respectiva crítica, como «encarnações» do princípio da subjectividade. Estas objectivações expunham-se a uma crítica da razão, tal como as próprias faculdades.

(3) Agora compreendemos porque o tema «modernidade» ganhou de todo relevância para a filosofia e por que foi analisado sob aspectos da crítica da razão. Para além disso, a nova consciência do tempo explica o tipo de «crise» a que se refere a autocertificação crítica da modernidade. «Crítica e crise» ([6]) torna-se o modelo desta análise, porque a consciência moderna se vê confrontada com o desafio de resolver problemas que, de um horizonte cada vez mais alargado de futuros possíveis, antecipados com uma ousadia cada vez maior, se precipitam sobre um presente tanto mais desassossegado. Há uma coisa que é vivenciada sobretudo como «crítica» – a complexidade social. É que esta vai de mãos dadas com uma diferenciação e simultânea destradicionalização de um mundo da vida que, de um modo desconcertante, perde os seus traços, que absorvem a contingência da familiaridade, transparência e fiabilidade. Desta perspectiva defensiva, a «irrupção» da

---

([6]) Cf. a tese de doutoramento homónima de R. Koselleck, *Kritik und Krise. Eine Studie zur Pathogenese der bürgerlichen Welt* [*Crítica e Crise. Um Estudo sobre a Patogénese do Mundo Burguês*, Contraponto Editora, s.d.], Friburgo 1959.

modernidade é percebida, antes de mais, como ataque à moralidade de um modo de vida socialmente integrado – como uma força impulsionadora da desintegração social.

Sobre o pano de fundo de «Crítica e Crise», Hegel pode encarar a crítica da razão de Kant como uma interpretação instrutiva, mas incompleta, e nesta medida apenas sintomática da essência racional do mundo moderno. Hegel ainda tem de decifrar os traços do reflexo kantiano da modernidade que se mantêm ocultos no reverso do espelho. Kant estabelecera, no âmbito da razão, aquelas diferenciações às quais, na cultura, correspondem as esferas da ciência, da moral e da arte. Mas, na perspectiva de Hegel, não havia reparado no reverso destas distinções produtivas. O que no plano discursivo eram ganhos de diferenciação, no âmbito do horizonte de mundos da vida moralmente integrados era ressentido como outras tantas «cisões» de um todo intuitivo. Kant havia subestimado a dolorosa abstracção da mesma forma que a necessidade de reconstituição da totalidade anterior num patamar superior. Desta perspectiva, o princípio da subjectividade, inicialmente acolhido com entusiasmo, e a estrutura com ele estabelecida da autoconsciência, revela-se como uma perspectiva meramente selectiva da razão que não deve ser identificada com a totalidade da razão. Decerto a actividade do entendimento produz liberdade subjectiva e a reflexão, e dispõe de força suficiente para minar o poder da tradição religiosa. No passado, a religião fora, no essencial, o garante da integração moral da vida social, e, no presente, a vida religiosa encontra-se abalada pelo Esclarecimento. Entretanto verifica-se, porém, que o princípio da subjectividade é incapaz de renovar, no *medium* da razão, a força unificadora da religião. Ao mesmo tempo a ortodoxia religiosa, de tanto se dedicar ao repúdio nada inspirado de um Esclarecimento abstracto, cristalizou-se numa positividade que esbulha a religião das suas energias congregadoras[7].

Assim, a cultura do Iluminismo perfila-se, na perspectiva de Hegel, apenas como contraponto à religião cristalizada como positiva. Ao colocar a reflexão e a racionalidade orientada para fins no lugar da razão, dedica-se a uma idolatria da razão. Deste modo, o jovem Hegel descobre também o mesmo «positivismo» nas outras áreas da cultura e da sociedade em que se encarnou o

---

[7] Cf. T. M. Schmidt, *Anerkennung und absolute Religion*, Estugarda 1997.

princípio da subjectividade – tanto na ciência empírica e na moralidade abstracta como na arte romântica, tanto no individualismo possessivo do direito formal burguês e da economia de mercado como na política de poder instrumental das grandes potências. A «positividade» de instituições alienantes e de relações sociais coisificadas desmascara o princípio da subjectividade como um princípio de repressão – repressão essa que agora se apresenta como a violência velada da própria razão. O carácter repressivo da razão fundamenta-se na estrutura da auto-reflexão, isto é, na auto-referência de um sujeito cognoscente que faz de si próprio objecto. A mesma subjectividade que se apresentara inicialmente como fonte de liberdade e de emancipação – e uso aqui o verbo «apresentar-se» no sentido duplo de manifestação e ilusão – revela-se como origem de uma objectivação que se torna selvagem.

Hegel identifica na capacidade analítica da reflexão – no entanto indispensável – também uma violência que, quando se solta das rédeas da razão, objectiva tudo em seu redor, ou seja, converte tudo em objectos de uma possível manipulação. A «reflexão» deixada por sua conta faz com que as totalidades orgânicas divididas se desmoronem em partes isoladas. Ela decompõe relações intersubjectivas em sequências de acções reciprocamente observadas de actores que decidem com base numa racionalidade orientada para fins de tal forma que os indivíduos individuados são amputados das raízes da sua origem comum. No entanto, o próprio Hegel tem de se dedicar à reflexão. Tem de se mover no seu meio a fim de denunciar a negatividade da actividade do entendimento que simplesmente usurpou o lugar da razão. Ele próprio apenas pode apontar os limites da razão instrumental enveredando por um processo reflexivo. Só executando um acto de uma reflexão de grau superior consegue Hegel transcender os limites da mesma. Assim, o pensamento próprio é arrastado de um modo performativo para o interior do movimento da dialéctica do Esclarecimento. Mais uma vez, só a partir da própria razão é que uma modernidade sem exemplos, aberta ao futuro e sedenta de inovações, pode extrair a sua orientação.

Como a modernidade se move a tal ponto em horizontes de futuro abertos, o *telos* inscrito na dialéctica do Esclarecimento começa por não poder ser mais que uma promessa. Hegel não tinha dúvidas quanto ao desiderato de que a incorporação da razão na realidade ainda estava por comprovar historicamente. Não é o olhar crítico sobre a modernidade que diferencia o Hegel maduro do Hegel jovem. A formulação do problema, que esbocei com a simplificação necessária, é a mesma; mas só que o Hegel maduro passa à execução do programa. Tem de abarcar ambos os lados, tanto as manifestações antagónicas da desintegração social como os desenvolvimentos históricos e os mecanismos com base nos quais se pode tornar compreensível uma superação de tendências contraditórias e a resolução de conflitos persistentes. A *Filosofia do Direito* é, em seguida, a tentativa de verter em conceitos as incorporações ambivalentes da razão na sociedade, ou seja, nas ordens sociais da família, da economia de mercado e do estado-nação. A esfera do social – o que hoje denominamos por «sociedade» – desvendou-se pela primeira vez sob o ponto de vista de uma dialéctica do Esclarecimento como essa área de fenómenos profundissimamente ambivalente que exige uma interpretação crítica([8]). Por este motivo, a filosofia necessita de uma teoria social que aplique o seu programa de investigação de diagnóstico epocal com métodos próprios no âmbito do pré-requisito filosófico de uma dialéctica do Esclarecimento([9]).

II

Os problemas dessa divisão do trabalho fértil em consequências que, nos primórdios do século XX, se convencionou entre a Filosofia e a Sociologia no âmbito da análise do presente concebida por Hegel, gostaria de os abordar novamente em três passos. Vou (1) relembrar com toda a brevidade que a teoria da racionalização social de Max Weber está em dívida para com as interrogações de uma «Dialéctica do Esclarecimento». Em que sentido este diagnóstico epocal conduz a um beco sem saída ressalta das consequências

---

([8]) S. Landshut, *Kritik der Soziologie. Freiheit und Gleichheit als Ursprungsproblem der Soziologie*, in *idem*, *Kritik der Soziologie*, Neuwied 1969.

([9]) H. Marcuse, *Vernunft und Revolution*, Neuwied 1967. As teorias sociais clássicas encaram-se como respostas às tendências de crise do seu presente; cf. a este respeito J. Habermas, «Kritische und konservative Aufgaben der Soziologie», in *idem*, *Theorie und Praxis*, Frankfurt/M. 1971, p. 290-306; veja-se igualmente o meu ensaio «Soziologie in der Weimarer Republik» [*Sociologia na República de Weimar*, Lisboa, Instituto Piaget, 2002] in J. Habermas, *Texte und Kontexte* [*Textos e Contextos*, Lisboa, Instituto Piaget, 2002], Frankfurt/M. 1991, p. 184-204.

aporéticas da teoria crítica mais antiga que, sob as premissas do marxismo ocidental, prosseguiu o programa de investigação de Max Weber. Na minha reconstrução fortemente simplificada (2) o fim deste desenvolvimento teórico assinala ao mesmo tempo o fim da divisão do trabalho entre a filosofia e a sociologia no que respeita ao diagnóstico epocal. Enquanto que a teoria da escolha racional e a teoria dos sistemas, por assim dizer, se apropriam da pretensão explicativa do programa, o pós-modernismo, servindo-se das concepções da crítica da razão desenvolvidas por Heidegger e Wittgenstein, prossegue a crítica da modernidade com outros meios. Mas estas abordagens encontram (3) as suas próprias dificuldades. As teorias pós-modernas prescindem dos critérios, com recurso aos quais podemos distinguir as conquistas universalistas dos traços colonizadores da modernidade. O problema adicional da pretensa incomensurabilidade de jogos de linguagem e discursos levar-nos-á, na última parte da palestra, a enveredarmos por um caminho alternativo.

(1) Max Weber insere a modernização europeia no contexto de um processo histórico mundial de desencantamento.([10]) Tal como Hegel, começa pela transformação e dissolução de mundividências religiosas abrangentes que perdem a sua capacidade orientadora, instituidora de sentido. Da racionalização da cultura ocidental resulta a conhecida diferenciação entre «esferas de valor». No seguimento do neokantianismo de Rickert, Weber parte do princípio de que cada uma dessas esferas – ciência, direito, moral, arte e crítica – obedece a uma lógica própria de questões de factos, justiça e gosto. Os conflitos entre estas esferas de valor já não podem ser resolvidos de uma forma racional, do ponto de vista de uma mundividência religiosa ou cosmológica. Mas tão-pouco a unidade de uma mundividência partilhada pela sociedade no plano intersubjectivo pode, em nome da ciência objectivante ou de uma moral racional, ser substituída pela força unificadora da razão teórica ou prática.

Weber concentra-se no processo da modernização social que é impulsionado pelo tandem composto pelo estado administrador e a economia capitalista. Com base na diferenciação funcional entre

---

([10]) Relativamente à apresentação fortemente estilizada que se segue do diagnóstico epocal de Weber, cf. o relato mais circunstanciado em J. Habermas, *Theorie des kommunikativen Handelns*, Frankfurt/M. 1981, Vol. 1, p. 225-366.

estado e economia, ambos os lados se complementam – um aparelho administrativo dependente de recursos fiscais e uma economia de mercado institucionalizada segundo as regras do direito privado que, por seu lado, depende de condições de enquadramento e infra-estruturas garantidas pelo estado. Weber considera os núcleos institucionais das duas áreas – burocracia estatal e organização empresarial – as conquistas evolutivas da modernidade social que necessitam de explicação. Juntamente com o direito positivo são, por assim dizer, os propulsores da modernização social. A explicação que Weber oferece recorda-nos Hegel. Enquanto que este havia encarado as áreas significativas das sociedades modernas como encarnações de uma razão centrada no sujeito, Weber entende a modernização da sociedade como uma institucionalização da acção guiada pela racionalidade orientada para fins, sobretudo nos dois sectores fulcrais e dinâmicos que são o estado e a economia.

Para Weber, uma organização pode ser considerada «racional» na medida em que capacita os seus membros para e os instiga a agirem de acordo com a racionalidade orientada para fins. As duas organizações centrais parecem coadunar-se com esta descrição – por um lado a moderna instituição do estado que aplica uma divisão do trabalho juridicamente calculável, visto ser fiável e eficaz, entre técnicos do estado competentemente formados e altamente especializados, por outro a empresa capitalista que se ocupa de uma alocação económica dos factores de produção e responde à pressão da concorrência e do mercado de trabalho com um aumento da produtividade do trabalho. Em poucas palavras, o estado burocrático está talhado à medida da actuação administrativa competente na sua especialidade e fiel à racionalidade orientada para fins dos funcionários públicos, tal como o modo de produção da economia de mercado o está em relação à escolha racional e à capacidade de trabalho qualificada de administradores e operários. Como base de motivação das elites que sustentam as novas instituições, Weber desenvolve o conhecido argumento de uma afinidade electiva entre seitas protestantes e o espírito do capitalismo. No entanto, esta situação de partida histórica limita-se a abrir o caminho a um ciclo de desenvolvimento autodestrutivo que Weber analisa segundo os preceitos de uma dialéctica do Esclarecimento – contudo imobilizada.

No seguimento do esboroamento das formas tradicionais de ver o mundo e de uma subsequente racionalização da cultura difundem-se atitudes religiosas privatizadas e uma moral da consciência internalizada. Especialmente a «ética protestante» postula uma condução racional da vida e assim assegura uma ancoragem racional-valorativa de comportamentos racionais-finais. Mas, no decurso da progressiva modernização, a racionalidade organizativa das áreas de acção administrativa e económica, cada vez mais autonomizadas, soltou-se desta base motivacional das orientações valorativas religiosas. As áreas de acção evolutivamente novas e constituídas de forma jurídica, que primeiro haviam possibilitado a emancipação dos indivíduos das socializações corporativas tanto da sociedade pré-moderna como da sociedade proto-burguesa, acabaram por converter-se naquilo que Weber lamenta como a «jaula de ferro». Já Marx havia registado com sarcasmo o sentido ambivalente que o conceito «liberdade» assume na expressão do «trabalho assalariado e livre» – livre de dependências feudais, mas também livre para o destino capitalista de exploração, pobreza e desemprego. Perante a crescente complexidade de sistemas de acção autonomizados, Weber observa agora por todo o lado a conversão das liberdades em disciplinas. Partindo das coacções disciplinadoras da burocratização e da juridicização, traça o quadro negro de uma sociedade administrada.

Contrariamente ao diagnóstico de Hegel, a dialéctica do Esclarecimento é, por assim dizer, imobilizada e permanece por completar. É que Weber se mantém céptico perante o «carisma da razão». Sem recurso ao movimento de uma razão totalizante, não vê nenhuma saída para dar conta da desintegração social e fazer a transição para uma sociedade menos fragmentada e mais pacífica. Na sua perspectiva, as «cisões» de uma razão instrumental que perpassam toda a sociedade não podem ser superadas na esfera da própria sociedade. Weber encara a «perda de liberdade» e a «perda de sentido» como desafios existenciais para pessoas individuais. Para lá da vã esperança colectiva de uma conciliação no âmbito dos próprios ordenamentos sociais resta apenas a esperança absurda de um individualismo insubmisso. Apenas o indivíduo forte e a agir por sua conta e risco pode conseguir em casos de sorte opor à sociedade racionalizada e, por isso, dilacerada um projecto de vida unificador. Com a coragem heróica do desesperado, o indivíduo resoluto, perante os conflitos sociais irresolúveis, pode realizar a liberdade no melhor dos casos em privado, na sua própria história de vida.

Esta visão da sociedade administrada foi mais uma vez radicalizada na tradição do marxismo ocidental de Lukács a Adorno. Desta perspectiva, a esperança colocada na capacidade de resistência do indivíduo forte já se apresenta apenas como resíduo da era liberal transacta. Seja como for, a teoria crítica primordial serviu-se dos meios da sociopsicologia analítica para defender a suposição de que os padrões de socialização dominantes transferem os imperativos funcionais do estado e da economia do plano das instituições para o plano das estruturas de personalidade([11]). As experiências da história contemporânea com o fascismo e o estalinismo confirmam o quadro daí emergente de uma sociedade totalitariamente integrada. Esta sociedade quebrou há muito tempo a resistência dos indivíduos heróicos, meramente aprisionados na jaula de ferro, e pode contar com a solicitude dos sujeitos hipersocializados e adaptados à sua matriz disciplinar. A indústria cultural e os meios de comunicação de massa são encarados como os instrumentos mais evidentes do controlo social, ao passo que a ciência e a técnica se apresentam como fonte principal de uma racionalidade instrumental que perpassa toda a sociedade.

A *Dialéctica do Esclarecimento* de Horkheimer e Adorno pode ser compreendida como uma retroversão das teses de Weber para a linguagem da filosofia da história hegeliano-marxista. Faz remontar a origem da razão instrumental ao momento da primeira separação do espírito subjectivo da natureza. Por outro lado existe uma diferença evidente em relação a Hegel. Neste, o domínio da reflexão ou do entendimento permanece um mero momento no movimento de uma razão totalizante e que se reintegra a si própria. Em Horkheimer e Adorno, a racionalidade subjectiva que instrumentaliza no seu todo a natureza tanto interna como externa ocupou definitivamente o lugar da razão, de modo que a razão se funde na «razão instrumental» sem deixar memória. Esta identificação deixa a razão instrumental sem um contrapoder intrínseco, enraizado nela própria. Uma tendência contrária já só se manifesta na rememoração das capacidades «miméticas». Por miméticos, Benjamin e Adorno designam os lamentos nostálgicos de uma natureza oprimida e mutilada que se encontra destituída de uma voz própria mas que se faz ouvir na linguagem da arte vanguardista.

([11]) *Ibidem*, p. 455-518.

Os traços ambivalentes estão em grande medida apagados do quadro nivelador de uma modernidade totalitária. A dialéctica do Esclarecimento de Hegel perdeu a acuidade. Pior ainda, com a racionalidade instrumental a insuflar-se num todo irracional, a crítica da falsa totalidade enreda-se numa aporia. No momento em que a crítica da razão instrumental deixa de poder ser efectuada em nome da própria razão, ela, e com ela a crítica da modernidade, perde a sua própria base normativa. Adorno fez da necessidade da aporia, da qual uma crítica auto-referencial se apercebe por assim dizer enquanto avança, a virtude da dialéctica negativa. Manteve-se fiel ao empreendimento de uma crítica admitidamente paradoxal, de uma crítica «sem fundamento», desmentindo exactamente aquelas condições que deveriam estar reunidas para que se torne possível o ofício da crítica exercida *in actu*.

(2) Perante esta dificuldade, uma solução óbvia era a de abandonar uma ou outra parte do projecto original. Um dos lados, o que continua na senda de uma teoria da modernidade social, prescinde da ideia de uma certificação autocrítica da modernidade, ao passo que o outro lado, o que prossegue com a crítica filosófica, abre mão da dialéctica do Esclarecimento e da ligação à teoria social. O fim da divisão do trabalho cooperativa entre a filosofia e a teoria social significa o desacoplamento de uma autocompreensão crítica da modernidade da observação empírica e do levantamento descritivo das tendências sociais de crise.

As abordagens descritivas mantêm uma premissa básica da concepção clássica da modernidade. É que partem do princípio de que as sociedades modernas encarnam um ou outro tipo de racionalidade. Em todo o caso é o que se aplica às duas abordagens sociológicas mais bem sucedidas da actualidade, a teoria da escolha racional e a teoria dos sistemas. Estas concentram-se respectivamente em um dos dois aspectos da racionalidade que Max Weber tão engenhosamente tinha interligado – por um lado a racionalidade orientada para fins de actores individuais e, por outro, a racionalidade funcional de grandes organizações. Dentro dos limites de um individualismo metodológico, a teoria da escolha racional tenta explicar padrões de interacção a partir das decisões de sujeitos que agem de forma «racional». A teoria dos sistemas, por outro lado, aposta num quadro teórico de recorte colectivista e reformula aquilo que Weber encarou como racionalidade organizacional nos termos funcionalistas de auto-regulação ou de *autopoiesis*. Assim chegamos a dois quadros concorrentes. Para um dos lados, as sociedades modernas consistem em redes espaçadamente tecidas que resultam da interferência das inúmeras decisões orientadas por preferências próprias de actores mais ou menos racionais. Para o outro lado, as sociedades modernas dividem-se em uma multidão de sistemas que operam de forma independente e se encontram auto-referencialmente fechados sobre si, que constituem meios circundantes uns para os outros e que apenas comunicam entre eles de forma indirecta, através da observação mútua. Devido à falta total de valores, normas e processos de entendimento partilhados no plano intersubjectivo, ambas estas visões assemelham-se num ou noutro aspecto à concepção de Max Weber do mundo administrado. No entanto, tais traços já não são *afirmados* como indicadores da perda de sentido ou de liberdade ou da falta de integração social. Afinal as teorias descritivas não deixam espaço a avaliações, limitando-se a sugerir uma atitude afirmativa, na medida em que os conceitos de racionalidade que se encontram na sua base e que são constitutivos da escolha do respectivo enquadramento teórico se subtraem à reflexão e a qualquer dúvida.

Uma autocompreensão crítica da Modernidade exige outra abordagem. Para tal, Heidegger e Wittgenstein propõem um conceito alternativo de razão e um novo processo de crítica da razão. Ambos chegam pelas respectivas vias a uma crítica da razão centrada no sujeito que já não se fia na capacidade totalizante da razão segundo Hegel e da sua dialéctica. Sob o prisma da destrutividade, apontam novamente os limites a uma razão instrumental que se tornou selvagem. A razão é novamente equiparada às operações de um entendimento objectivante e manipulador, ao «pensamento representativo» e à abstracção filosófica, à autoridade e à disciplina de uma subjectividade que se afirma a si própria e se apodera de si própria de um modo narcísico. Mas, em termos construtivos, apela-se à história existencial ou da natureza, ao «outro da razão».

Embora o enfoque esteja a transferir-se das manifestações sócio-económicas e políticas para os fenómenos culturais, a crítica que Heidegger faz da ciência e da técnica, da exploração da natureza, da cultura de massas e de outras expressões de uma era totalitária constitui um contraponto à crítica da coisificação do marxismo ocidental. Na Alemanha, no seguimento das influentes ciências humanas, despontaram o historicismo e a filosofia da vida, abalando a suposição de um equipamento transcendental invariável do sujeito cognoscente. Já nos tempos de Dilthey, os conceitos fundamentais do mentalismo, a subjectividade e a autoconsciência, a racionalidade e a razão, foram vítimas de uma espécie de destranscendentalização. Com a viragem da análise transcendental para a hermenêutica preparou-se o terreno para uma razão simbolicamente encarnada, inserida em contextos culturais, situada em termos históricos. Essa espontaneidade formadora do mundo que até então caracterizara a consciência transcendental passou para formas simbólicas (Cassirer), estilos (Rothacker), mundividências (Jaspers) ou sistemas linguísticos de regras (Saussure).

Kant entendera a razão como a faculdade das ideias de juntarem a multiplicidade infinita numa totalidade. As ideias projectam, por um lado, a totalidade de manifestações possíveis, interligadas no espaço e no tempo de acordo com leis causais. Por outro, são constitutivas de um reino dos fins como a totalidade de seres inteligíveis, apenas submetidos às leis que deram a si próprios. Com a crítica que Hegel fez de Kant, as ideias adquiriram, além disso, a capacidade de uma auto-reintegração reflexiva das suas próprias objectivações e, com isso, de uma reintegração da diferenciação que se opera em graus cada vez superiores. A razão com R grande conferia, de ora em diante, ao processo mundial no seu todo a estrutura de uma totalidade de totalidades.

Heidegger, pelo contrário, reconstrói a história da metafísica como uma sequência destinal de aberturas do mundo epocais que estabelecem uma margem de manobra para as interpretações e os modos de acção possíveis no mundo[12]. Na sintaxe e no vocabulário das línguas predominantes numa era metafísica estão incorporadas ontologias. E estas definem, por seu lado, o círculo e igualmente a infra-estrutura dos mundos em que se encontram as respectivas comunidades linguísticas. Por outras palavras, categorizam a pré-compreensão holística de quem delas faz parte e que confere um significado *a priori* a tudo que de algum modo podem encontrar no mundo. Os sujeitos dotados de capacidade de fala e de acção podem apenas observar os acontecimentos intramundanos através das lentes focadas para uma gramática profunda desta interpretação pré-ontológica do mundo e verificar o que é

---

[12] C. Lafont, *Sprache und Welterschließung*, Frankfurt/M. 1994.

que tem que relevância e como se enquadra nas categorias prefiguradas de uma possível descrição. A forma como percebem algo no mundo e como se desenvencilham com esse algo depende da perspectiva da abertura linguística do mundo, por assim dizer da luz com que o holofote linguístico ilumina tudo o que pode de algum modo ocorrer no mundo. Esta é uma metáfora óptica para o efeito de enquadramento dos conceitos de base e das associações semânticas, das relevâncias e dos padrões de racionalidade. Para cada comunidade linguística, as estruturas gramaticais num sentido alargado estabelecem à partida quais são os enunciados que podem ser considerados enunciados bem formados, dotados de sentido ou válidos. No que respeita à sua função de abertura do mundo, Heidegger entende a linguagem como um conjunto de condições viabilizadoras que, sem elas próprias serem irracionais, definem *a priori* o que se manifesta como racional ou irracional àqueles que se movem nos seus horizontes de conceitos fundamentais.

Nisto, Wittgenstein concorda mais ou menos com Heidegger. Pelo menos é assim que a situação se apresenta do ponto de vista de um contextualismo que, em retrospectiva, enfatiza as convergências entre os dois pensadores.([13]) Com o seu conceito de jogos de linguagem, Wittgenstein concentra-se igualmente na função de abertura do mundo. Com base na relação interna entre a fala e a acção, a «gramática» de uma língua também é constitutiva de uma prática ou forma de vida correspondente. Wittgenstein e Heidegger recriminam a tradição filosófica ou a metafísica pelo facto de ignorarem esta dimensão da produção linguística do mundo. A rejeição dos erros «platónicos» constitui o ponto de partida comum para o que agora entendem – num sentido inteiramente novo – por crítica da razão. Segundo Heidegger, Platão e o platonismo pecam pelo «esquecimento do Ser». «Esquecem» o pano de fundo instituidor de sentido da pré-compreensão ontológica que constitui o contexto para um papel historicamente específico da racionalidade e da razão. Segundo Wittgenstein, a tradição idealista obtém os seus conceitos fundamentais pela dissociação do con-

---

([13]) Muito cedo, mais concretamente em 1962, K.-O. Apel chega a essa conclusão na sua prelecção inaugural em Kiel, dedicada a Wittgenstein e Heidegger, cf. *idem, Transformation der Philosophie* [*Transformação da Filosofia*, São Paulo, Edições Loyola, 1994], vol. 1, Frankfurt/M. 1973, p. 225-275.

texto daquelas práticas linguísticas em que encontram o seu lugar adequado e «funcionam». Os conceitos metafísicos de uma razão que se basta a si própria, que se considera absoluta na medida em que ainda crê ter sob controlo as suas próprias condições, devem-se a conclusões erróneas e abstractas. Para Heidegger como para Wittgenstein, a aparência transcendental de uma razão incondicional e pura, independente do contexto e universal alcança no paradigma mentalista o paroxismo do ofuscamento. Mas, contrariamente ao que se passa com Hegel, a crítica desta razão centrada no sujeito ou instrumental já não pode confiar-se ingenuamente ao movimento especulativo da auto-reflexão. A crítica da razão converte-se antes numa hermenêutica da suspeição que, nas costas da razão, quer desmascarar o outro da razão. Apenas por esta via genealógica, uma subjectividade arvorada em ídolo é reinserida nesse contexto histórico da própria proveniência que a razão abstracta oculta de si própria como seu inconsciente.

Diversas teorias pós-modernas apropriam-se desta crítica da razão recontextualizadora numa ou noutra versão. Como identificam a razão com operações do entendimento, não retêm nada da autoridade dos antigos conceitos metafísicos de uma razão abrangente – nem mesmo esse espinho da memória que atormenta Adorno quando, na última frase da sua *Dialéctica Negativa*, dá testemunho da sua solidariedade para com uma metafísica destronada «no próprio momento da respectiva queda». Esta perspectiva indiferenciada talvez não seja a dos mestres, mas é a dos alunos que alinham para o ataque, de um modo directo e indiscriminado, a crítica pós-moderna da razão contra o Eslarecimento e a sua dialéctica. Esta crítica da razão não visa apenas destruir o ídolo de uma razão incondicional e pura, mas igualmente espoliar as ideias da autoconsciência, da autodeterminação e da auto-realização do seu carácter vinculativo em termos normativos. Não pretende apenas desmascarar as falsas pretensões da razão, mas igualmente reduzir a razão enquanto tal à impotência. O ataque ao «espírito da modernidade» pretende curar a humanidade da preocupação de se encontrar defrontada com o desafio de dar conta da pressão do problema de existirem demasiadas possibilidades de futuro antecipadas com demasiada amplitude. O *locus of control* desloca-se dos sujeitos sobrecarregados ou para as apropriações destinais de uma história do Ser, ou para os enredamentos aleatórios de uma história natural dos jogos de linguagem.

(3) Da influência sadia do pós-modernismo sobre os debates actuais não tenho qualquer dúvida. A crítica de uma razão que imputa à socapa ao todo da história uma teleologia é tão convincente como a crítica da ridícula pretensão de pôr fim a toda e qualquer alienação social. O destaque dado à fragmentação, à cisão e à marginalização, à diversidade, à diferença e à não-identidade, assim como a sensibilidade às especificidades do que é local e individual, renova motivos da teoria crítica mais antiga, sobretudo da de Benjamin. Desde que sirvam o reforço da resistência contra as forças do universal abstracto e da uniformização, também retomam os motivos de Hegel. Mas estas consequências bem-vindas devem-se a premissas questionáveis que, se se confirmassem, exigiriam um preço elevado. Antes de mais, pretendo comentar duas fragilidades: (a) um determinado tipo de idealismo linguístico e (b) a falta de compreensão para as conquistas universalistas da modernidade.

(a) A crítica da razão recontextualizadora baseia-se numa análise da função constituinte do mundo da linguagem. Isso explica uma determinada inclinação para sobrestimar a importância de gramáticas e vocabulários para a constituição de infra-estruturas sociais. Já Heidegger tinha provido textos e tradições da metafísica ocidental do singular poder de, com base numa rede categorial ou num esquema conceptual que adianta, penetrar e estruturar não só as experiências e teorias do quotidiano, mas em termos gerais as práticas culturais e sociais de épocas inteiras. Deste modo devia reflectir-se o fundo obscuro da história da metafísica ocidental na história mundial de primeiro plano. Uma assimilação parecida, embora menos dramática, perfila-se quando Wittgenstein equipara a estrutura de modos de vida à gramática de jogos de linguagem. Contrariamente ao que acontece na teoria social clássica, padrões de interacção, ordens e normas institucionais são analisados em conceitos ontológicos ou gramaticais. De Marx até Durkheim e Max Weber, os factos sociais foram analisados através de aspectos de coacção, exploração e opressão, de sacrifício forçado e satisfação negada. A estratégia de análise proposta por Heidegger e Wittgenstein imputa a facticidade de semelhantes limitações à violência mais sublime da selectividade de regras que determinam o tipo e a estrutura de textos filosóficos e de tradições metafísicas, de estilos literários, paradigmas teóricos e discursos profissionais. Esta deslocação explica por que os programas de investigação pós-modernos manejam antes ferramentas da crítica filológica e estética do que as da crítica sociológica.

Enquanto as concepções clássicas da modernidade estavam mais feitas à medida de experiências de desintegração social e de transgressão de normas universalistas, as abordagens pós-modernas dirigem o seu interesse antes de mais para a exclusão – o carácter exclusivo desses sistemas de regulação que operam de forma inconsciente e que, como quem não quer a coisa, são impostas aos locutores e actores. Assim, por exemplo, Foucault é capaz de escrever história social e política em conceitos de uma história de discursos de ciências humanas. De um modo semelhante, sociólogos mais jovens escrevem a história das sociedades modernas em conceitos de uma história das modernas teorias sociais – como se as estruturas materiais da sociedade tivessem sido constituídas pelos conceitos fundamentais e pelos discursos dos cientistas([14]).

(b) Para a crítica da razão recontextualizadora, a virtude de libertar a razão das suas falsas abstracções constitui ao mesmo tempo o seu ponto cego. As abordagens pós-modernas tomam cada pretensão universalista *per se* como mais um sinal do imperialismo de uma particularidade velada que afirma representar o todo. Esta estratégia de análise dá provas (aliás, já as tem dado desde Marx) ao desmascarar tradições e práticas eurocêntricas, promovendo em termos gerais a descentralização de perspectivas limitadas. A desconfiança perante mecanismos de exclusão que, afinal, se encontram com efeito muitas vezes incorporados nos pressupostos ocultos de discursos universalistas, tem bons motivos para existir – *as far as it goes*. Falta, porém, a algumas das teorias pós-modernas suficiente sensibilidade para a constituição específica desses discursos surgidos na modernidade e característicos da modernidade. Da premissa correcta de que não existe razão no contexto zero retiram a ilação errada de que os próprios critérios da razão se alteram com cada contexto novo.

Não é a pretensão da inclusão total que distingue discursos modernos de outros quaisquer. Já a mensagem das religiões mundiais nascidas nos Impérios Antigos era endereçada «a todos» e visava incluir todos os que se convertiam no discurso dos crentes. O que distingue os discursos modernos, quer na ciência, na moral ou no direito, é outra coisa. Estes discursos pautam-se por princípios e submetem-se a padrões auto-referenciais a cuja luz infracções fácticas contra o desiderato de uma inclusão total podem

---

([14]) P. Wagner, *Soziologie der Moderne*, Frankfurt/M. 1995.

ser simultaneamente descobertas e criticadas – por exemplo, uma selectividade oculta com vista à admissão de participantes, temas ou intervenções. Este autocontrolo e esta autocorrecção recursivos explicam o desempenho específico destes discursos baseados em princípios e auto-referenciais. Decerto a constituição e o modo de proceder auto-referenciais dão igualmente origem a uma forma especial de violência discursiva que é exercida no modo de uma quebra encoberta, porque implícita, da promessa de inclusão explícita. Acontece que o mero facto de discursos universalistas serem frequentemente abusados como meio de encobrir violência social e política, epistémica e cultural, não é motivo para se revogar a própria promessa associada a esta prática discursiva – e tanto menos o é que esta prática fornece em simultâneo os critérios e os meios que permitem controlar o cumprimento sério da promessa.

É verdade que as abordagens pós-modernas denunciam, e com toda a razão, os efeitos colonizadores dos padrões comunicativos e discursos de origem ocidental que se impuseram no mundo inteiro. Isto aplica-se a uma grande parte da cultura material e simbólica da civilização ocidental que se dissemina através das redes globais de mercados e meios de comunicação. Mas semelhantes teorias estão mal apetrechadas para a tarefa de distinguirem entre discursos colonizadores e convincentes, entre discursos que devem a sua divulgação mundial a constrangimentos sistémicos e outros que se impõem graças às provas que têm para apresentar. A ciência e tecnologia ocidentais afinal não são convincentes e bem sucedidas apenas segundo padrões ocidentais. E está visto que os direitos humanos, apesar da persistência de conflitos interculturais em torno da sua interpretação correcta, falam uma linguagem em que os dissidentes podem exprimir o seu sofrimento e o que exigem dos seus regimes repressivos – não menos na Ásia, na América do Sul e em África do que na Europa e nos Estados Unidos.

III

Enquanto for efectuado com meios da crítica da razão, o diagnóstico da modernidade assenta em reflexões filosóficas. Como vimos, a concepção clássica da modernidade foi desenvolvida com base em premissas da filosofia da consciência. Após a viragem linguística, o conceito mentalista de uma razão centrada no sujeito foi substituída pelo conceito descentralizado da razão situada. Assim estava aberto o caminho para uma crítica pós-clássica da modernidade. No entanto, é precisamente desta fundamentação filosófica que advém às teorias pós-modernas uma peculiar dificuldade. É que a afirmação da incomensurabilidade dos vários paradigmas e das «racionalidades» que lhes são inerentes dificilmente se coaduna com a atitude hipercrítica dos próprios teóricos pós-modernos. Antes de mais, irei (1) analisar este problema da incomensurabilidade e fundamentar de forma metacrítica a viragem para uma consideração pragmática da linguagem. Esta viragem pragmática conduz (2) a um conceito da razão comunicativa que prepara o terreno para uma concepção neoclássica da modernidade. Este diagnóstico regressa, como (3) quero comprovar no exemplo do teorema da modernização reflexiva, à divisão do trabalho entre a filosofia e a teoria social.

(1) Qualquer crítica da razão recontextualizadora encontra-se confinada aos limites de uma crítica imanente, uma vez que critica as falsas pretensões de razão pura com referência a esse pano de fundo local a que os padrões de racionalidade pretensamente incondicionais se encontram circunscritos na realidade. Apenas podemos revelar as conclusões erróneas obtidas por via da abstracção de um universalismo pretensioso se pusermos a descoberto as suas raízes particulares ocultas. Deste modo, as abordagens pós-modernas descobrem uma panóplia de tradições (MacIntyre) ou de discursos (Lyotard) que são respectivamente constitutivas de uma mundividência com padrões de racionalidade próprios. Cada tipo de racionalidade marca limiares que não podemos transpor sem procedermos a uma modificação da forma mental. Da perspectiva estabelecida de uma determinada mundividência, paradigma, forma de vida ou cultura não existe uma transição hermenêutica para a perspectiva seguinte. Como não se pode assumir uma «terceira» posição comparativa, também não pode existir nenhuma crítica transcendente que nos permitisse dispor de uma forma transitiva várias racionalidades numa escala de graus de validade ou de «verosimilhança». Uma concepção da realidade, mal se tornou consciente das suas próprias raízes, é tão aceitável como outra ([15]).

([15]) Cf. R.J. Bernstein, *Beyond Objectivism and Relativism*, Philadelphia 1983, Part Two, p. 51-108.

Mas esta visão das coisas continua a pressupor tacitamente o quadro de uma razão fragmentada, cujos estilhaços se encontram dispersos por muitos discursos incomensuráveis – ou em parte coincidentes. Se, contudo, não existe nenhuma razão que possa transcender o seu próprio contexto, também o filósofo que propõe este quadro não poderá reivindicar para si nenhuma perspectiva que lhe permita semelhante visão de conjunto. Se a tese contextualista estiver correcta, está vedado a todos por igual terem uma visão de conjunto da pluralidade de discursos em que se supõe estarem encarnados vários tipos de racionalidade diversos e mutuamente incompatíveis. Com base nesta premissa também ninguém pode ajuizar a validade de mundividências diferentes, a não ser que o faça a partir da perspectiva selectiva, e nesta medida preconcebida, de uma determinada mundividência que é justamente a própria. O «positivismo feliz» de Foucault teria necessitado de um semelhante ponto de vista fictício para lá de todos os pontos de vista selectivos. A afirmação de uma posição relativista tem, para interromper a auto-referência, de exceptuar o próprio acto de afirmação efectuado do enunciado afirmado. Por isso, Rorty propõe a alternativa refinada de um «etnocentrismo assumido». Ele aplica a concepção plausível de que normalmente apenas podemos entender e avaliar expressões como correctas ou erradas à luz dos nossos próprios padrões ao caso-limite da interpretação radical quando falta uma língua comum. A seu ver, nós apenas podemos entender as opiniões «deles» na medida em que assimilamos as perspectivas que estas têm por base às perspectivas que se encontram na base das «nossas» opiniões([16]). No entanto, esta posição negligencia a intelecção hermenêutica da estrutura simétrica de qualquer situação de entendimento mútuo([17]); ela também não pode explicar o esforço paradoxal de Rorty por superar uma «cultura platónica» de que, apesar de tudo, (quase) todos ainda são reféns.

Pelos vistos, algo correu mal com uma naturalização da razão que invoca a constituição linguística de «mundos» auto-referencialmente fechados. Uma análise que parte da função de abertura do mundo da linguagem, dirige o seu olhar para horizontes constitutivos de contextos que podem ser alargados e empurrados

---

([16]) R. Rorty, *Solidarität oder Objektivität?*, Estugarda 1987, pp. 17 ss.

([17]) J. Habermas, *Nachmetaphysisches Denken* [*Pensamento Pós-Metafísico*, Coimbra, Almedina, 2004], Frankfurt/M.1988, pp. 175-179.

para cada vez mais longe, mas que nunca podem ser transcendidos enquanto tais. Se a análise da linguagem, deste ponto de vista, se deixa ocupar plenamente pela questão de como membros de uma comunidade linguística são dirigidos em tudo o que fazem e deixam de fazer, por assim dizer, por detrás das suas costas por uma pré-compreensão linguística inevitável do mundo no seu todo, o direito próprio do uso comunicativo da linguagem fica pelo caminho. A pragmática linguística parte da questão de como participantes de uma comunicação – no contexto de um mundo da vida partilhado (ou de mundos da vida suficientemente sobrepostos) – podem *alcançar* um entendimento sobre algo no mundo. Deste ponto de vista, fenómenos completamente diferentes passam a ocupar o primeiro plano: por exemplo a capacidade de transcender contextos das pretensões de verdade, e em geral de pretensões de validade, que locutores fazem valer com os seus enunciados; ou a imputabilidade dos seus actos de fala que os locutores pressupõem mutuamente; ou as perspectivas complementares, permutáveis entre o locutor e o ouvinte, da primeira e da segunda pessoa; ou o pressuposto pragmático comum de que qualquer acordo mútuo depende de tomadas de posição de «sim» ou «não» da segunda pessoa, de modo que um tem de aprender com o outro, etc. As relações simétricas das liberdades e obrigações comunicativas mutuamente reconhecidas explicam, para mais, o «princípio da caridade» de Davidson ou a perspectiva de Gadamer de uma «fusão dos horizontes» – ou seja, uma expectativa hermenêutica de que o fosso entre o que à partida se apresenta como incomensurável pode em princípio sempre ser ultrapassado.

(2) Aqui não posso analisar em todo o pormenor o uso comunicativo da linguagem ou a acção comunicativa. Nesse processo revelar-se-ia essa razão comunicativa que actua desde sempre tanto na argumentação como na prática quotidiana. Também esta razão comunicativa encontra-se evidentemente inserida nos contextos das diversas formas de vida. Cada mundo da vida equipa os que dele fazem parte com um acervo comum de saber cultural, padrões de socialização, valores e normas. O mundo da vida pode ser compreendido como fonte de condições de possibilitação daquela acção comunicativa através da qual, inversamente, ela própria tem de se (deixar) reproduzir. Mas as estruturas simbólicas do mundo da vida mantêm uma relação interna com a razão comunicativa que os actores têm de reivin-

dicar na sua prática quotidiana, quando fazem valer pretensões de validade criticáveis e reagem às mesmas com «sim» ou «não». Isso explica o caminho da «racionalização» a que se encontram sujeitas as formas de vida quando entram no turbilhão da modernização social. A racionalização de um mundo da vida, que tem de ser bem diferenciada de uma «racionalização» da acção económica e administrativa ou dos sistemas de acção correspondentes, abrange todos os três componentes – a tradição cultural, a socialização do indivíduo e a integração da sociedade [18]. As tradições culturais tornam-se reflexivas na medida em que perdem a sua validade incontestável e se abrem à crítica. Uma prossecução da tradição requer, nesses casos, a apropriação *consciente* por parte das gerações vindouras. Ao mesmo tempo, os processos de socialização produzem um número crescente de competências formais, ou seja, estruturas cognitivas que se vão soltando progressivamente dos conteúdos concretos. As pessoas adquirem cada vez mais frequentemente uma identidade de *Eu* abstracta. Capacidades de um autocontrolo pós-convencional são a resposta à expectativa social de decisões autónomas e de projectos de vida individuais. Ao mesmo tempo os processos de integração social são cada vez mais desacoplados das tradições que se desenvolveram naturalmente. No plano das instituições, princípios morais e procedimentos legislativos gerais substituem valores e normas tradicionais. E as regulamentações políticas da convivência vão-se tornando cada vez mais dependentes dos corpos deliberativos do estado constitucional, assim como dos processos de comunicação no seio da sociedade civil e do público político.

Com base neste esboço rudimentar, os traços fundamentais do diagnóstico epocal elaborado por Weber podem ser reformulados de outro modo. Antes de mais, uma certa racionalização dos mundos da vida pré-modernos satisfez as condições iniciais, cognitivas e motivacionais, de uma forma económica capitalista e do estado administrativo. No decurso do seu desenvolvimento, estes dois sistemas de acção funcionalmente articulados convertem-se em sistemas auto-regulados, comandados através do dinheiro e do poder. Isto faz com que a sua dinâmica ganhe alguma independência das orientações de acção e atitudes de sujeitos de acção individuais e colectivos. Para os actores, os graus superiores de diferenciação do

---

[18] Habermas (1981), vol. 2, p. 212 ss.

sistema acarretam, por um lado, a vantagem de graus de liberdade superiores. No entanto, as vantagens de margens de opção alargadas fazem-se, por outro lado, acompanhar de desenraizamento social e desse novo tipo de constrangimentos impostos pelo sobe e desce contingente do ciclo conjuntural económico, pela disciplina do trabalho e pelo desemprego, por regras administrativas uniformizadoras, influência ideológica, mobilização política, etc. O balanço deste resultado muito mesclado torna-se negativo na medida em que o sistema económico e administrativo transvaza para as áreas centrais do mundo da vida, que são as da reprodução cultural, da socialização e da integração social. Com efeito, o sistema económico e o aparelho de estado têm de ser, por seu lado, juridicamente institucionalizados em contextos do mundo da vida. No entanto, surgem efeitos de alienação, sobretudo quando áreas da vida que necessitam funcionalmente de orientações de valor, normas vinculativas e processos de entendimento mútuo são monetarizadas e burocratizadas. Weber diagnosticara patologias sociais deste género como perda de sentido e de liberdade.

O conceito clássico da modernidade, tal como foi desenvolvido por Weber e Lukács e pela escola de Frankfurt assenta na contradição abstracta entre uma sociedade disciplinadora e a subjectividade vulnerável do indivíduo. Com a tradução para uma conceptualidade intersubjectivista, este confronto é substituído por processos circulares entre mundos da vida e sistemas. Isso permite uma maior sensibilidade à ambivalência da modernização social. Uma crescente complexidade social só por si não causa efeitos de alienação. Pode justamente alargar as margens de opção e as capacidades de aprendizagem – em todo o caso enquanto a divisão do trabalho entre o sistema e o mundo da vida se mantiver intacta. As patologias sociais([19]) surgem somente no seguimento de uma invasão de relações de troca e regulamentação burocráticas nas áreas centrais da comunicação das esferas pública e privada do mundo da vida. Estas patologias não se circunscrevem a estruturas de personalidade, estendendo-se igualmente à continuação do sentido e à dinâmica da integração social. Esta interacção entre o sistema e o mundo da vida reflecte-se na divisão do trabalho desequilibrada entre os três poderes que no fundo mantêm unidas as

---

([19]) A. Honneth (org.), *Pathologien des Sozialen*, Frankfurt /M. 1994.

sociedades modernas – entre a solidariedade, por um lado, e o dinheiro e o poder administrativo, por outro.

(3) Esta proposta de uma reformulação permite igualmente uma resposta aos problemas que hoje se colocam no âmbito da «modernização reflexiva»([20]). Normalmente os membros de um mundo da vida extraem algo como solidariedade de valores e normas tradicionais, de padrões de comunicação convencionados e padronizados. No decurso da racionalização do mundo da vida, porém, este consenso de fundo organizativo constroi-se ou fragmenta-se. Na mesma medida, tem de ser substituído por realizações interpretativas bem sucedidas dos próprios participantes da comunicação. É esta circunstância que no contexto presente me interessa. Com a institucionalização dos discursos, os mundos da vida racionalizados dispõem de um mecanismo próprio de criação de novos vínculos e arranjos normativos. Na esfera do mundo da vida, a «racionalização» não estanca as fontes de solidariedade, antes faz surgir novas quando as velhas secam. Esta força produtiva chamada comunicação também tem a sua importância no que diz respeito aos desafios da «modernização reflexiva».

Este teorema coloca os conhecidos «desenvolvimentos pós--industriais» numa determinada luz – ou seja, a dissolução das diferenciações sociais ao longo das tradicionais diferenças de classe e de género, o recuo da produção de massa padronizada e do consumo de massa, a desestabilização dos sistemas de negociação e de garantias estáveis, a maior flexibilidade das grandes organizações, dos mercados de trabalho, dos vínculos partidários, etc. As sociedades pós-industriais gastaram as reservas de que se alimentou a «simples» industrialização – tanto os recursos naturais previamente existentes como o capital cultural e social da formação social pré-moderna. Ao mesmo tempo deparam com consequências colaterais da reprodução social que se fazem sentir sob a forma de riscos produzidos de forma sistemática e que não podem continuar a ser externalizados, ou seja, empurrados para outras sociedades ou culturas, outros sectores ou gerações futuras. Assim sendo, as sociedades modernas chegam aos seus limites num sentido duplo e tornam-se «reflexivas» quando se apercebem desta circunstância enquanto tal e a ela reagem. Como podem recorrer cada vez menos a recursos externos como a natureza ou a tradição,

---

[20] U. Beck, *Risikogesellschaft*, Frankfurt/M. 1986.

têm de ser cada vez mais elas próprias a reproduzirem os pressupostos da sua própria existência. A modernização de sociedades «semi-modernas», da qual fala Beck[21], apenas é conseguida pela via «reflexiva», uma vez que para o tratamento dos problemas que decorrem da modernização social têm de ser utilizadas as suas próprias capacidades.

No entanto, a «reflexividade» pode ser entendida tanto no sentido de uma «auto-aplicação» de mecanismos sistémicos como no sentido da «auto-reflexão», isto é, da autopercepção e da acção exercida sobre eles próprios de actores colectivos. Um exemplo da reflexividade no primeiro sentido é a absorção pela economia de mercado de sobrecargas ecológicas produzidas pela economia de mercado. Um exemplo de auto-reflexão seria a reintegração dos mercados globalizados por uma influência «da política interna mundial» sobre as suas condições de enquadramento. Como a diferenciação funcional de sistemas parciais altamente especializados está sempre a «avançar», a teoria dos sistemas aposta na auto-regeneração por mecanismos reflexivos. No entanto, esta expectativa não deve ser exagerada, porque os subsistemas sociais que falam apenas a sua própria linguagem são surdos aos ruídos externos que causam. Assim, os mercados podem apenas reagir a «custos» expressos em preços. Os custos de racionalidades sistémicas desavindas, pelos vistos, apenas podem ser mantidos a níveis socialmente comportáveis por uma reflexividade de outra índole, por uma auto-reflexão no sentido de uma acção exercida sobre si próprios. A modernidade que *avança* tem de ser *levada por diante* com vontade e consciência política. E para esta forma da acção da democracia sobre si própria é decisivo o estabelecimento de processos de formação discursiva de opiniões e de vontades[22].

No entanto, não só a formação da vontade política dos cidadãos do estado, mas igualmente a vida privada dos cidadãos da sociedade depende da fonte de solidariedade produzida de forma discursiva. Na medida em que se dissolvem situações de vida e padrões de carreira normalizados, os indivíduos sentem, perante opções multiplicadas, o fardo crescente das decisões ou arranjos

---

[21] U. Beck in U. Beck, A. Giddens, S. Lash, *Reflexive Modernisierung* [*Modernização Reflexiva*, Oeiras, Celta, s.d.], Frankfurt/M. 1996, p. 56 ss.
[22] J. Habermas, *Faktizität und Geltung* [*Facticidade e Validade*, Rio de Janeiro, Tempo Brasileiro, s.d.], Frankfurt/M. 1992.

que de ora em diante têm de tomar ou negociar por si próprios. O constrangimento no sentido da «individualização» obriga à descoberta e à construção simultânea de novas convenções sociais. Os sujeitos libertados que já não são vinculados nem dirigidos por papéis tradicionais têm de criar vínculos graças aos seus próprios esforços comunicativos ([23]).

Estas indicações sumárias apenas têm por fim demonstrar como a abordagem da teoria da comunicação reconduz a um conceito neoclássico da modernidade que, por seu lado, depende do apoio que recebe por parte de uma teoria social crítica. No entanto, as lentes da filosofia obrigam desta vez a um olhar estereoscópico sobre as ambivalências da modernidade. A análise tem de manter o seu enfoque tanto sobre os efeitos libertadores e facilitadores de uma racionalização comunicativa como sobre os efeitos de uma razão funcionalista que se tornou selvagem.

([23]) J. Habermas, «Individuação através da socialização», neste volume, p. 211.

Índice Remissivo

Acção, acto, 14-23, 25, 26, 30-45,
    48, 49, 55, 57-60, 63, 68, 72, 74,
    75, 77-80, 82, 83, 85, 87, 90-96,
    100, 102-105, 109, 110-124, 126,
    129-135, 137-169, 171-193, 197,
    199-201, 205, 207, 209, 210, 213,
    220, 221, 224-226, 230, 234, 235,
    236, 241-243, 245, 247, 248,
    250, 251, 253, 254, 257, 263-266,
    270-292, 295, 296, 298, 300, 305,
    307, 308, 310, 315, 323, 326,
    327, 331, 332, 338-340, 343
    orientada para o êxito
        versus orientado para o
        entendimento, 141, 142,
        148, 149, 154, 158, 160,
        165, 166, 281-283
    comunicativa, 22, 23, 25, 38,
        39, 40, 43, 112, 113, 132,
        133, 135, 137-139, 144, 148,
        149, 152-154, 157-160, 162,
        165-169, 186, 280-284, 287,
        292, 296, 298, 339
    regulada por normas, 32, 142,
        145, 147, 150, 285-287, 289,
        290
    social (tipos), 17-19, 137, 138,
        141, 143, 147, 148, 165,
        266, 275, 279, 280, 284,
        285, 298
    fala por oposição à, 31, 35,
        36, 41-43, 45, 52, 64, 73,
        160 165, 167
    estratégica, 39, 40, 42, 139,
        142-144, 150, 159, 279, 281,
        283, 285
    teleológica, *ver* actividade
        orientada para fins, 18, 23,
        141, 142, 150, 151, 177,
        263, 277, 278
Acordo, *ver igualmente*
    entendimento, 15, 41, 67, 80,
    93, 104, 108, 115, 125, 129, 132,
    135, 139-142, 145, 146, 153-155,
    157-160, 166, 168, 171, 174,
    178, 179, 183, 219, 265, 278,
    279, 281, 282, 285, 290, 300,
    339
    por oposição à influência,
        139, 140
Actividade orientada para fins,
    ver igualmente acção teleológica,
    138, 141, 150, 152, 159, 165-167,
    171, 173, 174, 176, 179, 263,
    271
Argumento, argumentação, *ver
    igualmente* discurso, 9, 17, 26,
    58, 62, 63, 70, 79, 119, 120, 124,
    126, 129, 130, 132, 135, 168,
    169, 176, 178, 186, 193, 195,
    223, 236, 265, 268, 287-289,
    294, 300, 301, 303, 305, 309,
    310, 326, 339
    constrangimento sem
        coacção do melhor, 126,
        130, 168

Comportamento *versus* acção,
  31-33, 43, 277, 278
Compreender, 16, 24-26, 32,
  34, 50, 70, 82, 84, 88, 97, 113,
  121, 128, 145, 147, 150, 153,
  155, 156, 160, 171, 175, 180,
  183, 184, 188, 199, 202, 221,
  232-234, 237, 238, 254, 257,
  296-301, 303, 304, 319, 321,
  331, 338
Comunidade comunicativa, 243,
  245-248, 250, 254
Constituição do mundo, 43, 44,
  52, 53, 193, 221, 224
Crítica da razão, crítico da razão,
  25, 26, 194, 317, 319, 320, 325,
  329, 330, 332-337
Cultura, 13, 20, 22, 27, 48, 50,
  52, 64, 88, 101, 105, 148, 149,
  155-159, 162, 165, 166, 169,
  190, 196, 201, 202, 204-207,
  244, 249, 266-270, 272, 276,
  290, 291, 295, 298, 309, 314,
  321, 322, 325, 326, 328, 330,
  331, 334, 336-342

Discurso, 9, 17, 18, 27, 64, 92, 93,
  95, 96, 120, 124-135, 168, 169,
  176, 184, 191, 215, 224, 225,
  245, 246, 248, 251, 265, 282,
  284, 285, 289-300, 310, 311,
  325, 334-338, 342
  como continuação da acção
    (comunicativa) consensual,
    125, 128
  por oposição à acção
    comunicativa, 132
  prático, 126, 289, 310, 311
  teórico (empírico-teórico),
    126, 165, 285, 289

Entendimento, *ver igualmente*
  acordo, 9, 15, 17, 18, 21, 23,
  25-27, 39, 41, 45, 65, 70, 80-83,
  87, 88, 90, 92, 93, 94, 97, 102,
  104, 106, 107, 116, 125, 128,
  129, 132, 134, 135, 140-142, 148,
  149, 152-155, 158-160, 162, 163,
  165, 166, 169, 173, 174-185, 188,
  189, 191, 192, 194, 201-203, 215,
  223, 225, 228, 229, 233, 245,
  252, 254, 258, 281, 283, 285-287,
  290, 291, 297, 299, 303, 322,
  328, 330, 333, 338, 339, 341
  como mecanismo
    coordenador da acção, 18,
    21, 23, 48, 149, 152-155,
    158, 160, 165, 166, 173,
    179, 180, 281, 283, 285, 290
  aspecto funcional do, 158
  indirecto, 142, 145
Eu, *ver igualmente* individualidade,
  44, 50,52, 54, 58, 65, 66, 71-73,
  77, 78, 80, 91, 92, 134, 147, 185,
  199, 213-217, 219-226, 227-233,
  238, 239, 241-244, 246-251, 259,
  261, 268, 291
  identidade-Eu/identidade de
    Eu, 68, 224-226, 229-232,
    242, 243, 246-251, 259, 265,
    340
  e Mim (*I* e *Me* em G. H.
    Mead), 21, 215, 224, 225,
    232, 241-243, 251
  como primeira pessoa do
    singular, 225, 250
  relação Eu-Tu, 66, 92, 225,
    234

Forma de vida, formas de vida,
  20, 97, 135, 195, 256, 322, 334
  comunicativa, *ver igualmente*
  sociocultural, 20, 97

Hermenêutica, 15, 16, 18, 23-25,
  34, 76, 148, 166, 206, 209, 286,
  293-299, 301, 303, 306, 313,
  314, 331, 333, 337-339

Identidade-eu/Identidade de Eu,
  68, 224-226, 229-232, 242, 243,
  246-251, 259, 265, 340

Idealização, 99-101, 129, 132-134, 247, 264
Imagem do mundo, 15, 19, 20, 22, 24, 44, 116, 150, 158, 191, 202, 205, 209, 225, 255, 267-269, 276, 284, 290, 291
  racionalizada, 22
  religiosa, 24, 255
  linguística, 19, 20, 22, 174, 175, 297, 338
  estruturas da, 20, 23, 53, 60, 61, 64, 65, 159, 201, 202, 206, 207, 209, 290
Individuação, 91, 147, 211-261
Individualidade, 213-217, 219-225, 227-231, 244, 247
Individualismo metodológico, 41, 329

Mentalismo, mentalista, 21, 331, 333, 336
  paradigma mentalista, 333
Metafísica, 26, 214-217, 219, 227, 321, 331-334
Modernidade, 18, 25-27, 168, 211, 212, 249, 260, 291, 317-344
  concepção clássica da, 317, 329, 335-337, 341, 344
  autocompreensão da, 26, 27, 317, 319, 320, 330
Modernização, 22, 23, 195, 255, 256, 325-327, 340, 341, 343
  reflexiva, 337, 342
Motivos, motivo, 12, 13, 15, 24-32, 53, 82, 92, 95, 112, 120, 125, 126, 133, 134, 140, 161, 162, 172, 180, 182, 202, 205, 231, 241, 252, 260, 261, 265, 267, 269, 272, 277, 282, 290, 295, 303, 304, 306, 310, 312, 320, 324, 334-336
Mundo da vida, 18-23, 31, 43, 49, 51-54, 57, 58, 60, 61, 64, 65, 67, 97, 109, 119, 138, 139, 154-159, 162-164, 166, 167, 171, 173, 175, 178, 182, 190-207, 209, 230, 252, 254-256, 259-261, 197, 298, 308, 321, 339
  por oposição ao mundo, 139, 153, 154, 156
  racionalização do, 22, 49, 162, 340, 342
  reprodução do, 23, 139, 158, 164, 166, 201
  sistema e, 22, 341

Natureza, 47-49, 51, 194, 200, 206, 213, 218, 221, 241, 260, 268, 269, 274, 277, 290, 295, 308, 330, 342
  e sociedade, 47, 108, 109
  e cultura, 48, 229, 230
Norma(s), *ver igualmente* regra(s), 9, 12, 14, 16, 19, 22, 24, 25, 31-33, 35-40, 42, 44, 45, 47, 61-63, 70, 73, 78-91 95-101, 103-106, 114, 121, 123-125, 131-137, 141-148, 150-154, 156-158, 161-165, 169, 179, 180, 181, 183, 185-187, 189, 193, 199, 202-204, 206, 207, 211, 214, 224, 240-243, 249, 252, 253, 256-259, 261, 271, 272, 278, 279, 281, 284-287, 289-291, 294, 298, 300, 303-305, 307, 309-311, 313, 317-329, 329, 330, 331, 333-335, 339-343.

Pano de fundo, do mundo da vida, 20, 157, 158, 164, 182, 194, 196-199, 202, 203
  pós-convencional, 261
Pessoa, *ver igualmente* individualidade, 19, 21, 25, 30, 33, 34, 41, 43, 60, 64, 73, 74, 85, 92, 93, 109-113, 120, 122, 140, 158, 159, 171, 173, 180, 200, 201, 203, 204, 206, 207, 211, 212, 214, 223, 224, 230, 231, 233, 234, 239, 241, 242, 246, 250, 152-254, 256, 258, 267, 278, 279, 284, 296-300, 302, 303, 311, 312, 320, 321, 327, 340

segunda pessoa, 92, 171, 175, 194, 203, 223, 225, 229, 230, 233, 234, 239, 241, 250-252, 298, 339
Pós-Modernidade, pós-modernismo, 27, 325, 334
Pragmática, *também* pragmática formal, pragmatico-formal *também* pragmática universal, 9, 15, 19, 20, 22, 46, 83, 96-98, 101, 102, 104-106, 108, 109, 113, 116, 117, 121, 122, 124, 127, 136, 139, 159, 162, 163, 165, 168, 169, 182, 183, 185-188, 194, 207, 215, 252, 282, 304, 339
– universais pragmáticos, 102, 107, 108, 113, 114, 132
Pragmática formal, pragmática formal, pragático-formal, ver pragmática, 9, 15, 19, 20, 22, 139, 159, 162, 163, 165, 168, 169, 182, 188, 252, 282, 304
Prática, *ver igualmente* prática quotidiana, 15, 16, 20-21, 23-27, 32, 49, 50, 52, 54, 60, 61, 65, 81, 84, 85, 95, 98, 112, 119, 121, 121, 123-125, 130, 136, 145, 156, 157, 159, 163, 165, 168, 184, 186, 190, 192, 194, 195, 197, 200, 202, 204, 206, 207, 209, 221, 224, 230, 240-243, 245-248, 250, 251, 254, 267, 268, 273, 274, 277, 289, 292, 293, 295, 297, 299, 304, 305, 307, 310, 321, 325, 332, 333-336, 339, 340
Prática quotidiana, 15, 49, 54, 124, 165, 192, 197, 339, 340
– e mundo da vida, 20, 43, 49, 51, 163
Pressuposição, 112, 163, 186, 265
Pretensão de validade, 14, 17-20, 34, 49, 51, 54, 57-60, 62-65, 94, 95, 116-126, 129, 131-134, 139, 141, 153, 158, 162, 163, 169, 174, 176, 178, 181, 185, 187-189, 191-195, 198, 209, 251, 265-267, 274, 275, 278, 282, 283-285, 289-291, 298-300, 304, 305, 310, 311, 339, 340
de correcção, *ver igualmente* moral, 17, 95, 116, 122, 123, 169, 181, 275, 285, 289, 291, 298, 304
de compreensibilidade, 94, 116, 122-124
de sinceridade, 17, 95, 116, 122-124, 161, 169, 181, 185, 275, 285, 290, 291, 298, 304
de verdade, 17, 94, 116, 117, 185, 275, 285, 290, 291, 298, 304
Processos de aprendizagem, 20, 24, 42, 46, 147, 200, 207, 209, 215, 267, 268, 276, 287, 291, 307, 309
intramundanos, 20, 200, 207

Racionalidade da acção (aspectos), 22, 23, 175, 176, 178, 263-292
Racionalização, 18, 22, 23, 162, 261, 263-277, 279, 280, 287, 288, 290, 291, 324-326, 340, 342, 344
do mundo da vida, *ver* mundo da vida, 22, 162, 261, 340, 342
social, 18, 22, 23, 271-274, 276, 277, 287, 290, 291, 324, 340
processos de, 266, 267, 270-273, 276, 277
Razão, 13, 14, 17, 22, 25, 26, 47, 60, 61, 69, 70, 95, 116, 118, 120, 133, 168, 169, 190, 194, 195, 218, 221, 223, 237, 245, 246, 268, 274, 277, 307, 311, 317-339, 344
comunicativa, 14, 17, 195, 337, 339

prática, 25, 245, 321
autocrítica da, *ver igualmente*
  crítica da razão, 25, 26.
  194, 317, 319, 320-322, 325,
  329, 330, 322-337
Reconstrução, 24, 35-37, 48, 98,
  99, 104, 105, 159, 229, 237, 249,
  261, 311, 314, 325
  racional, 18, 98, 193, 306, 308
Regra(s), *ver igualmente* norma(s),
  14, 16, 24, 25, 31, 32, 35-40, 44,
  45, 47, 62, 63, 70, 78-91, 96-101,
  104-106, 108, 113, 115, 122, 130,
  133, 137, 141, 193, 207, 224,
  243, 256, 278, 281, 287, 298,
  305, 309, 326, 331, 334, 341
  versus regularidades, 32, 36,
    37, 115, 278
Regras de acção, 40, 287
Referência ao mundo, referências
  ao mundo, 19, 149, 152, 163,
  201, 285, 286

Saber, 12, 14, 16, 19, 20, 25, 35,
  36, 38, 43, 49, 52, 98, 100, 133,
  139, 141, 149, 155-158, 165,
  175, 186, 188, 190, 192, 193,
  195, 196, 198-202, 204, 206,
  209, 230, 264-269, 271-276,
  287-292, 300, 302, 303, 305-307,
  311, 321, 339
  explícito, 155, 195, 197, 230
  comum, 303
  de fundo, 156, 195-200
  implícito (*tacit knowledge*), 35,
    36, 98, 101, 149, 155, 192,
    193, 195
  de regras, 36
  da linguagem e do mundo,
    157, 199
  atemático, 192, 193, 195, 196,
    198
Situação de fala ideal, 129-132, 135
Sociedade, 9, 12-23, 25, 27, 29,
  37, 38, 42-51, 53, 54, 64, 65, 73,
  83, 95, 96, 108, 109, 116, 133,
  135-138, 142, 144, 147, 157,
  159, 167, 190, 194, 200-207,
  209, 210, 242, 244, 245, 248,
  249, 253-257, 260, 263, 264,
  266, 269, 273, 274, 279, 290,
  291, 317, 322, 324-330, 335,
  340-343
  teoria da comunicação da,
    13, 15, 16, 19, 29, 45, 54,
    64, 66, 73, 83, 95, 116, 133
  teoria da constituição (teoria
    generativa) da, 14, 25, 27,
    37, 38, 42-51, 53, 54, 65

Teoria crítica, 12, 22, 25, 26, 136,
  295, 325, 328, 334
Teoria da acção, da teoria da
  acção, 15, 18-20, 22, 23, 25, 34,
  42, 43, 96, 137-139, 141, 143,
  148, 158, 167-169, 173, 188,
  190, 210, 266, 271, 272, 277,
  280, 287, 292, 298, 305
Teoria da constituição (teoria
  generativa) da sociedade, *ver*
  sociedade
Teoria da verdade, 50, 56, 118,
  123, 128, 319
  teoria da evidência da, *ver*
    verdade, 118
  teoria consensual da, 18, 120,
    124, 126-129
  teoria da correspondência
    da, 117, 118
Teoria de comunicação da
  sociedade, ver sociedade
Teoria do significado, v*er
  igualmente* pragmática, 175,
  182-184, 186, 207
  teoria do uso do significado,
    84
  semântica intencionalista,
    184
  da semântica da verdade,
    117, 168, 183, 185-187
Tomada de posição de sim/não,
  187, 191, 265, 266, 290

Verdade, 13, 14, 17, 54, 55, 57, 60,
75, 116, 118, 120-124, 131, 133,
157, 169, 186, 187, 229, 265,
271, 275, 276, 278, 279, 283,
285, 287, 289, 290, 291, 293,
300, 305, 307, 308, 310-312, 321
  conceito da evidência da
    verdade (Husserl), 50, 51,
    56, 58-65, 119
  correcção como verdade
    moral, 105, 116, 123, 161,
    169, 300
  e realidade, 116, 117, 157
  semântica da verdade, *ver*
    teoria do significado, 75,
    94, 109, 114, 117-120, 162,
    168, 183-187, 265, 283
Viragem linguística, *linguistic
  turn*, 11, 317, 336